HEYNE BIOGRAPHIEN

Zum Autor

Dr. phil. Rudolf Krämer-Badoni, geboren 1913 in Rüdesheim, ist Verfasser zahlreicher Romane, Novellen, Essays und Hörspiele. Rudolf Krämer-Badoni lebt in Wiesbaden.

Rudolf Krämer-Badoni

GALILEO GALILEI

Wissenschaftler und Revolutionär

Wilhelm Heyne Verlag
München

HEYNE BIOGRAPHIE
Nr. 12/126

Genehmigte, ungekürzte Taschenbuchausgabe

Umschlagfoto: Archiv für Kunst und Geschichte, Berlin
Innenbilder: Archiv für Kunst und Geschichte, Berlin (15)
Süddeutscher Verlag, Bilderdienst, München (1)
Umschlaggestaltung: Atelier Ingrid Schütz, München
Printed in Germany 1985
Satz: VerlagsSatz Kort, München
Gesamtherstellung: Presse-Druck Augsburg
Bildteil: RMO, München

ISBN 3-453-55127-3

Inhalt

Ein Dialog als Einleitung

»In theologisch angehauchten Werken erscheint er als Störenfried, während die rationalistische Mythographie ihn als Jungfrau von Orleans der Naturwissenschaft oder als St. Georg hinstellt, der den Drachen der Inquisition erschlug. Es überrascht daher kaum, daß der Ruhm dieses hervorragenden Mannes in der Hauptsache auf Entdeckungen beruht, die er nie machte, und auf Heldentaten, die er nie vollführte. Im Gegensatz zu dem, was in den meisten Darstellungen des Werdegangs der Naturwissenschaften zu lesen steht, erfand Galilei das Teleskop nicht, ebensowenig wie das Mikroskop, das Thermometer oder die Pendeluhr. Er entdeckte weder das Trägheitsgesetz noch das Kräfte- oder Bewegungsparallelogramm, noch die Sonnenflecken. Er leistete keinen Beitrag zur theoretischen Astronomie; er warf keine Gewichte vom Schiefen Turm zu Pisa und bewies die Richtigkeit des kopernikanischen Systems nicht. Er wurde von der Inquisition nicht gefoltert, schmachtete nicht in ihren Verliesen, sagte nicht ›und sie bewegt sich doch‹ und war kein Märtyrer der Wissenschaft.« Das schreibt Arthur Koestler über Galilei.

Du wirst mir doch unseren großen Galilei nicht herabsetzen wollen?

Gewiß nicht. Ich halte ihn sogar für so groß, daß ich meiner Biographie am liebsten den Titel »Galileis Weltrevolution« und »Das Umformen der Köpfe« gegeben hätte.

Dann redet dieser Koestler also Unsinn.

Ja und nein. Das werden wir noch sehen.

Aber du sagst doch Weltrevolution. Wie stimmt das mit diesem Ja und Nein zusammen?

Fangen wir mit dem Wichtigsten an. Galilei ist der Begründer der modernen Physik und wurde damit zum Schöpfer des materialistisch-mechanistischen Wissenschaftssystems. Er entwickelte die streng wissenschaftliche Methode, die sich nicht mit der unmittelbar sinnlichen Erfahrung zufriedengibt.

Wer gibt sich denn damit zufrieden?

Aristoteles. Für ihn liegt der Weltmittelpunkt im Mittelpunkt der ruhenden Erde. Daß sie ruht, sieht man; Bewegung zeigen ersichtlich nur die Himmelskörper. Auf der Erde gibt es vier Elemente, Erde, Wasser, Feuer und Luft, die sich dauernd mischen und Werden und Vergehen bewirken. Es gibt natürliche Bewegungen, wie man sehen kann: das »leichte« Feuer strebt aufwärts in Richtung der Mondsphäre, die »schwere« Erde abwärts zum Mittelpunkt. Und es gibt gewaltsame Bewegungen, die nur so lange anhalten, als man Gewalt, d.i. Kraft, anwendet. Auf Erden ist alles unvollkommen, erzeugt, vergänglich. Dagegen der Himmel ist unerzeugt, unvergänglich, unveränderlich; niemand hat dort je eine Veränderung beobachtet. Also muß er aus einem überaus reinen fünften Element, der »Quintessenz« bestehen. Alles, was sich bewegt, muß von etwas bewegt werden, und jede Bewegung hat ein Ziel. Nur am Himmel gibt es die vollkommene Kreisbewegung, die immer in sich zurückkehrt. Kristalline Sphären tragen die Fixsterne und die Planeten um die Erde herum, sie bewegen einander durch Reibung. Die äußerste, die Fixsternsphäre, wird vom »Unbewegten Beweger« angetrieben. Alles purer Augenschein, abgesehen vom göttlichen Beweger.

Dieses Zeug stammt wirklich von Aristoteles?

Ganz so simpel geht es bei Aristoteles natürlich nicht zu. Das alles ist eingebettet in sein teleologisches System; alles hat ein Woher und Wohin, ein Warum und Wozu, beim Menschen ist die Seele das Agens, bei der natürlichen Bewegung des fallenden Steins sein Streben nach seinem gemäßen Ort, wobei ein Stein schneller fällt als eine Vogelfeder, wie man sehen kann. Du wirst bemerken, daß diese Philosophie den christlichen Philosophen des Mittelalters sehr gefallen mußte.

Lassen wir das. Die Frage ist: Wie sah die Wissenschaft kurz vor Galilei aus? Genau so. Aristoteles war immer noch der Philosoph schlechthin. An den Universitäten gehörte daher das, was wir Naturwissenschaft nennen, zur Philosophie unter dem Namen Naturphilosophie. Was nicht bei Aristoteles stand, war nicht seriös. Drei Jahre vor Galileis Geburt schrieb ein gewisser Giuseppe Ceredi: »Die nicht naturwissenschaftlich ausgebildeten Erfinder erreichen die praktischen Ergebnisse nur durch Zufall, während die Gelehrten sich damit begnügen, ohne jede Erfahrung bloße Allgemeinheiten zu verkünden und den Geist mit Sätzen der Vernunft abzuspeisen.«

Gab es keine Naturgesetze?

Es gab die aristotelischen Prinzipien. Naturgesetze aber muß man mathematisch beweisen und durch wiederholbare Experimente verifizieren oder falsifizieren können. Das hat Galilei geleistet. Für ihn war das Buch der Natur in mathematischer Sprache geschrieben. Das allein schon war eine Systemsprengung. Denn bis zu Galileis Zeit hatten Astronomie und Mathematik nichts mit der Physik namens Naturphilosophie zu tun.

Galilei hat also diesen ungeheuren Schritt getan und den Aristoteles entthront?

Nicht ganz. Dem Aristoteles, den er für einen bedeutenden Denker hielt (der er ja auch wirklich war), widersprach er nur in dem, was er mathematisch und experimentell als unhaltbar nachweisen konnte, und das betraf hauptsächlich die Bewegungslehre. Und das wurde möglich, als Galilei nicht mehr nach dem eingeborenen Bestreben der Körper fragte, nicht mehr nach dem Warum der Bewegung, sondern nach dem Wie. Anders gesagt: als er vorläufig verzichtete auf dynamische Begründung und nur nach kinematischen Abläufen fragte. Damit wurde die Bewegungslehre des Aristoteles zum kindlich anmutenden bloßen Augenschein und Sinnentrug. Und eben damit öffnete sich der Weg zur Erkenntnis von Gesetzen, die sich dann praktisch anwenden lassen, oder umgekehrt, den zufällig erfolgreichen Erfindern des Ceredi konnte man danach erklären, wieso ihre Maschinen funktionierten und wie die Ingenieure neuen technischen Bedürfnissen genügen konnten. Und diese Methode funktioniert noch heute trotz krisenhafter Entwicklung der theoretischen Physik.

Und was von Aristoteles läßt er gelten?

Nicht die angeblich im Weltmittelpunkt ruhende Erde und nicht die Unveränderlichkeit des Himmels. Aber da er sich nicht um die genauen astronomischen Abläufe kümmerte, behielt er die vollkommene Kreisbewegung der Planeten und die deshalb nötigen Epizykel bei, trotz Keplers bahnbrechender, mathematisch berechneter Entdeckungen.

Er wäre also nicht der beste der damaligen Astronomen gewesen?

Nein.

Wieso aber hat er dem kopernikanischen System zum Sieg verholfen?

Das kopernikanische System hat nicht gesiegt. Gesiegt hat der zentrale Vorschlag des Kopernikus, die Planeten um die ruhende Sonne kreisen zu lassen. Doch mit den Details wurde Kopernikus nicht fertig, weil er die heiligen Kreise beibehielt. Nicht einmal die Sonne konnte er genau in den Bahnmittelpunkt der Planeten setzen. Der Mittelpunkt mußte etwas außerhalb der Sonne angenommen werden. Und die Epizykel des Ptolemäus hat er zum Teil abgeschafft, zum Teil aber mußte er sie beibehalten, eben wegen der Kreise.

Wie sah das ptolemäische System aus? Und was sind Epizykel?

Der letzte bedeutende Astronom der Antike, Claudius Ptolemäus, hat im 2. Jahrhundert n. Chr. die von Aristoteles geforderten Kreisbahnen des Fixsternhimmels, der Sonne und der Planeten um die ruhende Erde in ein rechnerisches System gebracht, das die möglichst genaue Voraussage der Planetenpositionen und anderer Himmelserscheinungen ermöglichte. Die Schwierigkeiten aber bestanden z. B. darin, daß die Planeten sich unregelmäßig bewegen; die langsamen bleiben sogar manchmal stehen und laufen eine Weile rückwärts, bevor sie wieder ihren vorigen Kurs aufnehmen. Um trotzdem, wenigstens auf dem Papier, das Prinzip des mit gleichförmiger Geschwindigkeit durchmessenen vollkommenen Kreises zu retten, ließ Ptolemäus den Planeten nicht nur auf einem Kreis laufen, dessen Zentrum außerhalb des Mittelpunkts, der Erde, lag, sondern er führte ein ganzes System von Nebenkreisen (Epizykeln) ein, deren Mittelpunkt jeweils auf einem gleichförmig durchlaufenen Kreise (Deferenten) liegt, und die gleichförmig durchlaufen werden. Das Gesamtsystem ist ungeheuer kompliziert; manche Planeten benötigen mehrere aneinandergesetzte Nebenkreise. Aber wir brauchen uns mit dieser Papierwissenschaft der Epizykel, Deferenten, Äquanten usw. nicht zu befassen, wir wollen ja keine allgemeine Geschichte der Astronomie treiben.

Aber glaubte Ptolemäus an die Wirklichkeit dieser Konstruktion?

Das läßt sich nicht genau ausmachen. Die Bewegung der Erde jedenfalls, die von Aristarchos um 250 v. Chr. gelehrt wurde, hat Ptolemäus mit physikalischen Gründen abgelehnt, die noch zur Zeit Galileis benutzt wurden. Aber es genügte, daß seine Konstruktion ein geometrisches Modell für genaue Voraussagen war. Die Himmelsphysik galt sowieso als unerforschlich, dort herrschte Vollkommenheit und Unveränderlichkeit. Wie sollte man mit irdischen Erfahrungen das unerfahrbare Himmlische untersuchen!

Und damit begnügten sich die Astronomen noch zur Zeit Galileis!

Ja, und das trotz Kopernikus. Bei Kopernikus fielen die Epizykel für die Rückläufigkeit weg. Jetzt überholte eben die schnellere Erde z.B. den langsameren Mars. Trotzdem brauchte Kopernikus Epizykel, da sich die Planeten ja nicht im Kreis bewegen. Trotz der relativen Vereinfachung stellte auch das kopernikanische System, nachdem es in dem Buch »De revolutionibus orbium coelestium« detailliert ausgearbeitet war, keine physikalische Realität dar, obwohl Kopernikus es physikalisch meinte. Die Berechnungen der Planetenpositionen waren zwar deutlich genauer als bei Ptolemäus, jedoch das Werk »rettete die Erscheinungen« lediglich etwas eleganter als das Werk des Ptolemäus. Es galt als eine Hypothese unter anderen Hypothesen, und mehr verlangte man auch nicht.

Du sagst »unter anderen«. Gab es denn außer diesen beiden noch andere?

Ja, es gab das vermittelnde System des Tycho de Brahe, der zuletzt mit dem jungen Kepler zusammengearbeitet hat. Tycho ließ die Erde ruhen, aber die übrigen Planeten um die Sonne und sie alle zusammen mit der Sonne um die Erde kreisen. Sozusagen das kopernikanische System in Spiegelschrift. Da stimmten die Erscheinungen ebenso wie bei Kopernikus, nur wurden die Zeitgenossen nicht in ihrem Welt- und Existenzverständnis beunruhigt.

Das kann man verstehen.

Nicht wahr? Man kann sich das gar nicht deutlich genug vorstellen. Gott hatte die Erde erschaffen und den Menschen, und er hatte die Sonne als Licht- und Wärmespenderin an den Himmel gesetzt, die Sterne als Orientierungszeichen und den Mond als das kleine Licht der Nacht. Er liebte die Menschen, die er geschaffen hatte, aber die Menschen lehnten sich auf und aßen vom Baum der Erkenntnis und wurden sterblich und mit Mühsal gestraft. Aber Gott erbarmte sich ihrer, voller Liebe wurde er Mensch wie sie, litt wie sie, starb wie sie, und das alles, damit sie glaubten und erlöst seien. Alles in der Schöpfung bezog sich auf den Menschen und die Erde, die in der Mitte des Alls ruhte. Dieses ruhen in der Mitte gab ein tiefes Gefühl der Geborgenheit. Und nun sollte man sich plötzlich von dem allen trennen, die Menschen sollten wie Fliegen an einem im Kosmos herumwirbelnden Stäubchen kleben. Und für die Bewohner dieses Staubkorns, neben dem vielleicht Massen anderer bewohnter Staubkörner existieren, sollte Gott seine besondere Liebe verströmt haben? Tycho jedenfalls wünschte uns diese Enttäuschung zu ersparen. Aus religiösen Gründen hielt dieser dänische Protestant und scharfe astronomische Beobachter an der ruhenden Erde fest.

Scharfer Beobachter, und dann dieser Kompromiß?

Der erste scharfe Beobachter in der Astronomie. Er wandte sich überhaupt nur deshalb der Astronomie zu, weil die Herren Astronomen (außer Kopernikus) den Fehlern in ihren Berechnungen keine Bedeutung beimaßen, sondern schlimmstenfalls einfach einen neuen Nebenkreis einführten. Er ließ größere Instrumente bauen, erfand selbst neue, und seine Messungen waren so exakt, daß die Welt staunte. Ihm ging es nicht um papierene Modelle, sondern um die effektive Realität. So zeigten seine Berechnungen, daß die Nova, der neue Stern von 1572, und der Komet von 1577 weit außerhalb der »sublunaren«, von Verfall gekennzeichneten Erdatmosphäre standen. Der plötzlich aufgetauchte und allmählich wieder verschwindende neue Stern bewies, daß es auch am Fixsternhimmel Veränderung und Vergänglichkeit gab, und die Bahn des Kometen zerstörte die Lehre von den soliden kristallenen Sphären; er wanderte quer durch alle vermeintlichen Sphären. Tycho zwang der Astronomie das genaue Beobachten auf. Und wie gesagt, das alles stimmte genau so, ja noch viel präziser als die Kunststücke, mit denen Kopernikus seinen richtigen Grundgedanken schlecht und recht und ohne viel eigene Beobachtungen hatte untermauern wollen.

Ohne eigene Beobachtungen?

Er benutzte die Daten des Ptolemäus. Im Grunde wollte er das ptolemäische System nur verbessern. Dazu suchte er sein Material in der Antike. Es gab nach Aristoteles einige griechische Astronomen, z. B. Herakleides und den vorhin genannten Aristarchos, die schon das halbe (tychonische) und sogar das vollständige heliozentrische System gelehrt hatten, aber gegen die Autorität des Aristoteles machtlos geblieben waren. Kopernikus wollte zurück zu den Quellen; darin war er ein Neoplatoniker wie die meisten Denker der Renaissancezeit. Den Namen des Aristarch allerdings hat er aus dem Manuskript, das erhalten geblieben ist, wieder gestrichen; eine hundertprozentige Abhängigkeit wollte er nicht öffentlich eingestehen.

Benutzte Tycho keine Epizykel?

Für die Rückläufigkeit der großen Planeten brauchte er keine, so wenig wie Kopernikus. Daß die Planetenbahnen Ellipsen sind, für die die exzentrischen Kreise eine grobe Näherung darstellen, wußte damals niemand, daß aber die Epizykelwirtschaft nichts physikalisch Reales war, wußte jedermann und vermutlich schon Ptolemäus. Tycho wollte endlich einmal die realen Bahnen genau bestimmen. Aber an den Marsdaten blieb er hängen. Sie waren rätselhaft und ergaben keinen Kreis, wie immer man ihn exzentrisch plazierte. Darüber starb er, und Kepler erbte das riesige Datenmaterial und zugleich den Titel eines Kaiserlichen Mathematikers. Kepler kümmerte sich nicht um Tychos religiöse Bedenken, für ihn war die Sonne der Mittelpunkt. Außerdem war er besessen von der geometrischen und musikalischen Sphärenharmonie der Pythagoreer.

Das macht mir Kepler sehr sympathisch. Die Zahlenmystik der Pythagoreer ist eine wunderbare Schöpfung: eine mathematische Symbolisierung der Struktur des Alls, von der Gestimmtheit des Menschen bis zur sphärenmusikalischen Ordnung des Kosmos.

In der Tat suchte Kepler sein Leben lang die Schönheit und Symmetrie des von Gott geschaffenen Universums in der Mathematik, so wie Pythagoras und seine Schüler, und er glaubte schließlich eine Formel für die Harmonie der Sphären gefunden zu haben in seinem Buch »Harmonice mundi«, wo er auch jubelnd sein drittes Gesetz fand, das für Newton ein wichtiger Ansatzpunkt wurde, für Kepler aber — nun ja — nichts anderes als der Schlußstein der Sphärenharmonie war. Er hatte Gottes geheimste Gedanken erschaut.

Wunderbar und sonderbar. Kepler war also ein frommer Mann, obwohl er die Erde aus dem Mittelpunkt des Universums verbannte!?

Ein sehr frommer Mann. Er geriet sogar aus religiösen Skrupeln mit seiner schwäbischen Landeskirche in Streit, und das Abendmahl wurde ihm verweigert. Aber die deutschen Jesuiten beschützten ihn, obwohl er sein Leben lang evangelisch blieb. Sie schützten ihn, weil sie ihn schätzten. Sie schätzten seine Gelehrsamkeit und Frömmigkeit. Und was die Entthronung der Erde betrifft, so bot er zum Ersatz die herrliche Symmetrie und Harmonie der Schöfung, in der Gott sich von uns bewundern lassen wollte. Für ängstliche Zeitgenossen wußte er ebenfalls Rat. Er sagte einmal: »Wem das nicht eingeht, der mag ruhig beim Alten bleiben, seinen Garten bestellen und beim Anblick des nächtlichen Himmels Gottes Wunderwerke preisen.« Er war kein Missionar. Außerdem schrieb er lateinisch, also nur für Wissenschaftler.

Unser großer Galilei schrieb italienisch.

Ganz recht, dieser rotblonde, struppige, hochmütige Bursche war ein leidenschaftlicher Missionar. Er suchte die Gebildeten für die Neue Wissenschaft zu mobilisieren.

Also wurde er am Ende doch ein Märtyrer der Wissenschaft!

Ja; denn die Demütigung des Schwörenmüssens gegen alle seine Überzeugung und das lebenslängliche Exil in seinem kleinen Landhaus bei Florenz war kein geringes Martyrium. Aber gerade dieses Martyrium machte ihn und seinen Kopernikus unvergeßlich. Sein Name wurde zum Schlachtruf für die Autonomie der Wissenschaft und gegen ihre Unterdrückung durch mächtige Dunkelmänner. Gegen eine solche Verallgemeinerung aber richten sich die zitierten Sätze Koestlers. Übrigens: Autonomie der Wissenschaft und Freiheit für technischen Fortschritt heute, 350 Jahre nach dem verzweifelten Meineid Galileis, wie steht es damit? Ich will gar nicht auf autoritär regierte Gesellschaften hinweisen, wo die Wissenschaft streng in Dienst genommen wird, es genügt völlig der Hinweis auf unsere eigene Gesellschaft, in der immer lauter nach »gesellschaftlicher« Kontrolle der Forschung und der technischen Anwendung gerufen wird, »zum Wohl der Menschen«. Du siehst, wie schwierig es ist, »objektiv« über Galilei zu reden. Ich werde es versuchen. Immerhin ein gewaltiger Mann, der die etablierten Mächte herausforderte. Was hatte aber der viel bescheidenere Kepler ihm voraus?

Kepler entdeckte seine drei physikalisch-astronomischen Naturgesetze, weil er zum erstenmal in der europäischen Geschichte physikalische Fragen an die Himmelserscheinungen stellte. Und er gab nicht nach, bis er so genaue Antworten erhielt, daß sie mit Tycho de Brahes genauen Meßdaten übereinstimmten. Nach Tychos Tod saß er Jahre und Jahre über seinen Berechnungen, bis er die elliptische Bahn der Planeten mit dem Sitz der Sonne in einem der Brennpunkte annehmen mußte, entgegen seiner Hoffnung auf den Beweis der vollkommenen, wunderschön symmetrischen Kreisbahn. Als zweites fand er die genaue mathematische Bestimmung für die wechselnde Geschwindigkeit der Planeten. Die beiden Gesetze stehen in seiner »Astronomia Nova« von 1609, Untertitel: Himmelsphysik gemäß den Bewegungen des Sternes Mars, abgeleitet aus den Beobachtungen Tycho Brahes. Versöhnt wurde er mit diesen scheinbar unsymmetrischen Ergebnissen durch das dritte Gesetz, das für ihn die harmonischen Proportionen wieder herstellte: die Quadrate der Umlaufzeiten der Planeten sind proportional den dritten Potenzen ihrer mittleren Entfernungen; das publizierte er 1619 in »Harmonice mundi«.

Das ist mir zu hoch.

Macht nichts, wir brauchen das nicht zu vertiefen. Wir haben es mit Galilei zu tun, der sich aus alledem nichts machte.

Kannte Galilei Keplers Arbeiten?

Ja, und er lehnte sie als Krümelsucherei und als Verdunkelung des kopernikanischen Systems ab. Kepler hat ja tatsächlich die ptolemäischen Reste im kopernikanischen System beseitigt. Er ist es, der aus dem Grundgedanken des Kopernikus ein physikalisch richtiges System machte.

Dann wäre also Galilei ein Kopernikaner, der hinter dem »besseren« Kopernikaner Kepler zurückblieb?

Ja und Nein.

Sag nicht immer ja und nein.

Galilei war seit 1610, seit seinen teleskopischen Entdeckungen, eine Weltberühmtheit.

Hat aber das Teleskop nicht erfunden?

Was macht das? Er richtete es als erster mit der Erwartung zum Himmel, die kopernikanische Lehre beweisen zu können.

Hat er sie also bewiesen?

Jetzt müßte ich wieder Ja und Nein sagen. Er hat gezeigt, daß der Mond wie die Erde gebildet ist, und damit hat er die angebliche Andersartigkeit der Himmelskörper ad absurdum geführt. Er hat gezeigt, daß Jupiter von Satelliten umkreist wird und daß — ob Jupiter nun um die Erde oder um die Sonne kreiste — die um Jupiter kreisenden Satelliten von ihrem Planeten mitgenommen werden und somit eine doppelte Bewegung ausführen; damit war Aristoteles widerlegt, der zwei gleichzeitige natürliche Bewegungen für unmöglich erklärt hatte. Galilei hat die Phasen der Venus gezeigt, womit bewiesen war, daß Venus sich wie der Mond benahm. Die Sonnenflecken, die er gleichzeitig mit anderen Astronomen entdeckte, widerlegten die angebliche Unveränderlichkeit des Himmels. Schließlich hat er den Fixsternhimmel aufgerissen und Tausende von bisher unbekannten Sternen und den Nebel namens Milchstraße als ein Sternenmeer nachgewiesen. Das alles konnte jedermann durch unmittelbare sinnliche Erfahrung nachprüfen.

Hoppla. Hat er nicht gelehrt, daß die Sinnenerfahrung trügerisch sein kann? Das wandten die damaligen Philosophen tatsächlich gegen ihn ein: Die Entdeckungen seien nichts weiter als Trübungen der Gläser, oder noch einfacher: Das Universum ist für den Menschen geschaffen, folglich ist der Mensch mit genügend passenden Organen ausgerüstet — und sie weigerten sich, durch das Teleskop zu sehen. Galilei war fassungslos.

Mit Recht?

Heute müssen wir natürlich sagen: mit Recht. Damals war das alles eine furchtbar komplexe Umorientierung. Galilei rief einmal verzweifelt aus, es nütze gar nichts, Einzelheiten zu widerlegen, man müsse die Köpfe der Menschen umformen. Nur ganz allmählich gewöhnte sich ein Teil der Philosophen an die neuen Tatsachen, ohne kopernikanische Schlußfolgerungen daraus zu ziehen.

Mußten sie nicht zu solchen Folgerungen kommen?

Nein. Das alles paßte auch ins tychonische System.

Ärgerlicher Hemmschuh, dieser Tycho, der ja nicht recht hatte.

Genauso dachte Galilei und nahm von Tycho nichts an, und ebensowenig von Kepler, der sich auf Tychos Beobachtungen stützte und folglich ebenfalls ein Hemmschuh der Wissenschaft zu sein schien.

Ärgerlicher Fehler Galileis.

Nur: Galilei hat für das neue Weltsystem etwas anderes geleistet als Kepler. Mit seiner leidenschaftlichen Propagandaschrift »Dialog über die beiden hauptsächlichsten Weltsysteme«, die ihn vors Inquisitionsgericht brachte, hat er das neue Weltsystem populär gemacht. Das Hobby der Gebildeten wurde das abendliche Fernsehen durchs Teleskop, auch wenn sie von Astronomie nicht die blasseste Ahnung hatten. Die mittelalterliche Welt stürzte in sich zusammen.

Kein Wunder, daß die Kirche Widerstand leistete.

Und doch beinah ein Wunder. Sie griff nämlich erst sehr spät zur Gewalt. Und: Der Papst setzte zwar die Inquisition in Bewegung, aber er selbst wagte keine Entscheidung ex cathedra zu fällen, und keinem Konzil wurde die Sache zum Glaubensentscheid vorgelegt. Es blieb bei einem bloßen Verwaltungsakt, allerdings einem sehr schlecht fundierten, völlig überzogenen und für das Ansehen der Kirche katastrophalen Akt. Vorher wurde der Kopernikaner Galilei zwanzig Jahre lang für seine Entdeckungen bewundert, die Jesuitenprofessoren des Collegium Romanum hielten 1611 in seiner Gegenwart Festveranstaltungen ihm zu Ehren ab und bestätigten seine Entdeckungen, und Kardinal Maffeo Barberini, der spätere Urban VIII., feierte ihn in einem lateinischen Lobgedicht. Alle rieten dem gelehrten Mann allerdings, sich mit den unvergänglichen und unbestreitbaren Entdeckungen zu begnügen und die kopernikanischen Folgerungen nur als Hypothesen und nicht als zwingende physikalische Wahrheit vorzutragen, »es sei denn, sie würden eines Tages, was nicht wahrscheinlich ist, strikte bewiesen«. Und alle rieten ihm, er solle die Finger von der Uminterpretierung der biblischen Ausdrucksweise lassen, denn »das behalten sich die Theologen vor«, wenn und falls es nötig wird. Das alles ärgerte den jähen, selbstbewußten Galilei. Er wußte sehr wohl, daß er den Heliozentrismus nicht im strengen Sinn beweisen konnte, aber er hatte ihn mit seinen Entdeckungen überaus plausibel gemacht, z.B. widerlegte die Vollphase der Venus eindeutig das ptolemäische System.

Und also?

Nicht aber das tychonische.

Waren denn Keplers Gesetze keine Beweise?

Nur für die Planetenbahnen und für die Erkenntnis, daß Kräfte in die Theorien eingeführt werden mußten. Außerdem erkannten die meisten Leser die wirkliche Bedeutung der Gesetze nicht, und dem Pythagoreer Kepler selbst ging es hauptsächlich um die Sphärenharmonie. Kepler war aber ganz nahe am Gravitationsgesetz. Für Erde und Mond behauptete er die gegenseitige, der Masse umgekehrt proportionale Anziehung. Während der Arbeit an einer Dynamik des Planetensystems starb er 59jährig. Er hat nur die Anfänge der Himmelsphysik geleistet.

Und wo bleibt Galilei?

Er hat die für die Zukunft wichtigere Hälfte zustande gebracht: er hat die moderne Physik begründet, die Physik für die Erde. Das ist seine ungeheure historische Leistung. Diese Arbeiten lagen zum großen Teil schon um 1610 in Skizzen vor. Er legte sie für 20 Jahre beiseite zugunsten der Auswertung seiner astronomischen Entdeckungen. Erst nach dem Inquisitionsprozeß schrieb er sein bedeutendstes Buch, die »Gespräche über zwei neue Wissenschaften«. Er hat die Pendelgesetze, das Fallgesetz und die parabolische Geschoßbahn entdeckt, sie mathematisch dargestellt und durch sachgerechte Isolierung weitmöglich experimentell verifiziert. Und er hat, als Ableitung aus dem Fallgesetz, sogar ein partielles Trägheitsgesetz postuliert, allerdings auf die Erdoberfläche eingeschränkt. Nur ein einziges Mal sagt er en passant, eine Kugel, die das Flintenrohr verläßt, würde sich ewig geradlinig fortbewegen, wenn die Schwere sie nicht nach unten zöge. Aber er verallgemeinert den Gedanken nicht. Doch der Physiker Ernst Mach sagt uns, warum Galilei das nur en passant bemerkte: weil das Trägheitsgesetz gar kein besonderes Gesetz sei, sondern schon enthalten im Galileischen Begriff der Beschleunigung. Wo keine Kräfte eine Beschleunigung bewirken, findet auch keine Änderung der Geschwindigkeit statt. Wie dem auch sei, wir können uns heute kaum noch vorstellen, welche Erfindungskraft dazu gehörte, von philosophischen Spekulationen abzusehen und allein die Vorgänge, unabhängig von ihrer Ursache, ins Auge zu fassen, und welche Umorientierung des gesamten Hinsehens auf die Natur für diese Leistungen erforderlich war.

Hatte er keine Vorgänger?

Jedes Problem der Kosmologie und der Naturwissenschaft wurde im Spätmittelalter diskutiert, und man könnte ein ganzes Buch mit den oft verblüffend modernen Spekulationen füllen. (Der französische Physiker Pierre Duhem hat 1905 tatsächlich diese Arbeit geleistet.) Die schwer zu beantwortende Frage, welche dieser Autoren Galilei gekannt hat, ist aber deshalb überflüssig, weil alle diese Autoren versuchten, ihre Ideen in den Aristotelismus einzubauen oder, wenn sie gegen Aristoteles polemisierten, keine schlüssige neue Gesamtauffassung der Natur anzubieten hatten. Die unmittelbaren Vorgänger und Zeitgenossen kann man mit einiger Sicherheit benennen, aber auch sie haben die Probleme nicht gelöst. Die wichtigsten Anregungen erhielt Galilei von den Ingenieuren des Arsenals in Venedig, die ihre Maschinen ohne Kenntnis der wissenschaftlichen Grundlagen konstruieren mußten. Dort entdeckte er, daß man eine praktikable Naturwissenschaft brauchte, eine Mechanik, eine Nuova Scienza. Ohne Galilei wären weiterhin Maschinen gebaut worden, auch kompliziertere, aber die grundlagenlose Ingenieurkunst wäre sehr viel früher an Grenzen gestoßen als die Technik, die ihre Grundlagen von Galilei erhielt. Und es geht nicht nur um die Technik und Industrie. Die neue Wissenschaft hat sich auf alle Gebiete ausgebreitet. An der Erweiterung dieses Fächers waren schon Galileis unmittelbare Schüler Castelli, Cavalieri, Torricelli und Borelli beteiligt. Die vollständig neue Naturbetrachtung ist ganz allein Galileis Werk. Und bei ihm braucht man keine anderen Zwecke in Abzug zu bringen wie bei Kepler, Galileis Methodik ist absolut modern, mechanistisch, nicht mehr auf der Suche nach der Schönheit oder gar nach dem Sinn der Schöpfung.

War er kein gläubiger Christ?

Immer wieder liest man, er sei ein leidenschaftlicher Katholik gewesen und habe mit seiner Wissenschaft der Kirche einen Dienst erweisen wollen. So sagt er selbst. Er war Katholik, wie man damals Katholik war, und wie es heute nicht viel anders ist. Er wollte die in kulturpolitischen Dingen tonangebende und disziplinar allmächtige Kirche auf seine Seite ziehen; die Wissenschaftler waren ja noch großenteils Kleriker, ja seine nächsten Freunde und Parteigänger waren gelehrte und lehrende Mönche. Gleichzeitig suchte er die gebildeten Schichten und die regierenden Herren für die neue Wissenschaft zu interessieren. Er wollte wie gesagt die Köpfe umformen. Aber in seinem ungeheuren Selbstbewußtsein hat er die einflußreichsten Köpfe — vor den Kopf gestoßen. Er wollte ohne Kompromisse siegen. Und das gelang ihm auch, um den Preis des Martyriums.

Er ist und bleibt also mein großer Galilei.

Und der meine auch. Für diese Weltepoche, die mit uns zu Ende geht.

Notiz zur Dokumentation und Interpretation

Das fast 78 Jahre währende Leben Galileis ist gut dokumentiert. Der seiner Bedeutung bewußte Mann hat fast alle Manuskripte, Briefe, Notizen, Bücher mit seinen Marginalien usw. aufbewahrt. Seine Bewunderer, Freunde und Briefpartner waren etwas weniger sorgfältig, doch scheint Galilei auch vieles nicht beantwortet zu haben.

Seine (historisch-kritisch untersuchten) Werke, die Briefe und Notizen, aber auch viel Briefwechsel von Dritten über Galilei sowie manche gegnerischen zeitgenössischen Publikationen sind in der großen Edizione Nazionale (Nationalausgabe) der »Opere di Galileo Galilei« in 20 großformatigen Bänden zugänglich, die unter der Leitung des Galilei-Spezialisten Antonio Favaro von 1890 bis 1910 veröffentlicht wurden. Unter Beibehaltung der Seitenzählung gab es in den dreißiger Jahren und zweimal in den sechziger Jahren Neuauflagen. Nachträge wurden nicht eingeschoben, sondern am Ende einiger Bände angefügt. Die in diesem Buch benutzte Ausgabe stammt von 1968. Zitiert wird EN, dann die Bandnummer in römischen Ziffern, die Seitenangabe in arabischen Ziffern; z. B. EN III 51 = im dritten Band der Edizione Nazionale auf Seite 51 beginnt der »Sidereus Nuncius«.

Die deutsche Übersetzung des »Dialogo« (Galilei, Dialog über die beiden hauptsächlichsten Weltsysteme, das ptolemäische und das kopernikanische, 1891, reprografischer Nachdruck Stuttgart 1982 mit einleitenden Ergänzungen und neuem Namen- und Sachregister) von Emil Strauß wird an den entsprechenden Stellen zusätzlich zu den Quellen in EN für den deutschen Leser zitiert.

Von der nachgerade unübersehbar gewordenen Sekundärliteratur findet sich in der soeben genannten deutschen Ausgabe des »Dialogo« ein guter bibliografischer Auszug. Auf diesen sei der Leser verwiesen.

Zur Auswertung des gesamten Materials ist eine sehr gute Kenntnis der italienischen Sprache nötig, da es in keiner anderen Sprache eine im Umfang auch nur annähernd genügende Galilei-Ausgabe gibt. Galilei schrieb grundsätzlich italienisch, außer in seinem berühmten »Sidereus Nuncius« und im 3. und 4. Buch seiner »Discorsi« von 1638. Damit schnitt er sich zwar vom lateinischen europäischen Büchermarkt ab, doch war die Kenntnis des Italienischen damals verbreiteter als heute, und außerdem wurden nach dem Verbot seiner Bücher die wichtigsten Schriften in Holland sofort lateinisch publiziert.

Wie schwierig eine »objektive« Darstellung dieses exemplarischen Lebens ist, habe ich schon in der Einleitung angedeutet. Einerseits muß man sich hüten vor der zelotischen Heroisierung seiner bisherigen Biographen; schon der erste, Viviani, der während der letzten drei Lebensjahre Galileis Mitarbeiter des Meisters war, trug zu dick auf. Aber auch spätere, auch der hoch verdiente Emil Wohlwill (»Galilei und sein Kampf für die copernicanische Lehre«, 1909, 1969[II]) entschuldigt nicht nur, sondern heroisiert gewisse Irrtümer Galileis. Das ist nicht nur überflüssig, es ist für das Verständnis Galileis schädlich.

Ferner muß es endlich gelingen, die Rolle der kirchlichen Akteure ins richtige Licht zu setzen. Insgesamt erfordert dieses von Leidenschaften verzerrte Thema eine Darstellung, die weder dem Selbstverständnis der Wissenschaftler noch den säkularen Pflichten (meist nur Pseudo-Pflichten) der Kirche, noch den heutigen Forderungen an die Wissenschaft und Technik kritiklos gegenübersteht. Mit anderen Worten: Die schwierige Frage, wie es sich mit diesen ganz verschiedenartigen Autonomien verhält, sollte weder von einem dieser ideologisierten Standpunkte aus noch von einem kurzschlüssig harmonisierenden und moralisierenden Postulat aus, noch als schlechterdings unlösbar behandelt werden. Damit wird der Inquisitionsprozeß neben seiner deutlichen Illegitimität ex post zum Ausgangspunkt des schwierigsten Kapitels in der Biografie des Begründers der modernen Physik und der mechanistischen Wissenschaftsepoche.

Zum Schluß noch ein Hinweis auf die Schreibung von Eigennamen. In allen bisherigen Darstellungen sind die Schreibungen völlig verschieden, je nachdem, aus welcher Quelle sie genommen sind. Es kommt hinzu, daß die Namen in lateinischen Schriftstücken oft latinisiert wurden. Bis in die Neuzeit hinein (in Deutschland bis ins späte neunzehnte Jahrhundert) gab es bekanntlich keine verbindlichen Regelungen. In diesem Buch nun werden alle Namen gemäß dem »Register« in Band XX der Edizione Nazionale geschrieben. Favaro hat die bestmöglichen Quellen, z. B. Taufregister, benutzt. Auch den früheren Namen der heutigen Glaubenskongregation schreibe ich wie Favaro; er benutzt den italienischen Namen Sant'Uffizio.

1
Glücklicher Bildungsgang

Galileo Galilei, am 15. Februar 1564 in Pisa geboren, gehörte einer Familie an, die zwei für seine Zukunft sehr wichtige Merkmale hatte: sie stammte aus einem alten Florentiner Patriziergeschlecht, und sie war verarmt. Das erste bedeutete, daß der junge Galilei sich natürlicherweise als Signore fühlte und mit Fürsten und Kirchenfürsten unbefangen umgehen konnte, das zweite aber, der schmale Geldbeutel des Vaters, bewirkte einen unkonventionellen Bildungsgang, zwei verschiedene Schulerfahrungen, die entscheidend werden sollten.

Als reicher junger Herr hätte er mit Sicherheit nur den konventionellen sterilen Studiengang in irgendeinem Fach absolviert, oder er wäre, wie er später einmal sagte, Maler geworden. Auf keinen Fall aber hätte er nach einem ordentlichen Universitätsstudium noch einen untergeordneten technischen Lehrgang besucht.

Sein Vater konnte ihm jedoch keine sorglose Studienherrlichkeit bieten. Der Knabe kam ins Kloster Vallombrosa, wo er einen sehr guten klassischen Unterricht genoß und wegen seiner auffallenden Intelligenz schon früh als Novize betrachtet wurde. Doch sein Vater holte ihm zum Ärger des Abtes mit 13 Jahren wieder nach Hause. Dann versuchte er mehrere Jahre vergebens, für seinen Sohn einen Stipendienplatz an der Universität Pisa zu erlangen, bis es endlich 1581 gelang. Angesichts seiner Finanzlage hielt er es für das Vernünftigste, das medizinische Fach anzuraten. So begann denn auch der junge Mann Medizin zu studieren, aber er fand keinen Geschmack an der

Karriere eines Arztes. Er brach mitten im Studium ohne jedes Examen ab und widmete sich ab 1585 der Mathematik.

Und das also ist der Moment, an dem sich seine wissenschaftliche Zukunft entschied. Hätte sein Vater genug Geld gehabt, um Galileo ein universitäres Zweitstudium in Mathematik zu ermöglichen, dann wäre aus dem Studenten vermutlich ein konventioneller Professor geworden. So aber fehlte es an Mitteln, und Galileo kam in Florenz, wo die Familie längst wieder wohnte, in eine billigere Schule, nämlich in die Kunstakademie, wo Ostilio Ricci praktische Mechanik und angewandte Mathematik für angehende Künstler und Techniker lehrte. Dort wurde er mit den Schriften der sogenannten »Werkstattempiriker« bekannt, vor allem mit Tartaglias Werk über praktische Fragen »Quesiti et inventioni« (1546), worin z. B. ballistische Fragen behandelt wurden, und mit dem mathematischen »Trattato di numeri et misure« (1556–60). Tartaglia publizierte auch »De ratione ponderis« (1565), eine Arbeit aus der Schule des Jordanus Nemorarius, eines bedeutenden Physikers des 13. Jahrhunderts. Dort schon wird der Nachweis geliefert, daß die Wurfbahn sich aus zwei verschiedenen Bewegungen zusammensetzt, entgegen der Behauptung des Aristoteles, ein Körper könne jeweils nur eine Bewegung ausführen. Tartaglia hat Galilei mächtig vorgearbeitet. Auch Galileis begeistertes Studium des Archimedes wurde durch Tartaglia, der eine Übersetzung vorlegt, wenn nicht angeregt, so doch erleichtert.

Aber nicht nur theoretische und experimentelle Studien trieb der junge Galilei bei Ricci, er sah auf den regelmäßigen Exkursionen auch die Techniker bei der Arbeit und hörte von ihren theoretischen Schwierigkeiten. Es dauerte nicht einmal ein Jahr nach Aufnahme der Studien bei Ricci, daß Galilei eine hydrostatische Waage konstruierte, womit er das bisher falsch verstandene hydrostatische Prinzip des Archimedes richtig demonstrieren konnte. Eine Schrift darüber (EN I 209 ff.), »La bilancetta«, verbreitete er als Manuskript. Dazu kam eine Tafel mit spezifischen Gewichten von Metallen und Edelsteinen.

Ob er damals schon im Dom zu Florenz einen schwankenden Kronleuchter beobachtete und dabei bemerkte, daß die Schwingungsdauer von der Schwingungsweite unabhängig blieb, das ist nicht gesichert. Wir wissen nur, daß der junge Galilei irgendwann diesen sogenannten »Isochronismus« des Pendels entdeckt hat, indem er die gleichbleibenden Zeitabstände an seinem Puls maß. Diese quantitative, messende Untersuchung war die Grundlage für die Erfindung der Pendeluhr, womit er sich in späteren Jahren abmühte; die endgültige Konstruktion gelang aber erst Christian Huygens Jahrzehnte später.

Dagegen sind Galileis angebliche Experimente mit dem Abwurf verschiedener Gewichte (Holz und Blei) vom Schiefen Turm zu Pisa eine Legende. Sie gehören zu den vielen erdachten Experimenten, womit man bis in Galileis Zeit gern mathematische Konklusionen abschloß. Er spricht von diesen Experimenten in seiner unveröffentlichten Jugendschrift »De motu« und sagt, er habe sie oft von einem hohen Turm aus gemacht und festgestellt, daß Blei schneller als Holz falle, was er auf die »Natur« der Materialien zurückführte. Man sieht leicht, daß diese Experimente, selbst wenn er sie gemacht haben sollte, für die richtige Definition des Fallgesetzes nichts erbrachten. Es sollte noch lange dauern, bis Galilei das kinematische Gesetz unabhängig von dynamischer Begründung anpackte.

Auf die hydrostatischen folgten Schwerpunktstudien (»Theoremata circa centrum gravitatis solidorum«, EN I 179 ff.), ein Thema, das damals häufiger behandelt wurde, z. B. auch von dem Mathematiker und Physiker Marchese Guidobaldo del Monte. Es war del Monte, der für die Zukunft Galileis neidlos die Weichen stellte. Als er das Manuskript sah, erkannte er sofort das außergewöhnliche Talent des jungen Mannes und vermittelte ihm das Selbstbewußtsein, das dem Exstudenten ohne Examen und Titel einen Universitätsstuhl als adäquate Stellung erscheinen ließ.

Das war natürlich nicht leicht zu erreichen. Wir brauchen uns bei den verschiedenen fehlgeschlagenen, stets von del Monte unterstützten Bewerbungen nicht aufzuhalten (z. B. lief ihm sein späterer Freundfeind Magini in Bologna den Rang ab) — das Ergebnis jedenfalls war nach mehreren Jahren positiv. Er erhielt 1589 in Pisa, wo er einige Jahre zuvor noch ein mittelloser Student gewesen war, eine mathematische Professur auf drei Jahre. Allerdings war auch der fünfundzwanzigjährige Professor praktisch mittellos, er bekam nämlich eine lächerlich geringe Besoldung. Aber die kräftige Fürsprache der Brüder del

Monte, des Marchese und des Kardinals, beim toskanischen Erzherzog hatte ihm jedenfalls ein offizielles Sprungbrett verschafft. Außerdem hatten sie ihn zu dem Zweck mit dem Erzherzog bekannt gemacht.

Die erfolgreichen Jugendarbeiten, die aus der Praktiker-Schule Ostilio Riccis hervorgingen, ließ er jetzt teilweise fallen, z.B. die Schwerpunktstudien. Den Grund nennt er selbst: Luca Valerio veröffentlichte zu der Zeit ein gründliches Werk darüber, wonach auf diesem Feld »nichts mehr übrig gelassen war«. Aber auch als Pisaner Mathematikprofessor, der den Euklid zu lehren hatte, hörte er nicht auf, die spätmittelalterlichen Mathematiker und Physiker zu studieren, die schon sporadische Breschen in das aristotelische Bollwerk geschlagen hatten, z.B. Jordanus Nemorarius, Jean Buridan und Nicolas von Oresme, die auf die Naturwissenschaft als Selbstzweck hingewiesen hatten. Ihre Hochschätzung des Experiments beruhte allerdings meist auf mathematisch erdachten, nicht wirklich ausgeführten Experimenten. Man könnte noch eine Menge Namen aus dem 13. und 14. Jahrhundert, den Jahrhunderten der ersten, kurz dauernden wissenschaftlichen Revolution, nennen, deren Werke alle kurz vor Galileis Zeit oder während seiner Studien wieder im Druck erschienen und das Ungenügen an der aristotelischen Physik erneuerten. Auch die Mechanik des Leonardo da Vinci war in Kopien im Umlauf; Galilei kannte die Schrift.

Das ungedruckte Manuskript Galileis »De motu« (EN I 243 ff.) aus der Pisaner Professorenzeit hat eine Zeitlang Rätsel aufgegeben. Es wurde und wird auch heute noch gelegentlich behauptet, diese Schrift sei wesentlich von Riccis Vorlesungen beeinflußt. Aber Wohlwill hat schon 1909 nachgewiesen, daß »De motu« eine Studie über Giovanni Battista Benedettis »Demonstration der örtlichen Bewegungen gegen Aristoteles und alle Philosophen« (1553) und »Vermischte mathematische und physikalische Betrachtungen« (1585) ist. Der Widerspruch löst sich ganz einfach: Ricci stützte sich in seinen Vorlesungen ebenfalls auf Benedetti.

Der Mathematiker und Physiker Benedetti versuchte die Sätze des alexandrinischen Neuplatonikers Philoponos, der im 6. Jahrhundert schon die aristotelischen Fallgesetze bestritten hatte, mathematisch zu beweisen. Es ging um die Behauptungen des Aristoteles, größere Körper fielen schneller als kleine, und in dünneren Medien fielen sie schneller. Auch die »gewaltsame« Bewegung beim Wurf und beim Pfeilschuß mußte berichtigt werden. Noch immer gab es Schulgelehrte, die die aristotelische Lehre vortrugen, jeder schwere Gegenstand strebe zur Ruhe im Erdmittelpunkt und müßte folglich beim Verlassen der werfenden Hand oder der gespannten Bogensehne unmittelbar zu Boden fallen, wenn ihn nicht ein hinter ihm entstehender Luftwirbel eine Zeitlang weitertriebe. Im 15. und 16. Jahrhundert hatten Nikolaus von Kues, Leonardo da Vinci und Geronimo Cardano den Gedanken einer eingegebenen oder mitgegebenen Kraft, der virtus impressa, entwickelt, und eben dieser Gedanke findet sich auch bei Benedetti. Die aristotelische Unterscheidung zwischen »natürlicher« und »gewaltsamer« Bewegung war damit aufgegeben, man war auf dem Weg zum Beharrungsgesetz. Allerdings schleppten sie alle noch Irrtümer über das Fallgesetz mit.

Der Name Benedetti taucht bei Galilei nicht auf. Auch darüber wurde gerätselt. Galilei hat seine Schrift nämlich im Ton eigener Entdeckungen verfaßt. Wohlwill sieht darin ein Zeichen für »Selbständigkeit« des jungen Galilei. In Wirklichkeit handelt es sich um die wohlbekannte psychologische Haltung der Spurenverwischung. Kopernikus z.B. nennt seine antiken Vorläufer, aber den völlig heliozentrisch denkenden Aristarch von Samos (3. Jh. v. Chr.) hat er aus seinem Manuskript wieder gestrichen. Seine völlige Abhängigkeit von Aristarch wäre sonst allzu deutlich geworden. Und Descartes und Newton sind bekanntlich Meister im Spurenverwischen. Galileis Verfahrensweise ist also nicht weiter verwunderlich. Der einzige Kepler nannte stets dankbar seine Quellen.

Mit anderen Worten: Die Pisaner Schriften aus der Zeit seiner dortigen Professur sind noch nicht der Beginn des epochemachenden Dynamik-Werkes »Zwei neue Wissenschaften« von 1638; diese Arbeit beginnt erst in Padua.

Es ist noch ein Wort nötig zu der Frage, warum die erste wissenschaftliche Wendung des 13. und 14. Jahrhunderts so schnell versackt ist. Daran ist nicht nur das vorrangig metaphysische Interesse der frühen Wissenschaftler schuld. Alistair

C. Crombie (»Von Augustinus bis Galilei«, deutsche Übersetzung 1977, S. 338) hat wohl mit Recht darauf hingewiesen, »daß der Humanismus des 15. Jahrhunderts, der von Italien ausgehend sich nordwärts verbreitete, eine Unterbrechung in der Entwicklung der Naturwissenschaft bedeutete«. Die literarisch motivierte Rückwendung zum klassischen Altertum hatte die Verachtung der letzten Jahrhunderte zur Folge. Erst der rein wissenschaftlich orientierte Aufbruch im 17. Jahrhundert nahm, obwohl er eine radikal mechanistische Richtung einschlug, erneute Kenntnis von den Arbeiten der Pioniere des 13. und 14. Jahrhunderts. Die hungrigen frischen Druckerpressen verbreiteten schon seit Ende des 15. Jahrhunderts die meisten der wichtigen älteren Arbeiten.

Wir brauchen das nicht alles aufzuzählen. Für uns ist wichtig zu wissen, daß Galilei als Student seinen Aristoteles genau kennenlernte, als Ricci-Schüler aber auf dem Umweg über die Werkstattempiriker und ältere Autoren die Notwendigkeit einer praktikablen Wissenschaft und einer zusammenhängenden mechanistischen »Philosophie« erkannte.

Wenn auch »De motu« noch nicht den Durchbruch zu den späteren kinematischen Gesetzen brachte, so hatte Galilei damit doch für immer das fruchtbarste Gebiet betreten. Die Probleme der Bewegung lagen von jeher der Naturwissenschaft zugrunde, von Aristoteles bis Newton. Nur ist Galilei der erste in der langen Geschichte der Naturwissenschaft, der bis zum Alter von 46 Jahren und in den letzten zehn Jahren seines Lebens die kinematischen und dynamischen Probleme schließlich mit großem und dauerhaftem Erfolg behandelte.

Es gibt einen zweiten Grund, der eine genaue Aufzählung der sporadischen Leistungen jener ersten wissenschaftlichen Welle erübrigt. Selbst dort nämlich, wo Galilei von den frühen Vorgängern profitierte, braucht man ihm nicht die Originalität abzusprechen, denn jetzt handelte es sich nicht um sporadische Erkenntnisse, die in den Aristotelismus eingepaßt wurden, sondern um einen konsequenten Zusammenhang innerhalb einer neuen, rein wissenschaftlichen Weltsicht, die Galilei seiner Epoche einhämmerte und die er tatsächlich durchsetzte. Umgekehrt kann man die sporadischen richtigen Erkenntnisse der früheren Jahrhunderte nicht als wissenschaftshistorische Originaldaten behandeln, da sie sich damals weder durchsetzten noch aus einem geschlossenen wissenschaftlichen Weltbild stammten.

Das sind Selbstverständlichkeiten, aber man muß sie aussprechen, weil z.B. der bekannte Physiker Pierre Duhem in »Les Origines de la Statique« (1905) eine großartige Heerschau der früheren Jahrhunderte veranstaltete, um schließlich Galileis Funden die Originalität abzusprechen. Das unterlief in dem an sich verdienstvollen Eifer der Rehabilitierung der frühen Jahrhunderte gegen die abschätzige Legendenbildung der Humanisten. Doch Galileis Leistung mit diesem Schema erfassen oder gar abtun zu wollen, dient nur einer neuen, umgekehrten Legendenbildung. Duhem mag Galilei in Einzelheiten sogar falsche Entlehnungen nachweisen, es bleibt auf jeden Fall dabei, daß Galileis neue wissenschaftliche Methode, die dem Maschinenbau der Werkstattempiriker die Fundamente lieferte, zur weltverändernden Theorie und Praxis führte. Was immer in der Luft gelegen haben mag, Galilei und kein anderer hat das Prinzip der Nuova Scienza entwickelt und die ersten spektakulären Ergebnisse vorgelegt.

2
Von Pisa nach Padua

Es gab Gründe, nach einem neuen Lehrstuhl zu suchen. In Pisa hat Galilei nur wenig Freundschaften geschlossen, z.B. mit jenem Luca Valerio, dem Schwerpunktforscher, der ihn später immer wieder ermahnte, seine kinematischen Studien nicht zu vernachlässigen, auch nicht zugunsten der Astronomie. Dieser Mann wußte also genau, was Galileis Mission war! Er verließ ihn später, im Augenblick der ersten kirchlichen Reaktion.

Ein weiterer Freund wurde der Medizinprofessor Gerolamo Mercuriale, der im letzten Pisaner Jahr Galileis nach Pisa berufen wurde. Er bereitete am toskanischen Hof das Feld für den Mathematikunterricht, den der junge Erbprinz Cosimo später von Galilei erhalten sollte, wenn die Zeit dafür gekommen sein würde. Die Freundschaft wurde durch das Schicksal beendet: Mercuriale starb schon 1596.

Einen dritten, älteren Freund erbte Galilei von seinem Vater, nämlich den angesehenen Philosophieprofessor Iacopo Mazzoni, der an der Harmonisierung der Philosophie Platos und Aristoteles' arbeitete. Sein »De comparatione Aristotelis et Platonis« erschien 1597, da war Galilei schon 5 Jahre in Padua.

Aus dem freundschaftlich verehrungsvollen Antwortbrief Galileis vom 30. 5. 97 auf die Zusendung des Werkes geht hervor, daß sie beide in den Pisaner Jahren lebhafte Diskussionen geführt hatten, ob auch über Kopernikus, ist allerdings ungewiß. Man darf es aber vermuten, denn die ruhige Gelassenheit, mit der Galilei in seinem Brief ein (aristotelisches) Argument Mazzonis entkräftet, erwartet keine Verwunderung Mazzonis. Von Mazzonis Reaktion ist nichts bekannt; er starb im Jahr darauf, 1598.

Damit ist jedenfalls erwiesen, daß es keine Redensart war, wenn Galilei, auch wenn er noch lange Jahre die vorgeschriebene ptolemäische Theorie lehrte, im Jahr 1597, zwei Monate nach dem Brief an Mazzoni, in einem Brief an Kepler für die Zusendung des »Mysterium cosmographicum« dankte und dabei dasselbe Bekenntnis ablegte. Wegen der kopernikanischen Vorrede des »Mysterium« nannte er Kepler einen »amicus veritatis«, einen Freund der Wahrheit. Von sich selbst sagt er, er habe seit vielen Jahren schon manches gefunden, was nach den gebräuchlichen Hypothesen unerklärlich bleibe. Viele Gründe und Argumente habe er notiert, die er aber für sich behalte, »abgeschreckt von der Fortuna des Kopernikus, unseres Lehrers, der sich bei einigen Leuten unsterblichen Ruhm erworben hat, bei den Unzähligen aber — denn so viel Dummköpfe gibt es — Gelächter und Buhrufe erntete. Gäbe es mehr Menschen wie du, könnte ich meine Überlegungen veröffentlichen; da es sie nicht gibt, werde ich es sein lassen.«

Und wie kam Galilei in jungen Jahren zu Kopernikus? Manche Forscher verweisen uns an genaue Adressen, z.B. an Benedetti, der in seinen »Betrachtungen« die Hypothesen des Kopernikus vernünftiger als die bisherigen nannte, »vorbehaltlich der höheren Erleuchtung«, d.h. der kirchlichen Weisungen. Doch hatte Galilei in diesem Punkt Benedetti gar nicht nötig. Die Berechnungen des Kopernikus waren inzwischen allgemein in praktischen Gebrauch genommen, die »Prutenischen Tafeln« (1551) für die Schiffahrt beruhten auf den Daten des Kopernikus, die bessere »Rettung der Erscheinungen« stellte niemand in Frage, nur die eigentliche Theorie der Erdbewegung interessierte kaum jemand. Sie galt als eine unter mehreren Hypothesen, was sie zur damaligen Zeit ja auch tatsächlich war, und unter Hypothesen brauchte man sich nicht zu entscheiden. Man wußte auch, daß das kopernikanische System sich von Aristarch herschrieb, und nannte das ganze pythagoreisch. Über das physikalische Für und Wider diskutierte man zwar, wie das Beispiel Benedetti zeigt, aber ohne großen Schwung. Der Schwung war nämlich durch Tychos geometrisch durchaus brauchbare Kompromißformel gelähmt; danach drehten sich die fünf Planeten um die Sonne, der gesamte Himmel mitsamt der Sonne und dem Mond aber um die feststehende Erde.

Allerdings hatte Tycho de Brahe mit seinen genauen Instrumenten nicht nur das exakte Messen in die Astronomie eingeführt, sondern auch zwei folgenschwere Beobachtungen damit gemacht.

Erstens bewies er, daß die »Novae«, die plötzlich neu aufleuchtenden Sterne, zum Fixsternhimmel gehören, da sie keine Parallaxe aufweisen.

Zweitens bewies er, daß die Kometen keine »sublunaren« Erscheinungen sind, sondern weit draußen im Weltraum ihre Bahn ziehen.

Und damit zeigte er, daß erstens der Himmel nicht »unveränderlich« ist, entgegen dem Tabu der Astronomie seit Aristoteles, und daß zweitens die sogenannten »Sphären«, nämlich die soliden, aber durchsichtigen Kugeln, an denen die Planeten angeblich aufgehängt waren, nicht existieren konnten, da ja die Kometen ohne weiteres hindurchhuschten.

Tychos System war also in Beziehung auf die schriftgemäße Ruhe der Erde konservativ, in Beziehung auf Aristoteles äußerst fortschrittlich.

Aber das alles wurde erst spruchreif, als Galilei sich als den einzigen ernst zu nehmenden Astronomen betrachtete. Für jetzt, für den jungen Galilei galt nur Folgendes. Die halbherzigen Fortschrittlichen, und so auch die Jesuiten des Collegium Romanum, fanden es am bequemsten, Tychos Theorie zu akzeptieren, die alle Erscheinungen genauso gut erklärte wie Kopernikus. Lediglich der Mars, der Planet mit der größten Exzentrizität, machte nach wie vor Schwierigkeiten, für Tycho nicht anders als seinerzeit für Kopernikus.

Doch muß man bedenken, daß schon vor Kopernikus von der Erdbewegung die Rede war. Sehen wir ab von Nicolas de Oresme, der im 14. Jahrhundert die Erdrotation für ebenso denkbar wie das ptolemäische Modell hielt, aber aus religiösen Gründen dann doch beim alten Modell blieb, und halten uns nur an die näher liegenden Namen von Nikolaus von Kues, Peurbach, Regiomontanus, so war die Diskussion schon längst im Gange. Wie gesagt, die These der Erdbewegung lag in der Luft, und wer genug Antiaristotelismus in sich aufgespeichert hatte, konnte gut und gern als moderner Mensch die Überzeugung von der physikalischen Richtigkeit der kopernikanischen

Hypothese gewinnen. Und – er konnte gut und gern Tycho für einen ängstlichen Feigling halten. Und ferner: er konnte ebenso gut und ebenso gern eine Abneigung gegen Kepler fassen, der in seinem »Mysterium cosmographicum« neben der kopernikanischen Vorrede ein abstruses pythagoreisches Zahlenspiel als Harmonie der Sphären vorbrachte und zu allem Überfluß in der Widmung seiner »Astronomia nova« an Kaiser Rudolf sagte, er habe die Arbeit über den Mars »unter der Führung Tychos« begonnen. Dazu kam dann noch das mystische Spekulieren Keplers, das Galilei zuwider war – aber damit greifen wir weit vor. Für jetzt genügt es zu wissen, daß der junge Galilei modern genug war, um für seine Person das System des Kopernikus für die völlige Lösung der Himmelsprobleme zu nehmen. Nur fehlten noch die Beweise, und darum behielt er seine Überzeugung für sich. Und – ein Gesichtspunkt, der stets übersehen wird – diese Dinge gingen ihn im Augenblick kaum etwas an, sie wurden erst nach 1610 für ihn virulent. Bis dahin war es noch weit.

Ein zweiter Grund für die Suche nach einem Lehrstuhl war zwingend. Sein Pisaner Stuhl wurde so schlecht honoriert, daß er sich mit Privatunterricht für wohlhabende junge Leute über Wasser halten mußte. Das war zwar nichts Auffälliges, denn die Professoren gaben stets Unterricht »privatissime«, aber für den jungen Professor ging es um das Existenzminimum. Und selbst dieses armselige Honorar fiel nach drei Jahren weg. Offenbar war in der Professorenschaft doch etwas bekannt geworden von nicht ganz geheuren Diskussionen mit Mazzoni und Valerio, denn nach Ablauf der verabredeten drei Jahre wurde seine Bestallung nicht erneuert. Er saß auf der Straße.

Und gerade im Jahre 1591 hatte er die Zahlung einer Mitgift für seine Schwester Virginia übernommen, was ihm jahrelange Sorgen und viel Ärger mit dem Schwager Landucci verursachte, und im selben Jahr starb sein Vater. Nun war Galileo das Familienoberhaupt, ein Habenichts und kurz darauf ein gekündigter Professor.

Man sollte in Galileis Biographie nicht alles referieren, was auch nur entfernt mit ihm in Beziehung steht, also z.B. die Rechtshändel mit dem Schwager Landucci und andere in jedem Leben eintretende Mißhelligkeiten, doch ebensowenig darf man nur Fakten bieten, die zu den epochemachenden Taten in Beziehung stehen oder mit etwas Nachdruck in Beziehung gebracht werden können; so als sei dieses Leben nichts anderes gewesen als ein einziger, besessen verfolgter Gedanke. Beispielsweise genügen die beiden Momente »patrizisch« und »verarmt« vollständig, um den Bedeutungsrahmen der Familie für die Zukunft des jungen Galileo zu kennzeichnen. Daß die Galileis eine Zeitlang in Pisa wohnten, wo der Vater sich im Tuchhandel versucht zu haben scheint, ist im Effekt bedeutungslos. Doch muß uns der Vater Vincenzio aus einem ganz anderen Grund interessieren.

Exkurs über die italienische Sprache

Vincenzio Galilei war Musiker, Komponist und Musikwissenschaftler. Von ihm stammt der seinerzeit berühmte »Dialogo della musica antica et della moderna«, worin er gemäß den damals herrschenden antikisierenden Neigungen (und Mißverständnissen) die polyphone Musik und den Kontrapunkt als falsche Entwicklung deklarierte und dagegen die »moderne« schlichte Rezitation mit Instrumentalbegleitung als Restitution der antiken Musik feierte. Diese dem Grafen Bardi als Komponisten gewidmete Schrift ist die wichtigste Quelle für die Tätigkeit der Florentiner »Camerata«, einer von Bardi gegründeten und beherbergten musikalischen Akademie, aus der die heutige »Oper« hervorging. Die Gattung der Oper ist bekanntlich der einzigartige Fall einer Neuschöpfung, die aus einem Mißverständnis stammt, nämlich dem Mißverständnis, die antiken Tragödien seien rezitative Singspiele mit eingelegten »Chören« gewesen.

An alledem also war Vincenzio Galilei theoretisierend beteiligt. Praktisch ging er als Komponist für Lautenkonzerte nach einigen erfolglosen Versuchen im neuen Stil wieder auf den üblichen polyphonen Satz zurück. Übrigens nennt er Bardi seinen Mäzen. Viel geholfen hat ihm dieses Mäzenatentum nicht. Es ging da mehr um die Ehre.

Und was hat das alles mit unserem Galileo zu tun? Dieser

Vincenzio, sein Vater, schrieb seinen Traktat auf italienisch, gab also dem Latein der Wissenschaftler den Abschied. Was liegt für einen psychologisch und biologisch interessierten Darsteller näher, als Galileos Vorliebe für die italienische Sprache dem Familienerbe zuzuschreiben? Nur darf der Darsteller nicht daran denken, daß Niccolò Tartaglia schon ein Jahrhundert vorher italienisch schrieb, manchmal aber lateinisch, genau wie Galileo; und wir werden gleich sehen, wer noch italienisch schrieb. Und die Vererbungsanhänger dürfen auch nicht daran denken, daß Galileo schon als junger Mann der »Accademia Fiorentina« angehörte, die gemäß ihren Statuen die Pflege der italienischen Sprache betrieb; gebildete Florentiner hielten es für eine Ehre, dieser Akademie anzugehören. Dem Wunsch Galileos, mit italienischen Schriften die führenden Schichten zu erreichen, entsprach also der Wunsch der führenden Schichten, erreicht zu werden.

Vater Vincenzio mit seinem musischen Beruf hat, wie es allgemein heißt, seinem Sohn auch eine künstlerische Ader vererbt. Auch der Sohn konnte Laute spielen. Er hätte auch Maler werden können, wie er selbst einmal im höheren Alter sagt. Und er dichtete, wie man damals so dichtete, alle Gebildeten schrieben gelegentlich Gedichte. (Und noch Goethe sagte dasselbe nachsichtig von seinen Zeitgenossen.) Aber Galileo hat auch einen langen, wütenden Aufsatz gegen das »Flickwerk«, den »Mangel an Begabung und Einfällen«, die »Obszönität«, die »ungehörigen Liebesgeschichten« in Torquato Tassos »Befreitem Jerusalem« hinterlassen, das er durchweg langweilig und geschwollen findet, wohingegen Ludovico Ariosto im »Rasenden Roland« ein vorbildliches Werk geschaffen habe (EN IX 61 ff.). Das ist jedoch nichts anderes als einer der zahllosen Beiträge zu dem lärmenden Meinungsstreit, der seit Jahrzehnten in Literaten- und Liebhaberkreisen über das Epos und die verletzten »Regeln« tobte. Für die lyrische, schon barocke Sinnlichkeit Tassos hatte Galilei wie so viele andere kein Organ, er hielt an Ariosts heller, graziöser, von der Renaissance geprägter Kunst fest.

Galileis Abneigung, wenn auch stellenweise peinlich pedantisch vorgetragen, ist also nichts Besonderes; er schlug sich zwanig Jahre nach dem Ausbruch der Diskussion auf die konservative Seite. Das nehmen die späteren italienischen Literarhistoriker gelassen zur Kenntnis.

Über etwas anderes gehen sie meist mit Schweigen hinweg. Den Ariosto nämlich, den Galilei aufs höchste verehrte, hat er trotz aller Verehrung nicht viel anders behandelt. Er hat den »Rasenden Roland« mit Anmerkungen und Verbesserungen versehen (EN IX 151 ff.). Zwar kann man auf die zeitgenössische vermeintliche Sicherheit über Kunstregeln verweisen, aber das hilft nicht darüber hinweg, daß Galilei nun einmal Ariosts »Rasenden Roland« verbessern zu können glaubte. Manchmal setzt er ein »passenderes« Wort, der »Pinie« z.B. zieht er das Wort »Baum« vor, manchmal verbessert er die epische Vergangenheitsform in Gegenwartsform, nach der Regel, daß die Darstellung von plötzlicher Aufregung durch die Gegenwartsform heftiger wirkt, schließlich dichtet er ganze Zeilen und Strophen um, und einmal macht er einen Strich durch zwei Strophen und merkt an: »Bitte, Herr Lodovico, gestatten Sie, daß diese beiden Stanzen gestrichen werden, denn diese Übertreibung ist ein bißchen zu lang...« (EN IX 157 ff.).

Über diese vierzig großformatige Seiten lange Sanierung des »Rasenden Roland« geht die Literaturwissenschaft also mit karitativem Schweigen hinweg, und das ist auch recht so. Galilei hat die moderne Physik, nicht die moderne Literatur begründet.

Aber es heißt immer wieder, er habe nicht nur die wissenschaftliche Prosa geschaffen (die übrigens in den späten »Gesprächen über zwei neue Wissenschaften«, seinem wirklich unvergänglichen Werk, konsequenterweise hauptsächlich aus Thesen, Zahlen, Formeln, Zeichnungen und stilistisch kahlen Ableitungen besteht, überdies im rein wissenschaftlichen Teil auf lateinisch), sie sagen auch und schreiben es voneinander ab, er habe die italienische Prosa schlechthin geschaffen.

Dazu ist zuerst einmal dies zu sagen: Es ist nicht gut, wenn ausländische Wissenschaftshistoriker über eine Sprache urteilen, noch dazu über die italienische, die in den Schulen nicht gelehrt wird und somit leider keine Weltsprache ist. Ich sage »leider«, weil eins der größten Werke der Weltliteratur, Dantes »Commedia«, unübersetzbar ist und mit ein bißchen angelerntem Italienisch für Ausländer inkommensurabel bleibt.

Dazu ist aber auch zweitens zu sagen: Es ist nicht gut, wenn italienische Wissenschaftshistoriker über die Neuheit und Kraft der Sprache Galileis urteilen und sich damit zu Sprachhistorikern aufwerfen.

Die italienische Prosa geschaffen? Boccaccio, Machiavelli, Aretino, Guicciardini, Cellini (nicht der von Goethe gezähmte, sonder der originale!), Paolo Sarpi, Giordano Bruno, Galilei, Campanella, das sind nur einige der vielen Namen, an die man zu denken hat. Francesco De Sanctis, der große Kritiker und Literarhistoriker, schrieb in seiner »Storia della letteratura italiana« (1870, hier benutzte Ausgabe 1962, S. 559) über Machiavelli, im »Principe«, in den »Discorsi«, den »Relazioni« usw. gehorche er nicht mehr den zeitgenössischen rhetorischen Regeln, sondern er schreibe, »wie es kommt, ganz auf die Sachen gerichtet«, und dann heißt es: »Wo er nicht an die Form dachte, wurde er zum Meister der Form. Und ohne sie zu suchen, fand er die italienische Prosa.« Wahrhafte Prosa ist »das Bewußtsein und die Reflexion des Lebens« (a.a.O. 561). Ganz auf die Sachen gerichtet — genauso wird Galilei in der Naturwissenschaft verfahren, für die sich Machiavelli, dieser »Galileo der Politik« (Gioberti), nicht interessierte.

Für Machiavelli gehören alle metaphysischen Spekulationen der mittelalterlichen Vergangenheit an. Im 15. Kapitel des »Principe« sagt er es in einem einzigen Satz: »Es schien mir angemessener, der tatsächlichen Wahrheit der Sache statt ihrer spekulativen Vision nachzuforschen.« (»Mi è parso più conveniente andare dietro alla verità effettuale della cosa, che alla immaginazione di essa.«) Das gleiche werden wir von Galilei hören. Und genau das bewundert Francis Bacon (»De augmentis scientiarum« VII, Kap. II) an Machiavelli: »Danken wir Machiavelli und Schriftstellern wie ihm, die offen und unverblümt (indissimulanter) feststellen, was die Menschen zu tun pflegen, und nicht, was sie tun sollen.« Dem Galileo der Naturwissenschaft ging ein Galileo der Politik voraus.

Und die Schärfe des Ausdrucks? Zum Tod des exilierten Piero Soderini, Ex-Gonfaloniere der Republik, den Machiavelli bis zuletzt unterstützt und beraten hatte, der aber aus lauter Rechtschaffenheit die florentinische Republik ruiniert hatte, schrieb er das berühmte Epigramm:

In jener Nacht starb Piero Soderini,
Und seine Seele stieg hinab zum Hades.
Doch Pluto schrie: Du in der Hölle, fades
Geschöpf? Ab in den Himmel der Bambini!

Das muß man natürlich auf italienisch goutieren können:

La notte che morí Pier Soderini,
l'alma ne andò dell'inferno alla bocca,
e Pluto le gridò: »Anima sciocca,
che Inferno! Va nel Limbo dei bambini!

Dieser Nachruf läßt an Schärfe und Prägnanz nichts zu wünschen übrig. Keine Pietät für den einst unterstützten Mann, der nicht genug gewagt hat! Auf die Sache und auf sonst nichts gerichtet!

Sehen wir uns den Aretino, den Pietro d'Arezzo (1492 bis 1556) an, diesen viel und schnell schreibenden Schrecken Italiens. Seine denunziatorischen Epigramme waren so beliebt und gefürchtet, daß schon die Drohung mit einer Schmähung einer lukrativen Erpressung gleichkam. »Gott sei Dank bin ich ein freier Mann... Ich lache über die Pedanten. Nicht aus Unwissenheit weigere ich mich, in die Fußstapfen Boccaccios und Petrarcas zu treten; ich weiß sehr wohl, was sie bedeuten. Nein, ich will meine Zeit, meine Geduld und meinen Namen nicht verlieren mit der sinnlosen Bemühung, mich in sie zu verwandeln.« Er wirft den ganzen pedantischen Regelkram beiseite und beobachtet belustigt, wie »die Pedanten vor Wut darüber krepieren, daß mein Bild auf Münzen, Kämmen, Spiegelrahmen usw. prangt und daß man sogar von einem aretinischen Stil spricht«. Dieser Kerl schrieb über alles, über Huren und Heilige, und er schrieb, wie er redete. Das war einfach unerhört! »Wie es kommt, kommt es eben«, so lautete sein Grundsatz.

Auch könnten die Wissenschaftshistoriker einen Blick in Cellinis »Vita«, seine Autobiografie, werfen, die nichts von den rhetorischen Regeln kennt, sondern einfach dahersprudelt, Sachen, Sachen, nichts als Sachen. Cellini wußte gar nicht, was er da geleistet hatte, er bat – Gott sei Dank vergeblich – den Humanisten Benedetto Varchi, die »Vita« in die Gelehrtensprache zu übertragen.

Aber genug! Zu allem Überfluß wissen wir sogar genau, wann die moderne italienische Sprache überhaupt entstanden ist: um 1300, als der Florentiner Dante Alighieri seine »Commedia« schrieb. Dantes Formulierungen sind zuweilen schwer verständlich wegen ihrer gedrängten Ballung, aber seine Sprache von der Wende des 13. und 14. Jahrhunderts ist schlichtweg die heutige italienische Sprache, ja sogar die heutige gepflegte Umgangssprache. Kein italienischer Schüler braucht Übersetzungshilfen wie wir Deutsche für unsere mittelalterliche Epik. Dante schuf also nicht nur die italienische Literatursprache, sondern die moderne italienische Sprache überhaupt. (Und darum ist es völlig unbegreiflich, daß der große Rudolf Borchardt die »Commedia« in ein verfeinertes Mittelhochdeutsch übersetzte; er wollte zeigen, wie die deutsche Sprache aussähe, wenn sie zur gleichen Zeit, um 1300, von einem großen Dichter fixiert worden wäre. Also: was wäre, wenn... eine anachronistische Schnapsidee.)

Und nun denn: Wie steht es nach alldem mit Galileis Sprache? Wir haben sie schon bei Machiavelli vorausgespürt. Galileis Sprache ist immer dann groß und schneidend, wenn er polemisiert oder leidenschaftlich seine Thesen verteidigt. Die sarkastische Pointe, die verletzende Schärfe ist übrigens den Toskanern von jeher eigen, sie steht ihnen allen zur Verfügung, vom abrechnenden Dante (»Italia... non donna di provincie ma bordello« — Italien... nicht Herrin von Provinzen, nein, Bordell) bis zum berechnenden Aretino mit seinen bedenkenlosen, beißenden, höchst geistreichen Schmähschriften.

Über Galilei sagt der schon zitierte De Sanctis (a.a.O. 775): »Wer die Briefe, Traktate, Dialoge Galileos liest, bemerkt sofort den Stempel der toskanischen Kultur in ihrer Reife, ein Stil, ganz Sache und Gedanke, in jener direkten und passenden Form, worin die letzte Vollendung der Prosa besteht... Er sucht keine Eleganz, keine Ziererei, streng und rein, als ein Mann, der auf die Substanz der Sachen zielt und sich um keinen Schmuck kümmert. Aber wenn er auch die literarischen Übertreibungen und Künsteleien meidet, so hat er doch nicht die Kraft zur Erneuerung der konventionellen Form, die schon längst Modellcharakter hat. Eingehüllt in die übliche weitverzweigte und monotone Phraseologie, finden sich neue und kühne Gedanken in einer durch Gewohnheit versteinerten Form, wenn auch erlesen, gepflegt, transparent, von vollkommen gutem Geschmack. – Im Gegensatz dazu ist in Bruno und Campanella die Form inkorrekt, roh, unausgeglichen, ohne Physiognomie, aber in ihren Sprüngen und Mißverhältnissen lebendig, beweglich, den Sachen entsprungen. Dort glaubt man einen schönen See statt fließendes Wasser vor sich zu haben, nicht eine organische Formation entsprechend dem Inhalt, sondern eine vorgängig fixierte und reproduzierte Form, die oft keine innere Bewegung, sondern nur Außenflächen hat; hier aber sieht man eine noch bewegte und in Formation begriffene Sprache, mit schon modernen Elementen. Manche Seiten Brunos scheinen heute geschrieben. – Indes waren florentinische Vernunft und neapolitanische Einbildungskraft für die Kirche und für Spanien gleichermaßen verdächtig. Das Buch der Natur war ein verbotenes Buch, und wer darin las, war Häretiker oder Atheist.«

Genauso ist es. Ich sagte schon: Groß ist Galileis Stil, wo er polemisch und leidenschaftlich wird. In sachlich ruhigen Darstellungen dagegen gibt es immer wieder Bandwürmer von Sätzen, in denen immer noch dies eingeschoben, jenes angehängt, anderes gefolgert, auf Früheres zurückverwiesen, alles zusammengefaßt oder auch nur plötzlich abgebrochen wird. Wer ihn übersetzt, kann nicht anders, als derartige Satzungetüme zu zerlegen, sonst werden sie unverständlich, im Deutschen wohlgemerkt. Denn die romanischen Sprachen gestatten durch unabhängige Partizipialkonstruktionen beliebige Reihung und bilden dabei völlig verständliche, übersichtliche Sätze. Nur eben: in solchen Ungetümen handelt es sich um die »weitverzweigte Phraseologie«. Es ist wahr: Auch in solchen Sätzen hält Galilei einen Rhythmus von »vollkommen gutem Geschmack« ein, und dennoch spricht sein großer Bewunderer De Sanctis im selben Augenblick von der »versteinerten Form« der reifen toskanischen Kultur. Und das heißt: auch höchste Bewunderung darf nicht das Erbe und die zeitgenössischen Bedingungen übersehen, sie darf die Augen nicht verschließen vor Elementen, die der sachlichen und stilistischen Größe des Bewunderten nicht zugehören. Ein solches abgewogenes, sachliches, humanes Urteil über den historischen Ort der Sprache kann aber nur ein historisch gebildeter Literat abgeben; deshalb hier der Verweis auf einen der besten Kenner. Man könnte noch andere zitieren, Benedetto Croce z. B., aber das Gesagte mag genügen in der Hoffnung, daß die üblichen bisherigen rhetorischen Gemeinplätze über Galileis Sprache durch »Sachen« ersetzt sind.

Da wir in diesem Exkurs vom Vater Vincenzio Galilei ausgegangen sind, wollen wir auch mit ihm schließen. Johannes Kepler, der unentwegt auf der Suche nach der Weltenharmonie war, las auf einer seiner vielen Reisen den »Dialogo della musica antica et della moderna« des Vincenzio Galilei. Er hoffte auf eine pythagoreische Erleuchtung, natürlich vergebens. Seinen schönen Traum von der pythagoreischen Sphärenharmonie mußte er ganz allein weiterträumen.

3
Padua – »die 18 besten Jahre meines ganzen Lebens«

Guidobaldo del Monte war sehr besorgt um das Schicksal seines Freundes Galileo; er setzte alle seine Beziehungen ein, um in Padua einen vakanten mathematischen Lehrstuhl für ihn zu sichern. Galilei wurde von einem Freund zum andern weiterempfohlen: So lernte er im Sommer 1592 während seiner Bewerbungsreise zuerst in Padua den hochgebildeten und in allen entsprechenden Kreisen geschätzten Gian Vincenzo Pinelli kennen, und dann in Venedig die Männer, die über die Besetzung des Paduaner Lehrstuhls zu entscheiden hatten. Bei der Ankunft in Venedig, wo er seine Bewerbung einzureichen hatte, stieg er nicht in einem Gasthaus, sondern im Hause des toskanischen Gesandten ab.

In diesem Augenblick staunen wir schon nicht mehr über die signorile Selbstverständlichkeit, mit der Galilei sich in diesen Kreisen bewegte. Dazu gehörte auch seine umgängliche Lebensart und die Freude an gutem Essen und Trinken. Zeitlebens war er ein guter Zecher und geistreicher Tischgenosse. In späteren Jahren werden ihm die Ärzte und besorgte Freunde Mäßigung im Weintrinken anraten – was aber nicht viel besagt, da die damalige Medizin schnell mit Diätempfehlungen bei der Hand war. So z. B. schrieb ihm sein Freund Sagredo einmal (EN XI 379): »Gottlob habe ich mich vom Fieber befreit, und zwar indem ich nicht auf die Ärzte hörte, sondern Wein ohne beigemischtes Wasser getrunken und gegessen habe wie ein Gesunder.«

Nachdem Galilei alle wichtigen Leute besucht und mit einigen sogar Freundschaft geschlossen hatte, lief alles glatt. Anfang Dezember 1592 hielt er in Padua seine Antrittsvorlesung vor einem großen Auditorium und mit rauschendem Erfolg. Außer den neuen Paduaner Freunden Pinelli, bei dem er anfangs wohnte, und Benedetto Zorzi war aus Venedig eigens Giacomo Contarini aus dem weitverzweigten bedeutenden Haus der Contarini angereist. Galileis Erfolg hielt übrigens an, er hatte zahlreiche Hörer, und niemand konnte mehr Genugtuung darüber bezeigen als der hilfreiche Freund Guidobaldo del Monte, der sich in einem Brief (EN X 54) sogar erkundigte, ob die Bezüge einen seinen Verdiensten (secondo i suoi meriti) angemessenen Betrag ausmachten. Jetzt also war sein Freund Galileo arriviert.

Zu den Lehrbereichen des Mathematikers gehörte, wie schon gesagt, außer Euklid auch die Astronomie im Hinblick auf ihre praktische und astrologische Verwertbarkeit, und zwar streng nach Aristoteles, Ptolemäus und den einschlägigen kleinen Korrekturen; Padua war nämlich in diesem Fach eine konservative Universität. Anders in der Medizin, dem Paduaner Hauptfach, da waren die Anatomen Vesal, Colombo und Fabrizio, der sich mit Galilei anfreundete, weit über Galen vorgestoßen.

Ein astronomischer Traktat Galileis aus den ersten Jahren in Padua ist erhalten, absolut konservativ, ohne den geringsten Anhauch von Zweifeln. Kein Mensch käme von sich aus auf den Gedanken, daß die Blätter 211–255 im zweiten Band der Edizione Nazionale aus der Feder Galileis stammen. Aber gleichgültig, was er persönlich dachte, die Klugheit riet ihm, in den traditionellen Bahnen zu bleiben. Der Mann, der zwei Wissenschaftlern gegenüber stolz bekennt, seit vielen Jahren Kopernikaner zu sein, lehrt im Hörsaal unbekümmert weiter den ganzen überkommenen astronomischen Wust, den er selbst für leeres Geschwätz hält! Den eingeübten Automatismus spielen lassen vor einer Hörerschaft, die den Stoff großenteils ebenfalls uninteressiert als bloßes Examenspflichtfach hinnimmt, das ist nichts Erstaunliches. Die Astronomie war für Galilei in der Paduaner Zeit ein unvermeidliches Nebenfach. Ihn faszinierten die mathematischen Probleme der Mechanik. Außerdem besaß er noch keine Beweise für seine privat geäußerte kopernikanische Überzeugung. Sobald er Belege in die Hand bekommen sollte, würde er auch den Mut zum öffentlichen Bekenntnis aufbringen.

Trotzdem beschäftigte ihn die angewandte Mathematik sein ganzes Leben lang. Aus den ersten Jahren in Padua stammen zwei Traktate über Militärarchitektur (EN II 15 ff.) und Befestigungswesen (EN II 76 ff.). Einige Jahre unterhielt er in seinem Haus eine Werkstatt mit fachmännischen Handwerkern, wo u. a. sein geometrisch-militärischer Zirkel serienmäßig hergestellt wurde. Davon handelt 1606 seine erste Druckschrift (»Die Handhabung des geometrischen und militärischen Zirkels«, EN II 365 ff.), und im Zusammenhang damit focht er die erste seiner vielen Prioritätsstreitigkeiten aus.

Denn sein früherer Schüler Baldassare Capra, der dann bei dem in Padua lehrenden deutschen Astronomen Simon Mayr studierte, wurde wegen Plagiats verurteilt, und seine Schrift wurde eingezogen. Galilei, der mit Capra und dessen Vater stets freundlichen Umgang gehabt hatte, reagierte deshalb so hart, weil Baldassare schon vorher, 1605, eine »Astronomische Betrachtung über den neuen Stern von 1604« (EN II 285 ff.) veröffentlicht hatte, worin er Galileis astronomische Fähigkeiten herabzusetzen suchte.

Der »neue Stern« von 1604 leuchtete 18 Monate lang ungewöhnlich hell und verschwand dann wieder. Tycho de Brahe hat in seinem 1602 postum erschienenen »Astronomiae instauratae Progymnasmata« eine ähnliche Nova von 1572 genauestens beschrieben, ihre Entfernung vermessen und damit das aristotelische Axiom von der Unveränderlichkeit des Himmels zum alten Eisen befördert. Beide Sterne sind nach heutigem Sprachgebrauch »Supernovae«; Tychos Supernova übrigens wurde im 20. Jahrhundert als schwach leuchtender Stern an der von Tycho vermessenen Stelle wieder aufgefunden.

Capras bessserwisserische Kritik an Galilei bezog sich auf Kleinigkeiten, in der Hauptsache aber bestätigte er Galileis Theorie, der 1604 in drei Paduaner Vorlesungen den neuen Stern unter die Fixsterne versetzt hatte, was auch Mayr tat. Im übrigen setzte sich Capra in seiner Schrift mit den Versuchen der Peripatetiker auseinander, den neuen Stern als bloßes Refraktionsphänomen in sublunaren irdischen Dünsten vom »Himmel« fernzuhalten.

Für uns ist wichtig zu erfahren, daß Galilei den neuen Stern richtig plazierte. Da von seinen Vorlesungen nur ein paar Notizen und Fragmente (EN II 277–284) erhalten sind, kann man hie und da lesen, Galilei habe sich »vorsichtig« geäußert. Nein, das stimmt nicht. Sobald er ein genaues Faktum in Händen hielt, blieb die Schul-Astronomie unberücksichtigt.

Für Galilei war jetzt jedoch etwas ganz anderes bedeutsam, nämlich daß dieser Capra, gegen dessen belanglose Kritik er nichts unternommen hatte, nunmehr übermütig die Galileische Zirkelschrift als angeblich eigenes Produkt weitgehend ausbeutete (»Usus et fabrica circini«, 1607, EN II 425 ff.). Jetzt also erhob Galilei erfolgreiche gerichtliche Klage gegen Capra und ließ zusätzlich noch eine »Verteidigung gegen die Verleumdungen und Betrügereien des Baldassare Capra« drucken (EN II 512 ff.).

Die Härte Galileis ist gut verständlich, auch unsereinem wäre unter solchen Umständen der Geduldsfaden gerissen. Es kam noch hinzu, daß er für die Unverfrorenheit des jungen Mannes seinen Lehrer Mayr verantworlich machte, den er in der »Verteidigung...« beschuldigt, schon öfter mit bestimmten »Machinationen« gegen ihn intrigiert zu haben. Er nennt Mayr einen »Feind des ganzen Menschengeschlechts« und einen »Basilisk«, vor dessen Gift es »keinen anderen Schutz gibt, als von ihm nicht gesehen zu werden«. Galilei rechnet also jetzt mit beiden Schriften Capras ab – wie man sieht in schneidender Polemik.

Nebenbei kann man bei dieser Gelegenheit lernen, daß in der damaligen Zeit neuer Entdeckungen und Erfindungen Prioritätsstreitigkeiten gang und gäbe waren. Auch für den Proportionalzirkel gab es einige Vorläufer, und so könnte man allenfalls eine Diskussion darüber verstehen, daß Galilei sich an der weit gediehenen Vorarbeit seines 1607 verstorbenen Freundes del Monte orientiert hat, nicht aber ist die Frechheit begreiflich, Galileis Schrift zu plagiieren und das Plagiat für das eigentliche Original auszugeben. Seit dieser Zeit jedenfalls war Galileis Bedürfnis, Prioritäten sicherzustellen, weit über das Normalmaß hinaus geschärft.

Eine Bewässerungsanlage Galileis wurde von Venedig auf 20

Jahre privilegiert und honoriert. Der Entwurf eines Lehrprogramms für eine militärische Akademie hatte die Gründung der Accademia Delia (1607) durch den Platzkommandanten von Padua zur Folge. Häufig besuchte Galilei seine venezianischen Freunde und führte im dortigen Arsenal technisch-wissenschaftliche Gespräche mit den Ingenieuren.

Sein Interesse war nicht auf einen Wettbewerb in der Ingenieurspraxis, sondern stets auf die Erforschung der theoretischen Grundlagen gerichtet. Ein Beispiel mag hier genügen: Was der schon genannte Ceredi über die Beziehung zwischen Kraft, Gewicht und Geschwindigkeit andeutete, entdeckte Galilei schließlich als konkrete, meßbare Formel: Dem Gewinn an Kraft durch Maschinen entspricht ein genau meßbarer entsprechender Verlust an Geschwindigkeit oder an Zeit. Die Natur ist nicht zu betrügen, so schloß er. (Vgl. das Vorlesungsmanuskript über Mechanik, »Le Mecaniche« aus den 90er Jahren in Padua, EN II 155–190.)

Das also waren die Probleme, die ihn an der Praxis interessierten. Er zielte mit Erfolg auf praktikable Wissenschaft. Vieles davon gehörte selbstverständlich nicht zum offiziellen Lehrprogramm, sondern wurde im Privatunterricht verwendet. Doch haben diese praktischen Arbeiten sein Ansehen beim venezianischen Senat gewaltig gehoben; ein praktikables Bewässerungssystem wußte eine Behörde schließlich zu schätzen.

Die 18 Jahre in Padua waren die fruchtbarsten seines ganzen Lebens, die »besten«, wie er selbst kurz vor seinem Tod zu Fortunio Liceti (EN XVIII 209) sagte. Hier entwickelte er die kinematischen und dynamischen Studien, die seinen dauernden historischen Ruf begründeten und die er zu seinem Unglück unterbrach, als er im Jahre 1610 das Teleskop, das er dem venezianischen Senat zuerst nur als vorteilhaftes Hilfsmittel für Kriegsschiffe überreichte, zum Nachthimmel hob und seltsame Dinge entdeckte.

Hätte er seine Studien über die Bewegung fortgesetzt und zum druckreifen Ende geführt, statt sie erst 1633 nach seiner Verurteilung wieder aufzunehmen, dann wäre er womöglich rechtzeitig in der Lage gewesen, ein komplettes mechanistisches Weltsystem als Hintergrund für seine Entdeckungen vorzulegen. Aber was soll das heißen! Er hat eben im Jahre 1610 seine

Entdeckungen gemacht. Außerdem hätte er auch mit seinen Bewegungsstudien auf jeden Fall einen Schritt weiter kommen müssen, als er schließlich wirklich gekommen ist: er hätte nämlich das Trägheitsprinzip verallgemeinern müssen. Immerhin wäre sein »Dialog über die beiden hauptsächlichsten Weltsysteme« von 1632 anders ausgefallen, wenn zu dem Zeitpunkt schon die »Gespräche und mathematischen Demonstrationen über zwei neue Wissenschaften« (1638) vorgelegen hätten. Er wäre auch unangreifbarer gewesen.

Diese unsinnigen Sätze des Typs »was wäre, wenn...« trage ich hier nur vor, weil Giorgio de Santillana (»The Crime of Galileo«, 1955, S. 35) meint, Galilei habe, als er seinen journalistischen Feldzug für das kopernikanische System begann, »vermutlich« gewußt, daß er eigentlich zuerst seine Arbeit über die Bewegung hätte schreiben müssen. Gewußt oder nicht gewußt — wir haben es nur mit den Fakten zu tun.

Es waren Galileis beste Jahre auch deshalb, weil er in seinem neuen Bekanntenkreis und unter seinen Schülern seine treuesten Freunde fand. Im Alter von 28 Jahren, als geschätzter Gelehrter und aufgeschlossener, umgänglicher Mensch, knüpft man leicht solche dauerhaften Bande, die auch im Unglück halten. Dieses Glück jedenfalls blieb ihm erhalten, die Freunde blieben ihm treu. Und er blieb ihnen treu auch über den Tod hinaus; zweien hat er ein unsterbliches Denkmal gesetzt.

Diese beiden sind der Florentiner Edelmann Filippo Salviati, der in den späteren Paduaner Jahren sein Schüler wurde, und der reiche Venezianer Gian Francesco Sagredo, der ziemlich früh zu ihm kam. Die beiden sind typische Beispiele für die damalige vornehme Gesellschaft, in der die Wissenschaft ein beliebtes Hobby war, und zwar die modernste Wissenschaft. Wer Universitätsprofessor wurde, schlug zwangsläufig konventionelle Bahnen ein, allenfalls unterschied man zwischen streng aristotelischen und platonisch korrigierten aristotelischen Lehrstühlen; beide Arten gehörten z.B. in Padua zum Reglement. Dagegen waren die Interessen der gebildeten Dilettanten frei von derartigen Regelungen. Leonardo Olschki geht in seiner profunden und begeisterten Studie »Galilei und seine Zeit« (1927) sogar so weit, den gleichen Begriff auch auf Galilei selbst anzuwenden: »Galilei ist zeitlebens ein Laie mit scharfem natürlichem Verstand und ein vom erdrückenden Ballast der Jahrhunderte belasteter Gelehrter geblieben.« Gemeint ist damit allerdings nur, daß die Begründung der neuen Physik durch persönliche Hemmungen und überlieferte Schemata behindert, aber nicht verhindert wurde. Gemeint ist damit ebenfalls, daß Galileis Arbeiten infolge seiner vielen Polemiken zwar nur ein rhapsodisches, punktuelles Eindringen in die Natur sind, daß jedoch die entscheidende Einheit in der neuen Methode bestand, die Fragen an die Natur von sekundären Erscheinungen zu isolieren und sie experimentell zu verifizieren und falsifizieren; darin eben liegt die Begründung der modernen Naturwissenschaft und Technologie.

Sagredo betrieb in einer eigenen Glasfabrik in Murano die Herstellung von optischen Gläsern und von Röhrchen für Messungen der Luftwärme. Zu diesem Zweck machte er zahlreiche experimentelle Studien und geriet gelegentlich in Widerspruch mit seinem geliebten Galilei. In optischen Fragen war er Galilei ohne Zweifel überlegen, die Optik war nie Galileis Stärke. Sagredo war ein Lebenskünstler, die Hauptmasse der Besitztümer überließ er seinem Bruder, dessen Kinder sowieso die Erben sein würden; mit Verwaltung und Pflege des Besitzes wollte er nichts zu tun haben. Ebenso ungern übernahm er Staatsaufträge, die in seinem Gesellschaftskreis üblich waren. Er kam so sehr weit auf der damaligen Welt herum. Unter anderem war er einmal drei Jahre in staatlichem Auftrag auswärts, von 1608 bis 1611, und bei der Rückkehr entdeckte er, daß Galilei als großherzoglicher Mathematiker nach Florenz gegangen war. Darüber gibt es einen guten, auch hellsichtigen Brief von ihm an Galilei vom 13. 8. 1611 (EN XI 170):

»... Hier (in Venedig) scheint mir die Freiheit und die Lebensweise aller Stände bewunderswert und vielleicht einmalig auf der Welt... Wo können Sie diese Freiheit und herrscherliche Selbstbestimmung so wie in Venedig finden? ... Sie dienen jetzt Ihrem angestammten Herrn, einem großen, begabten, jungen und vielversprechenden Herrn. Hier aber hatten Sie die Herrschaft über die, welche die anderen beherrschen und regieren, und Sie dienten nur sich selbst, sozusagen Herr des Universums. Die Gaben und die Großherzigkeit jenes Prinzen geben einem viel gute Hoffnung, daß Ihre Dienste und Verdienste willkommen sind und belohnt werden. Wer aber kann im stürmischen Meer des Hofes davor sicher sein, von den wütenden Stürmen der Eifersucht, ich sage nicht: zum Sinken gebracht, aber mindestens: gebeutelt und um seine Ruhe gebracht zu werden? ... Die Fürsten finden eine Weile Gefallen an Kuriositäten. Aber häufig werden sie von wichtigeren Dingen in Anspruch genommen und wenden sich ihnen zu. Ich denke, der Großherzog wird gern mit einem Ihrer Fernrohre die Stadt Florenz und die Umgebung bewundern, dann aber muß er aus gewichtigen Gründen sehen, was in ganz Italien, in Frankreich, in Spanien, in Deutschland und im Nahen Orient vorgeht, und er legt Ihr Fernrohr beiseite... Wer wird dann ein Glas erfinden, womit man die Narren von den Weisen, den guten vom schlechten Rat, den gescheiten Architekten vom begriffsstutzigen dummen Polier unterscheidet? ...«

Kein dummer Mann, dieser Sagredo. Der Brief schließt das Thema mit den Worten ab: »Aber der Aufenthalt an einem Ort, wo die Autorität der Freunde Berlinzones (= der Jesuiten) offenbar sehr viel gilt, läßt mich nicht zur Ruhe kommen.«

Sagredo war ein Gegner der Jesuiten, die mit Venedig in einen erbitterten Streit geraten waren. Es hatte damit angefangen, daß sie in Padua eine eigene Universität gründen wollten, aber nicht die Erlaubnis vom venezianischen Senat erhielten. Überhaupt hatte der Vatikan in Venetien so gut wie nichts zu melden. Aber auch ohne ein Gegner der Jesuiten zu sein, wußte jedermann, daß Venetien ein freies Land war, während der toskanische Hof nach der römischen Pfeife zu tanzen hatte. Daher also greift man gern dieses Argument auf und sagt, Galilei wäre sicher gewesen, wenn er in Padua geblieben wäre. Doch liegt Galileis Problem ganz anders, wie wir sehen werden.

Filippo Salviati, fast 20 Jahre jünger als Galilei, wurde erst in den späteren Paduaner Jahren Galileis Schüler. Es entwickelte sich eine wundervolle Freundschaft, und Galilei war oft Gast in Salviatis Villa delle Selve außerhalb Florenz'.

Eine dauerhafte Freundschaft schloß Galilei mit seinem Schüler Benedetto Castelli, einem Benediktinermönch, der Mathematikprofessor und ein strenger und erfolgreicher Wissenschaftler speziell auf dem Gebiet der Hydraulik wurde. Er blieb stets ein glühender Anhänger Galileis.

Eine sehr wichtige Freundschaft ergab sich auch mit dem jungen Giovanni Ciampoli, dem wir noch oft begegnen werden. Zwei treue Anhänger wurden Paolo Sarpi und Fra Fulgenzio Micanzio.

Paolo Sarpi, Naturwissenschaftler, Mitglied des Servitenordens mit zeitweise hohen Würden, entwickelte sich nach seiner Rückkehr in die Heimatstadt Venedig zu einem erbitterten Gegner der päpstlichen Machtansprüche. Als im Jahre 1606 das Interdikt über Venedig verhängt wurde, setzte er als Konsultor der Republik eine entschlossene Haltung durch. Tatsächlich hat zur Verblüffung des Papstes kein Prieser die Untersagung des Gottesdienstes zur Kenntnis genommen, sondern alle entsprachen der Erwartung des Senats, daß das Interdikt als null und nichtig betrachtet werde. Nur drei Orden, darunter die Jesuiten, wollten die päpstliche Anordnung befolgen und wurden daher ausgewiesen. Es gib einen Brief Galileis, der sich zu der Zeit gerade in Venedig aufhielt, worin es launig heißt:

»Gestern nacht um 2 Uhr wurden die Jesuitenpatres in zwei Booten abtransportiert und außer Landes gebracht. Sie alle trugen ein Kruzifix am Hals und eine brennende Kerze in der Hand. Nach dem Mittagessen hatte man sie im Haus gehalten und zwei Polizisten als Wache an der Tür postiert, so daß niemand den Konvent betreten oder verlassen konnte. Ich glaube, daß sie auch aus Padua und aus dem ganzen Staatsgebiet ausgereist sind, unter großen Tränenströmen und Schmerzen der vielen Damen, die ihnen ergeben sind« (EN X 158).

Galilei konnte damals noch nicht wissen, daß er später seine Erfolge zeitweise den römischen, astronomisch gebildeten Jesuiten verdanken würde. Und ebensowenig ahnte er, daß er in den letzten Lebensjahren die Jesuiten als seine Hauptfeinde ansehen würde. Und nie beschlich ihn der geringste Zweifel an dieser hartnäckig festgehaltenen Verfolgungsvorstellung; und die meisten seiner Biographen ebensowenig. Aber das alles werden wir noch sehen. Zur Zeit des römisch-venezianischen Streites jedenfalls waren alle Aufgeklärten grundsätzlich Gegner der ultrapäpstlichen Jesuiten.

Die antirömische Haltung Sarpis, die sich auf gegründete juristische Prinzipien stützte und für die intransigenten Beschlüsse des Senats hauptsächlich verantwortlich war, hat Rom nie vergessen. Im Jahre 1607, also ein Jahr nach dem Interdikt, wurde auf Sarpi ein Attentat verübt. Er wurde schwer verletzt, aber von Galileis Freund geheilt und gepflegt, dem medizinischen Professor Girolamo Fabrizio, meist d'Acquapendente genannt, nach seinem Heimatort. Verehrung und Haß auf Sarpi hielten sich die Waage. In kraftvollem Italienisch schrieb er eine politisch kritische »Geschichte des Tridentinischen Konzils«, worin er das Konzil als »Deformation« neben die Reformation stellte; die Schrift brachte ihm den Ruf eines heimlichen Protestanten ein. Anonym und gegen seinen Willen wurde sie 1619 gedruckt. Sein Tod 1623 wurde den Höfen Europas mit der Unterschrift des Dogen mitgeteilt, aber seine sterblichen Überreste wurden verborgen gehalten und erst hundert Jahre später in eine Kirche überführt.

Im Jahre 1615 wurde Galilei durch den zelotischen Pater Caccini, von dem wir noch hören werden, in einer langen Erklärung vor der Inquisition der intimen Freundschaft mit Sarpi bezichtigt; das war aber auch die einzige Wahrheit, die dieser Fanatiker in seiner ganzen Erklärung vorbrachte.

Micanzio war Mitarbeiter Sarpis und später der venezianische Staatstheologe. Galilei hat ihn über die Maßen hochgeschätzt.

Das sind die wichtigsten Freunde, Anhänger und zum Teil auch Mitkämpfer, die er in jener Zeit gewann. Außerdem gründete er in Padua seine Familie, d.h. er lebte mit einer gewissen Marina Gamba zusammen, die ihm drei Kinder gebar: Virginia (1600), Livia (1601) und Vincenzio (1606). Er heiratete sie nicht; das war damals nicht ungewöhnlich, so wie es auch heutzutage wieder nicht ungewöhnlich ist. Jahre danach heiratete sie einen anderen Mann im besten allseitigen Einvernehmen. Den Sohn Vincenzio ließ er später legitimieren.

Das Vergnügen mit den Freunden und die Vaterfreuden waren nicht ungetrübt. Die ganzen 18 Jahre in Padua lebte Galilei in Geldverlegenheiten. Er hatte sich schließlich in seinem großen Anwesen mit Gartengrundstück niedergelassen, wo er nicht nur seine Werkstatt zur Herstellung der Proportionalzirkel und anderer Geräte einrichtete, sondern auch Logement und Pension für seine vornehmen Privatschüler aus aller Welt bereitstellte. Später zählte er gern die europäischen Fürstlichkeiten auf, die in jungen Jahren zu seinen Füßen gesessen hatten.

Die Privateinnahmen gingen zu einem erheblichen Teil in der großzügigen Bewirtung seiner Pensionäre auf, sein Einkommen als Professor wurde zwar mit jeder Kontraktverlängerung erhöht, erreichte aber nie eine außergewöhnliche Höhe, und schließlich übernahm er trotz schlechter Erfahrung die Mitgift für seine Schwester Livia. Dies allerdings in der Hoffnung, daß sein Bruder, der Musiker war, sich beteiligen werde, während in Wirklichkeit umgekehrt Galileo immer wieder für seinen Bruder einspringen mußte. Schließlich fand der Bruder eine Kapellmeisterstelle am bayrischen Hof und kam für Familienbeiträge kaum mehr in Betracht; ein einziges Mal kam ein kleiner Betrag aus München zusammen mit einer grundsätzlichen Absage für alle Zukunft.

Auch für die Mutter, die eine Zeitlang bei ihm in Padua wohnte, mußte Galilei sorgen. Über diese Frau wird gewöhnlich abfällig geschrieben, was man gut und gern eine Geschmacklosigkeit nennen darf. Wir wissen nicht, was sie in ihrer schlecht versorgten Ehe mit ihrem Mann zu dulden hatte, wir wissen nichts über ihre Gemütsverfassung, bekannt sind lediglich einige störrische Briefe an Galileis Diener, nachdem sie Padua wieder verlassen hatte. Man sollte sich hüten, vor lauter Begeisterung über Galilei den Stab über seine Mutter zu brechen. Er selbst dachte nie daran. Er gab ihr seine Tochter Livia mit nach Florenz und sorgte nach wie vor für sie, so wie er auch für seine Schwestern und seinen Bruder ohne das geringste Ressentiment einstand. Ja, er ließ sich mehrmals ganze Jahresgehälter im voraus auszahlen, nahm da und dort Kredite auf, und von einer Vorauszahlung im Jahre 1608 wissen wir, daß sein Universitätskollege Professor Cesare Cremonino die Garantie leistete.

Damit kommen wir zu einem merkwürdigen Freundschaftsverhältnis. Cremonino war ein angesehener, stramm aristotelischer Gelehrter, der von der experimentellen Wissenschaft Galileis nichts wissen wollte. Er nahm als ein echter Gentleman einfach keine Notiz davon. Auch später, als Galilei seine astronomischen Entdeckungen gemacht hatte, blieb er dabei; er sagte, er brauche diese Dinge am Himmel nicht zu sehen, soundso viele andere hätten sie auch nicht gesehen, und was dergleichen Witzeleien mehr waren. Er selbst veröffentlichte danach einen astronomischen Wälzer, worin er den uralten aristotelisch-ptolemäischen Himmel beschrieb und dabei Galileis Entdeckungen mit keinem Wort erwähnte. Trotz oder gerade wegen dieser Haltung Cremoninos, die man unter den gegebenen Umständen einfach nur taktvoll nennen kann, standen beide noch jahrelang nach Galileis Weggang von Padua in freundschaftlichem Verhältnis. Und kurz nachdem Galilei Padua verlassen hatte und in die Dienste des Großherzogs von Toskana getreten war, rief Cremonino in einem Gespräch mit Paolo Gualdo plötzlich ärgerlich und bedeutungsvoll aus: »Herr Galilei hätte nie die Paduaner Freiheit aufgeben dürfen!«

Cremonino wußte, wovon er sprach. Er selbst wurde von der römischen Inquisition verdächtigt, den Samen des Unglaubens unter den Studenten auszustreuen. Er hatte nämlich bei Aristoteles keinerlei Hinweis auf eine unsterbliche Seele gefunden. Aber außer geheimen Untersuchungen geschah nichts. Die Inquisitoren wagten nicht, gegen den angesehenen Professor im venezianischen Padua einen Prozeß zu eröffnen.

Nun wußte auch Galilei sehr gut, was die Paduaner Freiheit wert war. Aber er war mit seinen Studien über die Bewegung weit gediehen, er kannte sehr genau ihren revolutionären wissenschaftlichen Wert, das Fallgesetz war jetzt endlich vollkommen definiert (EN X 229), und man kann sehr gut seine Ungeduld begreifen: Er war der Meinung, daß das ewige Wiederkäuen von Elementarstoff (vgl. EN X 351) in den Vorlesungen und der Zeitverlust durch Privatlektionen ihn am rascheren Vordringen in seinen Bewegungsstudien hinderten. (Er ahnte noch nicht, daß ihn etwas ganz anderes, nämlich ein Teleskop, dann 22 Jahre lang daran hindern würde!) Und aus diesen Verhältnissen gab es an der Universität des Staates Venetien keinen Ausweg. Sehr richtig schrieb er im Februar 1609 an einen Mittelsmann in Florenz: »Von einer noch so glänzenden und großzügigen Republik kann man keine Gehälter beziehen, ohne dem Publikum zu dienen, denn um vom Publikum Nutzen zu ziehen, muß man das Publikum und nicht einen einzelnen zufrieden stellen. Ich kann Vorlesungen halten und Dienste leisten, aber niemand in der Republik kann mich von diesem Auftrag entbinden und mir gleichzeitig meine Bezüge belassen. Eine solche Vergünstigung, mit einem Wort, kann ich von niemand anderem als einem absoluten Fürsten erhoffen.«

Er nennt zwar seine eventuellen Forderungen, die sich an den Paduaner Bezügen orientieren, aber es geht ihm nun in der Tat nicht um mehr oder viel mehr Gehalt, es geht ihm um die Muße für seine Forschungen. An die Paduaner Freiheit brauchte er dabei nicht zu denken. Wer sollte ihm in Florenz wegen der Bewegungsstudien Schwierigkeiten machen? Wer sollte ihm die Konstruktion von Apparaten und Maschinen für höfische und kriegerische Zwecke verübeln? Er hatte, so dachte er, die Florentiner Freiheit nötig, die Freiheit von lästiger Zeitvergeudung.

Er fügte noch hinzu, um jedes Mißverständnis auszuschließen, daß es ihm nicht um absolute Freiheit gehe: »Den täglichen Dienst verachte ich nur, wenn es sich um die hurenhafte Sklaverei handelt, meine Bemühungen jedem Abenteurer zu beliebigem Preis zu überlassen. Aber einem Prinzen oder großen Herrn und seiner Umgebung zu dienen, verachte ich niemals, sondern wünsche und ersehne es.«

Gerade war Cosimo II. seinem soeben verstorbenen Vater in der Großherzogswürde gefolgt. Er war schon seit einiger Zeit, stets in den Sommerferien, ein Zögling Galileis und verehrte ihn sehr. Trotzdem wurde in diesem Moment aus der Sache noch nichts. Erst mußte noch etwas anderes geschehen.

4
Der Himmel öffnet sich

Es geschah in der Tat mehreres andere nach jenem vergeblichen Anklopfen beim toskanischen Hof vom Februar 1609.

Springen wir gleich ein ganzes Jahr voraus. Im März 1610 erschien ein kleines, lateinisch geschriebenes Buch von Galilei, dessen Titel mit den historischen Worten begann: »Sidereus Nuncius...« Der gesamte Titel lautet, auf deutsch: »Sternenbotschaft, die einige große und ganz wunderbare Erscheinungen offenbart und sie allen, besonders den Philosophen und Astronomen, zur Anschauung vorschlägt, und die mit Hilfe des kürzlich von dem florentinischen Patrizier und Mathematiker der Paduaner Universität Galileo Galilei erfundenen Perspicills beobachtet wurden an der Mondscheibe, an zahllosen Fixsternen, der Milchstraße, den Nebelsternen, besonders aber an vier Planeten, die den Jupiter in ungleichen Abständen und Perioden mit wunderbarer Geschwindigkeit umkreisen, von denen bis zu diesem Tag niemand etwas wußte, sondern die der Autor vor kurzem entdeckte und ›mediceische Sterne‹ zu nennen bestimmt hat.«

Die kleine Schrift erregte ungeheures Aufsehen in ganz Europa. Galilei hatte sie in fieberhafter Eile niedergeschrieben; die vier Jupitermonde hatte er überhaupt erst am 7. Januar zum erstenmal gesehen, und noch während des Drucks trug er Beobachtungen nach. Er wußte, der Tag des Erscheinens würde sein großer Tag, der Tag des unauslöschlichen Weltruhms.

Aber warum fieberhafte Eile? Weil er befürchten mußte, daß irgendein anderer mit einem anderen Fernrohr ihm zuvorkomme. Aber steht im Titel des »Sidereus Nuncius« nicht, daß er das »Perspicill« erfunden habe? Gewiß, aber im Text heißt es dann, er habe vor etwa zehn Monaten von der Erfindung eines Fernglases durch einen Belgier gehört und vom Kammerherrn des französischen Königs, Jacques Badouère, eine Bestätigung darüber erhalten. Daraufhin habe er sich in die Refraktion des Lichts vertieft und ein ähnliches Gerät erfunden. Viel später, im »Saggiatore«, einer Streitschrift gegen den Jesuitenpater Grassi wird er dessen spöttische Bemerkung zum Thema zurückweisen mit der Begründung, eine Erfindung durch Zufall (wie sie jenen belgischen, d.h. holländischen Linsenschleifern gelungen war) sei wesentlich einfacher als das Finden eines Gerätes, von dessen Existenz man zwar wisse, dessen Konstruktion man aber nicht kenne.

Über die Frage, ob Galilei das Teleskop erfunden habe, wurden im Laufe der Jahrhunderte Ströme von Tinte vergossen, völlig überflüssigerweise. Klarer und richtiger als Galilei selbst seine Nacherfindung beschreibt, kann man gar nicht schreiben. Ja, er hat nicht einmal die Hauptsache erwähnt, nämlich daß er sehr schnell erkannt hat, was man mit einem guten Teleskop machen kann, nämlich es in den Dienst der Astronomie stellen. Gewiß hatten schon vor Galilei der englische Gelehrte Thomas Harriot und sogar der spintisierende Kaiser Rudolf den Mond beobachtet, aber darüber war nichts veröffentlicht; erst die neuere Forschung hat Harriots Studien entdeckt. Das blieb also historisch ohne Wirkung. Und schließlich war Galilei der einzige Mensch, der so gute Teleskope herzustellen verstand, daß man sie zu astronomischen Zwecken verwenden konnte, und er war der einzige, der mit seinem Gerät und seinen scharfen Augen den gesamten Himmel aufriß, zum Staunen und Schrecken der damaligen Menschheit. Und darauf allein kommt es an.

Die Schrift ist ein vibrierender, aber ganz konkreter Bericht über die erdähnliche Mondgestaltung, über die unermeßliche Zahl der Fixsterne, über die wahre Beschaffenheit der Milchstraße und der »Nebelsterne«, nämlich Zusammenballungen einer Unmasse Sterne, und schließlich über die Hauptsache, die vier Satelliten (wie Kepler sie dann nennen wird) des Jupiter, die Galilei unaufhörlich beobachtet und in ihren wechselnden Stellungen im »Nuncius« abgebildet hat.

Diese epochemachende lateinische Schrift ist so sachlich geschrieben, daß die peripatetischen Schulgelehrten und ihre Anhänger sie ungenießbar fanden. Der kaiserliche Gesandte in Venedig, Georg Fugger, nannte sie »trocken und bar jeder Philosophie« und wollte sie deshalb dem Kaiser gar nicht schicken. Wo doch Galilei gerade alle die zum Betrachten seiner Entdekkungen einlud, die nach »wahrer Philosophie« trachten.

Wir wissen, daß Philosophie damals gleichbedeutend mit Naturwissenschaft war. Und wir sehen hier wieder einmal deutlich den Unterschied zwischen der Auffassung Galileis und der Schulgelehrten von Naturwissenschaft. Und wem das noch nicht genügt, der mag das verblüffende Urteil des Bologneser Mathematikers Giovanni Antonio Magini auf der Zunge zergehen lassen, das dieser schon im März über den »Sidereus Nuncius« äußerte: es handle sich da um wunderbare, stupende Dinge, die »aber« aus Erfahrung bestünden.

Da haben wir's also. Der wahre Philosoph hatte mit der Erfahrung, geschweige denn mit experimentell erzwungener Erfahrung nichts zu tun. Der wahre Philosoph leitete alles hochgelehrt aus den Prinzipien »des« Philosophen, nämlich des Aristoteles, ab.

Während dagegen für Galilei die »wahre Philosophie«, nämlich die echte Naturwissenschaft in der sorgfältig zugerüsteten und experimentellen Beobachtung der Tatsachen und in der Erforschung ihrer mathematisch formulierbaren Eigenschaften und ihres Verhaltens bestand, so daß jedermann jederzeit darauf zurückgreifen konnte. Nicht aber bestand sie für ihn in der Beobachtung des bloßen äußeren Augenscheins plus Spekulation über das Wesen der Dinge und ihren metaphysischen Sinnzusammenhang.

Etwas anderes muß man allerdings bei der Lektüre der »Sternbotschaft« in aller Gelassenheit feststellen. Galilei verspricht darin, bei anderer Gelegenheit eine »vollständige Theorie« des Teleskops zu liefern, was nie geschehen ist. Sein sonderbarer Freund Magini aus Bologna forderte ihn scheinheilig auf, diese Theorie endlich zu veröffentlichen. Im selben Jahr 1610 schrieb Kepler, nachdem er Galilei vergeblich um ein gutes Fernrohr gebeten und endlich in einem geliehenen Glas die auf Treu und Glauben hingenommenen Entdeckungen Galileis verifiziert hatte, seine »Dioptrik«, die bis heute den einschlägigen Stoff für die Optik in Lehrbüchern hergibt. Darin entwickelte Kepler eine vollständige Theorie der Refraktion (ohne die endgültige Formel) und die wissenschaftliche Grundlage des Teleskops. Was wir über bikonvexe Sammellinsen und die Kombination von konvexen Linsen wissen, stammt aus dieser Arbeit. Und daraus ging das heute gebräuchliche »Keplersche astronomische Fernrohr« hervor. Außerdem untersuchte Kepler die Kombination einer Sammellinse und einer bikonkaven Zerstreuungslinse, die zum heutigen Teleobjektiv geführt hat. Und Galilei? Die Optik, sagte er kurz darauf, sei eine noch sehr dunkle Wissenschaft, Kepler habe wohl selbst nicht begriffen, was er da geschrieben habe (EN XIX 590). Die Wahrheit ist, daß Galilei sein Leben lang Teleskope anfertigte oder anfertigen ließ, so als sei er ein Ingenieur des venezianischen Arsenals, nämlich als reiner Praktiker, der die richtige Verschiebung der beiden konkaven und konvexen Linsen schlicht ausprobierte. Umgekehrt hat Kepler, der sofort die wissenschaftliche Theorie zum Teleskop lieferte, sich nicht erfolgreich mit der Konstruktion von Teleskopen befaßt.

Ich sagte gerade, Kepler habe auf Treu und Glauben Galileis Entdeckungen hingenommen, nachdem er den »Sidereus Nuncius« gelesen hatte. Kepler vertraute Galilei so sehr, daß er sofort seine Zustimmung veröffentlichte (»Dissertatio cum Nuncio sidereo nuper ad mortales misso a Galileo Galilaeo«), die Beobachtungen Galileis feierte und allerlei historische Anmerkungen über Giovanni Portas und Keplers eigene Vorarbeiten (von 1604) zum Prinzip des Teleskops einstreute, die allerdings rein theoretisch gewesen seien und den Ruhm des Erfinders, wer immer es sei, nicht verdunkeln könnten. Galilei benutzte das glückliche Ereignis, daß der kaiserliche Mathematiker seine vorbehaltlose Zustimmung gab, um damit am 7. Mai 1610 gegenüber dem toskanischen Staatssekretär Belisario Vinta seine erneute Bewerbung in den Hofdienst kräftig zu untermauern. Er sollte Erfolg damit haben.

Umgekehrt lasen manche Leute aus Keplers »Dissertatio« eine Zurechtweisung Galileis heraus, eben wegen der genannten historischen Zusätze und der Bemerkung über den Erfinder: »wer immer es sei«. Der schon genannte Fugger behauptete,

Kepler habe Galilei demaskiert, und Magini schrieb an Kepler, die Dissertatio sei Galilei sehr unangenehm gewesen. Später aber, als er sich endlich zur genauen Beobachtung des Sternenhimmels bequemt und alles mit Galileis Angaben übereinstimmend gefunden hatte, ließ er den Brief an Kepler drucken, nur daß der bewußte Satz dann lautete: »Dem Galilei war die Dissertatio sehr angenehm.«

Aber der Widerstand in der Gelehrtenwelt blieb stehen, ja er verstärkte sich noch. Ein gewisser Martin Horky, Sohn eines Freundes Keplers und Schüler und Hausgenosse Maginis, verfaßte eine Flugschrift gegen den »Nuncius«, worin er zwar nur alberne Gegengründe vorbrachte, aber wie so oft war den Gegnern jede Hilfe unwillkommen. Nur für Magini war diese Schrift ein Anstoß zur Besinnung und Umkehr.

Horky hatte im Hause Maginis in Bologna kurz nach Veröffentlichung der »Sternenbotschaft« einen Auftritt Galileis vor zahlreichen Gelehrten miterlebt, der ergebnislos verlief; niemand der Anwesenden nahm irgend etwas von den spektakulären Himmelserscheinungen zur Kenntnis. Und nun glaubte Horky, mit seiner Flugschrift »Brevissima Peregrinatio contra Nuncium sidereum« die Jupitersatelliten auslöschen zu können. Magini, der ursprünglich selbst so ähnlich geredet und in Briefen geschrieben hatte, wünschte jedoch auf keinen Fall eine Feindschaft mit Galilei, und als Horky seine törichte Schrift trotzdem heimlich auswärts drucken ließ, wies er ihn aus seinem Haus und teilte das Galilei mit.

Und jetzt endlich stellte Magini seine heimlichen Hetzereien in Briefen an viele Gelehrte Europas ein. Die auch für ihn unannehmbare Torheit Horkys veranlaßte ihn, sich selbst mit Hilfe eines guten Teleskops mit den Galileischen Entdeckungen vertraut zu machen. Und dann also korrigierte er sein »unangenehm« in »angenehm«. Auch Kepler hat dem jungen Horky zunächst die Freundschaft aufgekündigt, ihn aber später, als Horky alles bitter bereute, wieder in Gnaden aufgenommen und dieses Auf und Ab Galilei mitgeteilt.

Doch bis dahin dauerte es noch eine gute Weile. Zunächst bestätigte kein einziger »Philosoph« und kein einziger Mathematiker außer Kepler die Entdeckungen Galileis, und, nebenbei gesagt, Magini schloß aus seiner Bestätigung der Erscheinungen keineswegs auf die physikalische Richtigkeit des kopernikanischen Systems, da das alles ja auch bestens mit Tychos System einhergehen konnte. In Prag machte man Kepler heftige Vorwürfe wegen seiner Leichtgläubigkeit. Also schrieb er am 9. August 1610 einen dringenden Brief an Galilei mit der Bitte, ihm Zeugen zu nennen, da alle Nachrichten aus Italien von Fälschung berichteten. Sofort antwortete Galilei, denn diesen einzigen Bundesgenossen wollte er auf keinen Fall verlieren. Es gibt überhaupt nur zwei Briefe von Galilei an Kepler, jenen ersten aus dem Jahr 1597 (EN X 67), wo er sich als alten Kopernikaner bekannte, aber aus Furcht vor Lächerlichkeit das öffentliche Bekenntnis vermeiden wollte, und jetzt diese eilige Antwort schon zehn Tage nach Keplers Schreiben, am 19. August (EN X 421). Sonst verkehrte er mit Kepler, falls er überhaupt je antwortete, nur über Giuliano de' Medici, den toskanischen Gesandten in Prag, der dann dies oder jenes dem »signor Glepero« mitteilen sollte. Diese Schnödigkeit kann man sich nur so erklären, daß Galilei, und das darf man ihm abnehmen, die Gedankenwelt Keplers abstrus fand, aber auch daß er fürchtete, der kaiserliche Mathematiker Kepler könne ihm mit irgendwelchen Entdeckungen zuvorkommen. Kepler war ja der einzige, der Galileis Sache vertrat und begriff, alle anderen Parteigänger Galileis waren Laien oder Galileis Schüler, und da stand nichts zu befürchten. Anders bleibt es völlig unerklärlich, daß der treue Schildgenosse Kepler kein Teleskop erhielt, während Galilei seit einem Jahr die Höfe Europas und viele Freunde mit guten und besten Teleskopen buchstäblich überschwemmte. Aber, wie gesagt, alle diese Empfänger waren mathematische und astronomische Laien, die ihm nicht ins Handwerk pfuschen konnten. Der einzige mögliche ernsthafte Konkurrent war Kepler, und der bekam kein Teleskop. Daß Kepler selbst keins herstellte, sondern mehrfach Galilei anbettelte, ist überaus komisch.

Trotz Keplers Freundwilligkeit hat sich Galilei ihm gegenüber nie rühren lassen. Und wenn Santillana (»The crime of Galileo«, 106) vermutet, Galilei habe Keplers Entdeckungen vielleicht gar nicht gekannt, sondern er »scheine« gelegentlich »von Cesi oder Cavalieri« von den Ellipsen gehört zu haben, so braucht man nur in EN XI die Seiten 332, 344 und 365 aufzuschlagen, wo die zwei Jahre nach Erscheinen der »Astronomia Nova« Keplers, also 1612, stattgefundene ganz konkrete Diskussion zwischen Galilei und Federico Cesi, dem Präsidenten der »Accademia dei Lincei«, abgedruckt ist. Cesi ist für die vollständige Abschaffung der Epizykel und für die elliptische Bewegung der Planeten und beruft sich auf Kepler, der ja auch Kopernikaner sei, aber in diesem Punkt eben den Kopernikus verbessert habe. Galilei dagegen bleibt auf dem Standpunkt der Kreisbewegung (und also der Epizykelwirtschaft) und nennt alles andere dummes Zeug. Viel später, 1632 (EN XVI 163), widert ihn das »Philosophieren« Keplers an, und er gesteht ihm an gemeinsamen Erkenntnissen hie und da »ein wenig« zu, aber auch das nur in bezug auf die Kosmologie, und schließlich beträfen ihre Gemeinsamkeiten nicht einmal ein Prozent der Galileischen Erkenntnisse. Und wo er Kepler sonst zitiert, geschieht es meist tadelnd oder spöttisch. Kepler begreift halt nicht, was er da so zusammenschreibt. Während Galileis Freunde, Cesi und auch Cavalieri, ganz unvoreingenommen Kepler lesen und Galilei gegenüber keinen Hehl daraus machen.

Aber ob begreiflich oder nicht begreiflich, ob übertriebenes, womöglich krankhaftes Selbstwertgefühl, ob Unfähigkeit oder Unlust, den schwierigen Denk- und Rechenoperationen Keplers zu folgen, ob sture Autoritätsgläubigkeit gegenüber Kopernikus – Galilei ist und bleibt der Mann, der das moderne technische Zeitalter inaugurierte, der Mann, der die Natur unter isolierten, nachprüfbaren Bedingungen, also »experimentell« anging.

Im »Saggiatore« (1623) sagt er: »Die Philosophie ist in dem riesigen Buch niedergeschrieben, das uns stets offen vor Augen liegt (ich meine das Universum), aber man kann es nicht verstehen, wenn man nicht zuerst die Sprache und die Buchstaben lernt, in denen es geschrieben ist. Es ist in mathematischer Sprache geschrieben, und die Buchstaben sind Dreiecke, Kreise und andere geometrische Figuren. Ohne diese Mittel ist es unmöglich, menschlicherseits ein einziges Wort zu verstehen, und man irrt vergeblich in einem dunklen Labyrinth umher« (EN VI 232). Schon um 1612 gibt es eine Anmerkung von ihm (EN IV 248): »Im Buch der Natur stehen die Dinge in nur einer einzigen Weise geschrieben.« Auch hier ist die Mathematik gemeint. Er war der Meinung, durch experimentelle Extrapolation schließlich die Phänomene an sich, die Totalität der Naturerscheinungen erfassen zu können. Crombie sagt dazu in »Von Augustinus bis Galilei«, S. 374: »Galilei hatte zwar die eine Art von ›essentiellen Naturen‹ verjagt, nach denen die Aristoteliker suchten, eine andere Art ließ er durch die Hintertür wieder herein. Mathematische Physik, behauptete er, könne mit dem Nichtmathematischen nicht umgehen; was nicht mathematisch sei, sei subjektiv.« Crombies Einwand betrifft natürlich nur ein naturphilosophisches Problem; die Anwendbarkeit des abstrahierenden Experiments ist davon nicht betroffen. Kein Techniker kümmert sich um das »Wesen« der Phänomene und der Welt, da ja Maschinen und Raumfahrzeuge funktionieren.

Wie frei Galilei später experimentierte und z.B. die Kinematik unabhängig von der Dynamik untersuchte, zeigt ein Abschnitt im Dritten Tag der »Gespräche und mathematische Demonstrationen über zwei neue Wissenschaften« von 1638. Da sagt der Gesprächsteilnehmer Salviati (EN VIII 202): »Es scheint mir nicht opportun, jetzt die Ursache der Beschleunigung der natürlichen Bewegung zu untersuchen, worüber von verschiedenen Philosophen verschiedene Meinungen vorgebracht wurden. Einige erklären sie mit dem Drang zum Mittelpunkt, andere mit dem Abnehmen der Quantität des zu durchstoßenden Mediums, andere mit einer gewissen Zerteilung des umgebenden Mediums, das sich hinter dem fallenden Körper wieder zusammenschließt und ihn durch Druck dauernd vorantreibt. Alle diese und andere Phantasien könnte man untersuchen und lösen, freilich mit wenig Gewinn. Für jetzt genügt es unserem Autor, uns klarzumachen, daß er einige Eigenschaften der beschleunigten Bewegung (was auch immer die Ursache der Beschleunigung sein mag) untersuchen und beweisen wird. Und zwar dergestalt, daß das Geschwindigkeitsmoment nach dem Verlassen der Ruhestellung in der gleichen Proportion wächst, mit der die verflossene Zeit wächst. Das heißt also, daß in gleichen Zeitabständen gleiche Zunahme der Geschwindigkeit stattfindet. Und wenn es sich herausstellt, daß die Eigenschaften, die dann bewiesen werden, sich in frei fallenden und beschleunigten Körpern zeigen, dann können wir annehmen, daß die aufgestellte Definition diese Fallbewegung umfaßt und daß es daher wahr ist, daß ihre Beschleunigung entsprechend der Zeit und der Dauer der Bewegung wächst.«

Hier ist also der freie Fall isoliert von der Frage nach der Ursache; die einzige Möglichkeit, dem Naturgesetz auf die Spur zu kommen. Die Frage nach der Ursache wird eingangs sogar ironisiert. Die mathematisch-experimentelle Methode im Untersuchen von Naturphänomenen hat diesen Galilei zu der historischen Figur der Wissenschaft gemacht; das ist seine Größe und sein Ruhm, auch wenn er schließlich vom Trägheitsmoment wegen der fixen Idee der vollkommenen Kreisbewegung nicht bis zur Erkenntnis eines universalen Gesetzes vorstieß, genauso wie Kepler das Gravitationsgesetz, das er mit der gegenseitigen Anziehung von Erde und Mond schon in der Hand hatte, nicht verallgemeinerte. Kepler kannte auch die Anziehung der Planeten durch die Sonne, aber er starb zu früh, mit 59 Jahren, als daß er sie noch berücksichtigen konnte. Daß Galilei trotzdem jahrzehntelang seinen Ehrgeiz darein setzte, ein großer, nein der größte Astronom seiner Zeit zu sein, das besagt nur noch wenig im Vergleich mit seinen bahnbrechenden Leistungen in der Mechanik. Damit eben hat er das neue Zeitalter inauguriert. Wann immer ich also sein Verhalten gegenüber Kepler kritisiere oder auf seine astronomischen, noch immer aristotelischen Irrtümer (vollkommene Kreisbewegung der Planeten, Beibehaltung der Epizykel usw.) hinweise, dann dient das nicht der Verkleinerung dieses »Riesen«, wie Newton ihn nannte, sondern es dient ganz einfach der Klarstellung, daß seine welthistorische Bedeutung in dem soeben skizzierten methodischen Bereich und nicht auf dem astronomischen Gebiet liegt. Trotzdem muß man auch hier noch hinzufügen, daß sein plötzlicher prokopernikanischer Feldzug im Gefolge seiner triumphalen teleskopischen Entdeckungen zwar ihn persönlich teuer zu stehen kam, aber die Sache der physikalisch verstandenen Astronomie in Europa vorantrieb.

Nach diesem Einschub, der das mögliche Mißverständnis einer Abwertung Galileis verhüten soll, wenden wir uns jetzt endlich dem Inhalt jenes Eilbriefes vom 19. August 1610 zu, womit Galilei Keplers Verlangen nach Zeugen beantwortete. Er brauchte in jenem Augenblick dringend die Autorität des von ihm im Grunde verachteten kaiserlichen Mathematikers.

In diesem Brief, dem zweiten und letzten direkten Schreiben Galileis an Kepler, entschuldigt er sich, er habe jetzt kein Teleskop, da er das seine dem Großherzog zur ewigen Aufbewahrung unter seinen Kostbarkeiten geschenkt habe, später werde er neue anfertigen und sie seinen Freunden zur Verfügung stellen. Offenbar gehörte Kepler nicht zu seinen Freunden, da er ja nie eins erhalten hat. Das Wichtigste aber, die Bitte um ernstzunehmende Zeugen, diese Bitte konnte er nicht erfüllen. Er nannte als Zeugen den Großherzog, der ihn für seine Entdekkungen zu seinem Mathematiker und Philosophen ernannt habe, und als zweiten Zeugen sich selbst, der den für Mathematiker unerhört hohen Sold von tausend Gulden Jahresgehalt beziehe! Im übrigen hätten in Pisa, Florenz, Bologna, Venedig und Padua viele gesehen, aber alle schwiegen und zögerten, denn die meisten könnten nicht einmal den Jupiter vom Mars oder den Mond von den Planeten unterscheiden. Damit gab er ganz unbefangen zu, daß bisher nur Laien »gesehen« hatten. Und dann kam der übliche Trost, nämlich die Aufforderung, gemeinsam über die dumme Menge zu lachen, und der verlegene Brief schloß mit den Worten: »Leb wohl, hochgelehrter Mann, und behalte mich lieb wie bisher!«

Man kann sich das Gesicht Keplers beim Lesen dieses Briefes leicht vorstellen. Aber diesem Galilei nahm er so leicht nichts übel. Er entlieh beim Kölner Kurfürsten, der gerade in Prag war, das Teleskop, das Galilei dem Fürsten geschenkt hatte, und sah nun selbst und wurde damit selbst zum Zeugen. Das Ergebnis war die Schrift »Narratio de observatis a se quatuor Jovis satellitibus erroneis« von 1611, »Erzählung von den selbst beobachteten vier umlaufenden Satelliten des Jupiter«.

Damit war nun für viele Gelehrte der Nachweis der Existenz dieser Satelliten erbracht, wenn sie daraus auch nicht auf die physikalische Richtigkeit des kopernikanischen Systems schlossen.

Der Aufruhr, den der »Nuncius« bewirkt hatte, läßt sich leicht begreifen. Galilei verursachte damit den Zusammenbruch der bisherigen Weltordnung. Davon redet er vorsichtigerweise im »Sidereus Nuncius« nicht, aber für nachdenkliche Leser wurden vier unerhörte Neuigkeiten klar: Nicht alles, was sich am Himmel bewegte, drehte sich um die Erde als Mittelpunkt, da ja die vier Satelliten nicht nur die Erde, sondern zuerst einmal den Jupiter umkreisten. Zweitens: Die bisherige, seit Aristoteles sicher scheinende Unmöglichkeit einer »zusammengesetzten« Bewegung wurde durch die Entdeckung der Satelliten zuschanden, und damit bot auch die Behauptung der »Kopernikaner«, der Mond bewege sich um die Erde und zusammen mit der Erde in einer zweiten anderen Bewegung um die Sonne, theoretisch keine Schwierigkeit mehr. Dies übrigens sagt Galilei im »Nuncius«, doch ohne sich selbst zu exponieren; er spricht von den »Kopernikanern«. Drittens: Das Firmament kann nicht nur für den Menschen geschaffen sein, da man ja die erschreckende Tiefe des Weltraums mit seinen unzähligen, bisher unbekannten Sternen nicht mit unbewaffnetem Auge, sondern nur mit Hilfe eines künstlichen Instrumentes sehen kann. Und viertens: Die Erde ist nicht mehr der unterste Schmutz des Kosmos, sondern ist nun in den Rang eines Sterns erhoben. So sagte Galilei, während seine Gegner zeterten, er habe die Erde zu einem Stern »erniedrigt«.

Das waren für die damalige Menschheit keine Kleinigkeiten. Unbefangene Leser mochten das erschreckend, aber auch sensationell und prickelnd interessant finden. Die peripatetischen Professoren dagegen waren keine unbefangenen Leser. Sie waren traditionsgemäß nur an der Berechnung der Planetenbahnen, nicht aber an der physikalischen Realität der »vollkommenen« Himmelskörper interessiert. Wer wie Galilei physikalische Fragen an den Kosmos stellte und in eben dieser Erwartung sein verdammtes Sehrohr auf das Firmament richtete, konnte in ihren Augen nur ein Narr oder ein zerstörungswütiger Verbrecher sein. Man brauchte also gar nicht hinzusehen, das alles konnte nur Unsinn sein. Und so hat denn auch der peripatetische Freund Galileis, der Paduaner Professor Cremonino, in seinem ganzen Leben kein Teleskop in die Hand genommen, hat aber, wie wir schon wissen, kein öffentliches Werturteil abgegeben, sondern blieb mit Galilei befreundet.

Die Kirche mischte sich in diesen Streit nicht ein, im Gegenteil, auch die römischen Jesuiten vom Collegium Romanum bekehrten sich allmählich zu Galileis Beobachtungen und stellten durch eigene Untersuchungen die Richtigkeit seiner Entdeckungen fest. Für die theologisch Gebildeten bestand kein Grund, neu entdeckte Himmelserscheinungen als Gefahr für die Religion anzusehen; auch die Theologen hatten das Tychonische System als Beruhigung zur Verfügung.

Immerhin, es waren aufregende und merkwürdige Dinge, die dieser geniale Galilei da entdeckt hatte.

5
Die schwer gekränkte Serenissima

Jetzt aber müssen wir kurz noch einmal ein Jahr zurückgreifen. Im Februar 1609 hatte Galilei den erwähnten vergeblichen Versuch gemacht, in die Dienste des Großherzogs von Toskana zu treten. Am 21. August 1609 zeigte er Mitgliedern des venezianischen Senats vom Campanile des Markusplatzes aus die Leistung seines soeben konstruierten Fernrohrs. Darüber gibt es einen hingerissenen Bericht des Prokurators Priuli, der mit von der Partie war. Man konnte sogar deutlich die Leute sehen, die auf der Insel Murano in die Kirche gingen und herauskamen (EN XIX 587). Am 24. August präsentierte Galilei in einem ehrerbietigen Brief an den Dogen Leonardo Donato sein Fernrohr der Stadt als Geschenk und machte auf den großen Vorteil gegenüber feindlichen Flotten aufmerksam; man konnte Schiffe zwei Stunden früher sehen als man von ihnen gesehen wurde und sich je nach Stärke einer feindlichen Flotte für »Jagd, Kampf oder Flucht« entscheiden. Er stellte es dem Gutdünken des Dogen anheim, was er für die Überlassung dieser Erfindung tun wolle, und schloß mit den Worten: »Und das also präsentiert voller Verehrung der obgenannten Galilei Euer Gnaden als eine Frucht der Wissenschaft, die er schon volle siebzehn Jahre in Padua ausübt, und mit der Hoffnung, noch Größeres hervorzubringen, wenn es Gott und Euer Gnaden genehm ist, daß er (Galilei) nach seinem Wunsch den Rest seines Lebens in Ihrem Dienst verbringen kann. Mit demütiger Verbeugung und der Bitte an Gott, Ihnen das volle Maß aller Glückseligkeiten zu gewähren« (EN X 250).

Zu dem Zeitpunkt dachte er also noch nicht daran, sein »Cannone« auf den nächtlichen Himmel zu richten. Es galt ihm als ein gutes Instrument für die seefahrende Nation, der er als Professor diente. Aber — hatte er sein Gesuch um Übertritt in die großherzoglichen Dienste, das wenige Monate zurücklag, vergessen? Hatte er die Hoffnung aufgegeben, von lästigen Vorlesungen frei zu werden? Oder handelte es sich um den Ehrgeiz, der Meerbeherrscherin Venedig, der Serenissima, einen großen, mit großem Dank zu honorierenden Dienst zu erweisen?

Am nächsten Tag jedenfalls trat der Rat zusammen, und der Prokurator Priuli kam einen Augenblick heraus in den Saal, wo Galilei wartete, nahm ihn bei der Hand und sagte (nach Galileis eigenem Bericht an seinen Schwager, EN X 253), der Rat habe in Anbetracht seiner siebzehnjährigen Dienste in Padua und seines jetzigen bedeutenden Geschenks sofort den Universitätsverwaltern aufgetragen, im Falle der Zustimmung Galileis die Berufung auf Lebenszeit auszusprechen, mit einem Jahresgehalt von tausend Dukaten, und sogar für das laufende Jahr noch die entsprechende Differenz von 480 Dukaten auszuzahlen... Galilei seinerseits drückte Priuli gegenüber seine volle Zufriedenheit aus, worauf Priuli ihn umarmte und sagte: »Und da ich diese Woche das Vorschlagsrecht habe, werde ich für nach dem Mittagessen den Senat einberufen, und es wird der Beschluß verlesen und darüber abgestimmt.« Und Galilei fügt an die Adresse des Schwagers hinzu: »Und so geschah es, einstimmig, und so finde ich mich denn hier auf Lebenszeit gebunden und muß mich damit zufriedengeben, die Heimat manchmal in den Ferienmonaten zu besuchen.« Das mit der Einstimmigkeit wußte er vielleicht gar nicht; in Wirklichkeit ergab die Abstimmung im Senat 98 Ja-, 11 Nein- und 30 ungültige Stimmen. Am gleichen Tag noch fertigte der Doge die Urkunde aus.

Ja, und nach einigen weiteren Monaten kamen dann die epochemachenden Entdeckungen am Himmel, Galilei sicherte sich die Zustimmung des jungen Großherzogs zur Benennung der vier Jupitersatelliten als »mediceische Sterne«, im Januar 1610 erschien der »Sidereus Nuncius«, am 7. Mai 1610 behauptete Galilei in einem Brief an den florentinischen Staatssekretär Vinta (EN X 350), die Paduaner Professoren hätten sich inzwischen von der Richtigkeit der Himmelserscheinungen überzeugt, was nicht im geringsten stimmte, aber die Sorge des Großherzogs wegen der ausbleibenden Bestätigung durch die Wissenschaft und der eventuell nicht ausbleibenden Blamage besänftigen sollte. Immerhin konnte Galilei gleichzeitig den wichtigen zustimmenden Brief des kaiserlichen Mathematikers Kepler ins Feld führen, und schon am 10. Juni 1610 wurde er zum Mathematiker und Philosophen des Großherzogs ernannt, der Universität Pisa ohne Vorlesungspflichten zugeteilt. Dies aus dem Grunde, daß Pisa die tausend Dukaten Jahresgehalt zu zahlen hatte. Auf den Titel Philosoph legte Galilei den allergrößten Wert; die Einmischung ins »Philosophische« war den bloßen Mathematikern ja nicht gestattet. Am 15. Juni reichte er seinen Rücktritt vom Paduaner Lehrstuhl ein, war durch keins der dringenden Angebote des Senats umzustimmen und verließ am 7. September 1610 Padua für immer.

Was war nun das? Gewiß, der Wunsch nach Muße für seine wissenschaftlichen Arbeiten war sicherlich noch vorhanden, aber den hatte er ja bei seiner Bitte an den Dogen um Anstellung auf Lebenszeit beiseite getan. Hatte er das Spiel mit Venedig nur getrieben, um seinen Preis in Florenz zu verdoppeln? Das tut man ja im Geschäftsleben manchmal, und Galilei hatte immer ein waches Verhältnis zum finanziellen Nutzen seiner Erfindungen, Konstruktionen und Entdeckungen.

Beispielsweise führte er ab 1612 mit Hilfe des Großherzogs und verschiedener Gesandter zwanzig Jahre lang zähe, wenn auch ergebnislose Verhandlungen mit dem spanischen Hof zur Nutzbarmachung der Jupitersatelliten für die Längengradbestimmung auf See und stellte dabei keine geringen Forderungen: 4000 Dukaten jährliche Rente, 2000 für die Erben, und den San-Jago-Ritterorden. Jahrzehnte später, 1636, nahm er mit Unterstützung ganzer Scharen von gelehrten in- und ausländischen Freunden die gleichen Verhandlungen mit der holländischen Regierung auf, von der er wenigstens als Ehrengabe eine goldene Kette erhielt, die er aber auf Befehl der Inquisition von diesen »Häretikern« (!) nicht annehmen durfte. Aus alledem wurde nichts, weil das Teleskop bei stürmischem Wetter unbrauchbar war, weil Galilei die notwendigen Ephemeridentafeln für den zukünftigen täglichen Standort der Satelliten nur versprechen konnte (die genauen Bestimmungen gelangen ihm nie) und weil er schließlich die zugehörige Konstruktion einer mit Hilfe des Pendels genau gehenden Uhr nur in Aussicht stellte; erfunden wurde sie später von Huygens. Mehr Erfolg hatte er mit der Ergatterung von Pfründen, die ihm sein Freund Urban VIII. 1630 und 1631, also kurz vor der Verfeindung, zuschanzte. Eine davon konnte er nur erhalten, wenn er einen klerikalen Status nachweisen konnte. Ohne viel Federlesens ließ er sich 1631 von der Hand des zuständigen Bischofs die klerikale Tonsur verpassen.

An die Geschäfte dachte er also stets sehr intensiv. Das Hochtreiben seines Preises für Florenz wäre also denkbar. Allerdings gibt es jenen schon zitierten Brief an seinen Schwager, worin er seine dauernde Bindung an Padua als fait accompli feststellt.

Nun darf man nicht vergessen, daß mit den spektakulären Entdeckungen am Himmel seine Situation grundlegend verändert war. Erstens war er plötzlich ein weltberühmter Gelehrter, auch wenn in diesem Fall die Gelehrsamkeit lediglich in der erwartungsvollen Einstellung des Teleskops in Richtung Firmament bestand; diese revolutionäre »Erwartung«, die nun einmal nur er gehabt hatte, wurde auch von Kepler mit höchster Bewunderung honoriert. Zweitens konnte Galilei jetzt denken, er brauche in Zukunft nicht mehr von Hypothesen zu reden, vielmehr könne er die physikalische Richtigkeit des kopernikanischen Systems lehren, da er ja, wie er glaubte, die wichtigsten Beweise schon in Händen hielt. Aber – könnte er das vom Paduaner Lehrstuhl aus verkünden? Zwei begründete Zweifel standen dagegen: den Kopernikanismus als physikalisch »wahr« zu lehren, hätte die konservativen Behörden und die ganze Kollegenschaft alarmiert, und außerdem war Galilei als Mathematiker angestellt und hatte in die Philosophie alias Naturwissenschaft nicht hineinzureden. Dagegen konnte er als unabhängiger großherzoglicher Mathematiker und Philosoph schreiben und lehren, was er für richtig hielt, ganz so wie der kaiserliche Mathematiker Kepler in Prag.

Blieb noch zu überlegen, wieviel mehr Freiheit, oder besser Sicherheit, er in Venetien als im toskanischen Großherzogtum hatte. Hierzu mochte er sich sagen: gewiß, in Padua größere

Sicherheit vor kirchlicher Verfolgung als in Florenz, aber dafür in Padua keine Freiheit zur neuen, kombinierten mathematisch-»philosophischen« Wissenschaft, die er zur Aufstellung eines neuen Weltsystems nötig hatte. (In seinem letzten Bewerbungsbrief an Vinta hatte er an Plänen an erster Stelle zwei Bände »Über das System oder die Konstitution des Universums« genannt und erst an zweiter Stelle seine Arbeit »Über die Bewegung«.) Das unflexible Paduaner Reglement mochte er für unabänderlich halten, während er die Gefahr einer kirchlichen Verfolgung als eine kaum ernstzunehmende Eventualität ansehen konnte. Einer solchen Eventualität konnte er mit der nötigen Vorsicht und Umsicht aus dem Weg gehen. Außerdem hatte die Kirche damals großen Respekt vor großen Gelehrten.

Wiederum aber mußte er bedenken: Dem venezianischen Senat war, wie er sehr schnell merkte, ungeheuer viel daran gelegen, den plötzlich weltberühmt gewordenen Mann in Padua zu halten. Eigentlich hätte Galilei überzeugt sein dürfen und es ruhig versuchen können, auch in Padua den zusätzlichen Titel »Philosoph« zu erhalten. Und mit Sicherheit hätte er alles, was er in Florenz unbehelligt bis 1632 schrieb, auch in Padua veröffentlichen können.

Man sieht, alle diese Überlegungen drehen sich dauernd im Kreis, und so war es am Ende vielleicht nur der Rausch seines plötzlichen Ruhms, der ihn über das noch so großzügige Angebot Venedigs leichten Herzens hinweggehen ließ. Man muß versuchen, sich in den Gemütszustand des Mannes zu versetzen, der bisher zwar sehr selbstbewußt auf dem Weg zur Reform der Naturwissenschaft war, aber jetzt plötzlich, in seinem 46. Jahr, buchstäblich den Himmel offen sah, buchstäblich eine kosmische Kraft in sich verspürte, buchstäblich die Befreiung aus uralten Tabus von seinem allwissenden Fernrohr geschenkt bekam. Das warf ihn nicht nur aus der Bahn der Bewegungsstudien hinaus, es hob ihn auch wie im Traum hoch hinaus über alles Hin- und Hererwägen.

So kann es gewesen sein, aber darüber gibt es keine Belege. Er selbst hat von alledem nie gesprochen, außer jener späten Bemerkung, in Padua habe er die besten Jahre seines Lebens verbracht. Das betrifft aber nicht die Erwägungen, die er angestellt hat, um entgegen seinem Versprechen in die Hände des

Dogen kurz darauf den Dogen und den ganzen venezianischen Staatsrat durch abrupten Weggang zu beleidigen. Von dem Prokurator Antonio Priuli, der ihn bei der Ernennung auf Lebenszeit so herzlich umarmt hatte, wissen wir, daß noch Jahre nach dem Weggang Galileis der Name Galilei in seiner Gegenwart nicht fallen durfte.

Und was Galileis Freunde über die leichtsinnig vertane Paduaner Freiheit hinterher sagten oder schrieben, das überging der große Mann schweigend.

6
Die Florentiner Freiheit

Am 12. September 1610 traf der »Erste Mathematiker der Universität Pisa und erste Mathematiker und Philosoph des Großherzogs von Toskana« in Florenz ein. In Padua hatte er Marina Gamba für immer zurückgelassen; ein Jahr lang hatte sie noch das vierjährige Söhnchen bei sich. Die jüngere Tochter Livia brachte er mit, Virginia war schon bei der Großmutter in Florenz.

Hier muß wieder etwas berührt werden, was man sehr schön mit den damaligen Sitten erklären, aber trotzdem nicht leicht schlucken kann. Den unehelichen Sohn legitimierte er später, aber die unehelichen Töchter »versorgte« er, indem er sie ins Kloster schickte, und zwar wollte er sie sofort, ab 1611, also elfjährig und zwölfjährig, hinter den ewigen Mauern verstauen. Der Kardinal del Monte, der ihm bisher stets behilflich war, protestierte wegen des zarten Alters der Kinder. Aber der Vater meinte, sie sollten sich ja vorläufig nur eingewöhnen. Mit Hilfe eines anderen Kirchenfürsten gelang es ihm, sie zwei Jahre später bei den Klarissen in Arcetri bei Florenz unterzubringen. Die ewigen Gelübde legte Virginia mit 16 Jahren (!) ab und nahm den Ordensnamen Maria Celeste an. Sie blieb trotz allem dem Vater stets in heißer Liebe ergeben. Ein Jahr später legte auch die jüngere, Livia, also ebenfalls mit 16 Jahren, die Gelübde ab und hieß von da ab Arcangela. Von ihr hört man in Zukunft weniger; sie soll stets unglücklich gewesen sein.

So war Galilei von der Sorge für die Töchter befreit. Verkleinert diese Handlungsweise den großen Mann? Die Antwort lautet: Nein. Sie entsprang also der bekannten Rücksichtslosigkeit großer Männer? Die gleiche Antwort: Nein. Auch mittelmäßige Leute handelten und handeln so. Das Ganze ist einfach eine schmerzliche Tatsache, weiter nichts. Und man darf ruhig den großen und den kleinen Leuten, den heutigen und den damaligen, sagen: du solltest so nicht handeln. Für damals sagte es ja del Monte.

Und während Galilei seine Töchter versorgte, versorgte sich Marina Gamba mit einem Mann, der sie ordnungsgemäß heiratete. Alle drei blieben befreundet. Nun, das gibt es auch heute.

Die Winterluft in Florenz bekam Galilei schlecht. Seit Jahren schon litt er unter schwerem Rheumatismus oder Arthritis, und dabei blieb es fürs ganze Leben. Immer wieder wurde er wochen- und monatelang von diesem Leiden gequält. Sein Freund Salviati lud ihn in sein Landhaus ein, wo es ihm sofort besser ging, und der Großherzog stellte ihm für solche Fälle ebenfalls eine Villa außerhalb von Florenz zur Verfügung.

Eine Zeitlang schien es seinen venezianischen Freunden, er wolle wegen dieser gesundheitlichen Unzuträglichkeiten nach Padua zurückkehren. Doch Galilei dachte nicht daran. Er lebte sich allmählich in seiner Heimat Florenz wieder gut ein, und weder Venedig noch Padua hat er je wieder betreten. Ein Gefühl der Peinlichkeit hat ihn offenbar nie verlassen; er hatte schließlich von seinen Freunden Sagredo und Gualdo genug Unangenehmes über das vernichtende Urteil der führenden Männer der Republik gehört.

Das ganze Thema begrub er tief in seinem Gemüt. Das konnte er um so leichter, als seit der Übersiedlung nach Florenz die Anerkennung seiner Entdeckung gute Fortschritte machte. Als junger Mann, als er in der Schule des Ostilio Ricci seine ersten erfolgreichen Arbeiten schrieb, machte er eine Reise nach Rom, von der weiter nichts bekannt ist als ein nachfolgender Briefwechsel mit dem Jesuiten Christophorus Clavius (= Christoph Klau aus Bamberg) vom Collegium Romanum, einem hochangesehenen Mathematiker und Mitarbeiter an der Kalenderreform.

Nach jahrelanger Pause ging schon fünf Tage nach Galileis Ankunft in Florenz einer seiner ersten Briefe an Pater Clavius. Clavius hatte nämlich auf die Nachricht von Galileis Entdekkungen spöttisch gesagt, der habe vielleicht Flecken auf dem

Glas gesehen. Davon hatte Galilei gehört, und so gab er ihm denn in seinem ersten Brief vom 17. 9. Ratschläge für die Handhabung des Teleskops. Am 17. 12. antwortete Clavius, der inzwischen von einem Bekannten ein vorzügliches Teleskop erhalten hatte, und bestätigte die Jupitersatelliten und gleich auch die »längliche« Form des Saturn. Galilei antwortete am 30. 12. mit einem überaus glückstrahlenden Schreiben und erzählte Clavius von den jüngst entdeckten Venusphasen, die den Umlauf der Venus um die Sonne beweisen. Er stellte seinen baldigen Besuch in Rom in Aussicht. (Die drei schönen Briefe finden sich in EN X 431, 484 und 499.) In dem freudigen zweiten Brief an Clavius zieht Galilei auch gleich seine Schlußfolgerungen: »Es ist jetzt also klar, daß Venus, und so mit Sicherheit auch Merkur sich um die Sonne dreht, die zweifellos das Zentrum der hauptsächlichen Umdrehungen aller Planeten ist. Außerdem können wir jetzt sicher sein, daß die Planeten selbst kein Licht haben, sondern nur im Reflex des Sonnenlichts leuchten, was nach einigen meiner Beobachtungen auf die Fixsterne nicht zutrifft. Und so ist denn das Planetensystem sicherlich anders als man für gewöhnlich annimmt. Genauso wurden bei der Bestimmung der Sternengröße (außer bei Sonne und Mond) Irrtümer über die meisten Planeten und über alle Fixsterne begangen, Irrtümer von drei-, vier-, fünftausend Prozent und mehr.« Das Letzte bezog sich auf Tycho Brahe, der tatsächlich die Fixsterne, da er in Ermangelung eines Teleskops ihre Irradiation nicht ausschalten konnte, in diesen Größenordnungen vermutete.

Die Autorität des Pater Clavius war für Galilei von unschätzbarem Wert. Trotzdem machte er sich keine Illusionen. Seinem venezianischen Freund Paolo Sarpi teilte er im Februar 1611 den glücklichen Umschwung unter den Gelehrten des Collegium Romanum mit, wußte aber, daß die »Peripatetiker«, aristotelischer als Aristoteles, seine Gegner bleiben würden, und ganz besonders die in Padua, »über die ich tatsächlich keinen Sieg erhoffen darf« (EN XI 47). Auch ein sehr schöner Brief des Paters Grienberger, Schüler und kurz darauf Nachfolger des Clavius als Mathematikprofessor am Collegium Romanum, den er kurz vorher erhalten hatte (EN XI 31), stimmte ihn nicht optimistischer. Und wie wohltuend müßte doch die

Lektüre gerade dieses Briefes gewesen sein, wenn da nicht eine ganz bestimmte Kleinigkeit dringestanden hätte.

Wann erhält ein umstrittener Mann jemals einen Brief mit dem Bekenntnis, der Unterzeichnete bekenne, daß er anfangs laut gegen die Wahrscheinlichkeit der Entdeckungen protestiert habe, statt sie, wie der Augenschein ihn inzwischen belehrt habe, zu bewundern und zu verteidigen. Er hoffe aber auf gütige Nachsicht, da es ja in der Tat nicht leicht sei, Meinungen aufzugeben, die seit Jahrhunderten von allen Autoritäten gestützt worden seien. Wahrscheinlich wäre er auch jetzt noch in Opposition, wenn er nicht mit eigenen Augen alles bestätigt gefunden hätte. Wer aber jetzt noch trotz eigenem Augenschein die Realität bestreite, opponiere nicht gegen Galilei, sondern gegen seine eigenen Sinne.

So ein Brief auf dem Tisch eines von Widersachern bekämpften Entdeckers muß Balsam sein. Allerdings stand noch etwas anderes in dem Brief, das der arglose Grienberger ohne jeden Hintergedanken schrieb, im Gegenteil in der Meinung, Galilei müsse sich darüber freuen. Nämlich: Der Pater Johannes Paul Lembo, ebenfalls Mathematiker des Collegium Romanum, habe schon vor Galilei die Unebenheiten des Mondes und eine Menge neuer Sterne beobachtet, allerdings nicht die vier »neuen Planeten«.

Eine solche Mitteilung auf dem Tisch eines von Prioritätssorgen gequälten Gelehrten mußte natürlich das Vergnügen über das vorher Gelesene wieder dämpfen. Wollte dieser Lembo womöglich die Priorität beanspruchen? Es muß im Gemüt Galileis ein kurzer, heftiger Kampf stattgefunden haben. Zu seinem Glück beschloß er offenbar, diesmal keinen Prioritätsstreit anzuzetteln. Die glückverheißende Geneigtheit dieser wissenschaftlichen Größen des weltberühmten Collegium Romanum war ihm vernünftigerweise wichtiger.

Lembo hat übrigens nicht im Traum daran gedacht, derartige Ansprüche zu erheben. Auch die Nachwelt hat daraus keine Konsequenzen gezogen, obwohl es sachlich richtig ist, daß nicht nur Thomas Harriot vor Galilei den Mond beobachtete, allerdings nichts darüber veröffentlichte, sondern auch Pater Lembo den zerklüfteten Mond und eine Menge vorher unbekannte Sterne vor Galilei observierte und es am 22. 1. 1611 dem Galileo Galilei mitteilen ließ. Für uns heute sind die damaligen Sorgen natürlich unwichtig; der Mann, der den »Sidereus Nuncius« veröffentlichte und aus seinen weiteren Beobachtungen bahnbrechende Schlüsse, wenn auch voreilige, aber am Ende doch zutreffende Schlüsse zog und damit dem Newtonschen Weltsystem vorarbeitete, braucht nicht sorgenvoll zu fragen, ob irgend jemand irgend etwas schon kurz vorher »gesehen« hat; das würde lediglich eine Rolle spielen, wenn der Betreffende ebenfalls bahnbrechende Schlüsse daraus gezogen hätte.

Übrigens wurde durch die gewandelte Haltung des P. Clavius auch der Augsburger Bürgermeister Markus Welser, ein wissenschaftlich hoch interessierter Mann und Mäzen mit einem umfangreichen internationalen Briefwechsel, von seiner Gegnerschaft gegen Galileis Entdeckungen abgebracht. Von Welser wird bald noch mehr zu reden sein.

Exkurs über Prioritäten und Spurenverwischung

Ich habe vorhin erwähnt, daß im Briefwechsel mit Clavius von den beiden Entdeckungen am Saturn und an der Venus gesprochen wurde.

Den Saturnring (den er allerdings für zwei feststehende kleinere Begleiter des Saturn hielt) entdeckte Galilei noch in Padua am 25. 7. 1610. Das teilte er fünf Tage später nur dem toskanischen Staatssekretär Vinta mit. Dem toskanischen Gesandten am Kaiserhof, Giuliano de' Medici, sandte er ein Anagramm, eine unverständliche Buchstabenanhäufung, und sagte, darin sei eine neue Entdeckung enthalten. Er hatte Angst, einen offenen Text könnte ein deutscher Astronom noch vor Galileis Publikation als eigene Entdeckung veröffentlichen. Er lüftete das Geheimnis am 13. November in einem Brief an de' Medici. Bis dahin hielt er die Entdeckung geheim. Nicht einmal sein Freund, der gelehrte Benediktiner Castelli, erfuhr etwas davon. Ihm teilte er die Saturnentdeckung überhaupt erst am 30. Dezember 1610 mit, was für das Folgende höchst wichtig ist.

Daß Venus Phasen wie der Mond hat, teilte er am 11. Dezember 1610 Giuliano de' Medici mit, wiederum als Anagramm, wieder aus Angst vor den Deutschen. Bei der Lüftung des Geheimnisses schrieb er an de' Medici, damit sei ein Beweis für die kopernikanische Lehre erbracht, »und der Herr Kepler und die übrigen Kopernikaner können sich rühmen, richtig vermutet und philosophiert zu haben«. Hier könnte man wieder einmal anmerken, daß die Venusphasen ebensogut ins Tychonische System passen. Doch Galilei hat sich darüber nie Gedanken gemacht. Er hat diesen Tycho, der in einem grundsätzlichen Irrtum befangen war, nicht studiert. Das ist mehr als verständlich, es ist selbstverständlich.

Und jetzt also ein paar Worte zur damals üblichen Spurenverwischung bei Prioritätsansprüchen. Der Astronom Simon Marius (Simon Mayr aus Gunzenhausen) verursachte 1614 mit seinem »Mundus Jovialis« (Die Welt des Jupiter) eine furchtbare Aufregung. Er behauptete in dem Buch, die Jupitertrabanten gleichzeitig mit Galilei oder sogar ein paar Tage früher entdeckt zu haben. Das konnte nur Schwindel sein, und Galilei konferierte lange mit Freunden über das bestmögliche Verhalten. Den Mayr haßte er sowieso schon seit der Capra-Affäre; Capras Schrift, die als Plagiat sequestriert worden war, hatte Galilei bekanntlich Simon Mayr, dem Lehrer Capras, zur Last gelegt. Im jetzigen Fall verschob er den Angriff ganz gegen seine Gewohnheit; die Abrechnung mit dem »Mundus Jovialis« fand erst 1623 im »Saggiatore« statt. Galileis Biographen haben den »Betrug« Mayrs mit den Jupitertrabanten stets verachtungsvoll und wütend behandelt. Erst in diesem Jahrhundert hat E. Zinner in der »Vierteljahrsschrift der astronomischen Gesellschaft« 1942 »Zur Ehrenrettung des Simon Marius« festgestellt, daß die originalen Dokumente nicht nur Mayrs Behauptung bestätigen, sondern daß Mayr sogar stimmige Tafeln über die Umlaufzeiten der Satelliten aufgestellt habe. Und Mayrs Venus-Beobachtungen stehen in einem Brief an Kepler, der ihn in seiner »Dioptrik« abgedruckt hat, als Galilei sein Anagramm noch nicht gelüftet hatte. Mayr war also kein Prioritätsschwindler, sondern ein guter Astronom.

Und nun kommen wir zu einer kleinen Pikanterie in Galileis Berichten über die Entdeckung der Venusphasen. H. C. Freiesleben schreibt in seinem Aufsatz »Galileis astronomische Leistungen« (in dem Sammelband »Sonne steh still — 400 Jahre

Galileo Galilei«, ed. Ernst Brüche, 1946) auf S. 103 ff.: »Die zweite Entdeckung bezog sich auf die Phasen, die Venus zeigt... Gerade diese Beobachtungen Galileis haben manche Kritik erfahren. Im Oktober 1610 sah Galilei mit dem Fernrohr Venus noch als kreisförmige Scheibe, im November verlor die Scheibe am östlichen Rand an Rundung, um nach wenigen Tagen die Form eines Halbkreises anzunehmen. Dabei blieb es dann für ungefähr einen Monat. Die Größe der Venus nahm in dieser Zeit ungefähr auf das Fünffache zu. Dann begann die Venus Sichelform zu zeigen. Galilei schildert anschließend, wie die Sichel nun immer schmaler wurde, er habe mit den Augen gesehen, was der Verstand nicht bezweifelt habe. — Mit dieser Darstellung wird geradezu zugegeben, daß diese Beobachtungen nicht ganz unvoreingenommen erfolgten. Die Zeit der Galileischen Beobachtungen, für die dieser Bericht gilt, erstreckte sich über eine Spanne, in der er vom Gestaltenwechsel nur soviel hätte wahrnehmen können, wie ihn der Mond etwa in der Zeit vom 4. bis zum 8. Tag nach Vollmond darbietet. Galilei hätte also lange nicht so viel vom Phasenwechsel der Venus sehen können, wie er angibt. Auch hätte der Verlauf natürlich stetig und nicht sprunghaft sein müssen. Die Vergrößerung des Venus-Durchmessers kann endlich nur das Eineinhalbfache betragen haben. Doch kann es sein, daß Galilei hier eine Flächenvergrößerung meint, und was die übrigen Beobachtungen anlangt, darf man wieder auf die Unvollkommenheit des Fernrohrs hinweisen.«

Das Kopfschütteln der Astronomen über Galileis Venus-Beobachtungen klärt sich jedoch ganz anders auf, wenn man den Briefwechsel Galileis mit Benedetto Castelli genau verfolgt und ihn neben die Daten hält, die Galilei angibt.

Am 5. Dezember 1610 (EN X 480 ff. und 482 ff.) schreibt Castelli an Galilei, er habe sich lange den Kopf zerbrochen über Galileis Bemerkung vom 22. August, am Himmel sei eine weitere unglaubliche Neuigkeit zu beobachten.

Diese Neuigkeit konnte nur den Saturn betreffen, die Galilei ja bis in den November hinein geheimhielt. Und tatsächlich, wie schon vorhin erwähnt, erhielt Castelli auf den Brief vom 5. 12. die entsprechende Antwort am 30. 12. 1610 (EN X 504): »Was wird Eure Reverenz wohl zu Saturn sagen, der nicht ein einzelner Stern ist, sondern aus drei miteinander verbundenen und unbeweglichen Sternen besteht... Der mittlere ist drei- oder viermal größer als die seitlichen; so habe ich ihn von Juli bis heute beobachtet.«

Castelli hatte also bis zum 30. 12. über die Saturn-Entdekkung nichts vernommen.

In dem Brief Castellis vom 5. Dezember steht aber noch etwas anderes: Er habe über die Andeutung vom 22. August hin- und hergedacht, und da sei ihm schließlich eingefallen, daß »wenn die kopernikanische Weltordnung wahr ist, und ich halte sie für überaus wahr, dann muß Venus bei gleicher Degression von der Sonne manchmal gehörnt und manchmal ungehörnt erscheinen, je nachdem, ob sie diesseits oder jenseits der Sonne steht, nur daß diese Beobachtung in den verflossenen Jahrhunderten nicht möglich war... Nachdem Sie nun mit Ihren unsterblichen Erfindungen so viel andere Wunder an den Himmelserscheinungen beobachtet haben, die für natürliche Kräfte unsichtbar sind, wüßte ich gern, ob Sie in dem speziellen Fall irgendeine Beobachtung gemacht haben und ob das, was ich vermutet habe, stimmt. Den gleichen Wunsch haben Pater Dr. Serafino von Quinzano und die Herren Ferrante Lana und Francesco Albano...«

Auf die Anfrage seines geliebten Freundes hätte Galilei sofort antworten können mit einem herzlichen Dank für den Tip. Aber er ließ den ganzen Dezember verstreichen und antwortete erst am dreißigsten. Doch am 11. Dezember sandte er ein eiliges Anagramm an Giuliano de' Medici nach Prag, das in verschlüsselter Form die Entdeckung der Venusphasen enthielt. Und dies, wie er dann in verschiedenen Briefen mitteilt (z.B. an Clavius), nachdem er die Phasen seit drei Monaten beobachtet habe. Anagramme verschickte er stets sofort aus Angst, ein anderer könne ihm zuvorkommen. Warum dieses eine erst nach gemütlichen Beobachtungen von drei Monaten?

Dieses dreimonatige Zuwarten und dann das plötzliche Aufwarten mit einem eiligen Anagramm wäre unverständlich und bei seinem Prioritätseifer auch unklug, wenn die Sache nicht so wäre, wie sie der Leser jetzt schon vermutet.

Nämlich Galilei hat, kaum daß er den Brief Castellis vom 5. 12. in der Hand hatte, eiligst die Venus beobachtet und am

11. 12. die Gewißheit gehabt, daß Castellis Vermutung stimmte. Und nun also sofort das Anagramm nach Prag! Dann hat er sich überlegt, wie die Phasen der Venus in den letzten drei Monaten ausgesehen haben könnten, und dabei hat er sich gründlich vertan. Damit ist voll und ganz aufgeklärt, was Freiesleben »nicht ganz unvoreingenommene« Beobachtungen nennt.

Galilei wollte ganz einfach vor Castelli und den drei anderen ihm ergebenen Herren, insbesondere nicht vor den drei anderen, dastehen als ein Astronom, der ihrer Anregungen bedurfte, und auf jeden Fall mußte er verhindern, daß diese drei Gelehrten etwaige Ansprüche erheben könnten, und sei es nur die Priorität der für sicher angesehenen und dann durch den von ihnen beauftragten Galilei bestätigten Phasen.

Also erhielt Castelli am 30. 12. 1610 jenen Brief, in dem die für Castelli total neue und überraschende Saturnmitteilung ganz nebenbei und am Schluß erwähnt wird, statt dessen aber, wie wenn mit der geheimnisvollen Mitteilung vom 22. August die Venus gemeint gewesen wäre, eine ausführliche Darstellung seiner angeblich schon drei Monate dauernden Beobachtungen. Dabei übersah er, daß zurück bis zum 22. August eigentlich vier Monate anzusetzen gewesen wären. Aber darauf kam es nicht an; Hauptsache war: schon seit Monaten. Nur daß eben die nachträglich ausgerechnete Phasendarstellung nicht stimmte.

Ist das nun ein Schwindel? Es ist mehr Schwindel als der Schwindel des Simon Mayr, der schließlich gar kein Schwindel war. Und wollte man die gleiche moralische Strenge wie die früheren Biographen gegen Mayr jetzt gegen Galilei richten, dann müßte man sich aufregen und Galilei mindestens ein unerfreuliches Trickspiel vorwerfen, ein ausgeklügeltes Spurenverwischen, Mangel an Großzügigkeit gegenüber gleichgesinnten Anregern.

Und wenn nun jemand fragt, warum Galilei dann nicht wenigstens Castellis Brief vernichtet, sondern ihn im Gegenteil sorgsam aufbewahrt habe, so lautet die Antwort: Weil damit gezeigt werden konnte, daß jedermann mit jeder Art Frage an einen Galilei geriet, der die Frage längst selbst gestellt und auch schon beantwortet hatte. Daß die angegebenen Phasen für die drei Monate nicht zutrafen, das wußte er ja nicht, also brauchte er nicht zu fürchten, daß spätere Astronomen »manche Kritik« anbringen würden und daß man mit sorgfältiger Untersuchung der Daten die ganze Geschichte aufklären konnte.

Folgerung? Gar keine. Es ist witzlos, sich über kleine Schwindeleien aufzuregen, die aus Ruhmsucht und auch aus Sorge für das eigene, finanziell meßbare Ansehen damals üblich waren. Auch Wohlwills ungeheure Erregung über den vermeintlichen Schwindel Simon Mayrs war witzlos. Klar ist und bleibt, daß der Prioritätstick Galileis nichts von seiner Größe abträgt. Es ist nur interessant zu zeigen, daß man noch Jahrhunderte später gewisse Einzelheiten durch genaues Studium der Daten aufklären kann.

Aber — wenn uns Heutigen die berechtigten und die zweifelhaften Prioritätsansprüche angesichts der historischen Bedeutung Galileis völlig gleichgültig sein können, die Zeitgenossen nahmen sie bitter ernst. Wir werden noch sehen, daß ein anderer, reichlich ungesicherter Anspruch Galileis in bezug auf die Sonnenflecken ihn teuer zu stehen kommen sollte.

Doch zunächst dürfen wir uns einem rundum angenehmen Lebensabschnitt Galileis zuwenden.

7
Triumph in Rom

Ausgestattet mit Empfehlungsschreiben des Großherzogs an Gott und die Welt, traf Galilei am 29. März 1611 in Rom ein und nahm Wohnung beim toskanischen Gesandten Giovanni Niccolini. Er hätte keinerlei Empfehlung nötig gehabt; von allem, was Rang und Namen hatte, wurde er wie ein Weltwunder erwartet.

Das Collegium Romanum lud Gelehrte, Fürsten, Kardinäle und eine Menge gebildete Laien ein und veranstaltete in Galileis Anwesenheit eine Feier mit einer Festrede des Paters Odo van Maelcote, die unter dem Titel »Nuncius Sidereus Collegii Romani« (EN III Abt. I 293 ff.) noch erhalten ist.

Er wolle, sagte van Maelcote, als ein zweiter Bote von den Sternen alles bestätigen, was Galilei, »einer der berühmtesten und glücklichsten zeitgenössischen Astronomen«, im »Sidereus Nuncius« mitgeteilt habe. Die Mathematiker des Collegium hätten alles mit eigenen Augen nachgeprüft und als wahr befunden. Auch die neuesten Entdeckungen, Saturn und Venus betreffend, könne er hier bestätigen. Allerdings wolle er sich nur auf die zahlreichen Beobachtungen der Mathematiker dieses Collegiums beschränken, etwaige Folgerungen müßten die Anwesenden selbst ziehen. Galilei, sagte er, habe aus den Mondbeobachtungen auf gebirgige Beschaffenheit geschlossen. Wenn aber jemand nur auf mehr oder weniger dichte Konsistenz der Mondmaterie schließen wolle, so diskutierte er, van Maelcote, darüber nicht; er sei nur ein Zeuge dessen, was gesehen worden sei. Ebenso habe Galilei aus den Venusphasen auf den Umlauf der Venus um die Sonne geschlossen, die das hauptsächliche Zentrum aller Planetenbewegungen sei. Auch hierin wolle er nicht in die Diskussion eintreten, ob dem so sein müsse oder ob man es auch anders erklären könne. Er rede hier nicht als Schiedsrichter, sondern nur als Berichterstatter über die festgestellten Tatsachen.

Diese Festrede war bei aller vorsichtigen Scheu vor grundsätzlichen eigenen Folgerungen doch ein triumphales Ereignis, das den zweimonatigen römischen Aufenthalt Galileis krönte. Galileis Folgerungen wurden immerhin als ernstlich diskutabel zitiert. Und die Rede Maelcotes wurde veröffentlicht und machte in ganz Europa Furore; Zeugnis davon geben die vielen Briefe, die von überall her bei Galilei eintrafen oder zwischen Dritten gewechselt wurden. Die berühmteste gelehrte Institution der katholischen Welt stellte sich jedenfalls ohne Rückhalt hinter die Echtheit der Entdeckungen Galileis. Die Vorsicht aber stammt vom Haupt dieser Gelehrten, von P. Clavius.

Es war nämlich etwas ebenso Wichtiges vorausgegangen. Am 19. April hatte Kardinal Roberto Bellarmino an die Mathematiker des Collegium Romanum folgenden Brief (EN XI 87) gerichtet:

»Ich weiß, daß Sie Kenntnis haben von neuen Himmelsbeobachtungen eines tüchtigen Mathematikers mit Hilfe eines Instrumentes namens Cannone oder Augenglas; und auch ich habe mit dem gleichen Instrument einige wunderbare Dinge am Mond und an der Venus beobachtet. Doch möchte ich, daß Sie mir den Gefallen tun, aufrichtig Ihre Meinung über folgende Fragen zu sagen: Erstens, ob Sie die Masse der Fixsterne bestätigen, die für das bloße natürliche Auge unsichtbar sind, und zwar besonders in der Milchstraße und den Nebelsternen, die Anhäufungen von kleinsten Sternen sein sollen; zweitens, daß Saturn nicht ein einfacher Stern sei, sondern aus drei miteinander verbundenen Sternen bestehe; drittens, daß der Stern Venus Veränderungen der Figur zeige und zu- und abnehme wie der Mond; viertens, daß der Mond eine rauhe und ungleiche Oberfläche habe; fünftens, daß um den Planeten Jupiter vier Sterne mit untereinander verschiedenen und sehr schnellen Bewegungen umlaufen. – Das also möchte ich wissen, weil ich verschiedentlich davon reden höre. Und Sie als geübte Mathematiker werden mir leicht sagen können, ob diese neuen Entdeckungen fundiert oder nur unwahrer Schein sind...«

Schon am 24. April erhielt Bellarmino die folgende Antwort (EN XI 92) in der Reihenfolge der Fragen: »Zur ersten Frage: es stimmt, daß bei der Beobachtung mit dem Fernrohr zahlreiche Sterne in den Krebs- und Plejadennebeln zu sehen sind; aber in der Milchstraße ist es nicht so sicher, daß sie ganz und gar aus kleinen Sternen besteht, und es scheint eher, daß es weiterhin noch dichtere Teile gibt. Doch kann man nicht leugnen, daß es auch in der Milchstraße viele kleine Sterne gibt. Es ist auch nach allem, was man im Krebs- und Plejadennebel sieht, durchaus denkbar, daß die Milchstraße aus ungeheuren Sternenmassen besteht, die man infolge ihrer Kleinheit nicht unterscheiden kann.

Zur zweiten: Wir haben beobachtet, daß Saturn nicht rund wie Jupiter und Mars ist, sondern länglich. Doch haben wir die zwei seitlichen Sterne nicht vom mittleren getrennt sehen können, so daß wir nicht wissen, ob es selbständige Sterne sind.

Zur dritten: Es ist unbestreitbar wahr, daß Venus zu- und abnimmt wie der Mond, und da wir sie am Abend fast voll gesehen haben, konnten wir beobachten, daß nach und nach die Seite, die zur Sonne gerichtet war, an Licht verlor und immer mehr gehörnt wurde; morgens aber, nach der Konjunktion mit der Sonne, sahen wir sie mit der zur Sonne gewandten beleuchteten Seite gehörnt. Und jetzt wächst sie dauernd entsprechend dem Licht und schwindet gemäß dem Sichtdurchmesser.

Zur vierten: Man kann die große Ungleichmäßigkeit des Mondes nicht leugnen; aber für Pater Clavius ist es wahrscheinlicher, daß nicht die Oberfläche ungleichmäßig ist, sondern daß eher der Mondkörper nicht gleichmäßig dicht ist und dichtere und lockerere Partien hat, entsprechend den üblichen Flecken, die man mit bloßem Auge sieht. Andere meinen, die Oberfläche selbst sei wirklich ungleichmäßig. Aber bis jetzt haben wir darüber keine so starke Gewißheit, daß wir es zweifellos behaupten könnten.

Zur fünften: Um Jupiter sieht man vier Sterne, die sich sehr schnell bald nach Osten, bald nach Westen bewegen, und beide Mal in gerader Linie. Es können keine Fixsterne sein, da sie sich überaus schnell bewegen und sich anders als Fixsterne verhalten; sie verändern fortwährend den Abstand untereinander und zu Jupiter.

Das ist, was als Antwort auf Ihre Fragen erforderlich ist... Vom Collegium Romanum, den 24. April 1611. Ihre unwürdigen Diener in Christo Christoforo Clavio, Christoforo Grienberger, Odo Malcotio, Gio. Paolo Lembo.« Man sieht, die Patres stellen lediglich alle Fakten fest, ziehen keine Konsequenzen z.B. aus den Venusphasen und geben über die Mondoberfläche offen ihren Dissens untereinander zu. Die beobachteten Tatsachen selbst aber bezweifeln sie in keinem einzigen Punkt. Und das alles, obwohl sie wußten, daß Galilei der kopernikanischen Lehre anhing; davon machten sie einfach kein Aufhebens. Auch Kepler, der sich von Anfang an offen zu Kopernikus bekannte und überdies Protestant war, wurde sein Leben lang von den Jesuiten vor den cuius-regio-eius-religio-Fürsten und vor seinen evangelischen Verfolgern in Schutz genommen.

Und jetzt ein Wort zu Bellarmino. Er war selbst Jesuit, lehrte mit zwanzig Jahren Rhetorik und Astronomie in Florenz, längere Jahre Theologie in Belgien, später am Collegium Romanum Kontroverstheologie. Clemens VIII. wählte ihn zu seinem Theologen und zum Berater des Heiligen Offiziums, also der Wächterkongregation über die Glaubenslehre. Gegen seinen Willen wurde er 1598 Kardinal. Damit geriet er zwangsläufig in das Kardinalskollegium, das den Giordano Bruno, den man im Gefängnis sieben Jahre vergeblich zum Abschwören seiner phantastischen Lehren zu überreden suchte, zum Tode verurteilen mußte. Bellarmino wurde in dem Konklave, aus dem schließlich Paul V. hervorging, einstimmig zum Papst gewählt, lehnte die Wahl aber unerschütterlich ab. Er lebte asketisch, war literarisch und künstlerisch interessiert, aber auch ein scharfer Polemiker und ein Theoretiker der unumschränkten päpstlichen Souveränität. Seine gedruckten Polemiken standen zeitweise auf dem Index, außerdem aber verfaßte er ein berühmtes Erbauungsbuch, »Klagelied der Taube«, das selbst seinen Gegner Jakob I. von England rührte. Bellarmino wird von Zeitgenossen als schlichter, einfacher Mann geschildert.

Was in unserem Zusammenhang aber überaus wichtig ist: Sein Brief an die Mathematiker des Collegium Romanum war nicht das zornige Schreiben eines Peripatetikers, ganz im Gegenteil, er gestattet, nein, er suggeriert den Patres geradezu positive Antworten, da er ja als erstes mitteilt, er selbst habe mit dem Fernrohr wunderbare Dinge an Mond und Venus beobachtet. Auch für Bellarmino, das sieht man schon an seinen gezielten Fragen, war mit diesen Entdeckungen das ptolemäische System erschüttert. Wenn sich, wie ihm von den Patres bestätigt wurde, die vier Satelliten »mit untereinander verschiedenen und sehr schnellen Bewegungen« um Jupiter drehten, dann wußte er, daß Schluß war mit der ausschließlich »einfachen« Bewegung, die Aristoteles den bewegten Körpern zuschrieb, denn dann vollführten die Satelliten erst einmal eine Bewegung um den Jupiter herum und dann zusammen mit Jupiter die größere Bewegung um die Erde oder um die Sonne. Ob um die Erde oder um die Sonne, das war damit nicht entschieden, aber wer nicht kopernikanisch denken wollte, hatte jetzt nicht mehr die Wahl zwischen Ptolemäus und Kopernikus, sondern nur noch die einzige Möglichkeit, tychonisch zu denken. Falls Bellarmino nicht auf den Kopf gefallen war, und das war er ersichtlich nicht, da er selbst schon die unvoreingenommensten Beobachtungen gemacht hatte, dann begriff er das aufs genaueste.

Mit den Venusphasen dagegen, die für Galilei der sicherste Hinweis (vgl. Brief an de' Medici vom 1. 1. 1611 in EN XI 11) auf die Richtigkeit des kopernikanischen Systems waren, lagen die Dinge nicht so einfach. J. O. Fleckenstein schreibt in seinem Aufsatz »Galilei, Kepler und das kopernikanische System« (in »Sonne, steh still«, S. 110 ff.): »Sowohl die Jupitertrabanten als auch die Venusphasen erschienen Galilei als hinlängliche Beweise für das kopernikanische System. Man darf aber nicht vergessen darauf hinzuweisen, daß das System des Jupiter mit seinen Monden nur ein geometrisches Modell, keinesfalls aber ein dynamisches Modell für unser Sonnensystem abgeben kann; denn das Rotationsmoment (= Drehung um die eigene Achse) des Jupiter ist größer als das totale Revolutionsmoment (= Umlauf eines Körpers um einen anderen) der Satelliten, während dagegen im Sonnensystem das bekannte Laplacesche

Paradoxon statt hat, daß das Rotationsmoment der Sonne kleiner als das totale Revolutionsmoment der Planeten ist. Freilich konnte Galilei davon noch nichts wissen. Wissen aber konnte er, daß die Venusphasen allein noch nicht das kopernikanische, sondern nur das antike, sogenannte ›ägyptische‹ in der Renaissance wieder von Tycho Brahe gelehrte Weltsystem beweisen können, daß nämlich die Venus zwar um die Sonne, diese aber wieder um die Erde kreise. Im übrigen wird in den laufenden Darstellungen zu wenig unterschieden, daß es nicht die Venusphasen als solche waren, welche das ptolemäische System widerlegten, sondern nur die Beobachtung, daß die Venus wie der Mond alle Phasen von der Neusichel bis zur *vollen* Scheibe zeigt. Denn im ptolemäischen System, wo der Epizykelradius immer parallel zur Verbindungslinie Erde–Sonne stehen muß – hinter welchem Dogma sich ja nichts anderes als die wirkliche jährliche Erdbewegung um die Sonne versteckt –, kann die Venus bei dem von Ptolemäus gewählten Verhältnis von Epizykel zur Deferentengeschwindigkeit überhaupt nur eine verschiedene Sichelform, nie aber die Vollphase zeigen... Die volle Phase war es, welche Galilei faszinierte; aber eine solche tritt auch im tychonischen Weltsystem auf, welches schon der Pythagoräer Herakleides von Pontos (ca. 350 v. Chr.) gelehrt hatte.«

Bewußtsein und Erkenntnis der Bedeutung beider Phänomene, die Fleckenstein hier anschneidet, braucht man von Bellarmino nicht zu verlangen, da sie ja selbst Galilei in ihrer Tragweite nicht zum Bewußtsein kamen.

Es ist also glatter Unfug, wenn Santillana schreibt (in »The Crime of Galileo«, S. 107), Bellarminos »Positivismus« sei nichts als »Indifferenz innerhalb der beschränkten Himmelstheorie, völlig befangen im scholastischen physikalischen und metaphysischen Realismus... Für Bellarmino war der Himmel wie auch für Thomas von Aquin unerforschlich oder doch stets in den Aristotelismus einzufügen«. Das letzte stimmt nicht einmal für Thomas, der in seiner »Summa theologica« (I, 32, 1) schrieb: »... So wird in der Astronomie ein System von Exzentern und Epizykeln als gegeben angenommen, weil diese Voraussetzung die sichtbaren Erscheinungen der Himmelsbewegungen erklärbar macht. Aber das ist kein hinreichender

Beweis, weil möglicherweise auch eine andere Hypothese sie erklären könnte.« Und daß die römischen Jesuiten zur Zeit Galileis ohne aristotelische Scheuklappen streng wissenschaftliche Beobachtungen am Himmel machten, ganz nach der Methode Galileis, und gerade deswegen von Bellarmino als Autoritäten befragt wurden, das kann doch ein objektiver Berichterstatter nicht gut übersehen!

Übrigens verfuhr Bellarmino auch 1616, als Galilei das vorläufige Verbot des kopernikanischen Werkes provozierte, äußerst rücksichtsvoll mit Galilei. Aber als es später, 1632, zum Inquisitionsprozeß kam, war Bellarmino schon über zehn Jahre tot.

Jetzt jedenfalls sind wir noch im Jahre 1611, dem Jahr des römischen und damit weltweiten Triumphs. Galilei wurde sogar von Papst Paul V. empfangen. Galilei selbst berichtet darüber in einem Brief an seinen Freund Salviati (EN XI 89) und sagt stolz, der Papst habe ihn kein einziges Wort in kniender Stellung sagen lassen, d.h. er hieß ihn sofort aufstehen. Das war zwar ein starker Achtungsbeweis, aber die ursprünglichen Hoffnungen Galileis erfüllten sich trotzdem nicht. Aus einem Brief des toskanischen Staatssekretärs Vinta kann man entnehmen, daß sie beide der Meinung waren, nach der Anerkennung der Entdeckungen durch die römischen Jesuiten brauche Galilei nur noch mit dem Papst zu sprechen, und dann müsse die ganze wissenschaftliche Welt mit einstimmen (EN XI 29). Davon konnte selbstverständlich keine Rede sein. Ein ehrenvoller Empfang beim Papst konnte keinerlei weitreichende Entscheidung mit sich bringen. Das war damals nicht anders als heute. In dieser Beziehung hatten Vinta und Galilei irreale Vorstellungen.

In diesen zwei Monaten gab auch der inzwischen gefürstete Federico Cesi, Gründer der »Accademia dei Lincei« (der »Luchsäugigen«) ein festliches Bankett für Galilei und ließ ihn in die Akademie aufnehmen. Von da ab setzte Galilei seinem Namen stets den Titel »Linceo« hinzu, meist auch auf seinen Publikationen. Diese nie sehr zahlreiche Akademie (Galilei war das sechste Mitglied) hatte einen außerordentlich guten Ruf, den sie zunächst den naturwissenschaftlichen Interessen und dem sozialen Status Cesis verdankte, im Laufe der Jahre aber immer mehr den illustren Mitgliedern, allen voran Galilei, und manchen, die auf seinen Rat hin zugewählt wurden. Die Tendenz der Akademie war modern, nämlich antiaristotelisch im neoplatonischen Sinn, und Cesi war glücklich, den so sehr gefeierten Galilei an sich ziehen zu können. Die beiden wurden immer engere Freunde, ohne daß Cesi ein blinder Gefolgsmann Galileis geworden wäre; das haben wir schon anläßlich des Briefwechsels über Kepler gesehen. Aber Galilei beriet sich immer wieder mit Cesi, und er fand stets volles Verständnis und auch tatkräftige Hilfe bei den Lincei. Die wichtigste Hilfe konnte ihm Cesi allerdings nicht mehr leisten; er wollte sich 1630 um die Drucklegung des »Dialogs über die beiden hauptsächlichsten Weltsysteme« kümmern, starb aber im selben Jahr. Das sollte für Galilei der erste harte Schlag sein, den er im Zusammenhang mit diesem Werk erhielt.

Jetzt, im Jahre 1611, war die beginnende Freundschaft ein weiterer Glücksfall. Es reihte sich einer an den anderen. Der Kardinal Ottavio Bandini gab eine große Gesellschaft in seiner Villa, wo Galilei zahlreichen Kardinälen und vornehmen Römern sein Teleskop vorführte und sie alle in Staunen und Bewunderung versetzte.

Später behauptete Galilei, an jenem Tag im April habe er auch die Sonnenflecken gezeigt, was tatsächlich von einigen Teilnehmern bestätigt wurde. Mehrere Kardinäle empfingen den großen Entdecker persönlich. Monsignore Pietro Dini, der sich im Lauf der Jahre immer mehr mit Galilei anfreundete, nahm sich vor, den Verstockten unter seinen Bekannten, die um keinen Preis durchs Teleskop sehen wollten, den Kopf zurechtzusetzen (EN XI 102).

Der Erfolg machte Galilei großzügig. Er ließ sich zu einer Diskussion mit dem Philosophen Lagalla herab, der die Position der Peripatetiker ziemlich weitgehend vertrat, aber er nahm ihm dies so wenig übel, daß er stets in guten Beziehungen zu ihm bleib. Auch daß Pater Clavius nicht mit vollen Segeln in seinem Fahrwasser fuhr, nahm er in Kauf, ja, er sagte sogar, es wäre ihm ein leichtes gewesen, den alten Herrn ganz zu überzeugen, aber aus Rücksicht auf seine Kränklichkeit habe er den verehrungswürdigen Mann nicht weiter belästigen wollen (EN XI 151).

Ans Ende seines römischen Aufenthaltes von 1611 können wir zwei Dokumente setzen, die an Wertung und Klarheit nichts zu wünschen übriglassen. Der Kardinal del Monte schrieb am 31. Mai, vier Tage vor Galileis Abreise aus Rom, an den Großherzog: »Seine Funde wurden von allen, die etwas gelten, und von allen Fachkundigen dieser Stadt nicht nur für außerordentlich wahr und real, sondern auch für überaus wunderbar erkannt. Und lebten wir noch in der Republik des antiken Rom, hätte man ihm mit Sicherheit eine Statue auf dem Kapitol errichtet und damit seinen außergewöhnlichen Wert gefeiert« (EN XI 119).

Das klingt, nachdem wir Galileis Erfolge kennengelernt haben, nicht einmal pathetisch; es trifft ganz einfach den Nagel auf den Kopf.

Das zweite Dokument ist ein langer, verehrungsvoller Brief von Paolo Gualdo, dem Generalvikar des Bischofs von Padua. Galilei war schon lange mit Gualdo befreundet, und so blieb es bis zu Gualdos Tod 1621.

Der Brief (EN XI 99 ff.) ist am 6. Mai in Padua geschrieben, Galilei fand ihn bei seiner Rückkehr aus Rom in Florenz vor. Der Schluß lautet wie folgt:

»Daß die Erde sich bewegt, darüber habe ich bisher weder einen Philosophen noch Astrologen getroffen, der Ihre Meinung unterschreiben würde, und noch weniger werden die Theologen dazu geneigt sein: Überlegen Sie also sorgfältig, bevor Sie mit Bestimmtheit diese Ihre Meinung als wahr veröffentlichen. Viele Dinge kann man in Diskussionen vorbringen, die man besser nicht mit aller Bestimmtheit für wahr erklärt, besonders wenn man die öffentliche Meinung aller gegen sich hat, die sozusagen ab orbe condito mit der Muttermilch eingetränkt wurde. Verzeihen Sie, aber der große Eifer für Ihr Ansehen läßt mich so reden. Mir scheint, Sie haben sich Ruhm erworben mit der Beobachtung des Mondes, der vier Planeten und ähnlicher Dinge, auch ohne daß Sie eine Sache verfechten, die der Intelligenz und Fähigkeit der Leute entgegensteht, da es ja nur ganz wenige gibt, die wissen, was die Beobachtung der Zeichen und Aspekte am Himmel besagt.« (»Ab orbe condito« ist ein witziges Wortspiel, von der altrömischen Jahreszählung »seit Gründung der Stadt« genommen, hier also: seit Gründung des Erdkreises.) Die inständige Bitte eines treuen Anhängers kann man nur mit Ergriffenheit lesen. Das hieß im Klartext: Deinen Entdecker-Ruhm nimmt dir niemand, vermache deine Entdeckungen ruhig den »ganz wenigen«, die diese Tatsachen in ihrer Bedeutung zu würdigen wissen, und überlaß sämtliche Peripatetiker ihrem dummen Dünkel. Die »ganz wenigen« können dich im gegebenen Fall nicht retten. Aber deine Entdeckungen werden auf die Dauer für sich selbst sprechen.

So war der Brief gemeint. Er enthielt die Vernunft eines weitsichtigen Freundes. Tatsächlich waren die Entdeckungen am Himmel der einzige Beitrag Galileis zur Astronomie. Aber zu verlangen, er solle keine Schlüsse daraus ziehen, war eine unzumutbare Aufforderung zur Bescheidenheit. Was die irrigen Detail-Schlüsse angeht, so meint Santillana, es wäre anachronistisch, bessere Schlüsse von ihm zu verlangen. Bessere Schlüsse jedoch lagen längst vor, und zwar in der »Astronomia Nova« Keplers. Galilei besaß sie, und selbst wenn er sie nicht gelesen hatte: Spätestens Mitte 1612 wußte er vom Ellipsensatz Keplers, wie der Briefwechsel mit Cesi beweist. Cesi sagt in dem abschließenden Brief vom 21. 7. 1612 (EN XI 366) zum Thema: »... se la via de' pianeti è elliptica, come vol Keplero« (wenn der Lauf der Planeten elliptisch ist, wie Kepler will). Cesi hatte also Keplers Werk mit Interesse und Gewinn gelesen, man las das Werk, nur Galilei wollte nichts davon wissen. Mochte ihm ruhig Keplers »Philosophie« zuwider gewesen sein, so hätte er doch ahnen können, nein ahnen müssen, daß die kosmologischen Details nicht mehr mit der aristotelischen »vollkommenen« Kreisbewegung und der überkommenen, auch von Kopernikus nicht ausgeräumten Epizykelwirtschaft zu bewältigen waren. Er hätte keineswegs Gualdos Rat folgen und sich mit seinen Entdeckungen als seiner spezifischen Glorie begnügen müssen, er hätte nicht Gualdos Vernunft, sondern eine eigene Vernunft walten lassen müssen, um nämlich mindestens die Ellipsenrechnung einmal ernsthaft zu prüfen.

Aber kann man einem Genie vorschreiben, vernünftig zu sein und dies oder jenes zu müssen? Umgekehrt: Wir müssen Galilei so nehmen, wie er ist. Denn obwohl er an einigen aristotelischen Dogmen festhielt, war er der einzige, der die Beschaffenheit des Kosmos im großen richtig sah.

8
Die Gegner sammeln sich

Was Galilei von Anfang an gefürchtet hatte und wovor er achtzehn Jahre lang zurückgeschreckt war, das trat nun im Augenblick seiner triumphalen Entdeckungen ein: der Haß und der Spott der peripatetischen Professoren. Nicht die Kirche fühlte sich zum Widerspruch genötigt, sondern die Professoren sahen ihre Felle davonschwimmen und versuchten mit allen Mitteln, auch die Kirche zum Widerspruch zu nötigen.

Allerdings gibt es eine Mitteilung Guicciardinis, des Nachfolgers des verstorbenen Gesandten Niccolini, vom 5. 12. 1615, wonach Bellarmino zu ihm bei seinem Antrittsbesuch im Jahre 1611 gesagt haben soll: »Wenn er (Galilei) zu lange hiergeblieben wäre, hätte es sich nicht vermeiden lassen, von ihm eine Rechtfertigung seiner Angelegenheiten zu verlangen« (EN XII 207). Dazu muß man bedenken, daß Guicciardini, der auf Galilei nicht gut zu sprechen war und sich von einem bevorstehenden erneuten Besuch Galileis in Rom nichts Gutes für den toskanischen Hof versprach, diese vier Jahre zurückliegende Bemerkung Bellarminos ein wenig frisiert haben kann. Seine Abneigung gegen Galileis stürmische Versuche, die Kirche zur Anerkennung des kopernikanischen Systems zu gewinnen, werden wir bei Gelegenheit noch deutlicher sehen.

Ganz sicher ist indessen, daß kurz vor Galileis Abreise aus Rom in einer Sitzung der Inquisition vom 17. Mai 1611 protokolliert wurde: »Nachsehen, ob im Prozeß gegen Dr. Cesare Cremonino der Professor der Mathematik und Philosophie Galilei genannt ist.« Das bezog sich auf den niemals eröffneten Prozeß gegen Cremonino, von dem wir schon gesprochen haben. Cremonino hatte seinerzeit maßgeblich an der Verweigerung der Gründung einer Jesuitenuniversität in Padua mitgewirkt, und man versuchte ihn jetzt an einer Glaubensfrage zu fassen. Es blieb wie gesagt bei dem bloßen Versuch; man wollte sich von der venezianischen Signoria kein Veto einhandeln. Da es aber bekannt war, daß Cremonino mit Galilei befreundet war, handelte es sich in dieser Notiz um eine verständliche Routinesache, der man kein besonderes Gewicht beilegen kann. Und selbst Guicciardinis Mitteilung macht nicht viel Sinn; warum sollte man Galilei zur Rechenschaft ziehen, »wenn er zu lange hiergeblieben wäre«, nicht aber überhaupt? Denn in Florenz war er ja kein anderer als in Rom.

Irrig ist indessen die immer wieder kolportierte Behauptung, Galilei habe sich 1611 des längeren mit Bellarmino über das kopernikanische System unterhalten. Der in Frage stehende »Kardinal« war nicht Bellarmino, sondern der Kardinal Joyeuse.

Fazit: Die Kirche hat sich damals in keiner Weise gegen Galilei zur Wehr gesetzt. Sie ließ sich auch nicht dazu nötigen, solange Galilei sich nicht provozieren ließ und theologisches Gebiet betrat. Schon Ende 1610, also noch vor Galileis Romreise, ließ Lodovico delle Colombe, der allmählich zum Haupt der Gegner Galileis wurde, eine aristotelische Schrift verbreiten »Gegen die Bewegung der Erde«, worin er auch die »Beweise« aus der Hl. Schrift anführte, insbesondere das allgemein übliche Paradepferd aus dem Alten Testament, wo Josua von Gott den Stillstand der Sonne erwirkt. Wie man am Verlauf des römischen Aufenthalts Galileis sehen kann, regten in Rom die Schriftbeweise Colombes niemanden auf, auch den Papst nicht. Und auch Galilei kümmerte sich nicht darum; ihn ärgerte in jenem Augenblick nur das pseudowissenschaftliche Gebaren Colombes. Sonderbar übrigens, daß über Lodovico delle Colombe, der das Haupt der gegnerischen Phalanx war, so gut wie nichts bekannt ist. Andrea Cavalcanti nennt ihn einmal an abgelegener Stelle Philosoph, Astronom, Mathematiker, Dichter und gelehrten Literaten. Das ist alles, was über ihn vermerkt ist.

Aber kaum zurück in Florenz und von längeren schweren Attacken seines Dauerleidens genesen, mußte sich Galilei mit einem neuen, scheinbar harmlosen, in Wirklichkeit sehr schwerwiegenden Streitpunkt auseinandersetzen. Es ging seit Mitte 1611 um die Frage, warum manche Körper auf dem Wasser schwimmen und andere untergehen. Auch da war Colombe wieder auf dem Kampfplatz. Warum schwimmt Eis auf dem Wasser? Die Peripatetiker wußten Bescheid: Kälte wirkt zusammenziehend, also ist Eis dichter und schwerer als Wasser; und da es trotzdem auf dem Wasser schwimmt, hat Aristoteles recht, wenn er das Schwimmen nur auf die Form des Körpers zurückführt, auf die Breite.

Galilei trug vor, daß eine flache Scheibe Eis, die man auf den Boden des Wassers drückt und losläßt, sofort wieder an die Oberfläche kommt, und das heißt, daß Eis leichter ist als Wasser und daß überhaupt alle möglichen Körper, gleich welcher Form, untergehen, wenn ihr spezifisches Gewicht schwerer ist als das des Wassers. Außerdem sprach er ausführlich von der Wasserverdrängung, und es scheint, daß er vieles davon experimentell vorgeführt hat. Aber weder mit den Experimenten noch mit den wissenschaftlichen Begriffen Galileis wußten die Gegner etwas anzufangen. Auch ein vom Großherzog zu Ehren der Kardinäle Barberini und Gonzaga veranstaltetes öffentliches Streitgespräch verlief ergebnislos, außer daß der Großherzog und Barberini von Galileis Argumenten beeindruckt waren und der Großherzog von Galilei eine Publikation über das Thema wünschte.

Man kann sich heute schwer vorstellen, daß Wissenschaftler mit Begriffen wie spezifisches Gewicht, Wasserverdrängung, Moment usw. im frühen 17. Jahrhundert nichts anzufangen wußten. Aber man braucht sich nur zu erinnern, daß es eine experimentelle, echt wissenschaftliche Physik an den Universitäten einfach nicht gab, daß der um sich greifende Antiaristotelismus zunächst nur ein Neoplatonismus war und daß die Tartaglias seltene und unbequeme Geister waren. Tartaglia hatte viel von Archimedes gelernt, Galilei studierte Archimedes zeitlebens und verehrte ihn aufs höchste, aber für einen geschworenen Peripatetiker war Archimedes ein ausgefallener Sonderling, nicht der Rede wert.

Und man muß weiter bedenken, daß auch wir heute die wissenschaftlichen Begriffe nicht aus eigenem Nachdenken und eigener Nachprüfung gewinnen. Daß eine eingefrorene Wasser-

Galileis Wohnhaus in Padua

Anonymes Gemälde Galileis
aus dem 17. Jahrhundert

Das Astrolabium, das Galilei gehörte

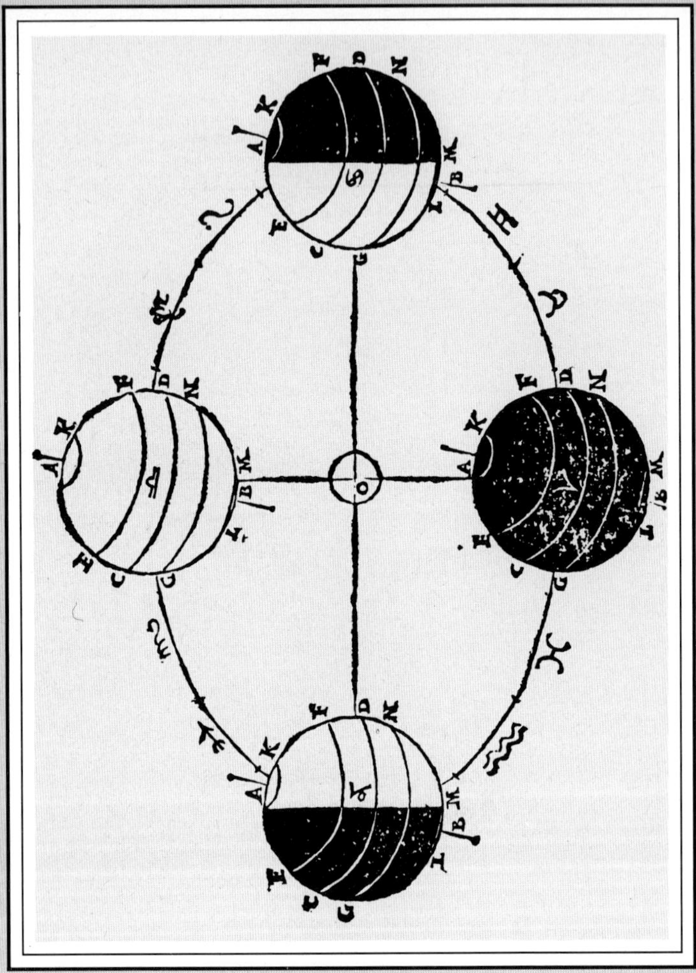

Eine Seite aus
›Über das kopernikanische System‹
von Galileo Galilei

leitung nicht erst beim Auftauen platzt, also im Augenblick des Rinnens, das ist vielen Leuten unbekannt; die Wahrheit ist gegen den simplen Augenschein. Daß ungeheuer schwere eiserne Schiffe schwimmen,das verstehen wir selbstverständlich nicht vom Augenschein her, sondern wir müssen es im Physikunterricht verstehen »lernen«. Überhaupt müssen wir den physikalischen Zusammenhang unserer Welt mehr oder weniger umfangreich in der Jugend lernen. Und woraus lernen wir? Aus Büchern. Daß der Physiklehrer uns manches im Experiment zeigt, ist eine gewisse Hilfe; aber das meiste übernehmen wir auf Treu und Glauben.

Und genau so war es für normale »Philosophen« bzw. Naturwissenschaftler am Anfang des 17. Jahrhunderts. Was sie wußten, hatten sie »gelernt«. Und gelernt hatten sie es aus Büchern, nämlich aus den Büchern des Aristoteles. Die sporadischen naturwissenschaftlichen Fortschritte der vorausgegangenen Jahrhunderte waren vom antikisierenden humanistischen Hochmut beiseite geschoben worden. Vor allem fehlte damals jegliches Bewußtsein der Vorläufigkeit wissenschaftlicher Forschung. Auf die allmähliche Erweiterung der Erkenntnisse wies Galilei immer wieder hin, auch hierin der erste, der die Konstitution echter Wissenschaft begriffen hat.

So war für die Mehrzahl der peripatetischen Gelehrten das, was Galilei in der Nachfolge der Archimedischen Schrift über die schwimmenden Körper vortrug, einerseits uninteressant, andererseits unverständlich und schockierend. Für sie war seit Aristoteles die Naturerkenntnis ein für allemal gesichert.

Der »Discorso intorno alle cose che stanno in sù l'acqua o che in quella si muovono« (Gespräch über die Köper, die auf dem Wasser schwimmen oder sich darin bewegen) erschien im Mai 1612. Bei der Gelegenheit teilte Galilei aus Prioritätsgründen auch seine Arbeiten an den Umlaufzeiten der Jupitersatelliten und die Beobachtung der Sonnenflecken mit.

Der »Discorso« bezieht sich nicht nur auf Archimedes, sondern er ist auf lange Strecken ein lichtvoller und klärender Kommentar zu Archimedes und eine Verteidigung gegen bisher übliche Mißverständnisse. Übrigens befand sich unter den vielen Empfängern, die sich für Galileis »Discorso« bedankten, auch der Kardinal Bellarmino.

Nach dieser Publikation sammelten sich die Gegner. In kurzer Zeit erschienen vier Publikationen gegen Galileis Arbeit. Ein »Accademico Ignoto« (unbekannter Akademiker) veröffentlichte im selben Jahr »Betrachtungen über Galileis Gespräch...« Angeblich war es eine lateinische Schrift, die der Prokurator der Universität Pisa aus kollegialer Nettigkeit ins Italienische übersetzt hatte und für die er das Vorwort schrieb. In Wirklichkeit war der Universitätsgewaltige Arturo Pannocchieschi d'Elci selbst der Verfasser. Ebenfalls 1612 schrieb der Gräzist Giorgio Coresio eine »Operetta« (ein kleines Werk) über das Schwimmen fester Körper, und so auch Lodovico delle Colombe ein »Apologetisches Gespräch über den Discorso Galileo Galileis«. Schließlich kam im Jahre 1613 noch M. Vincenzio Grazia mit »Betrachtungen...« hinzu. Sie alle bekämpften Galileis Darlegungen.

Lediglich Tolomeo Nozzolini, ursprünglich Logiker und Physiker, jetzt Pfarrer, stellte im Auftrag des Erzbischofs von Florenz eine vergleichende Untersuchung über Galileis und d'Elcis Werke an und entschied sich im großen und ganzen für Galilei.

Worum es der Sammlungsbewegung ging, geht am besten aus einem Passus des sonst höflichen Ignoto (= d'Elci) hervor, der gegen Ende seiner Betrachtungen (EN IV 177) schreibt:

»Meine Herren Peripatetiker, jetzt ist keine Zeit mehr für Scherze! Hier wird die Ehre und der Stand eures Fürsten angegriffen. Mit fliegenden Fahnen rückt der Autor vor, um dreist den bisher uneinnehmbaren und glorreichen Fels der peripatetischen Lehre zu erstürmen. Und obgleich seine und andere Argumente schon öfter ins Feld geführt wurden, sind sie noch immer von tüchtigen Männern zerstört und zerschmettert worden, wie z. B. unter den Modernen von Buonamici... und Piccolomini... Trotzdem muß man jederzeit die Feinde richtig einschätzen und darf nicht zulassen, daß sie zu sehr an Kampfesmut und Kräften anwachsen; das war schon immer eine hochgeschätzte militärische Regel, besonders wenn es sich um zungenfertige, scharfsinnige, erfinderische und ruhmsüchtige Gegner handelt. Wer weiß, wie viele junge Leute von lebhaftem und lernbegierigem Geist, von der Neuheit der Lehre verlockt, sich unvorsichtig von der glatten und sicheren Straße der peripatetischen Philosophie ablenken lassen in eine neue voller Umwälzungen, wo dann alle Erscheinungen des Universums unter anderen Gesichtspunkten dargestellt werden! Zu sehr würden die Universitäten und öffentlichen Schulen an Besucherzahlen einbüßen, und wenig würden die großen Lehrer gehört werden, die den Aristoteles zum Führer und obersten Meister haben.«

Das war das erstemal, daß eine Phalanx gegen Galileis wissenschaftliche Haltung überhaupt aufstand, also nicht nur gegen »das Reich in den himmlischen Sphären«, das Galilei mit »närrischen Geräten« gründen wollte, sondern auch gegen das »Reich unter dem Mond«, das er jetzt zu erobern suchte; so derselbe d'Elci (EN IV 156). Daß es sich dabei auch um ganz handfeste Existenzsorgen der peripatetischen Wissenschaftler handelte, konnte man offener gar nicht zugeben, als er es getan hatte. Für die Öffentlichkeit war Galilei jetzt jedenfalls auf jedem Gebiet angreifbar, ich würde gern sagen umstritten, aber das trifft nicht zu, da ja kein einziger Universitätslehrer »für« ihn stritt.

Er gab sich davon nicht sofort Rechenschaft. Coresio und d'Elci ließ er gehen, die lohnten seiner Meinung nach keine Antwort. Aber mit Delle Colombe und Grazia wurde es ihm zu viel; da packte ihn die Wut. Doch seine Freunde rieten ihm von einer eigenen Beantwortung des ganzen Unsinns ab; Castelli übernahm es schließlich, eine Antwort abzufassen und als ihr Autor zu zeichnen, obwohl sie von Galilei stark überarbeitet und großenteils überhaupt geschrieben wurde. Es zeigte sich, daß es gar nicht einfach war, gegen angesehene Gelehrte zu polemisieren, das riesige Buch (EN IV 450—788) fand erst 1615 einen Drucker: »Antwort auf die Oppositionen der Herren Lodovico delle Colombe und Vincenzio di Grazia gegen die Abhandlung des Herrn Galileo Galilei.« Geduldig wurden alle sinnlosen Stellen der beiden zerpflückt, die wissenschaftlichen Begriffe erklärt, spöttische Bemerkungen eingeflochten, aber am Ende steht im Manuskript eine für den Druck wieder gestrichene Bemerkung: »Mit unsagbarem Ekel bin ich bis hierhin gekommen und bereue es fast, die Sache unternommen zu haben, wenn ich bedenke, wie unfruchtbar die aufgewendete Mühe und Zeit für Notizen und Niederschrift war.« Erst jetzt kam ihm der Gedanke, wie sinnlos es ist, sinnloses Zeug widerlegen zu wollen. Was soll man denn sagen, wenn Herr d'Elci argumentiert, man könne doch mit bloßem Auge feststellen, was Aristoteles schon festgestellt habe, nämlich daß das Schwimmen von Körpern auf ihrer Scheibenform beruhe. Wer so auf Galileis tiefgründigen Diskurs über das Schwimmen antwortet, dem kann man doch höchstens empfehlen, lesen und denken zu lernen, aber man schreibt doch keine 340 Seiten Großformat an die Adresse solcher bornierter Leute! Aber eben damit hat Galilei einen großen Teil des Jahres 1613 verbracht und vertan.

Und sein venezianischer Freund Sagredo schrieb ihm am 24. 8. 1613: »... Hören Sie bitte auf, gewissen philosophischen Ignoranten zu antworten; verlieren Sie nicht Ihre Zeit mit der Lektüre ihrer Narrheiten; schreiben Sie keine Darlegungen mehr in Redeform: und wenn schon die Prediger nicht hinter den hartgesottenen Sündern hersterben, warum wollen Sie sich selbst quälen mit der Konversion von Ignoranten, die man schließlich, da sie weder prädestiniert noch auserwählt sind, ruhig in das Feuer ihrer Ignoranz fallen lassen muß... Bedienen Sie sich, wenn Sie können, der Hand anderer; antworten Sie nur denen, die es verdienen...« (EN XI 554).

9
An der Tür zur Sakristei

Im Mai 1612 hatte Galileo Galilei also seinen Diskurs über die schwimmenden Körper veröffentlicht. Aber schon während des ganzen Jahres war eine andere Sache im Gang, die Entdeckung der Sonnenflecken, um die er sich wegen seiner Arbeit über die schwimmenden Körper nicht recht kümmern konnte.

Über die Entdeckung der Sonnenflecken begann er einen höchst überflüssigen Prioritätsstreit, womit er zum erstenmal eine ganze Anzahl Jesuiten gegen sich aufbrachte und außerdem von der kirchlichen Zensur eine Lehre erteilt bekam, die ihn hellhörig hätte machen müssen. Und auf diese beiden Momente kommt es dabei an. Im übrigen könnten wir die ganze langatmige Geschichte des Prioritätsstreites auf sich beruhen lassen.

Nur der Vollständigkeit halber muß sie hier kurz berührt werden. Die Existenz der Sonnenflecken wurde ungefähr gleichzeitig von mehreren Forschern und Laien entdeckt und veröffentlicht. Der letzte, der etwas darüber drucken ließ, war Galilei, aber er beanspruchte die Priorität. Wenn man unter Priorität die Tatsache verstehen will, daß einer etwas als erster gesehen, aber nichts darüber veröffentlicht hat, dann mag Galilei recht haben. Er behauptete, er habe bei seinem Aufenthalt in Rom im Frühjahr 1611 mehreren Prälaten und edlen Herren die Sonnenflecken gezeigt. Das braucht man nicht zu bezweifeln, da es einen Brief des Paters Odo van Maelcote an Kepler gibt, worin Maelcote sagt, Galilei habe ihm in Rom die Flecken gezeigt; also im Frühjahr 1611. Auch wechselte Galilei 1611

Briefe mit dem Maler Cigoli, der ihm von den Beobachtungen eines Herrn Cresti erzählte, die im September begonnen hätten. Galilei ist nicht erstaunt, sondern gibt gute Ratschläge; für ihn ist das alles also nichts Neues. Nur hat er sich keine großen Gedanken über das Phänomen gemacht, das sagt er selbst in seinem ersten Brief an Markus Welser.

Bezieht man aber die Frage der Priorität auf eine veröffentlichte Entdeckung, dann ist der ganze Streit ein Nonsens. Der Nonsens klärt sich wieder einmal wie üblich auf; es durfte nicht sein, daß irgend jemand am Himmel etwas vor Galilei entdeckte. Im »Dialog über die beiden hauptsächlichsten Weltsysteme« 1632 läßt Galilei den Salviati sagen: »Unser Linceo-Akademiker war der erste Entdecker und Beobachter der Sonnenflecken, wie überhaupt aller Neuheiten am Himmel.«

In Wirklichkeit hatte Johannes Fabricius in Wittenberg 1611 mit der Angabe, seine Beobachtungen hätten am 9. 3. 1611 begonnen, ein Werk veröffentlicht »De maculis in sole observatis et apparente earum cum sole conversione narratio« (Über die Beobachtung der Sonnenflecken und ihre anscheinende Umdrehung mit der Sonne). Der nächste Autor nannte sich »Apelles post tabulam latens«, eine Anspielung auf den griechischen Maler Apelles, der sich hinter seiner ausgestellten Malerei versteckte, um die unbefangenen Kommentare der Passanten zu hören. Der Ingolstädter Apelles war der Jesuit Christoph Scheiner, der auf Geheiß seines Provinzials ein Pseudonym annehmen mußte, damit der Jesuitenorden nicht blamiert werde, wenn es sich um Unsinn handeln sollte.

Auch der Engländer Thomas Harriot gehört zu den ersten voneinander unabhängigen Entdeckern.

Der Augsburger Bürgermeister Welser gab schon im November 1611 seinem Freund Fabri Nachricht nach Italien über die Entdeckung des »Apelles«. Im Dezember wünschte er auf demselben Weg Galileis Meinung darüber zu hören. Im Januar 1612 ließ er nach seiner Mäzenatenmanier die »Tres epistolae de maculis solaribus ad Marcum Welserum« des Apelles drucken und schickte ein Exemplar auch an Galilei, von dem er aber keine Antwort erhielt. Im März 1612 schrieb Welser wieder an Fabri und fürchtete, Galilei werde sich wegen der Priorität »beklagen«. Dazu sagte er etwas sehr Vernünftiges: »Ich kann wahrheitsgemäß versichern, daß mein Freund Apelles nichts von den Beobachtungen des Herrn Galilei wußte. Übrigens ist es nichts Neues, daß bei Naturerscheinungen verschiedene Entdecker auftreten, die voneinander nichts wußten« (EN XI 281).

Tatsächlich hat Galilei in der Arbeit über die schwimmenden Körper rasch noch die Mitteilung über die Sonnenflecken eingefügt, und erst ein paar Tage später, am 4. 5. 1612, seinen ersten Brief an Welser geschrieben (EN V 94 ff.), worin er sein Schweigen mit langer Unpäßlichkeit erklärt und fürs erste ganz unbefangen zugibt: »No ho potuto fare molte osservazioni continuate sulle macchie.« Wenn er also »nicht viel kontinuierliche Beobachtungen der Flecken« bisher machen konnte, dann hatte er in der Tat dem Problem noch keine ernsthafte Beachtung schenken können. Er fügte außerdem noch hinzu, wegen der großen Zahl Gegner müsse er äußerst vorsichtig mit voreiligen Urteilen sein.

Und nun wollen wir es kurz machen. Scheiner hielt die Sonnenflecken für kleine Satelliten, die dicht um die Sonne kreisen, Galilei war sofort anderer Meinung, nämlich daß es sich um Erscheinungen handle, die man den Wolkenbildungen der Erde vergleichen könne. Sie bilden sich also an der Sonnenoberfläche und vergehen wieder, und dabei werden sie von der Umdrehung der Sonne mitgeführt. Scheiner hat später Galileis Theorie übernommen und blieb unermüdlich in der Forschung. Zur großen Erheiterung Galileis und seiner Freunde hat er einen fünften Jupitersatelliten entdeckt, der zehn Tage lang leuchtete und dann verschwand. Das Phänomen wurde, wie Wohlwill mitteilt, in neuerer Zeit von Winnecke exakt nachgewiesen. Diese Entdeckung machte Scheiner in einer zweiten Veröffentlichung publik (»Genauere Untersuchung über die Sonnenflekken und die Wandelsterne Jupiters«, 1612) und verärgerte damit Galilei aufs höchste. Galilei wollte seine zwei bisherigen Briefe an Welser schon drucken lassen, als er aufgrund der zweiten Apelles-Publikation noch einen dritten schrieb, höflich im Ton, aber sehr scharf in der Sache, worauf Welser seinem Freund schrieb: »Nichts Bissiges oder Scharfes wirst du darin finden, ein Vorzug, der heutzutage bei den Schriftstellern selten und deshalb um so schöner ist.« Galilei hatte inzwischen erfahren, daß Apelles ein Jesuitenpater war.

Der Druck seiner eigenen drei Briefe an Welser mit einem riesigen Titel, der mit den Worten begann: »Istoria e dimostrazioni intorno alle macchie solari...« (Geschichte und Nachweise über die Sonnenflecken...) verzögerte sich und erschien erst im März 1613. Einer der Gründe lag bei der kirchlichen Zensur. Zwar hatte Galilei schon im Juli 1612 bei dem ihm befreundeten Kardinal Conti um theologische Auskunft gebeten, worauf Conti (EN XI 354) antwortete, die aristotelische Unveränderbarkeit des Himmels werde von der Heiligen Schrift nicht gedeckt, eher das Gegenteil, was man den Kirchenvätern entnehmen könne. Allerdings müsse man mit großem Bedacht und mit guten Beweisen kommen, sonst würden z.B. die Sonnenflecken als kleine Sonnentrabanten wegerklärt. Die jährliche Bewegung der Erde mache keine Schwierigkeit, doch die tägliche sei nicht schriftgemäß, es sei denn, die Schrift bequeme sich der Sprache des ungebildeten Volkes an; »diese Interpretation kann man, wenn keine große Notwendigkeit vorliegt, nicht zulassen. Wenn auch Diego Stunica in seinem Hiob-Kommentar die Bewegung der Erde für schriftgemäß hält, so folgt man allgemein dieser seiner Interpretation nicht.« Die kirchliche Zensur dachte aber nicht so großzügig wie Kardinal Conti. Für das Ende des zweiten Briefes an Welser verlangten sie eine Änderung.

Galilei mochte ruhig die Veränderlichkeit des Himmels behaupten, aber er sollte die Finger davon lassen, diese Behauptung »schriftgemäß« zu nennen. Cesi schrieb am 30. 11. 1612: »Ich habe den Revisoren zehn Schriftstellen und ebenso viel Kirchenväterstellen vorgelegt, zur Erhärtung Ihrer Meinung, daß die Veränderlichkeit des Himmels schriftgemäß sei. Es genügte nicht. Sie sagten, diese Stellen seien von anderen bestens auf peripatetische Weise interpretiert worden. Man muß Geduld haben. Auf jeden Fall wollen sie, daß an dieser Stelle nichts über die Schrift gesagt wird« (EN XI 439).

Die Stelle, die Galilei streichen mußte, lautete: Die Veränderlichkeit des Himmels ist »ganz konform mit den unbezweifelbaren Wahrheiten der Heiligen Schrift, die an vielen Stellen ganz offen auf die unsichere und hinfällige Natur der himmlischen Materie hinweisen«. Er beruft sich in diesem Brief sogar auf die »höchste theologische Autorität«. Sonst konnte er alles schreiben, dem Aristoteles widersprechen, soviel er wollte. Aber er sollte sich nicht anmaßen, die Heilige Schrift zu interpretieren.

Auch der Kardinal Maffeo Barberini, der spätere Papst Urban VIII., protestierte nicht, als Galilei ihm im Juni 1612 nach Bologna schrieb, wo Barberini derzeit Kardinallegat war: »Die Sonnenflecken sind das Jüngste Gericht der peripatetischen Philosophie.« Das war Rhetorik nach dem Geschmack dieses Schöngeistes. Er nahm von Galilei alles mit Vergnügen und Bewunderung hin, ja er schrieb einmal sogar ein langes Lobgedicht auf ihn. Aber auch Barberini sollte ihm bald zu verstehen geben, daß er die Finger von der Schriftinterpretation lassen müsse.

Ebensowenig Anstoß erregte Galileis fast unverhülltes Bekenntnis zum kopernikanischen System. Er sollte eben nur nicht behaupten, daß man es aus der Heiligen Schrift ablesen könne. Der dritte Brief nämlich endet mit der Mitteilung, die Saturnbegleiter seien verschwunden, und mit der Prophezeiung, sie würden periodisch wieder auftauchen. (Nebenbei: Kepler hatte ihm am 9. 1. 1611 – EN XI 16 – längere Beobachtungen des Saturn empfohlen, denn wenn die Trabanten feststünden, müßten sie je nach Erde-Saturn-Konjunktion gelegentlich unsichtbar werden.) Und dann fährt Galilei fort: »Ich sage Ihnen, daß auch dieser Stern vielleicht nicht weniger als die gehörnte Venus auf wunderbare Weise beitragen wird zur Harmonie des großen kopernikanischen Systems, zu dessen universaler Offenbarung uns so günstige Winde und leuchtender Glanz geleiten, daß wir kaum noch Finsternis und Gegenwind zu fürchten haben.«

Sein Freund Giovanni Battista Agucchi, der später zum Erzbischof ernannt und als Nuntius nach Venedig gesandt wurde, schrieb nach der Lektüre der »Sonnenflecken«, er sei sicher, »daß Sie nichts über die Wahrheit dieser (kopernikanischen) Meinung publizieren werden, wenn Sie nicht sichere Argumente als Beweis in Händen haben. Denn wenn sie nicht mit notwendigen mathematischen Beweisen zu demonstrieren ist, wird es schwer halten, die Welt mit bloßen Wahrscheinlichkeitsgründen zu überzeugen« (EN XI 535). Damit wurde allerdings wieder eine andere Saite angeschlagen.

Gerade als der Ärger mit der römischen Zensur im Gang war – Galilei wußte seit Anfang November 1612 davon –, schien sich eine neue Affäre anzubahnen. Galilei hörte, der Dominikanerpater Niccolò Lorini habe ihn in Gesellschaft geschmäht. Galilei verlangte sofort eine Erklärung und erhielt am 5. 11. einen Brief, worin es hieß: »Ich frage mich völlig verblüfft, worauf sich ein solcher Verdacht gründet, darauf wäre ich nie verfallen. Es ist zwar wahr, daß ich, nicht aus Disputierlust, sondern um nicht als toter Klotz zu erscheinen, während der Erörterungen anderer zwei Worte gesagt habe, um zu zeigen, daß ich noch am Leben bin, und also wie gesagt die Meinung äußerte, daß die Lehre des Ipernikus, oder wie er heißt, der Heiligen Schrift zu widersprechen scheint. Aber das berührt mich wenig, ich habe anderes zu tun, und es genügt mir, daß niemand Veranlassung gibt, von uns zu glauben, was wir nicht sind; denn ich vertraue darauf, daß unser gesamter Adel bestens katholisch ist« (EN XI 427).

Also, so schrieb Galilei verärgert an Cesi, da sehe man, wie es um die Gegner bestellt sei; der Mensch kenne nicht einmal den Namen des Kopernikus. Lorini hatte ihm sozusagen bestätigt, was er gerüchtweise gehört hatte. Tatsächlich sollte der alte Mann sehr bald noch eine Rolle im Drama spielen. Nachdem Galilei sich damals monatelang mit der überflüssigen Antwort an die Peripatetiker abmühte, die nur flache Scheiben auf dem Wasser schwimmen ließen, und von Sagredo dafür einen freundschaftlichen Rüffel erhalten hatte, geschah etwas ganz Ähnliches wie mit Lorini, diesmal an der Tafel der Herzogin-Witwe Christine von Lothringen. Es war eine erlauchte Gesellschaft, zu der auch Benedetto Castelli, jetzt Mathematikprofessor in Pisa, geladen war und der Philosophieprofessor Boscagli, den Castelli in einem Brief an Galilei fortwährend Boscaglia (= Gestrüpp) nennt.

Castelli schrieb nämlich am 14. 12. 1613 auf Wunsch des Prinzen Antonio de' Medici, der Galilei sehr verbunden war, einen ausführlichen Bericht an Galilei über das Tischgespräch. »Madama Cristina« hatte wissen wollen, ob die Mediceischen Planeten vielleicht ein Trug des Instrumentes seien, aber Castelli und Boscagli bestätigten ihre Realität. Allerdings sprach Boscagli eine Weile leise mit Madame und sagte, alle von Galilei entdeckten Fakten stimmten, aber die Bewegung der Erde sei unmöglich, hauptsächlich weil die Hl. Schrift dagegen spreche. Nach Aufhebung der Tafel wurde Castelli, der schon das Haus verlassen hatte, noch einmal zurückgerufen. Alle waren noch versammelt, und nun wurde Castelli von Madame mit Argumenten aus der Hl. Schrift attackiert.

»Und bei dieser Gelegenheit habe ich nach der gebührenden Beteuerung, daß ich mich nicht aufdrängen wolle (dopo aver fatte le debite proteste), angefangen als Theologe zu sprechen mit solcher Würde und Macht, daß es für Sie ein Genuß gewesen wäre mir zuzuhören. Der Herr Antonio unterstützte mich... Ich führte mich wie ein richtiger Paladin auf. Der Großherzog und die Großherzogin waren auf meiner Seite, und der Herr Paolo Giordano (Orsini) kam mir mit einer sehr passenden Stelle aus der Hl. Schrift zu Hilfe. Nur Madame widersprach mir noch immer, aber auf eine Art, daß ich annehmen konnte, sie wolle mich nur reden hören. Herr Boscaglia blieb still und sagte gar nichts« (EN XI 605).

Galilei konnte sich über diese Nachricht freuen. Das Haus Medici stand auf seiner Seite, und Christines Geplänkel war nicht viel mehr als small talk einer feinen Dame, die zu zeigen versuchte, daß sie noch am Leben war — wie Lorini gesagt hätte.

Aber Galilei freute sich nicht. Er hatte den Eindruck, daß jetzt immer häufiger die Bibel ins Feld geführt wurde, besonders von Leuten, die nichts davon verstanden. Er selbst glaubte mehr davon zu verstehen, und es ist in der Tat eine grausame Ironie der Theologiegeschichte, daß Galileis Darstellungen der Beziehung zwischen Theologie und Wissenschaft später, allerdings viel später, von der Kirche offiziell übernommen wurden, nämlich daß die Bibel sich in allen weltlichen Dingen in der zeitgenössischen Auffassung des Volkes ausdrückt und insofern nicht wörtlich genommen werden darf. (Nebenbei gesagt, ist die heutige Theologie weitgehend der Meinung, daß das Evangelium sich auch in geistlicher Hinsicht, z. B. bezüglich der Auferstehung, im zeitgenössischen Verständnis ausgedrückt habe und nicht wörtlich genommen werden dürfe; wer das Geistliche wörtlich nimmt, gilt als »Fundamentalist«.)

Es gibt zwei Briefe Galileis zum Thema des großherzoglichen

Tischgesprächs. Den ersten schrieb er sofort an Castelli, schon acht Tage nach Castellis Bericht, also am 21. 12. 1613. Dieser Brief wurde ungefähr ein Jahr später just von Pater Lorini zur Denunziation in Rom benutzt, aber die Denunziation wurde von Kardinal Millini (auch Mellini genannt), dem Präfekten des Sant'Uffizio, trotz zweier schwerwiegender Fälschungen von der Hand eines Kopisten abgewiesen. Der Brief verstoße nicht wider den katholischen Glauben; der Kardinal monierte lediglich zwei Ausdrücke als »schlecht klingend«, aber im Zusammenhang passabel, und diese zwei Ausdrücke waren eben die gefälschten, was er nicht wissen konnte. Wo nämlich Galilei schreibt, in der Bibel fänden sich Ausdrücke, die »nach dem puren Wortsinn vom wahren Sinn abzuweichen scheinen«, da setzt der Kopist, in der Bibel fänden sich »falsche Behauptungen«, und wo Galilei schreibt, die Bibel habe sich in Anpassung an das gemeine Volk nicht enthalten, »die hauptsächlichsten Dogmen zu verdunkeln (adombrare)«, da setzt der Kopist: »zu verdrehen (pervertire)«. Aber wie gesagt, selbst trotz dieser Fälschungen wies Millini die Anzeige ab. (Der Brief an Castelli findet sich in EN V 281 ff., die Kopie mit den Fälschungen in EN XIX 299 ff., Millinis Entscheidung in EN XIX 305.)

Im ganzen enthielt der Brief an Castelli also nichts, was die Kirche zum Einschreiten bewogen hätte. Man könnte demnach sogar vermuten, die Kirche habe schon damals grundsätzlich in nicht geistlichen Dingen der Wissenschaft den Vorrang gelassen, da in dem Brief an Castelli u. a. folgende Sätze ganz unbeanstandet passierten: »Obwohl die Schrift nie irren kann, kann sehr wohl dieser oder jener Interpret irren.« Und: »Mir scheint, daß in naturwissenschaftlichen Streitigkeiten die Hl. Schrift erst an letzter Stelle kommt.« Und: »Es ist Aufgabe der Schriftausleger, den wahren Sinn der Schriftstellen herauszufinden, so daß sie mit den offenbar richtigen oder durch zwingende Beweise gesicherten naturwissenschaftlichen Erkenntnissen übereinstimmen.« Und: »Die Vorsicht sollte empfehlen, niemandem zu erlauben, Schriftstellen zur Stützung naturwissenschaftlicher Schlüsse zu benutzen, die eines Tages durch zwingende Beweise als falsch erwiesen werden könnten. Denn wer will dem menschlichen Geist Grenzen setzen? Wer will behaupten, man wisse schon alles, was es in der Welt an Wißbarem gibt?« Und schließlich: »Von der Astronomie spricht die Schrift so wenig, daß darin nicht einmal die Namen der Planeten vorkommen... Sie sehen also, wie ungereimt diejenigen vorgehen, die in naturwissenschaftlichen, nicht unmittelbar Glaubensfragen betreffenden Disputen an erster Stelle mit Schriftstellen operieren, die sie dazu noch oft genug falsch verstehen.«

Also selbst die Behauptung, die Schrift sei in naturwissenschaftlichen Fragen die unwichtigste Instanz, ist an höchster Stelle in Rom akzeptiert worden. Man könnte einwenden, das sei lediglich unter der Voraussetzung des naturwissenschaftlichen Vorrangs des Aristoteles geschehen, und das könnte in der Tat hier zutreffen, denn in dem Brief findet keine Polemik gegen Aristoteles statt. Lediglich Ptolemäus kommt darin vor, weil die am häufigsten zitierte Schriftstelle die war, wo Josua mit Erfolg ausruft: »Sonne, steh still!« Laut Galilei konnte das nach der ptolemäischen Lehre nur bedeuten: »Erster Beweger (Primum mobile), steh still!« Dagegen sei es im kopernikanischen System ohne weiteres denkbar, daß die Erde zum Stillstand gebracht werde, ohne das gesamte kosmische System in Unordnung zu bringen. (Aber nicht ohne »Berge und Städte wie Kartenhäuser zusammenstürzen« zu lassen, merkt Koestler in »Die Nachtwandler«, S. 445, an, wogegen ein Stillstand der Sonne lediglich ein Wunder ohne physikalische Folgen gewesen wäre.)

Aber selbst diese kuriose Einmischung in die Bibelauslegung passierte die Glaubensüberwachung, und das spricht für etwas, woran die meisten Beurteiler nicht denken: Es hat mit der Person des Kardinals Millini und der Person seines Konsultors zu tun, zweier Männer, denen es zu dumm war, in den Krümeln zu suchen. Galilei war für sie in diesem Brief ein braver Katholik. Jedenfalls hat ihm der Brief entgegen der Behauptung aller Interpreten nicht geschadet; er blieb zwar in den römischen Akten mitsamt den Fälschungen, aber er spielt weder 1616 noch 1633 eine Rolle.

Anders wäre es mit dem wesentlichen erweiterten Brief an Castelli, den Galilei 1615 »An die Serenissima Madama, die Großherzogin-Mutter« richtete, wenn dieser wichtige zweite Brief, der alle theologischen Vorwürfe auszuräumen sucht, schon 1616 in den Akten der Inquisition vorgelegen hätte. Koestler irrt, wenn er (a.a.O. S. 449) sagt: »Die Briefe an Castelli und an die Großherzogin verschwanden weder aus den Akten der Inquisition noch aus dem Gedächtnis der Theologen.« Nur der Brief an Castelli fand sich damals in den Akten, den Brief an die Großherzogin-Mutter Christine hat niemand zur Anzeige gebracht; niemand fand das mehr nötig nach dem Dekret vom Februar 1616 gegen Kopernikus. Und da es sich nicht um Druckschriften, sondern um Briefe, wenn auch weit herum verbreitete, handelte, wurde die Inquisition nicht von sich aus tätig. Eben deswegen wurden viele Erörterungen damals in Briefform abgehandelt, die keine kirchliche »Druckerlaubnis« erforderte. Erst 1633, während des Inquisitionsprozesses, handelt der Berichterstatter Inchofer kurz von dem Brief an Christine, aber ohne Effekt. Im Prozeß ging es um ganz andere Dinge. Trotzdem werden wir uns mit dem Brief an die Großherzogin-Witwe noch befassen müssen, weil er etwas ganz Wesentliches enthält, was alle Biographen und Interpreten bisher übersehen haben.

Aber fürs erste sind wir noch mit den Folgen des Briefes an Castelli beschäftigt. Die Denunziation des Briefes erfolgte erst am 7. 2. 1615 durch den Pater Lorini, der noch kurz zuvor beteuert hatte, wie unangenehm ihm die Attacken gegen Galilei seien. Dabei hatte er selbst einem fanatischen Mitbruder, dem P. Tommaso Caccini, den Brief an Castelli zu lesen gegeben, und Caccini hatte daraufhin in der Kirche Santa Maria Novella am 4. Adventssonntag 1614 eine aufsehenerregende Predigt gehalten, die mit den Bibelworten begann: »Was steht ihr da, ihr Galiläer, und schaut zum Himmel hinauf?« Das war ein rhetorisch meisterhafter Beginn. Dieser Satz, den sowieso jedermann kannte, genügte, um die Predigt zum Stadtgespräch werden zu lassen und »Galilei« lächerlich zu machen. Danach beschäftigte sich Caccini mit dem Josua-Wunder, donnerte gegen die Leute, die nach ihrem Gutdünken die göttlichen Wunder verdrehen und rief schließlich zum Kampf gegen die Mathematiker (damit eo ipso gegen die Astronomen) auf, die zum Himmel hinaufschauen und nichts als Schaden stiften.

Man kann sich vorstellen, wie es Galilei zumute war, als er von der Predigt hörte. Er schrieb an den befreundeten angesehenen Dominikaner Maraffi nach Rom und erhielt kurz darauf einen voll mit Galilei sympathisierenden Brief, worin Maraffi u. a. sagte: »Zu meinem Unglück bin ich mitbetroffen von allen Viechereien meiner dreißig- oder vierzigtausend Mitbrüder« (EN XII 127).

Auch den Prinzen Cesi fragte Galilei um Rat, und Cesi gab ihm am 12. 1. 1615 eine sehr ernste Antwort: Er möge kein Ressentiment zeigen, denn das nütze nicht nur nichts, sondern mache die Gegner nur noch kühner. Die kopernikanische Lehre könne von der Kirche nicht bestätigt werden, Bellarmino habe ihm selbst gesagt, sie sei häretisch, folglich werde jede Demarche bei der Index-Kongregation zum Verbot des Buches von Kopernikus führen. Schließlich bedeute die Bestrafung eines Mönchs wegen Verleumdung der Mathematiker gar nichts. Was immer man an Verteidigungen oder Gegenangriffen unternehme, man dürfe dabei auf keinen Fall die Bewegung der Erde ins Gespräch bringen (EN XII 129).

In diesem Brief des Prinzen Cesi ist zum erstenmal von der Möglichkeit eines Verbots der kopernikanischen Lehre die Rede. In der Tat unternahm Galilei nichts Spektakuläres, sondern fing an, Briefe an wichtige Freunde zu schreiben, von denen er sich eine Intervention nicht gegen Caccini, sondern gegen ein mögliches Verbot des Kopernikus erhoffte.

Am 16. 2. 1615 schrieb Galilei in einem Brief an Mgr. Dini, seinen ergebenen Freund und in Rom hoch angesehenen Prälaten, er habe erfahren, daß infolge der Caccini-Predigt jener Mensch, der seinerzeit in privaten Gesprächen hervorgetreten war (Lorini), jetzt im Brief an Castelli zahlreiche Häresien entdeckt haben wolle und damit neuen Diffamierungen den Weg geebnet habe, vermutlich mit gefälschten Kopien. Er lege den Originalbrief an Castelli bei, den Dini mit Grienberger durchgehen möge, da Grienberger ein großer Freund von ihm sei, und womöglich auch mit Bellarmino, mit dessen Hilfe die Dominikaner den Kopernikus auf den Index zu bringen hofften. Das Buch des Kopernikus sei immerhin von der Kirche seit langem zugelassen, und nun wollten es Leute, die es nie gesehen, gelesen oder gar verstanden haben, verbieten lassen. »Und das alles nur, weil sie eine Wut auf mich haben.« Am Ende sagt er noch: »Ich jedenfalls, bevor ich meinen (kirchlichen) Oberen widerstehe, wenn ich nichts anderes tun könnte und wenn das, was ich jetzt mit Händen glaube greifen zu können, meiner Seele Schaden zufügen sollte, ich bin bereit, mir das Auge auszureißen, das mir Ärgernis gibt.« Das heißt viel, und man sollte diesen Satz gut im Gedächtnis behalten. Er kommt übrigens noch öfter vor (EN V 291).

Wo er sagt, die antikopernikanischen Machenschaften in Rom würden nur aus Zorn über ihn betrieben, da trifft er ins Schwarze. Er weiß also genau, daß er den Stein ins Rollen gebracht hat. Er weiß: Nur weil es diesen Störenfried Galilei gibt mit seinen ärgerlichen Entdeckungen am Himmel, seiner Verächtlichmachung des Ptolemäus und sogar des Aristoteles, seinen Ideen von spezifischem Gewicht, Moment und dergleichen archimedischem Zeug, nur deswegen gilt es den Leuten um delle Colombe und ihren fanatischen mönchischen Helfershelfern für lebenswichtig, das Kraut mit der Wurzel auszureißen und den Kopernikus als Häretiker erklären zu lassen. Ob Galilei sich auch klar darüber war, daß er sich leichtsinnig hatte provozieren lassen? Wir haben gesehen, daß seine Freunde ihm immer wieder rieten, nicht auf die Angriffe der Peripatetiker oder irgendwelcher kleiner Mönche zu antworten, aber — er konnte es nicht lassen. Er führte nun einmal den Feldzug für Kopernikus und damit für sich selbst, und im Grunde genommen konnte er seit der Publikation des »Sidereus Nuncius« und den Folgerungen, die er daraus gezogen hatte, nicht mehr zurück. Wenn es jetzt um Kopernikus ging, ging es gleichzeitig um sein eigenes Ansehen als größter lebender Gelehrter. Er mußte die Kirche als mächtige kulturelle Autorität für seine wissenschaftliche Lehre gewinnen.

Daher konnte er auch nicht bereit sein, dem hypothetischen Vorwort gegenüber, das der protestantische Herausgeber Osiander vor siebzig Jahren eigenmächtig dem kopernikanischen »De Revolutionibus orbium coelestium« vorausgeschickt hatte, ein Auge zuzudrücken, nicht einmal momentan und vorläufig. Erstens glaubte er die Beweise für die physikalische Richtigkeit der kopernikanischen Lehre in der Hand zu haben, besonders den vermeintlich wichtigsten, den er noch für sich behielt, nämlich das Ebbe-Flut-Phänomen; zweitens hielt er die gelehrten römischen Jesuiten für seine Parteigänger und also die

Kirche für zugänglicher als die Peripatetiker; und drittens traute er es sich zu, die drohende Katastrophe mit seinem Weltruhm abwenden zu können, ohne auf irgendeinen tychonischen Kompromiß eingehen zu müssen. Nein, gar keinen wie immer gearteten zeitweisen Kompromiß, gar keine mathematischen Anleihen bei Kepler, und nicht einmal zeitweises Schweigen und Stillhalten. Allerdings für alle Fälle die Versicherung, daß er niemals als antirömischer Rebell auftreten würde, das auf keinen Fall, er wußte zur Genüge, was das gekostet hätte.

Aber Schweigen? Nein. Was er jetzt brauchte, waren passende Schrift- und Väterstellen, und der etwas einfältige Benediktiner Castelli hatte ihm schon am 6. 1. 1615 versprochen, eine passende Sammlung zu besorgen, ohne an die Gefahr zu denken, die sein verehrter Freund als Hobby-Theologe laufen konnte (EN XII 126).

Freund Ciampoli schrieb am 28. 2. 1615 aus Rom, er habe soeben mit seinem Bewunderer, dem Kardinal Barberini, gesprochen, der seinem Freund Galilei empfehle, aus Vorsicht nicht über das vorherrschende Kopernikus-Verständnis hinauszugehen und nicht die Grenzen der üblichen Physik und Mathematik zu überschreiten. Die Schriftauslegung werde von den Theologen beansprucht, und neue Auslegungen, auch von einem noch so berühmten Mann, führten leicht zu Mißverständnissen. Und Ciampoli fügte hinzu, sich den Oberen zu unterwerfen, könne Galilei gar nicht oft genug demonstrieren.

Dini berichtet am 7. 3., er habe den Wunsch Galileis erfüllt und mit Bellarmino gesprochen. Bellarmino glaube nicht, daß das Buch des Kopernikus verboten werde, höchstens müßte in einigen Anmerkungen verdeutlicht werden, daß auch mit dieser Theorie lediglich die Erscheinungen gerettet würden, ähnlich der Einführung der Epizykel, an die auch kein Mensch glaube. Unter diesen Vorsichtsmaßnahmen könne Galilei die Theorie behandeln; als Wahrheit genommen, scheine sie jedenfalls mit der Schrift unvereinbar. Sollten die Dinge wirklich kopernikanisch liegen, dann stünde dem zwar nichts Unmögliches entgegen, aber man müsse dann mit größter Umsicht vorgehen. Doch möchte Bellarmino gern sehen, was Galilei betreffs der Hl. Schrift vorzubringen habe. Und, so Dini, da Galilei sich den Beschlüssen der Kirche zu unterwerfen versprochen habe, könne das nur von Nutzen sein. Auch Grienberger habe mit Bellarmino gesprochen und habe danach zu Dini gesagt, es wäre ihm lieber gewesen, wenn Galilei zuerst seine Beweise vorgelegt und dann erst von der Schrift gesprochen hätte. Denn bis jetzt sei das von Galilei Vorgelegte »mehr plausibel als wahr« (EN XII 151 ff.).

Das war ein sehr wichtiger Brief, eine klare Empfehlung, sich mit den mathematischen Ergebnissen zufriedenzugeben. Daß Bellarmino dennoch die Schriftauslegungen Galileis kennenlernen wollte, bedeutet nicht, daß er ihn damit hereinlegen wollte. Im Gegenteil, nicht einmal sein Exemplar des Castelli-Briefes leitete er irgendwohin weiter, das ist aus der Tatsache zu entnehmen, daß sich in den Inquisitions-Akten nur das Exemplar mit den zwei Fälschungen befindet. Bellarmino war entschlossen, das alles für sich zu behalten, und wollte ersichtlich nur weitere Ratschläge erteilen.

Am 7. 3. hatte Galilei von Cesi eine wichtige Neuigkeit erfahren. Er erhielt als Beilage ein Manuskriptexemplar aus der Feder des neapolitanischen Karmeliterprovinzials Foscarini. Diesen Brief »Über die Meinungen der Pythagoreer und des Kopernikus über die Bewegung der Erde und das Feststehen der Sonne und über die zufriedenstellende Harmonie mit den Schriftstellen und theologischen Auslegungen, die man dagegen anzuführen pflegt« hatte Foscarini auch seinem Ordensgeneral und dem Kardinal Bellarmino geschickt. Er enthielt eine klare, systematische theologische Verteidigung Galileis und seines Meisters Kopernikus. Cesi meinte, diese Schrift habe in keinem günstigeren Augenblick erscheinen können, »falls sie nicht die Wut der Gegner noch mehr anstachelt und dadurch Schaden stiftet, was ich aber nicht glaube« (EN XII 150).

Mit dem letzten Zusatz irrte Cesi gewaltig. Jetzt war also ein Theolog aufgestanden und behauptete die Konkordanz des kopernikanischen Systems mit der Bibel. Das war für die Kirche wesentlich alarmierender als die wackeligen Denunziationen gegen Galilei.

Am 14. 3. schrieb Dini erneut über Kardinal Barberinis Empfehlung, »vorsichtig und als Mathematiker zu sprechen« (EN XII 151).

Am 21. 3. berichtete Ciampoli über Bellarmino, von dem

Dini das Folgende gehört habe: »Wenn Galilei über das kopernikanische System und seine Beweisgründe handle, ohne sich in die Schrift einzulassen, deren Interpretation den mit öffentlicher Autorität ausgestatteten Theologieprofessoren vorbehalten sei, dann sei mit keinerlei Ungelegenheit zu rechnen; sonst aber würden schwerlich auch noch so geniale Schriftauslegungen zugelassen, die weit von der überkommenen Meinung der Kirchenväter abwichen.« Ciampoli fügte hinzu, die Schrift des Paters Foscarini laufe Gefahr, auf den Index gesetzt zu werden.

Das konnte natürlich nur geschehen, wenn es sich um Druckwerk handelte. Und tatsächlich ließ Foscarini seinen umfangreichen Brief in Neapel drucken, sogar ohne kirchliche Druckerlaubnis.

Am 20. 3. wurde in Rom eine mündliche Denunziation des Paters Caccini vom Generalkommissar des Sant'Uffizio entgegengenommen. Darüber ist viel geschrieben worden, über die hineingezogenen Personen und ihre Aussagen usw. Es lohnt nicht die Mühe, darüber zu berichten; das Verfahren wurde eingestellt. Das einzig (vielleicht) Bemerkenswerte ist, daß die zentrale Behauptung Caccinis (EN XIX 307) wie folgt lautet: »Ich gebe also vor diesem Heiligen Offizium zu Protokoll, daß allgemein bekannt ist, der genannte Galilei lehre diese beiden Behauptungen: Die Erde bewege sich ganz und gar und auch in täglicher Umdrehung; die Sonne sei unbeweglich.« Dieses »ganz und gar und auch in täglicher Umdrehung« kehrt ebenso wieder in der späteren Verhandlung über Kopernikus. Und eben dieses »secondo sè tutta«, das später »seconda sè stessa« wurde, gibt für manche Interpreten keinen rechten Sinn; es soll der gewundene Ausdruck eines Dummkopfs für die tägliche Bewegung der Erde sein. Darüber aber brauchte man keine Tinte zu verspritzen, es hätte genügt, in Galileis »Brief an Francesco Ingoli« (1624) nachzulesen; dort nennt Galilei die tägliche Bewegung der Erde »diurno in sè stessa« (EN VI 542). Es handelt sich also nicht um eine Windung, sondern um eine damals gebräuchliche astronomische Wendung. Jedenfalls hatte die Glaubensbehörde keinen Caccini nötig. Eher schon einen Foscarini. Dieser, wie Cesi meinte, zur rechten Zeit, in Wirklichkeit zur Unzeit hervorgetretene Theologe hat zu einem nicht geringen Teil das Dekret von 1616 mitverursacht.

Galilei setzte am 23. 3. in einem zweiten Brief an Mgr. Dini (EN V 297 ff.) als Antwort auf Bellarminos Bemerkungen die Gründe dafür auseinander, daß Kopernikus seine mathematischen Berechnungen als physikalische Wahrheit verstanden wissen wollte. Und gegen Bellarmino hält er an den Epizykeln als realer Wahrheit fest, denn wie sollte man sonst die wechselnden Entfernungen des Mars von der Erde erklären? (Da Galilei ja grundsätzlich an den Kreisbahnen festhält.) Lediglich die soliden Sphären, an denen man die Planeten befestigt glaubte, muß man ablehnen. Denn Gott weiß schon, wie er die Planeten in Epizykeln ohne solide Befestigung laufen lassen kann. Kopernikus muß man als Ganzen verwerfen oder als Ganzen akzeptieren, »immer alles das gemäß meinen Fähigkeiten gesprochen«. Er will Dini bald seine Schrift schicken, worin er den Kopernikus »für das Verständnis der Menge vereinfacht« und viele eigene Beobachtungen und Schlüsse hinzufügt »für den obersten Hirten und die unfehlbare Entscheidung der heiligen Kirche, die daraus gemäß ihrer hohen Umsicht das ihr sinnvoll erscheinende Kapital schlagen mag«. Was aber den Psalmvers »Die Sonne kommt hervor wie ein Bräutigam und freut sich, wie ein Held zu laufen den Weg« betrifft, den Bellarmino als Schwierigkeit vorbringe, so sei damit wohl die Wärme gemeint, die alles im Nu durchdringt. Immerhin unterwerfe er sich vollständig dem Urteil seiner Oberen und halte sich dadurch für seine Interpretationsversuche der Schrift entschuldigt, auch wenn Gott manchmal den »Kleinen« etwas von seiner Weisheit zukommen lasse. Fast zwei Monate später kommt Dini auf diesen Brief zurück.

Im Laufe des März bildete sich der treue Castelli übrigens ein, den Erzbischof von Florenz mit Hilfe des »Briefes an Castelli« und der Schrift Foscarinis von der bewundernswerten Größe des Kopernikus überzeugt zu haben. Doch Foscarini erhielt am 12. 4. 1615 von Kardinal Bellarmino folgende Antwort:

»Mein hochwürdigster Pater, gern habe ich Ihren italienischen Brief und die lateinische Abhandlung, die Sie mir zugesandt haben, gelesen. Ich danke Ihnen für das eine wie für das andere, und ich bekenne, daß sie voller Kenntnis und Gelehrsamkeit sind. Da Sie mich aber um meine Meinung fragen, werde ich es sehr kurz machen, da Sie jetzt wenig Zeit zum Lesen und ich wenig Zeit zum Schreiben habe.

Erstens also scheint es mir, daß Sie und Herr Galilei klug handeln, wenn Sie sich darauf beschränken, hypothetisch und nicht kategorisch zu sprechen, wie ich es auch immer von Kopernikus geglaubt habe. Sagt man nämlich, die Annahme, daß die Erde sich bewege und die Sonne still stehe, rette die Erscheinungen besser als Exzenter und Epizykel, dann ist das bestens gesprochen und birgt keinerlei Gefahr in sich. Und das genügt für den Mathematiker. Doch behaupten zu wollen, die Sonne stehe in Wahrheit im Mittelpunkt des Universums und rotiere bloß um die eigene Achse, ohne von Ost nach West zu wandern, und die Erde liege in der dritten Sphäre und drehe sich sehr rasch um die Sonne, ist eine gefährliche Stellungnahme, die nicht nur alle Philosophen und scholastischen Theologen aufbringen muß, sondern auch unseren heiligen Glauben schädigt, indem sie der Schrift widerspricht. Denn Sie haben viele Arten der Schriftinterpretation gezeigt, aber Sie haben sie nicht auf die einzelnen Stellen angewandt, wobei Sie zweifellos größte Schwierigkeiten beim Erklären gehabt hätten.

Zweitens sage ich, daß das Konzil (von Trient), wie Sie wissen, eine Auslegung der Schrift verbietet, die der Auslegung der Kirchenväter zuwiderläuft. Wenn Sie nicht nur die Kirchenväter, sondern die neueren Kommentatoren der Genesis, der Psalmen, des Predigers Salomo und Josuas lesen, dann finden Sie alle einig in der wörtlichen Auslegung, daß die Sonne am Himmel ist und sich mit ungeheurer Geschwindigkeit um die Erde dreht und daß die Erde vom Himmel sehr weit entfernt ist, im Zentrum des Universums, unbewegt. Bedenken Sie nun in Ihrer Weisheit, ob die Kirche zustimmen kann, daß man der Schrift einen Sinn beilegt, der gegen die Kirchenväter und alle neueren Kommentatoren, lateinische und griechische, ist. Man kann auch nicht antworten, das sei keine Glaubenssache, denn wenn sie es nicht ex parte obiecti ist, dann doch ex parte dicentis; denn so wäre auch Häretiker, wer sagen wollte, Abraham habe keine zwei und Jakob habe keine zwölf Kinder gehabt, oder wer sagen wollte, Christus sei nicht aus der Jungfrau geboren, weil das eine und das andere der Heilige Geist durch den Mund der Propheten und Apostel sagt.

Drittens sage ich: Wenn es einen wirklichen Beweis dafür gäbe, daß die Sonne im Zentrum des Universums ist, daß die Erde in der dritten Sphäre ist und daß die Sonne sich nicht um die Erde bewegt, sondern die Erde um die Sonne, dann müßten wir bei der Auslegung von Schriftstellen, die das Gegenteil zu sagen scheinen, die größte Umsicht walten lassen und lieber sagen, wir verständen sie (die Schriftstellen) nicht, als eine Anschauung für falsch zu erklären, die als wahr bewiesen wurde. Aber ich werde an keinen solchen Beweis glauben, solange er mir nicht vorgelegt wird. Darzutun, daß die Erscheinungen gerettet werden, wenn man die Sonne im Zentrum und die Erde im Himmel annimmt, ist nicht das gleiche, wie darzutun, daß die Sonne sich in Wahrheit im Mittelpunkt und die Erde im Himmel befindet. Ich denke, daß es im ersten Fall einen Beweis geben mag, habe aber die schwersten Bedenken, was den zweiten betrifft; im Zweifelsfall soll man die Schrift, wie sie von den Vätern ausgelegt wurde, nicht verlassen...«

Es folgt noch eine kurze Zurückweisung der häufig gehörten Erklärung, mit Erde und Sonne verhalte es sich wie mit Ufer und abfahrendem Schiff, wobei sich das Ufer zu entfernen scheine. Bellarmino sagt, das sei nicht vergleichbar, denn der Reisende wisse, daß er im Irrtum sei und könne sich korrigieren (EN XII 171).

Wichtig an diesem Brief ist das unumwundene Eingeständnis, daß das heliozentrische System die Himmelsbewegungen besser erklärt als das geozentrische. Das Tridentinum hat von diesen Dingen nicht gesprochen, sondern sich mit der strengen Auslegung nur auf Luther bezogen; da verallgemeinert Bellarmino. Im dritten Absatz aber sagt er klar, daß die Kirche sich einem »wirklichen Beweis« nicht versagen dürfte. Man hat ihm noch keinen vorgelegt, und das stimmt, ein physikalischer Beweis, z.B. die Fixsternparallaxe, war bis zu der Zeit nicht vorhanden. Aber auf jeden Fall werden Foscarini und Galilei ermuntert, die heliozentrische Hypothese als der geozentrischen überlegen zu lehren.

Gleichzeitig war der Brief für Foscarini ein deutlicher Fingerzeig, eine Warnung, seinen langen Brief nicht drucken zu lassen. Diesen Fingerzeig hat Foscarini nicht beachtet.

Auch Barberini wiederholte zum soundsovieltenmal, laut

Dini vom 18. 4., wenn Galilei fortfahre, alles nur als Mathematiker zu behandeln, dann werde ihm, wie er hoffe, keinerlei Ungelegenheit erwachsen.

Am 2. 5. 1615 erhielt Galilei einen Brief von Dini (EN XII 175), der ihm dringend abriet, Bellarmino und andere hochgestellte Persönlichkeiten, »die völlige Peripatetiker sind, in einem Punkt zu reizen, der schon gewonnen ist, nämlich daß man als Mathematiker in Form von Hypothesen schreiben könne, so wie sie es von Kopernikus annehmen. Wenn auch die Anhänger des Kopernikus anders darüber denken, so genügt es doch, daß diese Annahme der anderen den Effekt hat, daß sie einen frei darüber schreiben lassen unter der Bedingung, wie es anderwärts hieß, daß man nicht in die Sakristrei eindringt.«

Und am 16. 5. fügte Dini hinzu (EN XII 181), jetzt sei nicht der Zeitpunkt, »die Richter mit Gründen überzeugen zu wollen. Jetzt ist der Zeitpunkt zu schweigen und sich mit guten Beweisgründen zu wappnen, sowohl für die Hl. Schrift wie für die Mathematik, um sie zur gegebenen Zeit mit größerer Aussicht auf Erfolg herauszubringen«. Viele Jesuiten seien Galileis Meinung, schwiegen aber jetzt. Den zweiten Brief Galileis zeige er vorläufig nur Parteigängern, da jetzt nicht der Moment sei, von der Bewegung der Erde zu reden. Zuletzt lobt er Galileis Absicht, den Brief an Madama Cristina zu schreiben.

Mitte Mai kannte Galilei den Brief Bellarminos an Foscarini, worin er selbst namentlich genannt war. Als Antwort auf Dinis Brief vom 2. 5. schrieb er wieder einen ausführlichen Brief an Dini, den wir uns ganz ansehen müssen: »Ich sehe kein Ende der Gerüchte gegen mich, an denen ich nicht schuld bin, die aber anscheinend von den Oberen so aufgenommen werden, als sei ich der Haupturheber von allem. Doch das hätte für immer ruhen können, ich meine die Beschäftigung mit der Hl. Schrift; kein Astronom und kein Naturphilosph, der in seinen Grenzen bleibt, hat sich da je eingemischt. Während ich der Lehre eines von der Kirche zugelassenen Buches folge, kommen mir Philosophen in die Quere, die nicht das geringste von jener Lehre verstehen, und behaupten, darin kämen Lehren gegen den Glauben vor. Ich aber will, so gut ich es kann, ihnen zeigen, daß sie sich vielleicht irren, aber mir wird der Mund verschlossen und befohlen, mich nicht in die Hl. Schrift einzumischen. Das heißt soviel wie daß das von der Kirche anerkannte Buch des Kopernikus Häresien enthält, was jeder nach Belieben in Predigten behaupten darf, und gleichzeitig verbietet man jedem, der zeigen möchte, daß es sich nicht gegen die Schrift richtet, sich in die Materie einzulassen.

Für mich wäre es die schnellste und sicherste Art zu beweisen, daß der kopernikanische Standpunkt nicht gegen die Schrift ist, mit tausend Beweisen zu zeigen, daß er wahr ist und daß das Gegenteil auf keine Weise bestehen kann; und da nun einmal zwei Wahrheiten einander nicht widersprechen können, muß diese mit der Schrift völlig übereinstimmen. Aber wie kann ich das machen, und wie sollte nicht all meine Mühe vergeblich sein, wenn diese Peripatetiker, die überzeugt werden müßten, selbst für die einfachsten und leichtesten Gründe nicht aufnahmefähig sind und statt dessen ein riesiges Fundament aus lauter sinnlosen Argumenten basteln?

Trotzdem würde ich ohne Zweifel auch diese Schwierigkeiten überwinden, wenn ich meine Zunge statt der Feder gebrauchen könnte. Und wenn ich je wieder gesund werde und nach Rom kommen kann, werde ich es tun, mindestens in der Hoffnung, meine Liebe zur Hl. Kirche zu beweisen. Mein Eifer besteht darin, daß man in dieser Sache, nach den Machenschaften zahlloser übler und sachlich inkompetenter Leute, doch ja keine Entscheidung treffen möge, die nicht vollkommen gut ist. Denn das Ungute wäre der Fall, wenn man entschiede, Kopernikus halte die Bewegung der Erde nicht für eine Wahrheit der Natur, sondern für eine an sich unreale Hypothese zur Rettung der Erscheinungen, die man zwar benutzen, aber nicht für wahr halten darf. Das wäre nämlich das Eingeständnis, daß man das Buch gar nicht gelesen hat, was ich in jenem anderen Brief ausführlicher dargelegt habe. Und wenn ich auch lobe, daß Sie jener Person (Bellarmino) den Brief nicht gezeigt haben, und es noch immer lobe, so möchte ich doch nicht, daß in Rom einige hochstehende Persönlichkeiten denken, ich stimmte dem kopernikanischen Standpunkt nur als einer astronomischen, an sich unrealen Hypothese zu, und ich sei womöglich ein größerer Kenner der Lehre dieses Autors als die anderen, die ihr noch anhängen, und so sei es mir leichter gefallen, Sie als physikalisch irrig zu erklären. So etwas wäre, wenn ich mich nicht täusche, wahrscheinlich ein Irrtum, denn die Wahrheit liegt in anderen Beweisen. Doch darüber wünschte ich eine Entscheidung des Heiligen Vaters nach Prüfung des Buches.

Aber um endlich zum Schluß zu kommen: Wenn ich im Eifer für das Ansehen der Kirche und in Kenntnis der Lehre des hl. Augustinus und anderer Väter, nämlich daß es ein schwerer Irrtum wäre, eine Naturlehre zu verdammen, bevor sie nicht durch zwingende Beweise als falsch erwiesen ist und im Gegenteil früher oder später als wahr erwiesen werden könnte, wenn ich mich also anbiete, schriftlich oder mündlich die Gründe vorzutragen, die mich und alle anderen, die sie begriffen haben, von der Wahrheit dieses Standpunktes überzeugt haben, was soll die Anhörung für Schaden anrichten? Und wie sollte es nicht ein Leichtes sein, sie zu bestreiten? Welcher Unparteiische wird so unerfahren sein, nicht zu bemerken, daß die hastigen Betreiber der Verdammung ohne Anhörung und ohne Studium dieses Autors das alles mehr um der Rettung ihres eigenen Irrtums als um der Wahrheit willen tun? Und die, da sie den für sie unverständlichen Gründen nicht zu antworten wissen, auf jede Weise einer Verhandlung darüber auszuweichen suchen?« (EN XII 183 ff.)

Jedenfalls machte sich Galilei an die Arbeit und schrieb den mit Theologie angereicherten Brief an Castelli neu, jetzt als »Lettera a Madama Cristina di Lorena« (EN V 309 ff.). Sehen wir uns die wichtigsten Stellen daraus an. Galilei berichtet zuerst, daß seine Entdeckungen am Himmel von zahlreichen Philosophieprofessoren mit nichtigen Argumenten und auch mit falsch verstandenen Bibelstellen bekämpft wurden, so als ob seine Folgerungen neu und häretisch seien, während doch Kopernikus – aber hören wir ihn selbst:

»Man versucht in der Öffentlichkeit nach Möglichkeit diese Meinung als neu und speziell von mir stammend auszugeben, und man tut so, als wisse man nicht, daß Nikolaus Kopernikus ihr Urheber oder vielmehr Erneuerer und Befestiger ist, ein Mann, der nicht nur Katholik, sondern Priester und Kanonikus und so hoch geachtet war, daß er während des Laterankonzils unter Leo X. aus dem fernsten Deutschland nach Rom gerufen wurde zwecks Reform des ungenauen Kalenders, der bisher wegen der Unkenntnis des genauen Maßes des Jahres und des Mondmonats nicht funktionierte: also wurde ihm in bischöflichem Auftrag die Aufgabe zugewiesen, mit wiederholten Studien und Bemühungen mehr Licht und Sicherheit in die Bewegungen am Himmel zu bringen. Worauf er unter wahrhaften Atlas-Mühen und mit Hilfe seines wunderbaren Genies sich ans Studium begab, derartige wissenschaftliche Fortschritte machte und die Kenntnis der Himmelsbewegungen zu derartiger Genauigkeit vervollkommnete, daß er sich den Titel des obersten aller Astronomen verdiente. Und gemäß seiner Lehre wurde nicht nur der Kalender reformiert, sondern auch die Tafeln der Himmelsbewegungen aufgestellt. Und nachdem er seine Lehre in sechs Bänden konzentriert hatte, publizierte er sie auf Bitten des Kardinals von Capua und des Bischofs von Kulm. Und da er sich auf Befehl des Papstes mit soviel Mühe der Aufgabe unterzogen hatte, dedizierte er dem Nachfolger, nämlich Paul III., sein Werk der »Himmlischen Umwälzungen«, das erst so spät veröffentlicht von der Heiligen Kirche in Empfang genommen wurde und auf der ganzen Welt gelesen und studiert wurde, ohne daß je auch nur der geringste Schatten eines Skrupels über diese Lehre aufgekommen wäre. Jetzt erst, da man durch offenliegende Erfahrung und zwingende Beweise entdeckt, wie wohlbegründet diese Lehre ist, fehlt es nicht an Leuten, die das Buch zwar nie gesehen haben, aber als Lohn für so viel Mühen den Autor als Häretiker abstempeln lassen wollen. Und das nur, um einer grundlosen persönlichen Empörung gegen einen anderen zu frönen, der an Kopernikus lediglich das Interesse hat, dessen Lehre zu bestätigen« (EN V 312).

Legendärer und frisierter kann man die Geschichte des Kopernikus nicht erzählen. Galilei tut so, als wisse er nicht, daß die Arbeit des Kopernikus von der Kirche als eine Hypothese zur »Rettung der Erscheinungen« benutzt worden war und benutzt wurde, so wie Tychos Berechnungen und das ungenauere Werk des Ptolemäus. Das alles waren Hypothesen, deren jeweilige Verbesserungen man gern benutzte, ohne sich um die damit verbundene Lehre weiter zu kümmern. Es ging ja nur um die möglichst genaue Voraussage der Planetenbewegungen, um sonst nichts. Daß die Kirche die »Lehre« des Kopernikus dankbar und studieneifrig empfangen habe, davon war noch nie die

Rede gewesen. Und Galilei hatte in der letzten Zeit unentwegt Warnungen von seinen römischen Freunden erhalten mit genau diesen Hinweisen. Sowieso gab es so gut wie niemand, der das Werk des Kopernikus zu Ende gelesen hätte. Kepler hatte es getan und, im Besitz der genauen Berechnungen Tychos, sofort die Masse der Unstimmigkeiten entdeckt. Zur Beruhigung theologisch Interessierter sorgte im übrigen das anonyme Vorwort Osianders, der das Werk des Kopernikus als bloße mathematische Hypothese erklärt hatte. (Kepler, der das Vorwort als von fremder Hand stammend entlarvte, sagte, es sei von einem Esel für Esel geschrieben.) Galilei suggeriert darüber hinaus, die Benutzung der kopernikanischen Daten sei eine Zustimmung der Kirche zur physikalisch zu verstehenden kopernikanischen Kosmologie.

Nun macht Galilei auf den Unterschied zwischen richtigem und falschem Bibelverständnis aufmerksam. Falsch z.B. wäre es, der Theologie den Titel einer Königin in dem Sinne beizulegen, daß sie auch über andere Wissenschaften zu entscheiden hätte: »Daß der Theologie Titel und Macht einer Königin in diesem Sinn zukäme, darauf wird wohl kein Theolog, der etwas von anderen Wissenschaften versteht, verfallen. Keiner von ihnen wird behaupten, Geometrie, Astronomie, Musik und Medizin seien in der Heiligen Schrift besser und genauer zu finden als bei Archimedes, Boethius und Galenus. Daher scheint der Theologie ihr königlicher Vorrang in dem anderen Sinne verliehen, nämlich wegen ihres hohen Gegenstandes und der wunderbaren Belehrung durch göttliche Offenbarungen in Dingen, die mit anderen Mitteln von den Menschen nicht begriffen werden konnten und die hauptsächlich den Erwerb der ewigen Seligkeit betreffen. Wenn nun die Theologie sich mit den höchsten göttlichen Betrachtungen beschäftigt und mit Recht auf dem Königsthron sitzt, wofür sie mit höchster Autorität ausgestattet ist, und sich nicht zu den niedrigeren und geringeren Spekulationen der inferioren Wissenschaften herabläßt, sondern sie nicht beachtet, weil sie nichts zur Seligkeit beitragen, dann dürfen sich ihre Diener und Professoren nicht die Autorität anmaßen, in Berufen zu entscheiden, die sie weder ausüben noch studiert haben. Das wäre dasselbe, als wenn ein absoluter Fürst im Bewußtsein seiner Herrschgewalt

Medizin und Architektur in die Hand nähme, obwohl er weder Arzt noch Architekt wäre – und dies zur schweren Gefährdung der armen Kranken und zum sicheren Ruin der Bauten« (EN V 325).

Nach dieser scharfen, unwiderleglichen und glänzend formulierten Zurückweisung der zeitgenössischen theologischen Grenzüberschreitungen und Anmaßungen geht er nunmehr zu passenden Belegen aus den Kirchenvätern über, die ihm sein Freund Pater Castelli von einem Fachtheologen besorgt hatte. Entscheidend ist für ihn eine Stelle aus »Genesis ad literam« von Augustinus, die er wie folgt zitiert: »Hoc indubitanter tenendum est, ut quicquid sapientes huius mundi de natura rerum demonstrare potuerint, ostendamus nostris Libris non esse contrarium; quicquid autem illi in suis voluminibus contrarium Sacris Literis docent, sine ulla dubitatione credamus id falsissimum esse, et, quoquomode possumus, etiam ostendamus.« Das heißt: »Es muß unzweifelhaft festgehalten werden, daß alles, was die weltlichen Gelehrten als wahr beweisen konnten, wir als unseren Schriften nicht widersprechend dartun werden; was sie aber in ihren Büchern gegen die heiligen Schriften lehren, müssen wir ohne Zweifel für ganz falsch halten, und wir wollen es, so gut wir nur irgend können, nachweisen« (EN V 327). Galilei indes zieht daraus folgende Schlüsse: »Aus diesen Worten scheint man die Lehre entnehmen zu können, daß in den Büchern der Weltgelehrten einige Naturerscheinungen als wahr nachgewiesen sind, andere dagegen nur gelehrt werden; und daß die ersteren von den theologischen Gelehrten als nicht der Schrift widersprechend amtlich nachgewiesen werden müssen; was aber die anderen angeht, die nur gelehrt werden, aber nicht zwingend bewiesen sind, so muß man sie zweifellos für falsch halten, und das muß auf alle nur mögliche Weise nachgewiesen werden. Wenn also die wahrhaft bewiesenen Naturschlüsse nicht den Schriftstellen unterzuordnen sind, sondern als ihnen nicht widersprechend gut erklärt werden müssen, dann muß man also, bevor man eine Naturerklärung verdammt, nachweisen, daß sie nicht zwingend bewiesen ist: und das obliegt nicht denen, die sie für wahr halten, sondern denen, die sie für falsch halten; und das scheint ja auch ganz vernünftig und naturgemäß, denn viel leichter werden die Fehler in einer Verhandlung von denen entdeckt, die sie für falsch halten, als von den anderen, die sie für wahr und schlüssig halten« (ebda).

Galilei überdehnt hier die Augustinische Stelle; das »quoquomodo possumus« (so gut wir irgend können) wird ihm unter der Hand ein zwingendes Geltenlassen für den Fall, daß dem Augustinus kein »possumus« einfällt. Ein augustinischer Nachsatz mit einem erwünschten Eventualfall wird für Galilei zu einem bedingungslosen Haupterfordernis sine qua non.

Außerdem übersieht Galilei, daß er hier die Meinung eines einzigen Kirchenvaters zitiert, eines sehr frühen, noch dazu eines damals gerade sehr umstrittenen. Denn zwischen den Jesuiten und den Dominikanern schwelte ein jahrelanger Streit über die Prädestinationslehre Augustins, und die Jesuiten wären um ein Haar verurteilt worden, wenn sie sich in dem schon erwähnten, wirkungslosen Interdikt über Venedig nicht so brav papsttreu verhalten hätten. Aus diesem Grund wurde der Streit am Ende überhaupt nicht entschieden. Anderseits konnte Galilei beruhigt der Meinung sein, daß die ganze Lieferung von Väterzitaten aus bester Hand kam.

Andere Stellen, die Galilei aus Augustinus zu seinen Gunsten zitiert, betreffen keine Naturerscheinungen, sondern Schriftstellen, die einander widersprechen oder einander zu widersprechen scheinen. Eine einzige ist von einem gewissen Belang, wo Augustinus sagt, es sei nicht Sache der Schrift, die kosmischen Verhältnisse zu erklären, so wie es nicht Sache der anderen sei, über die Heilslehren der Kirche zu entscheiden. Daraus schließt Galilei, daß der Heilige Geist uns nicht über die kosmischen Verhältnisse unterrichten wollte, und daher könnten Dinge, die nicht das ewige Heil betreffen, nicht für häretisch erklärt werden. Und er endet den Abschnitt mit einem Zitat des Kardinals Baronio, wonach der Heilige Geist uns lehren wolle, wie wir in den Himmel hineinkommen, nicht aber, was für Erscheinungen am Himmel vorkommen (»insegnarci come si vadia al cielo, e non come vadia il cielo«) (EN V 319).

Dieser Brief, ich sagte es schon, hat Galilei nicht direkt geschadet. Aber seit er diese Augustinus-Stellen kannte, war er überzeugt, die authentische Meinung der Kirche in Händen zu haben; höchstens konnte er annehmen, daß in Rom momentan

Dummköpfe herrschten. (Diese Annahme trifft übrigens zu allen Zeiten häufig und weitgehend zu.) Jedenfalls war er seit dieser Zeit noch mehr davon überzeugt, daß es keinen Kompromiß geben dürfe, nicht nur seines eigenen Prestiges halber, sondern auch des Prestiges der Kirche halber. Entweder stimmte die Kirche zu, und das wäre die »gute Entscheidung« aus dem Brief an Dini, oder sie lehnte alles ab, und das mußte vermieden werden. Sie sah in der Tat alles ein — im Jahre 1893!

Man weiß nicht genau, wann der Brief an die Großherzogin-Mutter geschrieben wurde, nur eben, daß er aus dem Mai 1615 stammen muß. Am 20. Juni schreibt Cesi aus Rom einen Brief, in dem er einigermaßen optimistisch über Foscarini und die ganze Situation urteilt: »Es scheint uns sicher, daß weder der erste Autor noch der Brief des Paters, noch die Lehre selbst, wenn mit der gebotenen Vorsicht behandelt, irgendeine Gefahr laufen.« In der Zwischenzeit dürfe man nicht die Leidenschaften der allmächtigen Peripatetiker aufreizen, man rede besser nicht von realer Wahrheit, sondern von Hypothese, und unterwerfe sich dem Urteil der Oberen, »mit einem Wort: die Wahrheit der Theorie weder bestreiten noch sie für wahr erklären« (EN XII 190).

Nach dem eifrigen Briefwechsel der letzten Monate wußte Galilei jetzt, daß es in Rom um die Frage Kopernikus und die Bibel ging. Aber er dachte nicht daran oder tat so, als denke er nicht daran, daß für die ganze Aufregung ganz allein er selbst gesorgt hatte; der spät hinzugekommene Foscarini, der die Frage auch noch zu einem öffentlichen innerkirchlichen Problem beförderte, war ja nur durch Galileis Propaganda auf den Geschmack gekommen.

Daß es dagegen nicht um seine Person ging, glaubte er aus einem Brief Dinis vom 25. 4. 1615 zu wissen, worin es hieß, daß ein Mitbruder Grienbergers in Gegenwart Grienbergers ihm fröhlich zugerufen habe, er freue sich sagen zu können, daß die Angelegenheiten des Herrn Galilei in Ordnung gebracht seien; mehr habe er wohl deshalb nicht sagen wollen, weil fremde Leute zugegen waren (EN XII 174).

10
Mini-Katastrophe mit Maxi-Wirkung

Galilei ließ sich nicht halten. Ratschlägen war er sowieso fast nie zugänglich, dazu war er zu sehr von sich selbst überzeugt. Er beschloß also nach Rom zu gehen und die Peripatetiker in mündlichen Diskussionen zum Schweigen zu bringen. Auch der Großherzog stand so sehr unter seinem Einfluß, daß er ihm die Reise bewilligte und für die Kosten aufkam. Ja, unter den Empfehlungsbriefen gibt es einen, an den Kardinal Borghese, worin er selbst die astronomischen Meinungen Galileis teilt (EN XII 205). Auch Cosimo II. nahm also keine Ratschläge von anderen an. Als nämlich sein Gesandter in Rom, Guicciardini, Nachfolger Niccolinis, von der Absicht erfuhr, riet er dringend ab, weil er wisse, daß im Sant'Uffizio kein günstiger Wind für Galilei wehe, und sagte noch: »Dies ist nicht das Land, um hierherzukommen und über den Mond zu diskutieren,und nicht die Zeit, neue Lehren aufzustellen und sie hier vorzutragen« (EN XII 207). Zur Unterstützung seiner abratenden Meinung zitierte er die angebliche Bemerkung Bellarminos von 1611: wenn Galilei damals noch länger in Rom geblieben wäre, hätte man eine genauere Rechtfertigung seiner Meinungen von ihm verlangen müssen.

Galilei war überzeugt, daß allein sein Erscheinen in Rom Eindruck machen mußte, sonst hätte er nicht schon am Tag nach seiner Ankunft in Rom, am 12. 12. 1615, dem toskanischen Staatssekretär Picchena vom guten Empfang bei zahlreichen Persönlichkeiten geschrieben und sich dabei eingebildet: »Es ebnet sich mir die Straße zur Aufrechterhaltung und Mehrung meines Prestiges« (EN XII 109). Er dachte wohl an den triumphalen Empfang, der ihm vier Jahre vorher in Rom bereitet worden war, und er konnte nicht glauben, daß sein Prestige gelitten hatte. Warum denn auch? Was war denn Neues geschehen? Waren die Jesuiten nicht damals wie auch heute für ihn? (Er wußte nicht, daß der Jesuitengeneral inzwischen Ordre gegeben hatte, den Aristoteles nicht anzutasten, so daß die kopernikanisch gesinnten Patres sich momentan vorsichtig zurückhielten.) Gewiß, man hatte gegen ihn geschrieben und auch im geheimen intrigiert, das wußte er, aber eben diese Gegner mußte sein Erscheinen zum Schweigen bringen.

Ende Dezember schrieb er etwas bescheidener, für seine Person sehe er keine Schwierigkeiten, aber für die allgemeine Sache werde er viel Zeit und Mühe aufwenden müssen. Und am 1. Januar 1616 schließlich gab er zu, daß er nicht hoffen konnte, seine Feinde umzustimmen, aber er überließ ihnen wenigstens nicht das Feld, er stand jetzt seinen Mann »im Unwetter« (EN XII 212, 220).

Worin bestanden nun die Wege, die sich ihm ebneten? Er diskutierte in der römischen Gesellschaft, aber von hochgestellten Persönlichkeiten, die sich für ihn verwendeten, oder von spektakulären Empfängen bei Kardinälen und im Collegium Romanum war nicht mehr die Rede. Es gibt zwei Briefe des im Vatikan hochgeschätzten Monsignor Querengo an seinen Herrn, den Kardinal d'Este in Modena, vom 30. 12. 1615 und 20. 1. 1616, die man sich nicht entgehen lassen darf: »Wir haben hier den Galilei, der häufig in geistig interessierten Gesellschaften erstaunliche Reden über die Lehre des Kopernikus hält, die für ihn wahr ist... Sie hätten großes Vergnügen ihm zuzuhören, wie er sich unter fünfzehn oder zwanzig Leuten verhält, die ihm bald in diesem, bald in jenem Haus grausam zusetzen. Er aber ist auf eine Weise allen gewachsen, daß er sich einfach über sie lustig macht. Und wenn er auch mit seinen Neuheiten niemand überzeugt, beweist er doch wenigstens die meisten Argumente, womit seine Gegner ihn unterzukriegen suchen, als haltlos. Besonders am Montag gab er im Hause des Herrn Federico Ghislieri wunderbare Proben ab. Und was mir außerordentlich gefiel, war, daß er die Gegengründe, bevor er sie beantwortete, erst noch vermehrte und sie mit zusätzlichen, scheinbar großartigen Fundierungen verstärkte, um dann in der Widerlegung die Gegner um so lächerlicher zu machen« (EN XII 212 und 226).

Das war in der Tat das einzige, was sachlich möglich war. Denn seine Entdeckungen hatten zwar das ptolemäisch-aristotelische System unhaltbar gemacht, aber sie waren keine zwingenden, sondern nur »plausible« Gründe für Kopernikus, der bekanntlich noch an zahlreichen Epizykeln hatte festhalten müssen. Davon aber brauchte er nicht zu reden, davon verstanden alle diese Laien sowieso nichts. Er brauchte nur die Epizykelwirtschaft des Ptolemäus als haltlos darzulegen, wobei er stets verschwieg, daß Kopernikus 48 Epizykel für sein besseres System nötig hatte, und außerdem brauchte er nur die Erdähnlichkeit des Mondes gegen die aristotelische Lehre von der glatten, aus vollkommener, uns unbekannter Materie bestehenden Kugelgestalt der Himmelskörper zu setzen, und was die Behauptung anging, alle Himmelskörper drehten sich um die Erde, so mochten die Herrschaften durchs Teleskop sehen und die Jupitersatelliten zur Kenntnis nehmen, die zugleich das aristotelische Prinzip entkräften, demzufolge kein Körper zwei verschiedene Bewegungen vollführen konnte.

Und zu der raffinierten Dialektik im Lächerlichmachen ganzer Gesellschaften merkt Koestler an: »Die Methode erwies sich als ausgezeichnet, um im Augenblick Triumphe zu feiern und sich Feinde fürs Lebens zu schaffen« (a.a.O. S. 459).

In Wirklichkeit überstürzten sich die Dinge. Während Galilei noch Briefe nach Florenz schickte und um längere Aufenthaltserlaubnis nachsuchte, um allerlei Gerüchte, auch über die angebliche Ungnade des Großherzogs, zu zerstreuen, und um seine Schriftsätze anzufertigen, die er in die Hände wichtiger, sonst unerreichbarer Persönlichkeiten gelangen lassen wollte, und während er seinem heuchlerischen Verfolger Caccini ein längeres Gespräch in Gegenwart anderer Personen bewilligte, während dieser und anderer eifriger Unternehmungen, Wünsche und Hoffnungen rollten schon die Räder im Vatikan. Schon am 19. Februar rief der Papst die Theologen des Sant'Uffizio zu einer Sitzung über das Thema Kopernikus zusammen.

Von der Hilfe einflußreicher Persönlichkeiten war so wenig mehr die Rede, daß der toskanische Gesandte Guicciardini am 4. 3. (EN XII 241) an den Großherzog schrieb:

»Galilei hat seine Meinung für ersprießlicher als die seiner Freunde gehalten. Der Kardinal del Monte und ich mit meinem bescheidenen Vermögen, und mehrere Kardinäle des Sant'Uffizio versuchten ihn zu beruhigen, damit er die Sache nicht verschlimmere. Wenn er an jener Meinung festhalten wolle, solle er sie still für sich behalten, ohne sie hartnäckig auseinanderzusetzen und die anderen ebenfalls zu dieser Meinung bringen zu wollen. Jeder fürchtet, sein Kommen könne sich als nachteilig und schädlich erweisen, und statt sich zu rechtfertigen und über seine Feinde zu triumphieren, bringe ihm sein Hiersein eine Abfuhr ein. Als er spürte, daß man seiner Absicht und seinen Wünschen kühl begegnete, drängte er sich, nachdem er viele Kardinäle bedrängt und ermüdet hatte, in die Gunst des Kardinals Orsini ein und beschaffte sich zu dem Zweck ein warmes Empfehlungsschreiben Eurer Hoheit. Der Kardinal also sprach am letzten Mittwoch im Konsistorium, ich weiß nicht, wie bedächtig und klug, mit dem Papst und empfahl ihm den genannten Galilei. Der Papst erwiderte, es wäre gut, ihn zu überzeugen, diese Meinung aufzugeben. Darauf entgegnete Orsini etwas und bedrängte den Papst, der das Gespräch abbrach und sagte, er werde die Sache den Kardinälen des Sant'Uffizio übergeben. Als Orsini gegangen war, ließ Seine Heiligkeit Bellarmino zu sich rufen, und beide besprachen die Sache und befanden, diese Meinung Galileis sei irrig und häretisch. Vorgestern, so hörte ich, hielten sie eine Kongregationssitzung darüber ab, um sie in diesem Sinn entscheiden zu lassen. Kopernikus und die anderen Autoren, die darüber geschrieben haben, sollen ergänzt, berichtigt oder verboten werden. Ich glaube, Galilei persönlich wird nichts geschehen, denn als vernünftiger Mensch wird er das wollen und hören, was die Kirche will. Aber er ereifert sich in seinen Meinungen mit äußerster Leidenschaft, die zu zügeln er wenig Kraft und Vorsicht verwendet, und damit wird ihm dieser römische Himmel sehr gefährlich, besonders in dieser Zeit, in der unser hiesiger Herr die Literatur und die Geistesgrößen verabscheut und nichts hören will von derartigen Neuheiten und Feinheiten. So sucht jeder seinen Kopf und seine Natur dem Herrn anzupassen, und selbst wer mit Wissen und Interesse begabt ist, gibt sich, wenn er nicht blöd ist, den Anschein des Gegenteils, um sich nicht verdächtig zu machen und in Ungnade zu fallen. Der Galilei hat Mönche und andere zu Feinden und Verfolgern, und er ist, wie gesagt, nicht in der geeigneten Verfassung für diesen Platz hier. Er könnte sich und andere in große Verlegenheit bringen, und ich sehe nicht, zu welchem Zweck und aus welchem Grund er hierhergekommen ist, noch was er von einem längeren Verbleib erhoffen kann...«

Der Brief schließt mit einer ausführlichen Erörterung der Gefahr, die ein Inquisitionsverfahren für das Haus Medici haben müßte, und mit der Warnung, sich auf Gedeih und Verderb mit der Sache Galileis zu verbinden. Guicciardini irrte sich lediglich im Datum der Sitzungen. Orsini kann nicht der Auslöser des Mechanismus gewesen sein. Daß er trotzdem, wenn auch nach dem Anlaufen der Untersuchung, sich für Galilei beim Papst verwendet hat, ist als richtig anzunehmen. Er verhielt sich als Schutzpatron Galileis, der ihn mit seinem Vortrag über Ebbe und Flut beeindruckt hatte und eigens für Orsini eine Abhandlung darüber schrieb. (Sie sollte später in den »Dialog über die beiden hauptsächlichsten Weltsysteme« eingehen.)

Von den Schriftsätzen, die Galilei in die Hände sonst unerreichbarer Persönlichkeiten gelangen lassen wollte, ist besonders der dritte aufschlußreich (E V 367 ff.). Er ist in zehn numerierten Punkten eine präzise Gegenschrift gegen den Brief Bellarminos an Foscarini aus dem April des vorigen Jahres; den Brief kennen wir schon. In dieser Streitschrift gegen Bellarmino heißt es u.a., daß man nicht fürchten dürfe, mit dem heliozentrischen System die Philosophen und die scholastischen Theologen »aufzubringen«, denn sie alle müßten dankbar sein für die Vermittlung von Wahrheit. Dann folgt ein sehr selbstsicherer Abschnitt: »Widerspruch gegen die Hl. Schrift ist nicht und wird niemals die Absicht der katholischen Astronomen sein, die wir sind. Im Gegenteil, unsere Meinung ist, daß die Schrift sich aufs beste mit bewiesenen Naturlehren verträgt. Es mögen sich vielmehr gewisse Theologen, die keine Astronomen sind, davor hüten, der Schrift zu widersprechen, indem sie sie gegen Meinungen interpretieren, die wahr sein können und noch bewiesen werden können.« Und hier ein nur scheinbar selbstsicherer Punkt: »Nicht zu glauben, daß es einen Beweis für die Bewegung der Erde gibt, solange der Beweis nicht erbracht ist,

ist höchst umsichtig, und auch von uns verlangt keiner, daß irgend jemand daran glaube ohne Beweis: im Gegenteil, wir verlangen nichts anderes als daß zum Wohl der Hl. Kirche mit äußerster Strenge alles geprüft werde, was die Anhänger dieser Lehre wissen und vorbringen können, und daß ihnen nichts zugestanden werde, wenn ihre Angaben nicht weitaus die Gründe der anderen Partei übertreffen; und wenn sie nicht neunzig Prozent aller Gründe für sich haben, so soll man sie abweisen. Wenn aber das meiste, was die gegnerischen Philosophen und Astronomen vorbringen, als falsch und bedeutungslos erwiesen ist, dann mißachte man nicht die anderen, noch halte man es für paradox, nicht zu bezweifeln, daß die Angaben jemals zwingend bewiesen werden können.« Immer wieder also taucht der Satz des Augustinus in der einen oder anderen Form auf, der ihm so großen Eindruck gemacht hat und um den sich in Wirklichkeit kein Mensch kümmerte. Hier kommt er gleich noch einmal deutlich verstärkt: »Es ist wahr, daß es nicht dasselbe ist, ob man mit der Beweglichkeit der Erde und der Stabilität der Sonne die Erscheinungen rettet, oder ob man behauptet, es handle sich um eine reale Naturwahrheit. Aber es ist ebenso wahr, daß man mit dem bisher üblichen System den Erscheinungen nicht gerecht wird. Dieses ist zweifellos falsch, wie es denn klar ist, daß das andere, das sich bestens eignet, wahr sein kann: und keine größere Wahrheit kann und darf man in einer Lehre suchen, als daß sie allen einzelnen Erscheinungen gerecht wird.«

Ich habe nun oft genug gesagt, daß Galilei stets den tychonischen Kompromiß außer acht ließ. Er war überzeugt, daß Tychos System Flickwerk war, und damit hatte er ja recht. Ein Galilei lieferte kein Material für einen Flickschuster. Bedauerlich ist nur, daß er sich in eine falsche Ebbe- und Flut-Theorie verrannte, über die er in den kritischen Tagen eine Abhandlung für den Kardinal Alessandro Orsini niederschrieb; sie wird den eigentlichen »Beweis« in einem späteren »Dialog über die beiden hauptsächlichsten Weltsysteme« bilden. Wir werden sie dort behandeln.

Übrigens dürfen wir annehmen, daß die hier exzerpierten Notizen nicht an Bellarmino gelangten. Sie sind einerseits im Ton zu hochmütig und anderseits im Inhalt zu schwach, da er ja dauernd zugibt, keine durchschlagenden Beweise zu haben, sondern nur die Beweisbarkeit offen zu halten verlangt; und es ist zweifelhaft, ob nach Kenntnis dieser Notizen Bellarmino noch so schonend mit Galilei verfahren wäre, wie es dann tatsächlich geschah.

Was nämlich dann tatsächlich geschah, war an sich eine ganz banale, alltägliche Routineangelegenheit, die aber in diesem speziellen Fall zu jahrhundertelanger publizistischer Aufregung und, wie man sagt, zum Bruch zwischen Kirche und Wissenschaft, zwischen Glauben und Wissen führte. Aber darüber werden wir später ausführlich sprechen. Worum es jetzt geht, ist die Banalität des Ereignisses, die kein Anachronismus ist, sondern normalerweise auch von den Zeitgenossen als Banalität gewertet wurde. Viele theologische und die Sitten oder die Kirche am Rande betreffende Werke gerieten damals und noch Jahrhunderte später auf den Index der für Katholiken verbotenen Bücher, und viele davon wurden bei Gelegenheit eines Regierungswechsels oder einer atmosphärischen Veränderung wieder vom Index gestrichen. Selbst Santillana, der in »The Crime of Galileo« die Kirche wütend verurteilt, gibt zu, daß man damals den Index als ein »administratives Mißgeschick« betrachtete, das jedem, auch Kardinälen, widerfahren konnte, wobei ein Kardinal selbstverständlich nicht seinen Kardinalshut verlor. Wir wissen schon, daß selbst ein Werk Bellarminos zeitweise auf dem Index stand.

Wieso Index? wird mancher Leser fragen. War es denn so, daß eine oder die andere der Veröffentlichungen Galileis (der »Sidereus Nuncius« oder »Über die schwimmenden Körper«) oder der ungedruckte Brief an Castelli und an die Herzogin-Mutter auf den Index kam? Nicht einmal das. Und auch Galilei persönlich widerfuhr in der Öffentlichkeit gar nichts. Auf den Index kam »De revolutionibus orbium coelestium« des Kopernikus für ganze vier Jahre. Das ist wirklich nicht aufregend. Aber sehen wir uns die Sachen der Reihe nach an, dann werden sie spannend und höchst erstaunlich.

Die »Qualifikatoren«, d.h. die theologischen Konsultoren des Sant'Uffizio erhielten am 19. 2. 1616 zwei Behauptungen zur Beurteilung vorgelegt. Erstens: Die Sonne steht im Zentrum der Welt, ohne irgendeine örtliche Bewegung. Zweitens: Die

Erde ist weder das Zentrum der Welt noch unbeweglich, sondern sie bewegt sich ganz von selbst, sogar mit einer täglichen Umdrehung (EN XIX 320).

Die elf »Fachleute«, darunter sechs Dominikaner, formulierten am 24. 2. 1616 folgende zwei Beurteilungen: »Daß die Sonne im Zentrum der Welt und unbeweglich in örtlicher Bewegung sei, ist eine absurde, philosophisch falsche und formal häretische Behauptung, da sie ausdrücklich der Schrift widerspricht sowohl dem Wortlaut nach wie auch gemäß der allgemeinen Sinngebung durch die Kirchenväter und die gelehrten Theologen.« – »Daß die Erde weder Zentrum der Welt noch unbeweglich sei, sondern sich ganz und gar bewege und sich sogar in täglicher Umdrehung befinde, ist ebenfalls eine absurde und philosophisch falsche Behauptung, und theologisch gesehen ist sie zumindest irrig im Glauben« (EN XIX 321).

Und nun geschah das Sonderbare, daß das Sant'Uffizio (die heutige Glaubenskongregation), also das Gremium, das über die Reinheit des Glaubens zu wachen hat, nichts unternahm, sondern die Beurteilungen zu den Akten legte. Die Kardinäle hätten mit der Unterschrift des Papstes verkünden können, daß die Meinung, das heliozentrische System sei eine physikalische Realität, eine Häresie sei, eine gegen die göttliche Offenbarung und den dogmatischen Glaubensschatz gerichtete Abweichung. Der Papst wünschte das, aber in einer ernstlichen Debatte widersetzten sich die Kardinäle Maffeo Barberini (der spätere Urban VIII.) und Caetani einer Verurteilung des Kopernikanismus als Häresie. Hätten wir darüber nur das Zeugnis des mit Galilei verschwägerten Giovanfrancesco Buonamici (EN XV 111 und XIX 408), dann könnte man zweifeln. Aber nach dem Zeugnis des Prinzen Cesi hat Barberini als Papst zu Campanella gesagt, wenn es nach ihm gegangen wäre, gäbe es das Dekret von 1616 nicht (EN XIV 88). Und im November 1632 sagte Urban VIII. in mehreren zornigen Gesprächen, Galilei habe ihm den Streich mit dem »Dialog« gespielt, und dabei habe er, als er noch Kardinal war, ihn seinerzeit gerettet (EN XIV 428). Jedenfalls haben die widerstrebenden Kardinäle 1616 erreicht, daß das Sant'Uffizio sich den Begriff der Qualifikatoren (»formal häretisch«) nicht zu eigen machte und infolgedessen keinen Anlaß sah, in einer strikten Glaubensangelegenheit tätig zu werden.

Formelle Urteile über die Glaubensreinheit standen und stehen nur dieser Kongregation zu. Die Indexkongregation dagegen konnte Bücher verbieten, deren Lektüre sie für das Kirchenvolk für gefährlich oder verwirrend hielt. Und das geschah denn auch im vorliegenden Fall. Und zwar auf eine einerseits harmlose, anderseits unsinnige Weise. Die Index-Kongregation konnte, nachdem die Glaubenskongregation keinerlei Urteil veröffentlicht hatte, nicht von »Häresie« sprechen. Sie durfte auch nicht »gegen den Glauben gerichtet« sagen; das wäre dasselbe gewesen. Sehen wir uns also das Index-Dekret an, das am 5. März 1616 erlassen wurde. Zuerst wurden Fälle behandelt, die uns nicht interessieren, und danach folgte nicht etwa der Fall Galilei, sondern der Fall »Kopernikus« und damit im Zusammenhang auch »Foscarini« und »Zuñiga«, also sozusagen Kopernikus und Genossen, aber, wie gesagt, ohne die geringste Erwähnung Galileis, der nun fünf Jahre lang die Welt mit den kosmologischen Problemen aufgewühlt hatte. Galileis Entdekkungen konnten ja nicht gut bestritten werden, und die einzige publizierte »Vermutung«, daß das kopernikanische System physikalisch real sein könnte, war der kurze, vorsichtig formulierte Schlußabsatz in den veröffentlichten Briefen über die Sonnenflecken. Brieflich und mündlich hatte er allerdings kategorischer gesprochen, als völliger Anhänger, aber bei ungedruckten Äußerungen lagen die Dinge schwierig. Also mußte man, um ihn zum Schweigen zu bringen, ein anderes Mittel anwenden, irgend etwas, das es konstitutionell gar nicht gab. Doch darüber im Anschluß an das Index-Dekeret, das in dem uns interessierenden Teil folgendermaßen lautet:

»... Und da es auch zur Kenntnis der genannten Kongregation gekommen ist, daß die falsche und der Heiligen Schrift durchaus entgegengesetzte pythagoreische Lehre von der Bewegung der Erde und der Unbeweglichkeit der Sonne, die auch Nikolaus Kopernikus in ›De revolutionibus orbium coelestium‹ und Diego de Zuñiga in ›Hiob‹ lehren, sich weit ausbreitet und von vielen angenommen wird — wie ein bestimmter Brief eines Karmeliterpaters zeigt, unter dem Titel ›Brief des hochw. Karmeliterpaters Paolo Antonio Foscarini über die Meinung der Pythagoreer und des Kopernikus betreffend die Bewegung der Erde und die Unbeweglichkeit der Sonne, und das neue pythagoreische Weltsystem, zu Neapel gedruckt bei Lazzaro Scoriggio, 1615‹, worin der genannte Pater zu zeigen versucht, daß die erwähnte Lehre von der Unbeweglichkeit der Sonne im Mittelpunkt der Welt wie auch die Lehre von der Bewegung der Erde mit der Wahrheit übereinstimmen und der Schrift nicht entgegengesetzt sind – darum, und damit diese Meinung sich nicht zum Schaden des katholischen Glaubens weiter einschleiche, hat die Heilige Kongregation verordnet, des genannten Nikolaus Kopernikus ›De revolutionibus orbium coelestium‹ und des Diego de Zuñiga ›Hiob‹ zu suspendieren, bis sie korrigiert sind; das Buch des Karmeliterpaters Paolo Antonio Foscarini jedoch völlig zu verbieten und zu verurteilen, ebenso wie alle anderen Bücher, die das gleiche lehren, zu verbieten, wie denn das vorliegende Dekret jedes einzelne verbietet, verurteilt und suspendiert. Zum Zeugnis dessen wurde das vorliegende Dekret unterzeichnet und eigenhändig gesiegelt mit dem Siegel des Kardinals von St. Cäcilia, Bischofs von Albano, am 5. März 1616« (EN XIX 323).

Bedingungslos verboten wurde also Foscarinis inzwischen in Neapel gedrucktes Buch über die Vereinbarkeit des Heliozentrismus mit der Bibel. Er war ein Kleriker, der eine der bestehenden Hypothesen als reales physikalisches System nahm und ausführlich darzulegen suchte, wie man die Bibel dieser neuen physikalischen Wahrheit anpassen könne. Auf ihn traf in erhöhtem Maße zu, was Grienberger zu Galileis Brief an Castelli angemerkt hatte: es wäre besser, zuerst Beweise vorzulegen, bevor man in die Probleme der Schrift eintritt. Foscarini hatte Galileis vorsichtige mündliche und briefliche Behauptungen sozusagen im Namen der Kirche oder doch als innerkirchlicher Ratgeber drucken lassen, und das wurde strikt unterbunden. Ein Karmeliterprovinzial hatte beim augenblicklichen wissenschaftlichen Stand der Dinge seine voreiligen Finger aus dem Spiel zu lassen. Ja, man könnte sogar so weit gehen zu sagen, daß Foscarinis Buch der Anlaß zu sofortigem Handeln war.

Der spanische Mönch Diego de Zuñiga oder einfach Stunica hatte 1584 in Toledo einen Kommentar zu Hiob veröffentlicht, der zu den maßgebenden Schriften der Kirche gerechnet wurde. Er war selbstverständlich Aristoteliker, wich aber in der Kosmologie freimütig von Aristoteles ab. Über Hiob 9,6

(»Er bewegt die Erde aus ihrem Ort, und ihre Pfeiler erzittern«) liest man: »Heutigentags beschreibt Kopernikus den Lauf der Planeten gemäß dieser Stelle. Die Positionen der Planeten stellt man nach seiner Lehre zweifellos besser und mit größerer Sicherheit fest als mit dem Wortgeklapper des Ptolemäus und den Schlußfolgerungen der anderen. Tatsächlich konnte Ptolemäus weder die Daten der Äquinoktien noch den Beginn des Jahres mit Sicherheit festlegen...Dagegen werden die Ursachen für das alles sehr klar von Kopernikus gegeben, und alles übrige stimmt besser damit überein.«

Bis hierhin gibt Stunica genau die Haltung der Kirche wieder. Doch dann fährt er fort: »Und seiner Lehre widerspricht nicht der Ausspruch des Predigers Salomo: ›Die Erde aber steht ewig.‹ Dieser Satz besagt lediglich, daß auf Erden die Generationen der Menschen wechseln, die Erde aber immer dieselbe bleibt und sich auf dieselbe Weise erhält. Dort lesen wir nämlich: ›Eine Generation verschwindet und eine Generation folgt, die Erde aber besteht ewig.‹ Deshalb ergibt es keinen guten Zusammenhang, wenn man den Satz mit der Unbeweglichkeit der Erde kommentiert, wie es die Philosophen tun. Wenn dann in diesem Passus des Predigers und in vielen anderen Stellen der Heiligen Schrift die Bewegung der Sonne erwähnt wird, während Kopernikus sie unbeweglich ins Zentrum der Welt versetzt, so widerspricht das seinem Urteil nicht; denn selbst Kopernikus spricht, wo er landläufig redet, von der Bewegung der Sonne statt der Erde, so wie auch seine Anhänger und überhaupt jedermann die Erdbewegung häufig Sonnenbewegung nennen. Schließlich gibt es überhaupt keinen Passus der Schrift, der so deutlich sagt, die Erde bewege sich nicht, wie hingegen hier gesagt wird, daß sie sich bewegt. Mit diesem Urteil also kommentiert man den hier vorliegenden Passus leicht und zeigt damit die wunderbare Kraft und Weisheit Gottes, der die ganze Erde erschüttert und vorantreibt, obwohl sie von Natur äußerst schwer ist, und so wird dort also hinzugefügt ›und ihre Pfeiler erzittern‹, um entsprechend dieser Lehre anzudeuten, daß die Erde in ihren Grundvesten erbebt.« (Zitiert nach Pio Paschini, »Vita e opere di Galileo Galilei«, S. 295 ff.).

Dieser Hiob-Kommentar des Stunica wurde also verboten,

»donec corrigatur«, bis er korrigiert ist. Dasselbe widerfuhr dem armen Kopernikus, der schon fast hundert Jahre im Grab lag. Verboten »donec corrigatur«. Vier Jahre später war er »korrigiert« unter Aufsicht des Kardinals Caetani, d.h. es wurden ein paar Zeilen aus der Widmung an Paul III. gestrichen und im Text ebenfalls einige kurze Bemerkungen, die sein System als physikalische Realität postulierten. Gedruckt aber wurde »De revolutionibus orbium coelestium« niemals wieder, wozu Koestler (a.a.O. S. 466) bemerkt: »Das Buch besaß auch, abgesehen von seiner Unlesbarkeit, bloß Kuriositätswert und war durch Tychos Beobachtungen, Keplers Entdeckungen und die Offenbarungen des Teleskops völlig veraltet. Die Lehre des Kopernikus war ein Schlagwort, aber kein astronomisches System, das sich halten ließ.«

Galilei also wurde in dem Index-Dekret nicht genannt. Trotzdem, aber das nur am Rande, trat sofort nach Veröffentlichung des Dekrets sein alter Freund Luca Valerio aus der Linceischen Akademie aus mit der Begründung, dort werde der Kopernikanismus vertreten. Empört präzisierte Cesi, davon sei nie die Rede gewesen, die Akademie trete lediglich für die Freiheit der Wissenschaft ein. Galilei selbst konnte in der Tatsache, daß er selbst im Dekret nicht genannt war, einen Beweis dafür sehen, daß das Dekret ihn nicht betraf. So berichtete er auch tatsächlich nach Florenz am 6. März, einen Tag nach der Veröffentlichung des Dekrets: »Wie man aus der Natur der Angelegenheit entnehmen kann, betrifft es meine Interessen überhaupt nicht, noch hätte ich mich je darum gekümmert, wenn wie gesagt meine Feinde mich nicht hineingezogen hätten. Was ich selbst in dieser Sache unternommen habe, kann man jederzeit aus meinen Schriften ersehen, die ich aus diesem Grund aufbewahre, um den Böswilligen das Maul stopfen zu können. Ich kann in jedem Augenblick beweisen, wie mein Vorgehen in dieser Materie gewesen ist; nicht einmal ein Heiliger hätte mit größerer Verehrung und mit größerem Eifer für die Kirche gehandelt. Was man von meinen Feinden kaum sagen kann, die keine Machination, Verleumdung und jedwede teuflische Unterstellung versäumt haben« (EN XII 244).

Man habe nur solche Bücher verboten, die »ex professo« behaupteten, die neuen Anschauungen stünden mit der Bibel nicht in Widerspruch, sagte er. Und damit hatte er recht. Das Dekret sprach nicht das Verbot aus, die Theorie des Kopernikus zu erörtern, sondern das Verbot, sie als mit der Schrift übereinstimmend zu erklären. Aber — es wäre natürlich nie erlassen worden, wenn Galilei nicht für die ungeheure Erregung der Gemüter gesorgt hätte. Und wir können uns nicht, wie schon gesagt, seinem Freund Gualdo anschließen und wünschen, daß er nach all seinen Entdeckungen darauf hätte verzichten sollen. Man kann geradezu mit Händen greifen, mit welcher seelischen Mühe er immer wieder seine kirchentreuen Briefe schrieb — derselbe Mann, der genau wußte, wer er war.

Die Kardinäle Conti und Bellarmino hatten schon erklärt, daß man die Heilige Schrift neu interpretieren müsse, wenn »eine zwingende Notwendigkeit« (Conti) entstehe oder der »zwingende Beweis« (Bellarmino) vorgelegt würde. Zur Zeit des Dekrets galt noch immer, daß für Kopernikus höchstens eine größere Plausibilität sprach. Aber da Kopernikus und auch Galilei noch an Kreisbahnen und Epizykeln festhielten, »an die kein Mensch glaubte« (Bellarmino), sah das Ganze nicht nach einer nächstens auftauchenden mathematisch zwingenden neuen Weltformel aus.

Aber wie dem allem auch sei, das Index-Dekret war für die Kirche eine Blamage. Es wurde von Dummköpfen formuliert. Sie hätten, nachdem Galilei nun einmal den ganzen Wirbel entfacht hatte, in aller Ruhe dekretieren können: Solange kein mathematisch-physikalischer Beweis für den Kopernikanismus vorliegt, widerspricht er der Schrift und muß als Hypothese wie alle anderen Systeme, das ptolemäische und das tychonische, behandelt werden. Wenn physikalische Beweise für das eine oder andere Modell vorliegen, ist es Aufgabe der Kirche, niemals aber Aufgabe von Mathematikern, die theologischen Probleme zu klären. Ganz und gar unsinnig sind voreilige Harmonisierungsversuche wie z. B. das Buch Foscarinis, das hiermit indiziert wird. Kopernikus betreffend halte man sich an das Vorwort, das von Hypothese spricht.

Das war alles, und es wäre dem damaligen wissenschaftlichen Verständnis z. B. des Collegium Romanum angemessen gewesen. Stunica hätten sie überhaupt nicht zu erwähnen brauchen, da er nicht von strikten Beweisen, sondern von größter

Plausibilität sprach. So aber behauptet das Index-Dekret nicht nur, die pythagoreisch-kopernikanische Lehre widerspreche der Schrift, sondern schlankweg, sie sei »falsch«. Darüber zu urteilen, waren die Kirchenmänner weder befähigt noch befugt, auch nicht für die damaligen Verhältnisse. Hätten sie wider allen Brauch in diesem speziellen Fall den Mathematikern des Collegium Romanum die Untersuchung und die Beurteilung aufgetragen und sich dann auch daran gehalten, so wäre mit Sicherheit so etwas wie die soeben skizzierte vernünftigere Formulierung entstanden. Die Wendung »zum Schaden des Glaubens« mochte hingehen, sie bedeutete nicht Häresie, sie bedeutete nicht »falsch«, sie bedeutete lediglich: Verwirrung stiftend unter der Masse der simplen Gläubigen, zu welcher Masse sichtbarlich auch die Herren der Index-Kongregation gehörten. Aber auch: Verwirrung der Gläubigen bedeutete Gefährdung des kirchlichen Herrschaftsanspruchs.

Die Glaubenskongregation hat das Verdikt nicht übernommen, kein Konzil hat sich damit beschäftigt, keine päpstliche Unterschrift steht unter irgendeinem antikopernikanischen Schriftstück. Das Dekret von 1616, das ja generell die Bücher verbot, die für die Beweglichkeit der Erde und die Unbeweglichkeit der Sonne plädierten, wurde im Jahre 1757 aufgehoben.

Das alles stimmt, aber die Wirkung des Index-Dekrets von 1616 war verheerend: Die Kirche hatte über die Richtigkeit einer naturwissenschaftlichen Behauptung entschieden. Daß es nur das Dekret irgendeiner untergeordneten Kongregation war, spielte für die Öffentlichkeit keine Rolle. Die Kirche hatte gesprochen.

Das Wichtigste für Galilei selbst haben wir bisher außer acht gelassen, so wie auch er selbst nie davon gesprochen hat. In seinem Brief an den toskanischen Staatssekretär vom 6. 3. 1616 (einen Tag nach Veröffentlichung des Dekrets) erwähnt er mit keinem Wort, was mit ihm persönlich vorgefallen war, und auch Guicciardini im Brief vom 4. 3. weiß davon nichts.

Folgendes war geschehen. In den Akten ist unter dem 25. 2. (also zwei Tage nach der Sitzung der Qualifikatoren und acht Tage vor der Veröffentlichung des Dekrets) registriert:

»Donnerstag, den 25. Februar 1616. Der durchlauchtigste

Kardinal Mellini hat den ehrwürdigen Vätern, dem Assessor und dem Kommissar des Heiligen Offiziums bekanntgegeben, daß wegen der von den Theologen ausgesprochenen Zensur der Behauptungen des Mathematikers Galilei – die Sonne sei das Zentrum der Welt und stehe unbeweglich an ihrem Platz, während die Erde sich bewege, und sogar mit einer täglichen Bewegung – Seine Heiligkeit dem durchlauchtigsten Herrn Kardinal Bellarmino den Auftrag erteilte, den genannten Galilei zu sich zu rufen und ihn zu ermahnen, die erwähnte Ansicht aufzugeben, und falls er sich weigere zu gehorchen, sollte ihm der Pater Kommissar in Gegenwart eines Notars und Zeugen den Befehl erteilen, davon abzulassen, diese Ansicht und Lehre zu lehren oder zu verteidigen, ja, sie auch nur zu diskutieren; wenn er aber immer noch nicht einwilligt, soll er eingekerkert werden« (EN XIX 321).

Dann findet sich unter den Dekreten dieses Protokolls vom 3. 3.:

»Der durchlauchtigste Kardinal Bellarmino berichtete, daß der Mathematiker Galileo Galilei gemäß der Verfügung der Heiligen Kongregation ermahnt wurde, seine bisherige Ansicht aufzugeben, wonach die Sonne der Mittelpunkt der Sphären und unbeweglich ist und die Erde sich bewegt, und daß er eingewilligt hat« (EN XIX 278).

Was bedeutet das? Sie wollten also schon vor der Veröffentlichung des Dekrets den berühmten Gelehrten ins Bild setzen. Er sollte nicht davon überrascht werden, er sollte sich aber auch nicht als Unbetroffener fühlen. Es war die schonendste Art, ihn zu warnen, aber es war eine Warnung. Santillana meint (a.a.O. S. 127), man habe ihn sozusagen im letzten Moment wie einen Konsultor behandelt, besonders da dem Kardinal Bellarmino der Auftrag erteilt wurde, der Galilei als »tüchtigen Mathematiker« schätzte und ihm die Mahnung in seiner Privatwohnung mitteilte. Das wäre zwar superhöflich von seiten der Kirche gewesen, doch diesmal befinde ich mich auf der anderen Seite der Kontroverse mit Santillana, diesmal bin ich der Meinung, daß es lächerlich wäre, nach beschlossener Sache einen Konsultor kommen zu lassen, den man vorher nicht zugezogen hatte, und ihn von seiner Meinung abzustehen zu heißen. Das nennt man nicht Konsultation. Die Geste mag höflich aussehen, aber sie war der nicht institutionelle Behelf, den man sich für den Urheber des Wirrwarrs, von dem es nichts zu indizieren gab, ausgedacht hatte. Das war die ganze Höflichkeit.

Aber etwas anderes ist wichtig: Galilei hat nach den ersten Worten Bellarminos sofort zugestimmt. Er begriff, wie weit die Sache gediehen war, und dachte im Traum nicht an Weigerung. Das jedenfalls geht aus dem knappen Bericht Bellarminos hervor.

Zum Ärger Guicciardinis blieb Galilei noch über zwei Monate in Rom, wahrscheinlich um damit zu beweisen, daß er ein freier Mann sei, den das Dekret nicht betreffe und nicht aus Rom vertrieben habe. Da sich dennoch allerlei Gerüchte über eine Abschwörung und Bestrafung Galileis in Florenz und in Norditalien verbreiteten, erbat er sich, indem er einen diesbezüglichen Brief Sagredos (EN XII 257) beilegte, in den Tagen seiner Abreise aus Rom von Kardinal Bellarmino ein Dokument zur Klarstellung, das der integre Mann ihm auch sofort ausstellte. Es lautete:

»Wir, Roberto Kardinal Bellarmino, haben gehört, Herr Galileo Galilei werde verleumdet oder beschuldigt, in unsere Hand abgeschworen zu haben und auch mit einer heilsamen Buße bestraft worden zu sein, und da wir gebeten wurden, die Wahrheit festzustellen, erklären wir, daß der genannte Herr Galilei keiner seiner Ansichten oder Lehren abgeschworen hat, weder in unsere Hand noch in die irgend jemandes anderen hier in Rom oder anderswo, soweit wir wissen; auch wurde ihm keinerlei heilsame Buße auferlegt; lediglich die vom Heiligen Vater abgegebene und von der Heiligen Indexkongregation veröffentlichte Erklärung wurde ihm bekannt gemacht, derzufolge die dem Kopernikus zugeschriebene Lehre, daß die Erde sich um die Sonne bewege und diese im Mittelpunkt der Welt stillstehe und sich nicht von Osten nach Westen bewege, im Widerspruch zur Schrift stehe und daher weder verteidigt noch behauptet werden kann. Zum Zeugnis dessen haben wir das Vorliegende geschrieben und mit eigener Hand unterzeichnet, den 26. Mai 1616« (EN XIX 342 und 348). Das heißt also klipp und klar, daß Galilei nicht ein Jota mehr befohlen wurde als jedem anderen Katholiken, nämlich der Inhalt des Dekrets.

Nun wäre alles in schönster, wenn auch blamabler Ordnung gewesen, wenn es in den Akten des Vatikans nicht noch ein drittes Dokument über die Verwarnung Galileis gäbe. Es enthält keinerlei Unterschrift und kann mithin nur als Entwurf für ein später erstelltes, aber verlorengegangenes, oder für ein gar nicht erstelltes Dokument gelten. Dieses Dokument hat im späteren Inquisitionsprozeß seine verhängnisvolle Rolle gespielt und wurde lange Zeit und von vielen auch heute noch für eine Fälschung aus dem Jahre 1633 gehalten. Es lautet:

»Freitag, den sechsundzwanzigsten. In dem Haus, das dem Herrn Kardinal Bellarmino als Wohnsitz dient, wurde der dorthin bestellte und anwesende Galilei in Gegenwart des hochw. Paters Michelangelo Segizzi von Lodi vom Predigerorden, Generalkommissar des Sant'Uffizio, von dem obgenannten Kardinal wegen des Irrtums der vorgenannten Meinung verwarnt und sie aufzugeben ermahnt; und unmittelbar danach wurde in meiner und der Zeugen Gegenwart und noch in Anwesenheit des Kardinals von dem genannten Kommissar dem Galilei im Namen Seiner Heiligkeit des Papstes und der gesamten Kongregation befohlen und eingeschärft, die besagte Meinung, die Sonne sei der Mittelpunkt der Welt und unbeweglich und die Erde bewege sich, vollständig aufzugeben und sie auch in Zukunft nicht zu behaupten, zu lehren oder zu verteidigen, auf welche Weise auch immer, in Wort oder Schrift. Andernfalls würden von seiten des Sant'Uffizio Schritte gegen ihn unternommen. In dieses Verbot willigte Galilei ein und versprach zu gehorchen. Gegeben in Rom, im vorgenannten Gebäude, in Gegenwart von R. Badino Nores von Nicosia im Königreich Cypern und Agostino Mongardo von der Abtei der Rosen in der Diözese Montepulciano, Mitgliedern des Haushalts des genannten Kardinals, als Zeugen« (EN XIX 321).

Dieses Schriftstück steht im Widerspruch zu Bellarminos Erklärung zu den Akten und Bellarminos persönlicher Erklärung an Galilei. Laut Bellarmino wurde Galilei nur der Inhalt des bevorstehenden Dekrets mitgeteilt, wonach er wie jedermann das kopernikanische Modell zwecks Rettung der Erscheinungen benutzen durfte. Das Totalverbot dagegen, das Segizzi angeblich nachgetragen hat, war nur für den Fall vorgeschrieben, daß Galilei seine Zustimmung zum Dekret verweigere. Bellarmino aber gab zu den Akten, daß Galilei sofort zugestimmt habe. Und auch in seinem Brief an Galilei sagt er dasselbe. Wir haben keinen Grund, einem nicht unterzeichneten Blatt mehr zu glauben als zwei Zeugnissen des Kardinals Bellarmino.

Wir können aber nach Giorgio de Santillanas »The Crime of Galileo« auch nicht mehr von einer Fälschung des Jahres 1633 sprechen, wo dieses Blatt eine Rolle spielt. Santillana berichtet, daß durch sorgfältige Handschriftenvergleiche und andere wissenschaftliche Hilfsmittel für jenes Dokument die Zeit von 1616 gesichert ist. Nach Santillana muß es sich um einen böswilligen Menschen gehandelt haben, der den gesamten Inhalt des päpstlichen Auftrags als vollständig ausgeführt fingiert hat, um Galilei für alle Zukunft und für alle Fälle festzunageln; also eine Fälschung aus dem Jahre 1616. Das Problem heißt dann allerdings: Wer kommt in Frage für die Aufstellung einer solchen Falle für alle Fälle? Ein gewöhnlicher Schreiber nicht.

Wer nur die drei Dokumente in Betracht zieht, könnte auch zu folgendem Ergebnis kommen: Es handelt sich bei dem dritten um einen zutreffenden Bericht, den Bellarmino seinerseits zu erstatten für unter seiner Würde hielt. Denn sollte tatsächlich der Kommissar Segizzi nach ihm noch das Wort ergriffen und alles das gesagt haben, was zu sagen nach der prompten Einwilligung Galileis nicht vorgeschrieben und also unangemessen war, so war das für Bellarmino Luft, übereifriges und unstatthaftes Vordrängen eines Mannes, dessen Eventualauftrag nach der Einwilligung erloschen war und den Bellarmino dennoch reden lassen mußte. Er konnte ihn ja nicht gut zur Tür hinausweisen. Den ersten Teil des Auftrags hatte Bellarmino und niemand anderer, und der war mit Erfolg ausgeführt, und – das ist das Wichtige – danach blieb es Galilei gestattet, die kopernikanische Lehre weiterhin hypothetisch zu behandeln. Segizzi hätte also gerade das unterlaufen wollen, und das hätte bedeutet, daß er den Gesamtauftrag für zu milde ansah. Der anwesende Schreiber hätte dann seinen Rapport Bellarmino vorgelegt, aber zur Antwort erhalten, das sei nicht nötig, der richtige Bericht sei schon erstattet. Das wäre plausibel, wenn man, wie gesagt, nur die drei Dokumente in Betracht zieht. Der Mann, der das zurückgewiesene Protokoll trotzdem zu den Akten gegeben hätte, müßte dann der Protokollant selbst sein, der von dem Sinn des abgestuften Auftrags und also von dem Grund der Verweigerung des Placets durch Bellarmino keine Ahnung hatte. Er hätte sich gesagt: Sonderbar, Bellarmino unterzeichnet nicht, und dabei ist es doch ein wahrheitsgetreues Protokoll.

Warum auch diese Hypothese untauglich ist, werden wir beim Betrachten der Ereignisse des Jahres 1633 sehen. Bellarmino jedenfalls hat mit seinem rehabilitierenden Handschreiben Galilei als großen Herrn und Gelehrten behandelt.

Galilei seinerseits hat von dem Handschreiben wenig Gebrauch gemacht, er hatte es eigentlich nur für seinen Großherzog nötig. Außerdem kam er in Florenz mit zwei Briefen der Kardinäle Orsini vom 1. Juni und del Monte vom 4. Juni an; nach Orsini hatte Galilei »durch seine Anwesenheit alle offensichtlichen Verleumdungen seiner Gegner zerstreut, ja sogar höchstes Ansehen bei den Kardinälen gewonnen, die es außerordentlich schätzten, intimere Kenntnis von seinen Tugenden zu erlangen«, und nach del Monte »reist Galilei mit unvermindertem Prestige und belobigt von allen, die mit ihm zu tun hatten, da man mit Händen greifen konnte, wie ungerecht er von seinen Feinden verleumdet worden war« (EN XII 263, 264).

Noch wichtiger aber war, daß Galilei schon eine Woche nach der Veröffentlichung des Dekrets, am 12. 3. 1616, nach Florenz hatte schreiben können: »... Gestern habe ich Seiner Heiligkeit den Fußkuß erwiesen und hatte dreiviertel Stunden lang bei einem Spaziergang eine äußerst wohlwollende Audienz... Und als ich eine gewisse Unruhe zeigte und vermutete, daß meine Feinde mich ewig mit unversöhnlicher Bosheit verfolgen würden, tröstete er mich und sagte, ich möge ruhigen Mutes sein, denn bei ihm und der ganzen Kongregation stünde ich so da, daß man den Verleumdern kein leichtes Gehör schenken werde und daß ich zu seinen Lebzeiten sicher sein könne...« (EN XII 248).

Natürlich war die Affäre für Galilei nicht so glimpflich verlaufen und sah nicht so rosig aus, wie er nach außen hin vorgab. Das ist uns inzwischen klar geworden. Das Dekret hatte den hypothetischen Charakter aller vorhandenen Theorien erzwungen, und Galilei selbst war praktisch der Mund verschlossen. Von ihm konnte man ja nicht erwarten, daß er plötzlich anfing, von der kopernikanischen »Rettung der Erscheinungen« zu reden.

Für die Astronomen bedeutete das Dekret keine Änderung der Situation, man konnte nach wie vor die verschiedenen Systeme gegeneinander abwägen und ihre geringere oder bessere Brauchbarkeit erörtern; immer im Hinblick auf die Rettung der Erscheinungen, nicht aber zwecks Darlegung absoluter physikalischer Richtigkeit. Soweit blieb alles beim alten. Aber für die Masse der Bevölkerung klang es so, daß die Kirche das kopernikanische System verboten hatte. Und so sollte es in den Ohren der Leute auch klingen. Die Kirche war nicht gesonnen, ohne zwingende Not ihre Herrschaft gefährden zu lassen und sich nach einer komplizierteren Legitimation umsehen zu müssen. Verwirrung in der Masse der Bevölkerung war zur Zeit der Gegenreformation gleichbedeutend mit der Gefahr, daß die längst angeschlagene Macht über die Seelen noch weiteren Schaden litt.

Im Oktober 1616 erhielt Galilei einen Brief vom Prinzen Cesi, den die Patres Grienberger und Gulden besucht hatten. In einem freundschaftlichen Gespräch sollen sie das Vorgefallene sehr bedauert haben (EN XII 285). Ein schwacher Trost. Kepler dagegen äußerte sich sehr ärgerlich, und das war ein harter Schlag.

11
Sieben Jahre Stille — und ein Komet

»Weil einige in schroffer Art und Weise die astronomische Lehre am unrechten Ort und mit unrechten Methoden vorgetragen haben«, sei das Dekret von 1616 entstanden. So also schrieb Kepler beim Erscheinen seiner »Harmonice mundi« (1619) an die Adresse der italienischen Buchhändler. Das war sonst Keplers Art nicht; er mußte schon sehr aufgebracht sein, wenn er sich zu einer solchen Attacke gegen Galilei hinreißen ließ; denn niemand anders als Galilei und Foscarini waren gemeint. (Vgl. Max Caspar, »Johannes Kepler«, S. 355 ff.) Die Buchhändler sollten, so schrieb er, seine Bücher nur an die höchsten Geistlichen, die fundiertesten Metaphysiker, die bedeutendsten Philosophen und die erfahrensten Mathematiker abgeben. Allerdings verlangte er die Aufhebung des Dekrets, denn da sei die Heilige Schrift »übel verdreht« worden. Schon in der »Astronomia Nova« (1609) hatte er alle strittigen Bibelstellen für zeitgenössische volkstümliche Redeweisen erklärt, genau wie später Galilei und Foscarini. Der Zorn Keplers bedarf keiner Erklärung. Der unaufdringliche Kaiserliche Astronom hielt Galileis Vorgehen für aufdringlich und unklug. Die Folge war, daß zum erstenmal ein Werk Keplers auf den Index gesetzt wurde, nämlich der erste Teil seines »Abriß der kopernikanischen Astronomie« (Epitome Astronomiae Copernicanae), in Wirklichkeit eine Darstellung der Keplerschen Astronomie.

Übrigens wurde Kepler zur selben Zeit (1619) aus seiner angestammten württembergischen Landeskirche ausgeschlossen, aber nicht wegen seiner Astronomie, sondern weil er einige Sätze der Konkordienformel nicht unterschreiben konnte; in einigen Punkten dachte er eher kalvinistisch. Und dieser außergewöhnliche Mann, als Naturphilosoph ein tiefsinniger pythagoreischer Mystiker, in der wissenschaftlichen Rechtfertigung ein hartnäckig rechnender Mathematiker, im Religiösen ein Protestant und doch Gegner der konfessionellen Zerstrittenheit, im persönlichen Umgang von bezaubernder Anmut, im kollegialen Verkehr neidlos und bar jeder Prioritätssorge, im menschlichen Leid von bewundernswerter Kraft des Ertragens, dieser Mann stand sein Leben lang unter dem Schutz der – Jesuiten. Er attackierte die jesuitischen Mathematiker und Astronomen nicht, weil er sie nicht beneidete. Und diese wiederum bewunderten den tief religiösen Mystiker und Gelehrten; möglich, daß sie den religiös Unruhigen auch für die Kirche zurückzugewinnen hofften, obwohl er das in einem Brief an seinen Freund und Beschützer Pater Gulden als vollkommen undenkbar nannte.

Keplers Ärger über Galilei ist jedenfalls die zwingende Gelegenheit, Galileis Haltung von vielerlei Verdacht zu reinigen. Koestler bekennt, daß seine Abneigung gegen den Charakter Galileis aus dessen schnöder Ignorierung Keplers stammt. Immer wieder wirft er ihm vor, er habe Kepler nicht gelesen oder mindestens nicht verstanden, wie er sich denn überhaupt seit dem »Sidereus Nuncius« nicht mehr ernsthaft mit der kosmologischen Theorie beschäftigt habe, sondern kritiklos in seinen polemischen Kreuzzug für Kopernikus gezogen sei.

Doch dann schreibt Koestler, ohne an Galilei zu denken: »Die objektive Bedeutung des Dritten Gesetzes (Keplers) liegt darin, daß es den entscheidenden Fingerzeig für Newton enthielt; denn in diesem Gesetz verborgen ist das Wesentliche des Gravitationsgesetzes enthalten. Die subjektive Bedeutung für Kepler lag jedoch in der Förderung seiner Suche nach Schimären – und in nichts sonst... Die drei Gesetze sind die Säulen, auf denen die moderne Kosmologie ruht; für Kepler hingegen waren sie nichts als Ziegelsteine für den Bau seines wunderlichen Tempels – den Traum eines mondsüchtigen Architekten. Ihre wirkliche Bedeutung erkannte er nie« (a.a.O. S. 402). Aber es kommt noch schöner. Zwei Seiten weiter heißt es:

»Der Hauptgrund, warum er die von ihm gefundenen Gesetze nicht zu würdigen wußte, ist technischer Art und liegt in der Unzulänglichkeit des mathematischen Handwerkszeugs seiner Zeit. Ohne Differentialrechnung und analytische Geometrie zeigen die drei Gesetze keinen augenscheinlichen Zusammenhang miteinander – sie sind bloß isolierte Rechenregeln ohne tieferen Sinn. Warum soll Gott wollen, daß die Planeten sich in Ellipsen bewegen? Warum sollte ihre Geschwindigkeit von der vom Leitstrahl bestrichenen Fläche bestimmt sein und nicht von irgendeinem einleuchtenderen Umstand? Warum sollten die Kuben der Entfernungen und die Quadrate der Umlaufzeiten in ein konstantes Verhältnis treten? Kennt man einmal das invers quadratische Gesetz der Schwerkraft und Newtons Differentialgleichungen, wird das Ganze wunderschön selbstverständlich.«

Damit ist Galilei entschuldigt. Auch er konnte den »Zusammenhang« der drei Gesetze unmöglich erkennen, auch ihm fehlte noch das von Leibnitz und Newton entwickelte mathematische Handwerkszeug. Noch dazu hätte er den ganzen mystischen Traum Keplers mitverdauen müssen – eine Zumutung, die man an diesen ganz und gar unmystisch denkenden Galilei nicht stellen darf, der sich Newton allerdings gestellt hat; das muß man rasch und verschämt hinzufügen.

Etwas anders verhält es sich mit dem Nachweis der elliptischen Planetenbahnen in der »Astronomia Nova«, die Kepler ausdrücklich »Untersuchungen über die Bewegung des Sternes Mars« nennt. Kepler selbst war unglücklich über die zwingende Entdeckung, die er mit der elliptischen Bahn der Planeten gemacht hatte. Er schrieb ganz bestürzt, er habe damit eine Fuhre Mist in die Sphärenharmonie eingefahren. Er wäre glücklich gewesen, hätte er die »vollkommenen« Kreisbahnen beibehalten dürfen. Aber er konnte nicht anders, seine jahrelangen Berechnungen zwangen ihn zu der Fuhre Mist. Und das hätte Galilei studieren müssen. Er brauchte nicht einmal das Buch aufzuschlagen, seine Freunde schlugen ihm vor, mit Hilfe der Keplerschen elliptischen Bahnen sämtliche Epizykel hinauszukomplimentieren; über diesen Vorschlag Cesis haben wir schon gesprochen.

Aber – Kepler war von den Daten Tychos ausgegangen,

auch das stand schon im Titel vermerkt, und das war ein Ding der Unmöglichkeit für Galilei. Tycho? Nicht daran zu denken. Newton, das wollen wir gleich wieder hinzufügen, hatte diese Abneigung gegen Tycho nicht.

Noch 1632, über zwanzig Jahre nach dem keplerschen Ellipsensatz, schrieb Galilei im Vierten Tag des »Dialog über die beiden hauptsächlichsten Weltsysteme« den unglaublichen Satz: »Wie aber jeder einzelne Planet seine spezielle Umdrehung vollführt und wie die genaue Struktur seines Kreises beschaffen ist, was man landläufig Theorie nennt, das können wir bis jetzt noch nicht zweifelsfrei entschlüsseln: Zeugnis dafür mag der Mars sein, der den modernen Astronomen so viel zu schaffen macht« (EN VII 480 und Strauß S. 476).

Aber selbst der Widerstand Galileis gegen den Ellipsensatz ist verständlich; allerdings kommt man damit an die Schwachstelle des von ihm entdeckten Trägheitsprinzips: die gerade Strecke, auf der eine leicht angestoßene Kugel (alle äußeren Widerstände ausgeschaltet) weiterrollen müßte, ist auf der Erdkugel eine Kreisbahn mit immer gleichem Drang des Schwerpunktes zur Erdmitte (EN VII 174). Daher Galileis Meinung, daß es Kreisbahnen sind, die sowohl rund um den Globus wie auch im Weltraum von sich aus, kräftelos andauern; es sind nach wie vor die »vollkommenen« Kreise, an die der arme Kepler so gern weiter geglaubt hätte. Galilei dagegen sagt 1632 im Zweiten Tag des »Dialog über die zwei wichtigsten Weltsysteme« (EN VII 193): »Die Natur benützt nie die gerade Bewegung.« Auch als er schließlich in den »Gesprächen und mathematischen Demonstrationen über zwei neue Wissenschaften« 1638 am Anfang des Vierten Tages (EN VIII 274 ff.) eine gerade Tangentiallinie für die kräftelose gleichförmige Bewegung voraussetzt, gibt er damit der Kreisbahn nicht den endgültigen Abschied, sondern er erklärt das Abweichen von der Globalbahn für unwesentlich, weil unsere Praxis es mit so kurzen Strecken zu tun habe, daß die Abweichung nicht ins Gewicht falle; aber man könnte sie, wenn man wollte, rechnerisch darstellen. Und so ist es nicht weiter verwunderlich, daß über den Begründer der modernen Mechanik in unseren Physikbüchern steht, Galilei habe das Trägheitsgesetz »angedeutet«. Er formulierte das Fallgesetz, die konstante geradlinige Bewegung als kräftelos, die Ruhe als den Grenzfall der Bewegung, also die Statik als Teil der Dynamik, aber das Festhalten am vollkommenen Kreis verhinderte die richtige Definition des Trägheitsgesetzes.

Und damit war ihm der Weg verschlossen zum universalen Gravitationsgesetz, das Kepler, wie wir schon wissen, fast in der Hand hatte, als er von der gegenseitigen Anziehung von Erde und Mond und dabei von Ebbe und Flut sprach (»Astronomia Nova«, ed. Caspar, S. 25 ff.).

Schon in einem Brief vom 11. 10. 1605 an David Fabricius schrieb Kepler, wenn sich in passender Entferung im Weltraum ein von jeder anderen Bewegung ungestörter Stein befände, dann würde nicht nur der Stein zur Erde eilen, sondern auch die Erde zum Stein, und sie legten den Abstand im umgekehrten Verhältnis zu ihrem Gewicht zurück (»non tantum lapis ad Terram eat, sed etiam Terra ad lapidem, dividantque spatium interjectum in eversa proportione ponderum«).

Von diesem Brief sagt J. B. Delambre in »Histoire de l'Astronomie moderne«, I, 394: »Voilà qui était neuf, vraiment beau, et qui n'avait besoin que de quelques développements et de quelques explications. Voilà les fondements de la Physique moderne, céleste et terrestre« (Da war nun etwas Neues, wahrhaft Schönes, das nur noch ein wenig entwickelt und erklärt werden mußte. Hier haben wir die Fundamente der modernen Physik, der terrestrischen und der kosmischen). Auch diese Stelle von Keplers Brief steht in dem von Caspar edierten Band, S. 456.

Beide, Kepler und Galilei, das wissen wir schon, haben ihre Entdeckungen nicht zu einem universellen Weltmodell zu verallgemeinern gewußt. Sie konnten es nicht, weil ihnen das mathematische Handwerkszeug fehlte und weil jeder noch von einer fixen Idee gefesselt war, wenn auch ganz verschiedenen fixen Ideen. Wir halten also beide gerechterweise dafür entschuldigt, daß sie nicht weiter kamen, als sie gekommen sind. Kepler hat »nur« einige bahnbrechende kosmologische Gesetze und Galilei »nur« die entscheidenden dynamischen Gesetze entdeckt. Zwei sehr große »Nur«.

Da wir schon dabei sind, so viel allseitiges Verständnis aufzubringen, wollen wir auch noch die unterbliebene Kritik an Kopernikus, die Koestler dem Galilei vorhält, wenigstens begreiflich machen.

Es ging Galilei weniger um Kopernikus als vielmehr um sich selbst. Kopernikus, gegen den weder die Wissenschaft noch die Kirche achtzig Jahre lang polemisiert hatten, sollte lediglich die Erläuterung und Bewertung legitimieren, die Galilei seinen eigenen teleskopischen Entdeckungen gab. Gewöhnlich heißt es, er habe die Komplikationen im Werk des Kopernikus aus Rücksicht auf das rückständige Publikumsverständnis nicht darlegen können.

Es muß aber heißen: aus Rücksicht auf sich selbst, auf sein Selbstwertgefühl. Hätte er Kepler akzeptiert und damit die Ungereimtheiten im Werk des Kopernikus vor seinen Lesern ausgebreitet, dann hätte er den Schlachtruf »Kopernikus«, den er selbst immer nur als legitimierendes Mittel verstand, nur noch in der Lautstärke eines Seufzers ausstoßen können. Ja, damit hätte er sogar die Berechnungen Tychos akzeptieren müssen, wenn auch nicht dessen Weltsystem, das ja auch Kepler nicht übernahm. Er wäre nur noch ein Herold des Zeitgenossen Kepler und ein Bewunderer des scharfen Beobachters Tycho gewesen. Und damit wäre sein Feldzug zu einem unauffälligen Spaziergang geworden, freilich unter dem dauerhaften Schutz des Collegium Romanum. Eine derart bescheidene Rolle war für den Mann, der mit dem Teleskop den Himmel aufgerissen hatte, nicht zumutbar. Daß er den Fortschritt der astronomischen Forschungen weniger übersah als vielmehr für unwesentlich erachtete, folgt aus seinem Selbstbewußtsein.

Und eben das muß man auch Hans Blumenberg entgegenhalten, der in »Galileo Galilei, Nachricht von neuen Sternen ...« (S. 45 ff.) gegen Husserl polemisiert. Husserl sagt, die moderne Wissenschaft reduziere und abstrahiere die Welt, so daß »wir für wahres Sein nehmen, was eine Methode ist«, und er nennt den Begründer Galilei einen «zugleich entdeckenden und verdeckenden Genius«; die moderne Wissenschaft schwebt »wie im leeren Raum über der Lebenswelt« (Husserliana Bd. VI). Dieser Analyse Husserls macht Blumenberg den Vorwurf, »die ganze Anschauungsfreudigkeit Galileis in der Astronomie gering zu schätzen angesichts der Abstraktionen, mit denen er die Physik reformierte«.

In der Tat begnügte sich Galilei in der Astronomie mit seiner teleskopischen Anschauung.

Für ihn hatte Kopernikus genügend Theorie geliefert, und er selbst lieferte die fehlende Anschauung; über Keplers Datenverarbeitung konnte man belustigt hinweggehen. Der »Riese« Galilei ist der Galilei der Mechanik, und den attackiert Husserl — ob mit Recht oder mit Unrecht, das hängt von der Naturphilosophie ab, die der Leser Galileis und Husserls hat oder sich durch die Lektüre bildet.

Und mit dem Stichwort »Anschauung« sind wir von der langen, aber notwendigen Abschweifung endlich wieder bei den sieben Jahren des Schweigens, von denen in diesem Kapitel zu reden ist.

Der Mund war dem erschrockenen Galilei verschlossen, aber er scheint sich gedacht zu haben: euch werde ich zeigen, was man mit dem, was ich »gesehen« habe, praktisch machen kann! Gewöhnlich wird mit Respekt von seinen Studien über die Periodizität des Satelliten-Umlaufs um Jupiter gesprochen, gelegentlich auch vom Erfolg, den er gehabt habe. Die erhaltenen Aufzeichnungen von 1610 bis 1619 füllen 440 Seiten des zweiten Teils von EN III. Die Wahrheit ist, daß Galilei den Erfolg immer wieder einmal meldete, aber immer wieder feststellen mußte, daß es doch nichts damit war. Aber die fortwährende Hoffnung, spätestens morgen mit den Beobachtungen zu Rande zu kommen und verläßliche Ephemeridentafeln für den zukünftigen täglichen Stand der Satelliten vorlegen zu können, genügte ihm, um ein großes Geschäft ins Auge zu fassen. Der spanische Hof hatte einen Preis ausgeschrieben für ein Mittel zur Bestimmung der Längengrade auf See; es sollte ein besseres Mittel als die seltenen Mondfinsternisse sein. Die langjährige, wenn auch vergebliche Bemühung Galileis haben wir schon zur Zeit seiner Entdeckung der Jupitersatelliten vorweggenommen (S. 59). Hier ist nur auf den Zeitpunkt Wert zu legen: Galilei war noch in Rom, noch unter dem ersten Eindruck des niederschmetternden Dekrets und seiner eigenen privaten Verwarnung, da nahm er eine Verbindung, die 1612 schon einmal flüchtig geknüpft worden war, zum Hof des spanischen Vizekönigs Graf Lemos energisch wieder auf (vgl. Brief vom 23. 4. 1616 in EN XII 256). Der Großherzog ließ ebenfalls seine Verbindungen spielen. Und die längsten Briefe, die Galilei in seinem Leben geschrieben hat, gingen nun monate- und jahrelang an alle toskanischen und spanischen Gesandten und Regierungsmitglieder, die in der Sache dienlich sein konnten. Es herrschte eine große Betriebsamkeit. Selbst der wackere, für Seekrankheit anfällige Benedetto Castelli mußte sich mehrmals aufs Wasser wagen, um die seetüchtige Montierung des Teleskops zu studieren, das in diesem Fall auf Benedettis Rat binokular war und zwecks Geheimhaltung eine camouflierte Aufmachung hatte; Galilei nannte dieses »neue« Instrument »Celatone«, Verheimlicher. Wir haben schon berichtet, daß Galilei die Spanier nicht überzeugen konnte; das wurde allerdings erst viele Jahre später klar. Und wir wissen schon, was für Reichtümer er sich von dem Luftschloß erhoffte. Doch um 1619 wußte er und behielt es sein Leben lang für sich, daß er die Ephemeridentafeln immer noch nicht zufriedenstellend vorlegen konnte, die Satelliten spotteten jeder periodischen Festlegung.

Diese am Ende fruchtlosen Arbeiten, die Satellitenbeobachtung, die Mühe mit einem seetüchtigen Teleskop und die langwierige, bettelnde und zugleich stolze Briefschreiberei haben ihn in den Jahren nach 1616 sehr beschäftigt, wenn er nicht gerade krank war. Und das war er sehr oft.

Um sein chronisches Leiden etwas zu mildern, mietete er außerhalb der Stadt auf dem Hügel von Bellosguardo eine Villa, da er beobachtet hatte, daß die Luft auf den Hügeln ihm besser bekam. Diese Wohnung behielt er bis 1631 bei; danach mietete er auf Wunsch seiner Tochter, suor Maria Celeste, die Villa »Il Gioiello« (Das Kleinod), deren Grundstück direkt an das Kloster der beiden Töchter angrenzte. Damit machte er diese Tochter, die ihren Vater sehr liebte und bewunderte, endlich glücklich. Und dort verbrachte er dann auch seine letzten Lebensjahre unter dem von Urban VIII. 1633 verordneten Hausarrest.

Briefwechsel mit bedeutenden Persönlichkeiten gab es in den Jahren kurz nach 1616 nicht, die meisten Briefe stammen von seinem venezianischen Freund Sagredo; sie enthalten small talk und geschäftliche Räsonnements. Er selbst schrieb Glückwunschbriefe zu den hohen Festen an alle befreundeten Kardinäle, die höflich dankten oder auch meinten, er brauche sich diese Mühe nicht zu machen, die Freundschaft bestehe auch ohne das.

Ein einziger großer Herr, der Erzherzog Leopold von Österreich, besuchte ihn am Krankenbett und bat ihn, bei besserer Gesundheit ein gutes Teleskop und ein Exemplar der Schrift über die Sonnenflecken zu beschaffen. Dieser Erzherzog war ein nonchalanter Herr, zweifacher Bischof, nämlich von Passau und Straßburg, aber 1625 heiratete er Claudia de'Medici, eine Tochter des Großherzogs von Toskana. Wie das? Sehr einfach: er verzichtete auf die beiden Bistümer (ungefähr wie man es heute wieder macht) und begnügte sich mit Verwaltungs- und Regierungsaufgaben in Österreich.

Galilei tat dem Erzherzog den Gefallen. Aber er tat noch mehr, wie man aus dem Begleitbrief vom 23. 5. 1618 sieht:

»... Zugleich (sc. mit einigen Fernrohren) schicke ich Ihnen ein Exemplar meiner gedruckten Sonnenbriefe; und außerdem werden Sie auch eine kleine Abhandlung über die Ursache der Ebbe und Flut des Meeres beigelegt finden, die ich vor etwas mehr als zwei Jahren auf Wunsch des Herrn Kardinals Orsino abfassen mußte, während man unter jenen Herren Theologen mit dem Gedanken umging, das Buch des Nikolaus Kopernikus zu verbieten wie auch die Meinung, die Erde bewege sich, die in besagtem Buch aufgestellt wird und die zu jener Zeit von mir für wahr gehalten wurde, bis es jenen Herren gefiel, das Buch zeitweise zu unterdrücken und die genannte Meinung für falsch und gegen die Heilige Schrift verstoßend zu erklären. Nun, da ich weiß, wie gut man daran tut, den hohen Herren zu gehorchen und ihren Entscheidungen zu glauben, da sie im Besitz höhererer Erkenntnisse sind, wozu die Armseligkeit meines Geistes von selbst nicht hinreicht, halte ich die vorliegende Schrift, die ich Ihnen zusende und die auf der Bewegung der Erde beruht oder vielmehr eins der physikalischen Argumente ist, das ich zur Bestätigung dieser Beweglichkeit vorbrachte, halte ich sie also wie gesagt für eine Dichtung oder einen Traum, und als solches möge Ihre Hoheit sie aufnehmen. Da aber die Dichter manchmal auf ihr Phantasiewerk stolz sind, hege auch ich einige Wertschätzung für diese meine eitle Hervorbringung: und da ich sie nun einmal geschrieben habe und sie den obgenannten Herrn Kardinal und einige wenige andere sehen ließ, habe ich verschiedene Abschriften in die Hände anderer großer Herren gelangen lassen; und dies, damit für alle Fälle, wenn vielleicht irgend ein der Kirche Abtrünniger sich diesen meinen Einfall aneignen sollte, wie es mir mit vielen anderen meiner Entdeckungen ergangen ist, doch das Zeugnis unübertrefflich hoher Persönlichkeiten vorliege, wonach ich der erste war, der diese Schimäre geträumt hat. Was ich Ihnen davon schicke, ist in Wirklichkeit nur ein kurzer Entwurf, denn ich habe sie eilig niedergeschrieben in der Hoffnung, Kopernikus könnte achtzig Jahre nach der Veröffentlichung seines Werkes nicht als irrig beurteilt werden, so daß ich vorhatte, mit mehr Muße und Zeit mich sehr, sehr viel ausführlicher über das Thema zu verbreiten mit weiteren Begründungen, in anderer Anordnung und Differenzierung, und in besserer Form und Disposition: aber eine einzige himmlische Stimme weckte mich auf und löste alle meine wirren und verwickelten Phantasien in Nebel auf. Möge also Ihre Hoheit die Sache in dieser unvollkommenen Form gnädig aufnehmen...« (EN XII 390).

Am 11. 7. (EN XII 397) kam die Antwort, sehr teilnehmend und besorgt über Galileis Gesundheitszustand, und was die Schrift über Ebbe und Flut betraf, nun, da hoffte Leopold sich mit der Zeit ein Urteil zu bilden und es dann zusammen mit den Meinungen kompetenterer Persönlichkeiten ihm zu übermitteln, aber im übrigen stehe er in allen Angelegenheiten zu Diensten. Es ist immer wieder dasselbe: als Teleskophersteller war und blieb Galilei der einzige ernstzunehmende Lieferant. Als Theorienlieferant war er für viele kluge Leute, die sich in die Zeitläufte zu schicken wußten, lediglich interessant.

Übrigens wird immer wieder behauptet, Galilei habe vergeblich gehofft, Leopold werde die Gezeitentheorie drucken lassen. Das kann man aus dem hier zitierten Brief nicht herauslesen; man muß es schon hineinlesen wollen. Interessant ist der Brief in anderer, nämlich in religiöser Hinsicht. Alle Beurteiler sind sich darin einig, daß Galilei ein tief religiöser und frommer Mann war. In diesem Brief liegt ein weiterer Beleg für seine Einstellung zur Kirche vor, und zwar zu den Theologen, denen er von jeher die Kompetenz zur Beurteilung naturwissenschaftlicher Probleme absprach, obwohl damals Mathematik und Naturwissenschaft noch weitgehend als Hauptberuf von Klerikern ausgeübt wurde. Wir brauchen nur an das Collegium Romanum zu denken. Auch ein Teil seiner Anhänger waren naturwissenschaftlich gebildete Geistliche, z. B. der Benediktiner Benedetto Castelli. Religiöse Fragen standen dabei nie zur Diskussion, außer in dem einen Fall, als Castelli ihm Augustinusstellen für den Brief an Christine besorgte. Und der Eifer (zelo) für die Kirche, von dem Galilei immer wieder spricht, war Eifer für die Zustimmung der mächtigen Kirche zum kopernikanischen System, mindestens aber für die Nichtverurteilung, da das System eines Tages noch bewiesen werden konnte.

Galilei bestritt also einerseits die Kompetenz der Theologen in naturwissenschaftlichen Fragen. Anderseits nahm er sofort das Verbot hin, noch länger das kopernikanische System für wahr zu halten. Drittens mokierte er sich jetzt in dem Brief an Erzherzog Leopold über die hohen Herren, deren Weisheit sich zu unterwerfen höchst ratsam war. Seine Frömmigkeit bestand also in der Maxime: Gebt Gott, was Gottes ist, und Galilei, was Galileis ist, aber – er setzte die Macht über Leben und Tod in Rechnung, die der Inquisition damals gegeben war. Daß er der Kirche behilflich sein wollte, sagen die Tatsachen. Verachten wird ihn niemand für sein sofortiges Nachgeben, das könnte nur, wer wie Sokrates standhaft und todesbereit für seinen Daimon einsteht. Aber für Galilei ging es nicht um moralische Werte. Es ging ihm auch nicht – und hier erweist sich nunmehr das Problem Kepler und Tycho als für ihn inexistent – um Beschwichtigung mittelalterlich orientierter Gemüter und nicht um die Suche nach Harmonie der Sphären, ihm ging es um das Umformen der Köpfe und deren Einsicht in die rationale Neue Wissenschaft. Das ist seine Größe, die nicht befleckt werden kann. Denn die Glaubwürdigkeit der Neuen Wissenschaft wird nicht durch Nachgeben vor der Übermacht der mit Folterwerkzeugen Bewaffneten geschmälert.

Ein Komet

Im Jahre 1618 ereignete sich nicht nur das abendländische Unglück des anhebenden Dreißigjährigen Krieges, sondern auch das für Galilei unglückliche Erscheinen dreier Kometen. Der dritte, am 19. November in der Nähe des Sternbildes Skorpion auftauchende, sehr große und sehr helle Komet, der im Januar 1619 wieder verschwand, war das besondere Unglück für Galilei: Er verwandelte die Hochschätzung des Collegium Romanum in Geringschätzung und Abneigung. Für immer!

Galilei, der wieder einmal schwer leidend zu Bett lag, konnte den Kometen nicht beobachten. Es wurde viel hin- und hergeschrieben, ja, zwei Gelehrte, Liceti und Gloriosi, wechselten 12 Jahre lang (!) unentwegt Streitschriften über das Thema. Von Galilei erwarteten viele, darunter auch der österreichische Erzherzog Leopold, dringend eine Stellungnahme, da einerseits die Kometen immer noch als böse astrologische Vorzeichen galten, anderseits aber die aristotelische Meinung, sie seien brennende Ausdünstungen der Erde, seit Tycho de Brahe ins Wanken geraten war. Tycho hatte mit der peinlich genauen Beobachtung der Nova von 1572 und der Berechnung der Kometenparallaxe von 1577 die Unveränderbarkeit des Himmels und die Undurchdringlichkeit der Sphären, diese uralten Vorausetzungen für die Geborgenheit des mittelalterlichen Menschen, als unhaltbare Phantasien erwiesen. Trotzdem war ihm das Kunststück gelungen, die religiös relevante Ruhestellung der Erde zu retten. Auf jeden Fall war seit Tycho der Astronomie ein entscheidender, präzise Messungen fordernder Anstoß gegeben.

In den um sich greifenden Streit über den dritten Kometen hätte Galilei vielleicht gar nicht eingegriffen, wenn nicht ein Pater Orazio Grassi im Collegium Romanum einen kurzen Vortrag darüber gehalten hätte, den das Collegium der Veröffentlichung für würdig befand: »De tribus cometis anni MDCXVIII...« (EN VI 21–35). Der ganze Titel lautet auf deutsch: »Über die drei Kometen des Jahres 1618, astronomische Disputation, öffentlich abgehalten im Collegium Romanum der Gesellschaft Jesu von einem der Väter dieser Gesellschaft«; veröffentlicht wurde der Vortrag 1619.

Galilei kam darin nicht vor, da er ja über die Kometen nichts veröffentlicht hatte, aber es stand darin die Bemerkung, daß das Teleskop die Kleinheit der Parallaxe zeige und daß sich der Komet infolgedessen außerhalb der sublunaren Sphäre in einem riesigen Kreisumlauf bewege. Dabei nahm Grassi auch Bezug auf die Messungen Tychos von 1577. Überdies sagte er, das Teleskop vergrößere bekanntlich nahe gelegene Körper mehr als weit entfernte, wobei er nicht eigens betonte, daß man dabei das Rohr verschieben müsse. Mit anderen Worten: Er betonte nicht die Proportionalität der scheinbar verschiedenartigen Vergrößerung. Das störte Galilei ganz besonders, da er das Teleskop als seine ureigene Domäne betrachtete.

Daß Grassi in der kurzen Abhandlung auch auf überkommene, z.B. aristotelische Vorstellungen — irdische Ausdünstungen, die durch Reibung der Sphären in Brand geraten — einging und sie ablehnte, gehörte zu seiner weitgehend modernen, allerdings nicht über Tychos Modernität hinausgehenden Einstellung. Bemerkenswert war auf jeden Fall, daß die Undurchdringlichkeit der himmlischen Sphären und die Unveränderlichkeit des Kosmos von den jesuitischen Gelehrten ganz entgegen den stockkonservativen Peripatetikern nicht länger aufrechterhalten wurden. Weiter konnten sich die Jesuiten nach dem Dekret von 1616 nicht vorwagen; und man muß hinzufügen: weiter war Grassi auch in der Tat noch nicht. Das erwies sich in späteren Gesprächen mit Mario Guiducci, in denen sowohl Guiducci (EN XIII 206) als auch der brieflich informierte Galilei (EN XIII 209) sich dem irrigen Eindruck hingaben, daß Grassi »non aborret a motu terrae« (nicht vor der Bewegung der Erde zurückschreckt) nach den Argumenten, die er von Guiducci erläutert bekam.

Doch wie mutig im Jahre 1618 die Haltung des Collegium Romanum auch aussah, die Hinnahme des Tychonischen Systems erregte Galileis Zorn. Tycho, der die zwei inneren Planeten um die Sonne und alle drei zusammen mit den äußeren Planeten um die ruhende Erde kreisen ließ und damit ebenfalls »die Erscheinungen rettete«, war ein Reaktionär und mußte ebenso entschieden bekämpft werden wie Ptolemäus mit seinem völlig geozentrischen System — auch wenn dann im Einflußbereich der Kirche überhaupt kein System mehr zur Verfügung stand. Das war ja überhaupt die Taktik Galileis: wenn schon das kopernikanische System, solange es bloß plausibel war, nicht akzeptiert wurde, dann mußte man den Widerspenstigen wenigstens alle Ausflüchte aus der Hand schlagen, und dann war der Boden bereitet für eine bessere Einsicht.

Aber Galilei schwankte, ob er es mit den Jesuiten, die er schon durch den Streit mit Scheiner irritiert hatte, erneut aufnehmen sollte. Schließlich kam er auf die Idee, seinen Schüler Mario Guiducci, Ex-Konsul der Florentinischen Akademie, in der Akademie einen Vortrag halten zu lassen, der Guiduccis Gedanken und unter der Hand auch Gedanken Galileis, die Guiducci an dessen Krankenbett gehört habe, darlegen sollte. Das Manuskript des Vortrags beweist allerdings, daß fast das Ganze von der Hand Galileis stammt, obwohl er später seine Autorschaft vorsichtigerweise abstritt. Seine Gedanken sollten mit Namensnennung veröffentlicht werden, ohne daß er selbst der Autor war. Guiduccis Vortrag sollte von Galilei stammen und nicht von Galilei stammen. Galilei wollte Grassi attackieren, ohne daß ihn Galilei als Autor attackierte. Eine Art Quadratur des Kreises. Leider begann der Vortrag, der 1619 unter dem Titel »Discorso delle Comete« von Mario Guiducci (EN VI 37–105) veröffentlicht wurde, mit der bissigen Bemerkung, wenn er, Guiducci, im Verlauf seiner Rede auch Galileis Gedanken vortrage, verlange er nicht so viel Lob wie jene Leute, die sich z. B. unter dem fingierten Namen Apelles die Entdekkungen Galileis anzueignen versucht hätten. Damit wurde der Jesuit Scheiner als Betrüger hingestellt. Wir wissen schon, daß der Prioritätsstreit über die Sonnenflecken sinnlos war, besonders da Johannes Fabricius vor Scheiner und Galilei oder gleichzeitig mit ihnen die Sonnenflecken beobachtet, sie als Erscheinungen auf der Sonne selbst interpretiert und seine Beobachtungen im Juni 1611 als erster publiziert hatte. Das war inzwischen allgemein bekannt, und damit wurde die Aufwärmung des alten Streits vollends lächerlich; nur daß Scheiner nicht darüber lachen konnte. Und außerdem hatte das alles mit dem Thema der Kometen nicht das geringste zu tun.

Guiducci kündigte seine Gedanken nicht als definitive Behauptungen an, sondern lediglich als »wahrscheinlich und unbestimmt (dubitativamente)« geäußerte Vorschläge. Er ließ zuerst alle historischen Meinungen Revue passieren, auch die aristotelischen Brände, die von Ausdünstungen der Erde am Rande der Atmosphäre bei geeigneter Temperatur entstehen sollten. Auch Tychos Beobachtungen lehnte er ab, Tycho habe von Mathematik überhaupt nichts verstanden. Gerade der jetzige Komet sei dem von 1577 an Größe und Dauer sehr ähnlich. Aber »wieviel Welten und Universa müßte man ihm beimessen«, wenn er einen den Planeten ähnlichen Umlauf haben sollte (EN VI 71).

Das Denkmal des Archimedes in Syrakus

Relief vom Campanile des Domes in Florenz,
Aristoteles und Plato darstellend

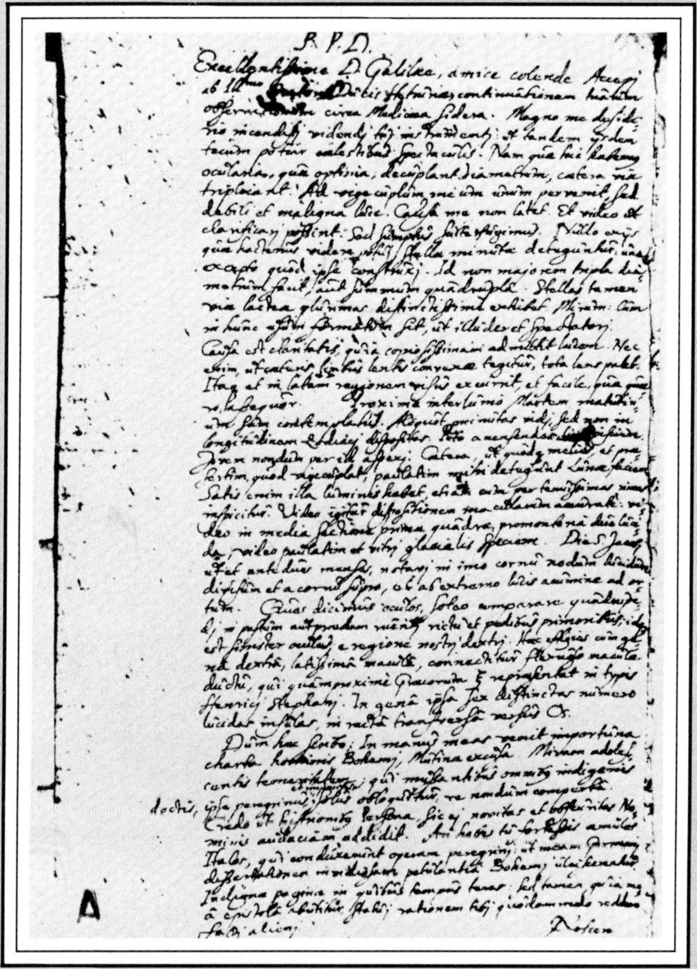

Ein Bericht Johannes Keplers
an Galilei über eigene Fernrohrbeobachtungen
in Prag im September 1610

Johannes Kepler
(anonymer Kupferstich)

Und man müsse auch von der Schrift des P. Grassi reden, der »die Behauptungen Tychos in jedem Punkt zu unterschreiben scheine«. Bevor man aber, wie Grassi, von Parallaxe rede, müsse man erst einmal beweisen, daß es sich bei den Kometen um »reale« Körper handle (VI 71), denn nur für solche gelte die Prüfung der Parallaxe. Solange die Realität und Beständigkeit als Körper nicht erwiesen sei, könne es sich um Lichtbrechungen und Reflexe handeln, die in aufsteigenden irdischen Dünsten entstehen und sich mit den Dünsten als »wandelnde Bilder« bewegen. Für solche Erscheinungen aber gelte keine Parallaxe. Und bis jetzt kenne er keine Erscheinung am Himmel, die so sehr den Reflexerscheinungen Halo, Regenbogen und Nebensonne ähnelten wie eben die Kometen. Er wolle nicht mit Bestimmtheit behaupten, daß die Kometen auf diese Weise entstehen, sondern nur sagen, daß auch alle anderen Behauptungen dubios seien, solange ein Autor zur Stütze seiner These nicht alle anderen Thesen als sinnlos und falsch erwiesen habe (VI 73).

Außerdem habe, was von den Gelehrten des Collegium Romanum nicht zu erwarten gewesen sei, P. Grassi das Teleskop falsch verwendet oder falsch verstanden. Darüber verbreitet sich Guiducci des längeren, um dann noch einmal und noch viel länger die Kometentheorie Tychos zu zerpflücken, dem »ein kleiner Funken Geometrie« (VI 93) schon zur Genüge den ganzen Unsinn seiner Schwafeleien hätte zeigen müssen. Und es sei erstaunlich, daß irgend jemand, auch wenn er nur über mittelmäßigen Verstand verfüge (VI 100), sich von Tycho irreführen lasse. Am Ende bittet er die Zuhörer in der Akademie um Entschuldigung, daß er nichts anderes als »dubitazioni«, Zweifel, habe bieten können.

Galilei verschickte den »Discorso delle Comete« an alle seine Bekannten, u.a. an den Erzherzog Leopold, der sich vergnügt bedankte und mitteilen ließ, er habe das Buch sofort dem P. Scheiner geschickt, dessen Antwort gelautet habe, er werde Galilei mit der gleichen Münze heimzahlen. Auch darauf freute sich der Erzherzog, das bringe Leben in die verschlafene wissenschaftliche Bude (EN XII 489).

Giovanni Ciampoli dagegen, der hohes Ansehen in der Kurie genoß und bald von Stufe zu Stufe steigen sollte, bewunderte zwar das Buch, setzte aber besorgt hinzu, daß den römischen Freunden der Angriff auf das Collegium Romanum unheimlich sei, da dort für Galilei so große öffentliche Ehrungen veranstaltet worden seien. »Die Jesuiten fühlen sich schwer beleidigt und bereiten eine Antwort vor; und obwohl ich die Stichhaltigkeit Ihrer Schlußfolgerungen kenne, tut es mir trotz allem leid, daß deren Wohlwollen und Begeisterung für Ihren Namen jetzt so sehr gesunken sind« (EN XII 466).

Wenn Guiducci bedauerte, daß er lediglich Zweifel habe vorlegen können, so war doch eins nicht zu bezweifeln: die schwere Beleidung, die Grassi empfinden mußte. Er antwortete sofort mit einer sarkastischen Schrift: »Libra astronomica ac philosophica« (astronomische und philosophische Waage), »worin Galileo Galileis Meinungen über die Kometen untersucht werden, die von Mario Guiducci in der Florentiner Akademie vorgetragen wurden«, ebenfalls noch 1619 veröffentlicht. Als Autor firmierte ein Lothario Sarsi Sigensano (ein Anagramm für Horatio Grassi Salonensi). Er verfuhr also ebenso wie Galilei, der sich eines anderen Namens bedient hatte. Sarsi nannte sich einen Schüler Grassis und griff Galilei direkt an, der in Briefen an römische Freunde sich selbst als Autor genannt habe, was übrigens Guiducci in seinem Vortrag naiverweise ebenfalls ziemlich unumwunden eingestanden habe.

Sarsi macht sich lustig über die These der Reflexion in aufsteigenden Dünsten, womit er recht hat. Er glaubt auch den Hintergrund der ganzen Polemik zu erkennen. Dazu bezieht er sich auf folgenden Passus Guiduccis: Die Abweichung des Kometen nach Norden müsse entweder alles bisher Vorgetragene, das im übrigen so gut passe, entwerten, oder man müsse einen anderen Grund für die Abweichung anführen; das erste wüßte er nicht zu entwirren, das zweite »wage« er nicht. Schon Seneca habe geschrieben, zur sicheren Beantwortung solcher Fragen müsse eine zweifelsfreie Kenntnis der Ordnung und Bewegungen im Universum vorliegen, die aber »unserem Zeitalter vorenthalten ist«. Wir müssen uns also mit Vermutungen im Schatten begnügen, bis wir die wahre Konstitution des Universums haben, denn »die von Tycho in Aussicht gestellte ist unvollständig geblieben« (EN VI 98, 99).

Dazu sagt Sarsi: »Hier flüstert mir eine unbekannte Stimme

ins Ohr: die Bewegung der Erde. Fort mit dem wahrheitswidrigen, für fromme Ohren harten Wort! Gott sei Dank hat die Stimme vorsichtig und leise geflüstert. Denn wenn Galilei es so meinte, wäre seine Meinung beklagenswert; sie könnte sich nur auf falsche Fundamente stützen... Daß aber die Erde sich nicht bewegt, ist für Katholiken gewiß... Und ich nehme an, daß auch dem Galilei, den ich stets als fromm und religiös kannte, so etwas nicht in den Sinn gekommen ist« (EN VI 145). Schon kurz vorher hatte Sarsi gefragt, ob es denn ein Verbrechen sei, Tycho zu folgen. Wem sonst solle man denn folgen? Ptolemäus? Kopernikus? »Der einzige Tycho bleibt unter allen übrig, den wir uns auf den unbekannten Wegen der Sterne zum Führer wählen. Warum also ist Galilei meinem Meister gram, daß er Tycho nicht verschmäht? Vergebens ruft Galilei hier den Seneca an, vergebens betrauert er das Unglück unserer Zeit, der die wahre und sichere Disposition der Weltkörper nicht zur Verfügung steht, vergebens beweint er das Ungemach unseres Jahrhunderts, wenn er nichts zu bieten hat, was diesem Zeitalter, das jedenfalls nach seinem Urteil elend ist, besser nützt« (EN VI 116).

Außerdem betont Sarsi, daß Galilei von seinem Meister überhaupt nicht angegriffen worden sei, und er erinnert an die Bewunderung, die öffentliche Ehrung und fortdauernde Hochschätzung Galileis, so daß er sich nicht erklären kann, »wieso für ihn jetzt die Würde des Collegium Romanum so sehr an Wert gesunken ist, daß er die Gelehrten für unerfahren in Logik nennt und unsere Positionen über die Kometen lauthals auf windigen und falschen Gedankengängen basierend erklärt« (VI 115).

Dazu schreibt Galilei an den Rand: »Überlaßt es mir zu fragen, wieso umgekehrt ich so sehr an Wert erniedrigt wurde. Ich habe ihnen unter großen Feierlichkeiten meine Sachen vorgetragen, jetzt aber schreiben sie ganze Bücher, ohne auch nur eine Silbe Lob oder Applaus hineinzusetzen. Dann war es also damals entweder Posse und Schmeichelei, oder aber man kann mit eurer Philosophie dieselben Lehren loben und verdammen, je nachdem, ob man euch zustimmt oder euch ärgert. Wundern muß man sich vielmehr darüber, daß jener ohne Not mich in die Notwendigkeit versetzt hat, der Welt zu zeigen, daß sie wahrhaftig wenig davon verstehen.« Und zu der Schlußfrage, warum Galilei alles für windig und falsch erkläre, schreibt er an den Rand: »Der Grund ist klar: das Streben nach Wahrheit.«

Schon an diesen Randglossen ist zweierlei zu beobachten: die gekränkte Eitelkeit Galileis und die naive Schutzlosigkeit der Argumente Sarsi-Grassis. Denn in der Tat kann man nicht verlangen, daß jemand aus Dankbarkeit und Freundschaft in einem wissenschaftlichen Disput seine divergierende Meinung zurückstellt. Sarsi wollte eigentlich sagen, bisher hätten die Meinungen der Patres und Galileis stets übereingestimmt, wieso also sollen die Patres jetzt plötzlich total unfähige Holzköpfe sein? Das wäre die richtige Formulierung gewesen, und nicht: sie haben dich gelobt und gefeiert, warum erklärst du sie für Holzköpfe? Das sieht wie Verlangen nach Dankbarkeit aus, wo es doch Feststellung der bisher gleichrangigen Wissenschaftlichkeit sein wollte. Wie Galilei das Eitelkeitsbekenntnis der Randglosse später öffentlich formulierte, werden wir bald sehen — ein Bravourstück.

Vorläufig veröffentlichte er nichts. Ciampoli hatte alle Hände voll zu tun, um ihm überhaupt die Identität von Sarsi und Grassi klarzumachen. Galilei konnte dem Grassi des »De tribus Cometis« die Bissigkeit Sarsis, die mit Harmlosigkeiten und peripatetischen Zöpfen vermischt war, lange Zeit einfach nicht zutrauen.

Zwischen den römischen Freunden der Accademia dei Lincei und Galilei spann sich ein langer Briefwechsel an, der anfangs voller Besorgnis wegen der möglichen feindseligen Folgen war. Ciampoli schrieb, die Patres — außer dem bescheiden auftretenden Grassi — seien schnell bei der Hand mit dem Wort »liquidieren« (annihilare; EN XII 499). Francesco Stelluti, rechte Hand des Prinzen Cesi in der Leitung der Akademie, riet Galilei am 27. 1. 1620 zur Vorsicht: nicht er solle dem angeblichen Grassi-Schüler Sarsi antworten, sondern der Galilei-Schüler Guiducci habe den korrespondierenden Rang. Jedenfalls sollte weder der Name Grassi noch das Collegium in der Antwort vorkommen, am besten halte man sich an die Fiktion jenes Schülers. Wenn man sich nämlich mit den Patres anbinde, setzten sie, da sie so viele seien, die ganze Welt in Bewegung; und selbst wenn sie unrecht hätten, wollten sie recht behalten. Das aber müßte der Akademie schaden, da die Jesuiten sowieso keine Freunde der neuen Meinungen seien, wie alle Peripatetiker. Er hoffe, daß Galilei ebenso denke, auch der Prinz denke so (EN XIII 20).

Cesi selbst schrieb am 23. 2. 1620 an Giovanni Faber: »Herr Galilei findet es schwierig, meinen Rat bezüglich der Antwort zu verwirklichen. Aber ich bleibe dabei, daß die Antwort auf jeden Fall von einem seiner Schüler kommen muß« (XIII 24). Aber schon am 4. März war er in einem Brief an Galilei bereit, falls die geplante Antwort Guiduccis nicht gelinge, eine Antwort von Galilei selbst, als Brief an Guiducci oder an einen anderen Freund, in Erwägung zu ziehen.

Man sieht, Cesi behauptete zunächst die Autorität des Präsidenten der Akademie, die von der Botanik Stellutis bis zur Astronomie Galileis für »neue Meinungen« in der Naturwissenschaft bekannt war, oder besser gesagt: für die Freiheit der Wissenschaft von theologischer Bevormundung. Es ging also tatsächlich auch um Ansehen und Existenz der Akademie. Man sieht aber auch, daß Galileis Persönlichkeit Cesi so großen Respekt einflößte, daß er im Nu nachgab. Denn es geschah schließlich beides: Guiducci schrieb seinen Brief, »Lettera al P. Tarquinio Galluzzi«, an einen ihm befreundeten Jesuiten des Collegium Romanum, am 20. Juni 1620, und Galilei schrieb seinen »Brief«; es wurde eine Arbeit von mehreren Jahren und ein dickes Buch mit dem Titel »Il saggiatore« (Die Goldwaage). Der sog. Brief war an Mgr. Don Virginio Cesarini, Linceo und päpstlichen Kammerherrn, gerichtet und wurde erst Ende 1623 gedruckt, mit einer Widmung an Freund Maffeo Barberini, seit dem 6. August 1623 Papst als Urban VIII.

Guiduccis Brief an Galuzzi (EN VI 185—196) war ein höflicher Protest, den er, wie er sagte, einzig und allein wegen der Bosheiten Sarsis schreibe. Er habe den Pater Grassi unter die bedeutendsten Namen der Vergangenheit und Gegenwart gesetzt und hätte sich nie träumen lassen, daß der Pater oder einer seiner Anhänger eine Meinungsdifferenz als Beleidigung nehmen könne, wo er doch Grassi die größte Ehre und Verehrung bezeigt habe. Sarsi möge sich doch nicht einbilden, daß seine oder seines Meisters Meinung Gesetz und Norm darstelle. Das maßlose Lob Sarsis für Grassi könne nicht Grassis Zustimmung besitzen, denn er, Guiducci, kenne die Disziplin und den Stil dieser Patres; er habe schließlich einen großen Teil seiner Jugend im Collegium Romanum verbracht.

Gegen zwei Bosheiten inbesondere wende er sich: die Zuschreibung seiner Schrift an einen anderen, und die Zuschreibung von Behauptungen, die in seiner Schrift gar nicht enthalten seien.

Immer wieder beziehe Sarsi Kritiken an Tycho auf Grassi, während die wirkliche Kritik an Grassi liebevoll gewesen sei, in der Hoffnung, den Vätern ein wenig Licht zur Findung der Wahrheit zu reichen, die ihm selbst zweifelhaft und zweideutig gewesen sei (VI 191). Daß die Schrift von Guiducci und nicht von Galilei stamme, werde man an Galileis bevorstehender eigener Antwort sehen, die werde einen ganz anderen Stil aufweisen.

Über diesen freundlichen, wenn auch keineswegs liebedienerischen Brief wird Galilei ebenso gelächelt haben wie der heutige Leser. Sarsi-Grassi bot für Galileis dialektische Schärfe die Gelegenheit zu einem ganz anderen Ton und Verfahren. Er hatte Sarsis Buch schon über und über mit Randglossen versehen, worunter sich so zarte Ausdrücke wie »feierlicher Ochse« befinden. Aber er zögerte mit der Abfassung seiner Antwort. Die römischen Freunde fingen an zu drängen; sie hatten den Eindruck, daß er überhaupt verzichten wollte. In der Tat ist es immerhin erstaunlich, daß Galilei bis Oktober 1622 brauchte, um endlich, nach drei Jahren, das fertige Manuskript in Rom abzuliefern.

Die Lincei waren glücklich, und der päpstliche Kämmerer Cesarini, der auf der Titelseite als Empfänger des »Briefes« genannt war, schrieb am 12. 1. 1623: »Wir wollen das Werk veröffentlichen, und wir wollen es in Rom veröffentlichen, trotz der Macht der Gegner, gegen die wir uns mit dem Schild der Wahrheit und auch mit der Gunst der Oberen wappnen werden« (XIII 106). In demselben Brief teilt er mit, in Deutschland sei eine Schrift des Dominikaners Tommaso Campanella erschienen: »Apologia pro Galileo«, worin die Bewegung der Erde behandelt werde. Und obwohl das Manuskript dieser Schrift vor dem Dekret von 1616 vorgelegen habe, dürfe das Buch in Italien nicht verkauft werden. Einige Gegner Galileis suchten daraus aufs neue Kapital zu schlagen, aber mit denen werde man fertig.

Und man wurde mit ihnen fertig. Der Dominikaner Niccolò Riccardi, wegen seiner ungeheuren Leibesfülle vom spanischen König »Pater Monstrum« genannt, wurde von der Inquisition mit der Prüfung des »Saggiatore« beauftragt und ließ sein gesamtes Urteil neben dem Imprimatur mit abdrucken:

»Ich habe auf Anordnung des hochwürdigsten Pater Maestro del Sacro Palazzo das Werk der Goldwaage gelesen; und außer daß ich darin nichts Sittenwidriges noch von den übernatürlichen Wahrheiten unseres Glaubens Abweichendes finde, habe ich so viele schöne naturphilosophische Erörterungen entdeckt, daß nach meiner Überzeugung unser Jahrhundert in späteren Zeiten nicht nur als Erbe der alten Philosophen und ihrer Bemühungen gefeiert wird, sondern als Entdecker vieler Naturgeheimnisse, die den Alten verborgen blieben, und dies dank des subtilen und gediegenen Denkens des Autors; und ich schätze mich glücklich, in einer Zeit geboren zu sein, in der man nicht mehr mit der groben Waage aufs geratewohl, sondern mit derart fein ziselierten Untersuchungen das Gold der Wahrheit wiegt.«

Wenn man dazu noch weiß, daß das Collegium Romanum kurz zuvor öffentlich verkündet hatte, an der Autorität des Aristoteles sei nicht zu rütteln, dann liest sich diese ganz außergewöhnliche, überschwengliche Form des Imprimatur wie die Ausgrabung des alten Kriegsbeils zwischen Dominikanern und Jesuiten, besonders infolge der fröhlichen Ausfaltung des Wortspiels Saggiatore und Libra: »Das Gold der Wahrheit wiegen« gegen »mit grober Waage«.

Und noch etwas geradezu providentiell Erscheinendes kam hinzu: Während des Drucks des »Saggiatore« starb Anfang Juli Papst Gregor, der nach Paul V. nur kurze Zeit regiert hatte, und Galileis Gönner Barberini wurde als Urban VIII. zum Papst gewählt. Urban erkundigte sich sofort nach dem Befinden Galileis und erklärte sich bereit, die Widmung des »Saggiatore« anzunehmen. Und so folgte gleich hinter Riccardis begeisterten Sätzen eine Seite mit einer hymnischen Dedikation der »Accademici Lincei« an die »Heiligkeit unseres Herrn, Papst Urban VIII.«

Und zu allem Überfluß wurde sofort bekannt, daß der Papst sich aus dem Buch mit großem Genuß bei Tisch habe vorlesen lassen und eines Tages für sich den ganzen Band zu Ende gelesen habe. Das alles muß man in Rechnung stellen, wenn man die Stimmung verstehen will, die im Collegium Romanum beim Erscheinen und der Lektüre des »Saggiatore« herrschte.

Die ersten Exemplare wurden am 28. Oktober 1623 ausgeliefert.

12
Il saggiatore — Die Goldwaage

Der »Saggiatore« wurde also nicht nur von Galileis Freunden und den Dominikanern, den alten Rivalen der Jesuiten, begeistert aufgenommen, sondern auch von den zahlreichen Liebhabern erregender literarischer Streitigkeiten, wie z. B. dem österreichischen Erzherzog Leopold, und vor allem von den Liebhabern des eleganten Stils. Wie weit das Verständnis all dieser Leser für die behandelten Probleme reichte, ist eine ganz andere Frage, die man im großen und ganzen negativ beantworten muß. Es war eben wieder mal etwas los, das war die Hauptsache.

Unter den literarischen Liebhabern ragte Urban VIII. hervor. Niemand hat sich wohl mehr über den »Saggiatore« amüsiert als er. Dieser exquisite Literat war die große Hoffnung der Künstler und Literaten; endlich schien wieder einmal ein mäzenatischer Papst auf dem Thron Petri zu sitzen. Drei Jahre vorher hatte er, das wissen wir schon, eine elegante lateinische Ode auf Galilei verfaßt mit dem raffinierten Titel »Adulatio perniciosa« (gefährliche Schmeichelei), worin dessen Entdekkungen gefeiert und auch die Neidhämmel nicht vergessen wurden. Und als Urban VIII. erkundigte er sich sofort beim Fürsten Cesi, ob Galilei komme, und hörte mit Genuß die Gratulation Galileis, die der große Gelehrte in einem Brief (EN XIII 130) an Francesco Barberini, den Nepoten Urbans, gerichtet hatte und worin er seinen Wunsch, nach Rom zu kommen, bekräftigte und u. a. sagte: »Ich werde zufrieden sterben, nachdem ich den ruhmreichsten Erfolg des geliebtesten und verehrtesten Herrn erlebt habe, den ich je auf Erden hatte, so daß ich noch eine gleich starke Freude weder hoffen noch wünschen könnte.« Und der Papst ließ ihm durch Tommaso Rinuccini, den Sonderbotschafter des Großherzogs, ausrichten, er erwarte ihn mit großer Freude, aber Galilei dürfe dabei seine Gesundheit nicht riskieren, »denn große Männer wie Sie müssen auf jede Weise darauf achten, so lange wie möglich zu leben« (EN XIII 139).

Sie behandelten sich also gegenseitig als große Männer, und damit traf jeder der beiden auch die Selbsteinschätzung des andren aufs genaueste. Wer Maffeo Barberini wirklich war, das hätte Galilei allerdings neun Jahre später, als er sein Unglücksopus »Die beiden hauptsächlichsten Weltsysteme« drucken ließ, längst wissen müssen. Vorläufig war alles eitel Freude, Jubel und gegenseitige Beweihräucherung.

Sehen wir uns das Werk an, das Urban VIII. so großes Vergnügen bereitete. Die »Goldwaage« war ja die Antwort auf Sarsi/Grassis »Waage«; und Abschnitt für Abschnitt war die »Waage« unter die Lupe genommen. Es ist also keine systematische wissenschaftliche Arbeit, sondern im Grunde eine riesige Menge von Randglossen, in denen Ausdrücke wie »Esel« aus den handschriftlichen Randglossen des Galileischen Handexemplars der »Waage« selbstverständlich nicht übernommen wurden.

Als Musterbeispiel sehen wir uns sogleich an, was aus der affektgeladenen handschriftlichen Glosse der verletzten Eitelkeit, die wir schon kennen (vgl. S. 163f.), im »Saggiatore« geworden ist: »Sarsi hat keinen Grund zu behaupten, für mich sei die Würde des Collegium Romanum gesunken. Ganz im Gegenteil könnte umgekehrt ich nach dem, was Sarsi aus diesem Collegium vorgebracht hat, meine Zweifel haben, ob mein Denken und Ansehen nicht nur jetzt, sondern vielleicht von jeher sehr gering geachtet wurde, da in dieser ›Waage‹ nicht ein einziger meiner Gedanken anerkannt wird; statt dessen liest man da nichts als Widerspruch, Anschuldigung und Tadel, und außer dem Gedruckten (wenn man den Gerüchten glauben schenken will) eine offene Prahlerei, alle meine Sachen annihilieren zu können. Da ich das nicht glaube und nichts von alledem im Collegium für möglich halte, muß es wohl Sarsis Philosophie sein, die eine Lehre gleichzeitig loben und tadeln, bestätigen und ablehnen kann, je nachdem, wozu ihn sein Wohlwollen oder sein Ärger gerade verleitet« (EN VI 228). Und zu dem Vorwurf der Undankbarkeit, den wir ebenfalls schon kennen, heißt es jetzt im »Saggiatore«: »Sarsis Worten glaube ich entnehmen zu können, er rechne es mir als große Verfehlung an, daß ich die Ehrungen der Patres in öffentlichen Collegiums-Veranstaltungen für meine Himmelsentdeckungen und für meine Gedanken über schwimmende Körper nicht mit gleicher Höflichkeit erwidert hätte. Und was hätte ich tun sollen? Sarsi antwortet: den Vortrag des Pater Grassi loben und bestätigen. Aber, Herr Sarsi, da die Sachen zwischen Ihnen und mir auf die Waage gelegt und sozusagen kaufmännisch behandelt werden, frage ich Sie, ob jene verehrten Patres meine Sachen für wahr oder für falsch befunden haben. Erkannten sie sie für wahr und lobten sie deshalb, dann fordern Sie jetzt mit Wucherzinsen das Geliehene zurück, wenn Sie wünschen, ich solle mit gleichem Lob die Sachen preisen, die ich für falsch erkannt habe. Wenn sie sie aber für wertlos hielten und sie dennoch priesen, dann kann ich mich gern für die Freundlichkeit bedanken; aber viel lieber wäre es mir gewesen, wenn sie mich aus dem Irrtum erlöst und die Wahrheit gesagt hätten; ich schätze nämlich den Nutzen wahrhafter Korrekturen viel höher als die Pracht leerer Schaustellungen: und da ich das Gleiche von allen guten Philosophen glaube, fühlte ich mich weder für das eine noch für das andere in Schuld« (EN VI 227).

Man sieht, die verletzte Eitelkeit ist in elegantester Weise auf Sarsi gewählt, und die Patres werden geschont. Und aus dem hilflos formulierten Staunen Sarsis, wieso die Patres jetzt auf einmal nicht den damaligen Rang haben sollen (was er eigentlich gemeint hatte), schlägt Galilei Funken von Ironie mit gleichzeitiger Reverenz vor dem Collegium Romanum. Dies meisterhafte Feuerwerk macht es begreiflich, daß der »Saggiatore« einen Mann wie Barberini hinriß.

Die soeben zitierte Stelle endet übrigens mit einer nur vermeintlichen Schonung Grassis. Galilei besteht darauf, daß nicht Grassis, sondern Tychos »Unfähigkeit zur Logik« von Guiducci angegriffen worden sei, und nur zu dem Zweck, andere vor dieser Falle zu warnen. Das heißt dann eben doch, daß Grassi Belehrung nötig hatte. Im übrigen hält Galilei durchgängig die Fiktion aufrecht, daß Sarsi nur ein übereifriger Schüler des verehrten Pater Grassi sei. Daher dann die Kübel von Spott über den Schüler, bei angeblicher Schonung Grassis. Nur – dadurch wurde das Ganze um vieles verletzender. Überhaupt, so beginnt der »Saggiatore«, hatte Galilei eigentlich schweigen wollen, nach den vielen üblen Erfahrungen mit Prioritätendiebstahl und ewigen Gegnerschaften. Statt vieler anderer wolle er nur Simon Mayr aus Gunzenhausen nennen; über den verbreitet er sich dann recht ausführlich. Da ihm aber jetzt aus heiterem Himmel die Schrift Guiduccis in die Schuhe geschoben wird, muß er seinen Entschluß, keine Schriften mehr zu veröffentlichen, umstoßen. Damit hofft er in Zukunft jedem die Lust zu nehmen, schlafende Hunde zu wecken und Streit zu suchen mit einem, der schweigen will.

Ja, in der Tat, warum hat er eigentlich so lang geschwiegen? Briefe an spanische Würdenträger und Randglossen in Bücher von Peripatetikern schreiben, das füllt doch keine sechs oder sieben Jahre aus! Hätte er nicht seine Paduaner Mechanikstudien veröffentlichen können? Die waren nämlich, wie man weiß, sehr weit gediehen. Und die hätten nichts mit dem Dekret von 1616 zu tun gehabt. Es kann nicht anders sein, als daß er diese Studien für eine Gelegenheit zurückhielt, die es ihm erlauben würde, mit passenden Teilen der Mechanik und mit Verwertung der Schrift über Ebbe und Flut den Aufbau des Universums darzustellen. Ein solches Werk hatte er schon in seinem Bewerbungsschreiben für Florenz von Padua aus angekündigt, und für dieses großartige Werk sollten die Einzelstudien dienen. Darüber mag er jahrelang gebrütet haben. Daran zu arbeiten hatte für ihn aber nur Sinn, wenn an Veröffentlichung zu denken war. Für jetzt konnte er sein Schweigen brechen und einiges über astronomische Fragen sagen, wenn er klar machte, daß man ihn durch Unfairness dazu genötigt habe.

Emil Wohlwill, der begeisterte und immer verständnisvolle Biograph (»Galilei und sein Kampf für die copernikanische Lehre«, 1909, 1969[2]), kann nicht umhin, von Grassis »Waage« zu sagen: »Es fehlt allerdings in der Polemik gegen Galileis Kometentheorie nicht an treffenden Bemerkungen«, und den »Saggiatore« nennt er eine der umfangreichsten Schriften Galileis, aber »an dauerndem Gewinn für die Wissenschaft ist sie vielleicht die ärmste«.

Das trifft jedoch nur für die große Masse dieses Opus zu. Dagegen sind einzelne Stellen wahrhaft klassische Sätze des wissenschaftlichen Denkens und der neuen mechanistischen Weltauffassung.

Die Frage Sarsis, warum Galilei dagegen sei, daß Grassi dem einzig übrigbleibenden Tycho folge, beantwortet Galilei so: »Sarsi scheint der festen Überzeugung zu sein, daß man sich in der Philosophie auf die Meinungen eines berühmten Autors stützen müsse und daß unser Denken, wenn es sich nicht der Rede eines anderen anpasse, völlig steril und unfruchtbar bleiben müsse. Vielleicht denkt er, die Philosophie sei ein Buch und die Phantasie eines Menschen, wie die Ilias und der Rasende Roland, Bücher, bei denen die unwichtigste Frage ist, ob das Geschriebene wahr sei. Herr Sarsi, die Sache verhält sich so nicht!« Und nun folgt diese berühmte Stelle: »Die Philosophie steht in jenem riesigen Buch geschrieben, das uns ununterbrochen offen vor Augen liegt, ich meine das Universum. Aber man kann es nicht verstehen, wenn man nicht zuerst die Sprache und die Buchstaben kennen lernt, in denen es geschrieben ist. Geschrieben aber ist es in mathematischer Sprache, und die Buchstaben sind Dreiecke, Kreise und andere geometrische Figuren, und ohne diese Mittel ist es für Menschen unmöglich, auch nur ein einziges Wort zu verstehen; ohne sie irrt man sinnlos in einem dunklen Labyrinth umher« (EN VI 232).

Und erst nach dieser »Abschweifung« ins Zentrum seiner geometrisierten Naturphilosophie fährt er mit der Antwort auf die naive Frage Sarsis fort: »Aber gesetzt selbst, unser Intellekt müsse sich, wie Sarsi meint, zum Sklaven eines anderen Intellektes machen..., und in der Betrachtung der Himmelsbewegungen müsse man irgend jemandes Anhänger sein, dann sehe ich nicht, warum er sich den Tycho wählt und ihn dem Ptolemäus und dem Nikolaus Kopernikus vorzieht. Von diesen beiden haben wir vollständige und mit höchster Kunst konstruierte und zu Ende geführte Weltsysteme. Das aber hat Tycho meines Wissens nicht geleistet, falls es nicht dem Sarsi genügt, daß er die beiden Systeme bestritten und ein anderes versprochen, aber nicht geliefert hat.«

Dann liefert Galilei selbst einen vermeintlichen Beweis dafür, daß weder Tycho noch Kopernikus noch sonstwer den Ptolemäus widerlegen konnte, solange nicht durch das Teleskop die sehr verschiedenen Größenveränderungen von Venus und Mars in der größten und der kleinsten Sonnenferne erwiesen wurden, und das habe er, Galilei, mit Händen greifbar bewiesen. Das war ein versteckter Hinweis auf den vermeintlich bewiesenen Heliozentrismus, »der uns aber durch allerhöchste Weisheit als Irrtum erklärt wurde«. Dann endet die Passage: »Da nun die beiden Systeme mit Sicherheit falsch sind und das Tychonische gleich null ist, sollte Sarsi es mir nicht verübeln, wenn ich mit Seneca den Wunsch nach der wahren Konstitution des Universums habe« (EN VI 233).

Zwei Jahre später allerdings wird Galilei in Keplers »Ährenlese aus dem Saggiatore« (ein Appendix zum »Hyperaspistes«, einer scharfen Attacke gegen den »Antitycho« des Peripatetikers Chiaramonti) kühl zurechtgewiesen: Mit diesem Beweis sei es nichts, damit würden nur gewisse Ungenauigkeiten des ptolemäischen Systems korrigiert, keinesfalls aber das Kreisen der Planeten um die Sonne bewiesen. Nur der Umlauf der Venus um die Sonne, den sowohl Kopernikus wie auch Tycho lehrten, werde zwar nicht durch die wechselnden Größenverhältnisse, aber durch eine andere Beobachtung bewiesen, die Galilei selbst längst gemacht habe, nämlich durch die Phasen der Venus, und zwar durch die volle Phase. (Kepler, Gesammelte Werke, Bd. VIII, S. 417.)

Tatsächlich hat die Entdeckung der vollen Scheibe der Venus, die im ptolemäischen System nicht möglich war, den Ptolemäus widerlegt, und, wie Kepler richtig sagt, nur diese Entdeckung. Damit wies Kepler in aller Ruhe die versteckte Behauptung Galileis zurück, er habe das kopernikanische System bewiesen. Kurz zuvor hatte Kepler schon klargestellt (a.a.O. S. 414), daß weder Kopernikus noch Tycho, sondern »Ego (Kepler) ante annos 15« in den Kommentaren zur Marsbewegung, also in der »Astronomia Nova«, die richtigen Berechnungen geliefert habe.

Im »Saggiatore« (EN VI 301) macht sich Galilei darüber lustig, daß Sarsi und sein Meister die Kometenparallaxe des Tycho sich zu eigen machen und dabei verschweigen, daß die verschiedenen Astronomen enorm unterschiedliche Parallaxen gemessen hätten. Dann müßte ja der Komet, wenn er ein reelles Objekt sei, sowohl diesseits als auch jenseits der Sonne stehen; wenn er aber kein reales Objekt sei, müsse die ganze Parallaxenbestimmung Unsinn sein.

Darüber empört sich Kepler. Er erklärt es einfach für unglaublich, in die Zweifel an Mathematikern auch Tycho einzuschließen. »Wer ist so dreist, irgendeinen Mathematiker mit Tycho sich messen zu lassen!« (a.a.O. S. 422) Und Kepler wußte, wovon er redete, wenn er Mathematik sagte. Noch eine Anzahl anderer Behauptungen bestreitet Kepler, wobei er einmal beginnt mit »Oho, Galilei!« Der Ton ist selbstsicher, bestimmt und, obwohl im großen und ganzen um Höflichkeit bemüht (»nicht um dir Unwissenheit nachzusagen, sondern um dir deine eigenen Entdeckungen ins Gedächtnis zu rufen«), gelegentlich auch scharf. Die Begründung für die Niederschrift der »Ährenlese«: »Im Streit zwischen Sarsi und Galilei will ich nicht Richter sein. Aber wo es um Tycho geht, kann ich nicht schweigen.«

Als Galilei die Schrift zu Gesicht bekam, sagte er, er verstehe das Zeug nicht, und da dem Kepler nichts Gescheites gegen ihn eingefallen sei, habe er vermutlich selbst nicht verstanden, was er da alles zusammengeschrieben habe (EN XIII 301). Eine Zeitlang tat er so, als sei er zu einer Antwort entschlossen (EN XIII 315, 319), aber er ließ es bleiben. Er hat mit Sicherheit begriffen, was er angeblich nicht verstand, und auch begriffen, welch gefährlicher Gegner Kepler werden könnte.

Santillana sagt, Galileis Meinung über die Kometen, sie seien optische Effekte in irdischen Dämpfen, sei »zweifellos falsch, aber es gab ernsthafte Gründe für seine Wahl«. Leider nennt er die ernsthaften Gründe nicht. »Das wirklich Unangenehme an seiner Stellungnahme war der Bruch der alten Allianz mit Kepler, der von den beiden der bessere Astronom war.« In Wahrheit war die »Allianz« stets sehr einseitig gewesen. Kepler trug mit seinem Ansehen und seinem Eintreten viel zum anfänglichen Erfolg Galileis bei, aber wie sollte Galilei einen bedeutenden Astronomen an seiner Seite dulden, noch dazu einen, der Tycho für bedeutend hielt und sich überdies einbildete, den Kopernikus verbessern zu können! Galilei hat Keplers Entdeckungen stets ignoriert, sich für die Zusendung seiner Bücher nicht bedankt und immer wieder spöttisch von ihm gesprochen. Außerdem war die »Ährenlese« nicht der erste öffentliche Widerspruch Keplers. Erinnern wir uns daran, daß er das Dekret von 1616 öffentlich dem ungeschickten Treiben einiger Kopernikaner zur Last legte. Trotzdem änderte sich an der Hochachtung Keplers für Galilei nichts; er kannte genau die Bedeutung und Größe Galileis. Zum Inquisitionsprozeß Galileis konnte er nichts mehr sagen, da er 1630 starb.

Aber zurück zum »Saggiatore«. Da finden wir auf S. 276 der EN VI von Galilei ausdrücklich wiederholt, was er Guiducci schon für dessen Akademievortrag diktiert hatte: »Ich sage nicht mit Entschiedenheit, daß die Kometen auf diese Weise (sc. als Reflexion in irdischen Dünsten) entstehen, aber ich sage sehr wohl, daß ich sowohl über diese wie auch über die anderen Erklärungen anderer Autoren im Zweifel bin. Und wenn die ihre Meinungen zweifelsfrei aufstellen zu können behaupten, dann ist es ihre Pflicht zu beweisen, daß meine und alle anderen Positionen unbegründet und falsch sind.« Es scheint noch niemand aufgefallen zu sein, daß diese Forderung genau die Forderung des französischen Physikers Pierre Duhem in seinem »Essai sur la notion de théorie physique de Platon et Galilei« (1908) ist, wofür Duhem von allen Galileibiographen und Wissenschaftshistorikern wie z.B. Crombie ausgelacht wird. Duhem sagt dort: »Angenommen, die Hypothesen des Kopernikus könnten alle bekannten Erscheinungsformen erklären; daraus könnte man schließen, daß sie möglicherweise wahr sind, nicht aber, daß sie mit Notwendigkeit stimmen. Denn um diesen Schluß zu legitimieren, müßte man beweisen, daß kein anderes System denkbar ist, das die Erscheinungsformen genau so gut erklärt. Dieser letzte Beweis ist aber niemals geführt worden.« Eben diesen Satz zitiert Crombie spöttisch in seinem »Von Augustinus bis Galilei« (S. 451/2). Wer Duhem in diesem Punkt auslacht, müßte auch Galilei in diesem Punkt auslachen.

Und jetzt ist noch die erstaunlichste Passage vorzuführen, worin die mechanistische Naturwissenschaft der Zukunft gleich am Anfang aufs schärfste und klarste formuliert wird. Dazu sollte man jedoch den Zusammenhang der Diskussion in Betracht ziehen; er wird unser Staunen vergrößern.

Sarsi behauptet mit Aristoteles und vielen anderen, Bewegung und Luftreibung erzeuge Wärme, geht aber so weit zu glauben, ein fliegender Pfeil gerate durch Luftreibung in Brand. Galilei ist der Meinung, daß Luftreibung eher Kälte erzeugt, wie man in einer schnell fahrenden offenen Kutsche auf dem eigenen Gesicht konstatieren könne. Und ein brennender Pfeil werde beim Fliegen schneller kalt, als wenn er gar nicht abgeschossen würde. Und wo dann Sarsi zum Beweis der Erwärmung durch Luftreibung wieder ein falsches Beispiel bringt und einen antiken Bericht zitiert, wonach die Babylonier Eier in Schleudern rasch durch die Luft wirbelten und sie dadurch zum Kochen brachten, da nimmt Galilei die Gelegenheit wahr, ein Bravourstückchen auf Kosten des Gegners vorzuführen:

»Wenn Sarsi will, ich solle dem Suidas glauben, daß die Babylonier Eier kochten durch rasches Kreisen in der Schleuder, dann will ich es glauben. Ich werde allerdings hinzufügen, daß die Ursache dieser Wirkung weit von der angenommenen entfernt ist; und um die wahre zu finden, argumentiere ich wie folgt: Wenn uns eine Wirkung nicht gelingt, die anderen ein andermal gelungen ist, muß in unserem Vorgehen notwendig etwas fehlen, das die Ursache des Gelingens war. Und wenn uns dabei nur eine einzige Bedingung fehlt, dann ist diese einzige Bedingung die wahre Ursache. Nun fehlen uns weder Eier noch Schleudern noch kräftige Männer zum Schleudern, und trotzdem kochen sie nicht, sondern werden, wenn sie schon warm sein sollten, nur um so rascher kalt. Und da uns nichts anderes fehlt, als Babylonier zu sein, liegt mithin die Ursache für das Hartwerden der Eier darin, daß sie Babylonier waren, und nicht in der Reibung der Luft« (EN VI 340).

Man kann sich das Vergnügen der Leser vorstellen, die in Galileo Galilei die große wissenschaftliche Autorität sahen, aber auch das betretene Lächeln seiner Gegner, die ihm den Status eines mindestens sehr angesehenen Wissenschaftlers nicht mehr absprechen konnten. Und man kann gut verstehen, daß das Collegium Romanum beschloß, eine nochmalige Antwort Grassis nicht mehr zu finanzieren. (Grassi beugte sich übrigens nicht, sondern fand schließlich Hilfe in Paris, wo er 1626 seine Antwort »Ratio ponderum librae ac simbellae« veröffentlichte, auf die Galilei öffentlich nicht mehr reagierte.)

Wie man sieht, ist diese Diskussion über die Luftreibung auf beiden Seiten unzulänglich. Galilei führt eine experimentell ungeprüfte unmittelbare Anschauung ins Feld, aber auf seiten Sarsi/Grassis beruht der scheinbar richtige Ansatzpunkt lediglich auf der Hinnahme von Autorität. Sarsi hat seine Position weder experimentell geprüft, noch irritiert ihn an der Eierkocherei durch Herumschleudern der offenbare Unsinn, weil er sich durch Autorität gedeckt glaubt — ein Musterbeispiel für die damalige peripatetische vermeintliche Prinzipiensicherheit.

Aber gerade aus diesem verworrenen Streit, den Galilei nunmehr beiseite schiebt, geht nun seine große Formel der mechanistischen Naturwissenschaft hervor (EN VI 347): »Jetzt bleibt mir noch ein gewisser Gedanke darzulegen, den ich versprochen habe und der sich mit der Behauptung befaßt ›Die Bewegung ist Ursache der Wärme‹. Ich werde zeigen, in welcher Weise mir diese Behauptung wahr zu sein scheint. Aber zuerst ist es nötig, eine Betrachtung anzustellen über das, was wir ›warm‹ nennen, worüber nach meiner Vermutung eine sehr weit von der Wahrheit entfernte Vorstellung herrscht, indem man glaubt, das sei eine echte Äußerung und Qualität mit Sitz in der Materie, die uns das Gefühl der Wärme vermittelt.«

An dieser Stelle folgt nun die epochemachende Unterscheidung:

»Daher sage ich: Sobald ich eine körperliche Materie oder Substanz denke, muß ich notwendigerweise zugleich denken, daß sie begrenzt und bestimmt wird durch diese oder jene Gestalt, daß sie in Beziehung auf andere groß und klein ist, daß sie sich an diesem oder jenem Ort befindet, in dieser oder jener Zeit, daß sie sich bewegt oder ruht, daß sie einen anderen Körper berührt oder nicht berührt, daß sie eine, wenige oder viele ist, und durch keinerlei Vorstellung (immaginazione) kann ich sie von diesen Bedingungen trennen.«

Form, Größe, Lage, Zeit, Bewegung, Zahl sind also unabdingbare oder primäre Eigenschaften von Körpern. Galilei fährt fort:

»Daß sie (die körperliche Materie) aber weiß oder rot, bitter oder süß, von angenehmem oder unangenehmem Geruch sein müsse, dies als notwendig begleitende Bedingungen anzunehmen mute ich meinem Geist nicht zu. Im Gegenteil, wenn die

Sinne nicht im Spiel wären, würde das Gespräch oder die Vorstellung von sich aus vielleicht nie darauf kommen. Daher denke ich, daß diese Geschmäcke, Gerüche, Farben usw. in Beziehung auf den Gegenstand, worin sie ihren Sitz zu haben scheinen, nichts als bloße Namen sind, und daß sie vielmehr einzig und allein dem sensitiven Körper zugehören, so daß bei Abwesenheit des Lebewesens alle diese Qualitäten aufgehoben und vernichtet sind.«

Damit sind nun die sekundären Eigenschaften bezeichnet, die nur in den Sinnen des rezipierenden Lebewesens sitzen.

Zum besseren Verständnis führt Galilei einige Beispiele an. Die Berührung einer Marmorstatue und eines lebenden Menschen mit meiner Hand ist identische Bewegung, aber der lebende Körper empfindet an manchen Körperstellen »Kitzel«, der natürlich nicht in der Hand seinen Sitz hat. Eine Feder, die einen lebenden Körper streichelt, übt denselben Kitzel an manchen Körperstellen aus. Wenn also kein lebendiger Körper da ist, ist »Kitzel« nur noch ein bloßer Name. Und so, meint Galilei, verhält es sich mit vielen Eigenschaften wie Geschmack, Geruch, Farbe und anderen. (Man sieht: es handelt sich um nicht geometrisierbare Eigenschaften.)

Danach entwickelt er eine Vorstellung, wie diese sekundären Eigenschaften durch abgelöste »kleinste Partikel« auf unsere Sinne eindringen. (Über die historische Herkunft dieser atomistischen Korpuskulartheorie z. B. von Hero von Alexandria bis ins 17. Jahrhundert vergleiche man Crombie a. a. O. S. 29, 272, 532.) Und dann wiederholt er noch einmal, daß bei Abwesenheit der Sinne »Gestalt, Zahl und Bewegung, nicht aber Gerüche, Geschmäcke und Töne übrig bleiben«.

Und nun kommt er endlich auf die Wärme zurück, über die er ja eigentlich sprechen wollte. Und da sagt er denn: »Ich neige sehr zu der Annahme, die Wärme sei von dieser Art, und die Materien, die in uns Wärmeempfindung hervorrufen und die wir mit dem allgemeinen Namen Feuer belegen, seien eine Menge kleinster Korpuskeln, die soundso situiert und in soundso großer Geschwindigkeit bewegt beim Auftreffen auf unseren Körper ihn mit höchster Feinheit durchdringen und durch diese von uns gefühlte Berührung die Empfindung erregen, die wir Wärme nennen; sie wird angenehm oder lästig empfunden je nach der kleineren oder größeren Menge und Geschwindigkeit dieser minimalen Korpuskeln...« (EN VI 350).

Und hier schließt sich der versprochene Ring: »Aber daß außer Gestalt, Menge, Bewegung, Durchdringung und Berührung im Feuer noch eine andere Eigenschaft zu finden sei, nämlich Wärme, das glaube ich nicht... weil nun zur Erregung von Wärme die Anwesenheit der glühenden Korpuskeln nicht genügt, sondern auch ihre Bewegung nötig ist, daher also scheint mir mit großem Recht der Satz gültig zu sein, die Bewegung sei Ursache der Wärme« (VI 351).

Diese eigentliche Schlußfolgerung, die in allen Darstellungen als überflüssig weggelassen wird, wollte ich unbedingt vorführen. Um auch die Wärme als sekundäre Eigenschaft charakterisieren zu können, kam Galilei zur Formulierung des mechanistischen Grundprinzips der primären und sekundären Eigenschaften. An dem soeben zitierten Schlußpunkt der Gedankenkette gilt also ein bekannter Satz in seiner Umkehrung: Die Mittel heiligen den Zweck. Das Mittel, das mechanistische Grundprinzip, ist und bleibt auf jeden Fall die erste prägnante Formulierung der neuen Naturphilosophie.

Damit ist alles gezeigt, was an bedeutenden Prinzipien des wissenschaftlichen Denkens und der mechanistischen Weltauffassung unter der Hand im »Saggiatore« zu finden ist. Den großen Rest der Polemiken und Spitzfindigkeiten können wir übergehen, z.B. die ermüdend lang behandelte Möglichkeit, daß die Kometen doch Spiegelungen in irdischen Dünsten sein könnten, die Diskussion über Grassis »falsche Anwendung« des Teleskops, also die eigentlichen Streitpunkte der hin- und hergehenden Publikationen.

Auch die Geschichte von einem Mann, der die Entstehung der Töne erforscht und herausbekommt, wie der Vogel, die Flöte, die Geige, die Schnake und die Grille jeweils Töne erzeugen, aber an der Zikade scheitert, weil sie ihm beim Untersuchen vorzeitig verendet, dient einer nicht ganz geheuren Folgerung:

»Wenn ich also die Entstehung des Kometen nicht genau bestimmen kann, muß man mich für entschuldigt halten, um so mehr als ich mir das nie angemaßt habe in dem Bewußtsein, daß sie auf irgend eine, weit jenseits unserer Einbildungskraft liegende Weise statthaben kann« (EN VI 281). Das ist fast so etwas wie der perhorreszierte Allmachtsvorbehalt Barberinis.

Mit dieser Geschichte über die Entstehung des Schalls wollte Galilei vor einer voreiligen Verwertung der Analogie in der Naturwissenschaft warnen. Wohlwill (a. a. O. II S. 51) merkt dazu an: »Im übrigen hat diese Geringschätzung der Analogie ihre sehr wesentliche Rolle bei seinem Mißerfolg (der Kometentheorie) gespielt.«

An dieser Stelle ist es interessant, eine Bemerkung Hans Blumenbergs (»Galileo Galilei...«, S. 12 ff.) zur Kenntnis zu nehmen:

»Galilei hatte auf das Fernrohr gesetzt, er hatte ihm die Macht der Wahrheit anvertraut; er konnte nur mit dem Fernrohr scheitern. Er kam zu dem Ergebnis, daß der ganze Haufe der Peripatetiker (tutta la turba peripatetica) sich als unfähig erwiesen habe, auch nur der einfachsten und leichtesten Beweisführung zu folgen. Der Widerstand seiner Gegner erschien ihm als Symptom der intellektuellen Trägheit, des krampfhaften Besitzerstolzes auf das einmal Erlernte und der mangelnden Bereitschaft gegenüber einem offenen Horizont von Möglichkeiten, die sich in den Studierstuben verschanzt, um im Aristoteles nachzusehen, statt auf die Dinge selbst hinzusehen. Galilei reflektierte nicht auf die Kompliziertheit der menschlichen Optik, die der Leistungssteigerung der physikalischen Optik nicht ohne weiteres folgt; so sollte ihm in zwei wesentlichen Punkten das eigene optische Versagen entgehen: in der Beurteilung der Natur der Kometen, die er im Saggiatore als sublunare Erscheinungen deklarierte, und in der Frage der Sonnenflecken, deren Realität und Bedeutung er trotz rechtzeitiger Wahrnehmung zu spät erkannte, so daß er um die Priorität dieser Entdeckung in den folgenreichen Streit mit dem Jesuiten Scheiner verwickelt wurde, in dem er zu Unrecht die versäumte Aufmerksamkeit auf das von ihm wohl schon im Sommer 1610 gesehene, aber in seinem Potential übersehene Phänomen für sich in Anspruch nahm. Für Galilei hatte es auch einen guten Grund gegeben, die drei Kometen, die 1618 am Himmel erschienen waren, nicht zu realisieren — die stark elliptischen Bahnen, die er ihnen hätte zuerkennen müssen, wenn er ihre Realität eingestanden hätte, widersprachen seinem beharrlichen Festhalten an dem traditionellen Dogma von der Kreisform der Bahnen aller Himmelskörper. Galilei unterwarf seine Optik seiner Dogmatik und behalf sich mit demselben Ausfluchtsmittel, das sein Gegner Magini gegen die Jupitermonde angewendet hatte, indem er sie als optische Täuschungen erklärte.«

Hier haben wir ohne Namensnennung zugleich die Antwort auf Santillanas Bemerkung, Grassis Kompromiß, nämlich die kirchlich tragbare Mixtur von Aristoteles und Tycho, sei eine rein »politische« Position. Das stimmt. Die Jesuiten hatten sich trotz des Gebots, an Aristoteles festzuhalten, dem tychonischen Kompromiß zugewandt, worin die Kometen völlig unaristotelisch als reale Himmelskörper deklariert wurden. Aber wie wir schon wissen und von Blumenberg noch einmal bestätigt bekommen, auch Galileis antitychonische Position war »politisch«: Tycho lenkte von Kopernikus ab, also mußte alles bestritten werden, was er geleistet hatte. Grassi und Galilei hatten jeder seine eigene Politik, und daß Grassi recht behielt, wird von den Biographen als purer Zufall abgetan. Das wäre richtig, wenn der Peripatetiker Grassi von sich aus auf die Realität der Kometen geschlossen hätte. Aber die Dinge liegen ganz anders: Daß Galilei in der Kometenaffäre unrecht hatte, stammte aus seiner Politik. Antipathie ist ein schlechter Ratgeber. Und daß Grassi recht hatte, stammt aus der Ordenspolitik; Tychos Messungen waren kein Zufall. Sonst aber hatte Grassi nichts zu bieten. Als Wissenschaftler war er Galilei gegenüber eine Null, und daß er ein schlichter Peripatetiker war, kann und wird niemand bestreiten. Außer der Kometenschrift ist übrigens kein weiteres wissenschaftliches Werk von ihm bekannt. Aus einem Brief Guiduccis (EN XIII 186) wissen wir, daß Grassi an Galileis Neigung, die Wärme für eine sekundäre Eigenschaft zu nehmen, einhaken wollte. Aber, so meint Guiducci, man habe ihn davon abgebracht mit der Warnung, Galilei sei mit Sicherheit gut gerüstet für dieses Problem, ja er habe es vermutlich hineingesetzt, um Grassi in eine Falle zu locken.

Aber Grassi tat genau das, was er vorhatte. Er griff das Thema in der Antwortschrift »Ratio ponderum librae et simbellae« auf. Er setzte an der Korpuskulartheorie an und sagte, wenn die Feder kitzelt und der Kitzel nur im Gefühl ist, wo sind dann die Korpuskeln, die in unsere Haut eindringen müßten?

Nirgends. Und so ist es mit der Wärme und dem Wärmegefühl: wo sollen sich Korpuskeln bewegen, wenn eine Hand die andere erwärmt? Wärme ist eine »Qualität« (EN VI 487), freilich eine aristotelische, die sowohl in der Wärmequelle als auch im Erwärmten vorhanden ist.

Und während Galilei die ganze »Ratio ponderum« mit Randglossen übersäte, blieben die beiden Seiten, auf denen Sarsi/Grassi über die Wärme spricht, vollständig unglossiert! Vermutlich ist es diese verblüffende Passage, die Galilei davon abbrachte, seine Glossen in eine neue Streitschrift zu verwandeln. Er war sich in diesem wichtigen Punkt seiner Sache nicht sicher. Und doch wäre einiges zu erwidern gewesen. Denn Pater Grassi war nicht unterwegs zu der Entdeckung, daß Wärme eine Form der Energie sei, sondern er zog den Analogieschluß, daß auch alle anderen Eigenschaften – Farbe, Geruch, Geschmack –, die Galilei als sekundär bezeichnet hatte, inhärente Qualitäten seien. Grassi war und blieb Aristoteliker. Auf anderen Gebieten war er übrigens ein anerkannter Meister: er hat nach der Heiligsprechung des Ordensgründers die Pläne für St. Ignazio in Rom entworfen; Baubeginn 1626. Außerdem hat er nach Ideen Leonardos ein unversenkbares Schiff konstruiert. Ein interessanter und interessierter Mann, ein Werkstattempiriker und Mathematiker. Und doch ein Aristoteliker, und nicht nur aus Ordensdisziplin.

13
Unter der Sonne Urbans ein erstes Flügelbreiten

Allmählich wurde es Zeit, Seiner Heiligkeit die Füße zu küssen. Zu früh wollte Galilei nicht in Rom ankommen, daher nennt er in dem schon zitierten Gratulationsschreiben an den Nepoten Francesco Barberini (EN XIII 130) zwei Gründe für sein Zögern: den Jubel über diese Papstwahl, der seine Unpäßlichkeit verstärkte, und die Befürchtung, im Gedränge der ersten Gratulanten ungehört unterzugehen.

Krank vor Glück also und doch selbstbewußt: er gehört nicht zur Masse. Das schrieb er am 19. 9. 1623. Einen Monat später hatte er einen Brief von Cesi in der Hand, der ihn nachdrücklich aufforderte, nach Rom zu kommen, denn der Papst habe ihn gefragt, ob Galilei komme und wann er komme, worauf er geantwortet habe, Galilei könne es kaum erwarten »und ähnliche passende Worte der Ehrerbietung« (EN XIII 140).

Es wurde aber April 1624, bis Galilei sich aufmachte. Zuerst blieb er vierzehn Tage als Gast auf Cesis Gut Acquasparta; in Rom traf er am 23. 4. ein. Schon am nächsten Tag hatte er die erste von sechs Audienzen bei Urban VIII. Er begann auch sofort die üblichen Höflichkeitsbesuche reihum abzustatten und hoffte auf ergiebige Gespräche für seine Sache. Seine Sache bestand in der Hoffnung, mit der Thronbesteigung Maffeo Barberinis sei die Chance gegeben, daß das Dekret von 1616 aufgehoben werde. Er rühmte in einem Brief an Cesi die Liebenswürdigkeit des Papstes, der ihm eine Pension für seinen Sohn gewährt und ihm selbst in der letzten Audienz am 7. Juni ein schönes Gemälde und zwei Medaillen in Gold und Silber geschenkt habe (EN XIII 182); aber in demselben Brief mußte er mitteilen, daß auf seine Bitte der deutsche Kardinal »Zoller« (= Hohenzollern) versucht habe, mit dem Papst über das Dekret zu sprechen und zur Antwort erhalten habe, »die heilige Kirche habe die Sache des Kopernikus nie als häretisch verurteilt, noch werde sie das tun, sondern nur als vermessen (temeraria); doch sei nicht zu befürchten, daß sie jemals als zwingend wahr bewiesen werde«.

Diese Briefstelle zeigt dreierlei. Erstens hat Galilei in den Audienzen offensichtlich überhaupt keine Gelegenheit erhalten, auf sein Hauptanliegen zu kommen, sonst hätte er das in dem Brief an Cesi erwähnt, und er hätte nicht den Hohenzollern darum bitten müssen. Ferner weiß man aus Diplomatenberichten, daß Urban VIII. fast immer allein sprach und am Ende der Audienzen für das interessante Gespräch dankte. Es ist also sehr wahrscheinlich, daß er das wichtigste Thema, das Galilei zu besprechen wünschte, im Schwall der literarischen Beredsamkeit nicht berührte. Und in einer Papstaudienz kann man als Besucher keine Themen nach Gutdünken anschneiden. Jedenfalls weiß niemand etwas über den Inhalt der sechs Audienzen, außer dem, was Galilei Cesi mitgeteilt hat. Es ist auch nicht wahrscheinlich, obwohl es immer wieder vermutet wird, daß Urban während dieser Audienzen von der sog. Allmachtsklausel gesprochen hat (Gott kann in seiner Allmacht Ebbe und Flut auch auf eine Weise bewirken, die der menschliche Verstand nicht ausfindig machen kann). Dann wären sie ja beim Thema gewesen. Wir wissen aber aus dem 1629 publizierten Traktat »De Deo uno« des päpstlichen Theologen Oregius (Agostino Oreggi), der schon seit langen Jahren in den Diensten des Kardinals Maffeo Barberini gestanden hatte, daß Barberini einmal als Kardinal diesen Gedanken Galilei gegenüber geäußert hat, also 1616, als Galilei den Aufsatz über Ebbe und Flut für Orsini niedergeschrieben hatte. Galilei, schreibt Oregius, sei beim Anhören dieser Klausel still geworden.

Zweitens ist es trotz der einhelligen Vermutung der Biographen nicht so leicht zu vermuten, Galilei habe mit dem Papst über seinen Plan, den Traktat über Ebbe und Flut zur Darstellung der Konstruktion des Universums auszuweiten, in den Audienzen gesprochen und die Zustimmung zur hypothetischen

Behandlung erhalten. Dann hätte Urban sofort gesagt: Bitte keinen Nachdruck auf Ebbe und Flut legen, vor allem nicht im Titel. Dann wären sie ebenfalls beim erwünschten Thema gewesen. Und dann hätte Galilei den Kardinal von Hohenzollern wiederum nicht, und noch dazu im letzten Augenblick vor der Abreise, bemühen müssen.

Drittens aber hätte Galilei aus der Bemerkung Urbans zu Hohenzollern (es sei nicht zu befürchten, daß die Bewegung der Erde jemals bewiesen werden könne) sich an die Allmachtsklausel erinnern müssen; wie anders sollte diese Sicherheit Urbans zustande kommen? Das alles ist so wichtig, weil wir diese Allmachtsklausel noch in einem bösen Zusammenhang wiedersehen werden.

Aber Galilei war wieder einmal optimistisch und selbstsicher. Das Wichtigste und Deutlichste waren für ihn die Gunstbeweise des Papstes. Die alte Sympathie bestand also noch immer, Urban gab ihm sogar ein Breve an den Großherzog mit, das von Bewunderung für Galilei strotzte. Einen besseren Moment würde es so leicht nicht geben.

Also setzte er sich hin und machte einen ersten Versuch. Acht Jahre vorher war eine kurze Schrift »De situ et quiete terrae contra Copernici systema« (Über Stellung und Ruhe der Erde, gegen das kopernikanische System) mit Widmung an Galilei erschienen. Der Verfasser war der Paduaner Jurist Francesco Ingoli, der inzwischen zum ersten Sekretär der noch von Gregor XV. 1622 gegründeten Kongregation De Propaganda Fide avanciert war. Ingoli gründete die berühmte polyglotte Druckerei der Propaganda. Im Rom des Jahres 1624 genoß er jedenfalls höchstes Ansehen.

Galilei hatte seinerzeit auf diese unbedeutende peripatetische Schrift, die in mathematische, physikalische und theologische Argumente gegliedert war, wegen des dazwischengekommenen Dekrets von 1616 nicht antworten können. Jetzt, unter Urbans gnädiger Sonne, fühlte er sich freier. Es war ein bißchen schwierig, die Verspätung von acht Jahren zu begründen; eins seiner Argumente waren die »Häretiker« im Ausland, die nach allem, was man so höre, dem Kopernikus anhingen, und denen er zeigen wolle, daß die Katholiken nicht aus Unwissenheit, sondern trotz guter, ja sogar besserer naturwissenschaftlicher

Kenntnisse »in der alten, von heiligen Autoren gelehrten Sicherheit« verharren, und zwar »aus Eifer für die Religion«. Dazu gesellt sich noch eine weitere »Wohltat« des katholischen Glaubens, nämlich das Verständnis dafür, »wie wenig einer sich auf menschliches Reden und menschliche Wissenschaft verlassen kann« (EN VI 511). Daher »brauchen wir die höheren Wissenschaften, die allein die Blindheit unseres Geistes erhellen und uns die Disziplinen lehren können, zu denen wir durch Erfahrungen oder Vernunftsgründe niemals gelangen würden« (VI 512).

Damit fängt der lange »Brief an Francesco Ingoli« (EN VI 509—61) an, der Ende 1624 bei den Freunden in Rom eintraf. Galilei hat diesen Anfang freiwillig geschrieben und noch hinzugefügt, auf die theologischen Argumente Ingolis werde er nicht eingehen. Dieser Anfang und der nachfolgende Text waren sozusagen die Generalprobe für das große Werk, das er plante. Die Unterordnung der Wissenschaft unter die Theologie ist erstaunlich. Im Brief an Christine von Lothringen hatte er sie mit harten und überzeugenden Worten abgelehnt. Nach dem Dekret war er demnach der Meinung, man müsse der Kirche die wissenschaftliche Kompetenz zugestehen, um dann die unverläßliche »menschliche Wissenschaft« so beweiskräftig wie möglich vortragen zu können. Den Sinn des Dekretes, der kosmologischen Forschung jede mögliche Verfahrensweise nach wie vor freizustellen, wenn sie hypothetisch vorgetragen wurde, hatte Galilei also nicht verstanden oder wollte ihn nicht verstehen. Er trennte die beiden Bezirke säuberlich, so daß der »Eifer« für die Religion zu einem Alibi-Kunstgriff, zu einem Lippenbekenntnis wurde. Vor dem Dekret wollte er den armen Theologen mit dem Hinweis auf ihre Inkompetenz behilflich sein, nach dem Dekret schenkte er ihnen mehr, als sie verlangten, und stellte sie dann wortlos in ihre theologische Ecke. Die Trennung vollzog er also nach wie vor; an besonders brenzligen Stellen konnte er ja in Parenthesen hinzufügen: wohlverstanden, nur innerhalb der menschlichen Wissenschaft.

Jedenfalls ist nach dieser einleitenden Schutzbehauptung von Unterordnung nicht mehr die Rede, außer in einer solchen Parenthese, und es folgt nun eine rein kopernikanische Abhandlung. Wenn dann aber Stillman Drake im Vorwort zur deutschen Neuausgabe des großen »Dialog über die beiden hauptsächlichsten Weltsysteme« (Stuttgart 1982) rundweg behauptet, Galilei habe sich nicht sonderlich für Kopernikus interessiert, er sei kein kopernikanischer »Eiferer«, sondern eher ein katholischer Eiferer gewesen, dann kann man nur den Kopf schütteln. Gewiß wollte Galilei eine neue Physik, einen Gesamt-Aufbau des Universums liefern, damit hat er in Padua begonnen, siehe seinen Brief an Sarpi von 1604 (EN X 115) und mehr noch den Brief an Antonio de'Medici von 1609 (EN X 228), wo schließlich das ausgereifte Fallgesetz verwendet ist. Und in »Zwei neue Wissenschaften« von 1638 faßt er alles zusammen, was er zur Mechanik experimentiert und gedacht und »erschaut« hatte.

Aber mit seinen teleskopischen Entdeckungen von 1610 hatte er sich ablenken lassen und glaubte die Himmelsphysik auf unmittelbare Weise »erschaut« zu haben. »Was wollen Sie dagegen machen, Herr Sarsi, mir allein und keinem anderen wurde gewährt, alle himmlischen Neuheiten zu entdecken«, dieser Satz ist eine Randglosse zu Sarsi/Grassis »Ratio ponderum« (EN VI 383). Von da ab hielt er den kosmologischen Teil der Physik für gelöst und war betroffen darüber, daß die Kollegen gar nicht hinsehen wollten und später, als sie seine Entdeckungen bestätigten, keine kopernikanisch-physikalischen Schlüsse daraus zogen, sondern sich bestenfalls mit Tychos Kompromiß begnügten. Also sollte er die Rotation und Revolution der Erde erst noch beweisen? Die Grundvoraussetzungen des Kopernikus, die Galileis teleskopischen Entdeckungen ihren Sinn gaben, sollte er nun beweisen, ohne sich auf die konkreten Entdeckungen zu beziehen? Aber ihr sollt es haben. Ich werde euch den physikalischen Beweis liefern! Den habe ich, und damit werde ich euch das Maul stopfen, ich werde euch das Phänomen der Ebbe und Flut um die Ohren schlagen.

Das ist die zugehörige Psychologie. Zwanzig Jahre seines Lebens hat Galilei für Kopernikus geopfert und für Kopernikus gestritten, weil er damit für Galilei stritt. Daß er eine irdische Physik liefern könne, das wußte er. Aber, so glaubte er, das habe noch Zeit. Zunächst einmal galt es reinen Tisch zu machen mit der himmlischen Physik, und das glaubte er vorher erledigen zu können. Nur in diesem Sinn ist es richtig zu sagen, daß Galilei kein kopernikanischer Eiferer war, nämlich weil er ein Galileischer Eiferer war. Kopernikus diente ihm, und nicht umgekehrt. Ich hoffe, daß Drake hier zustimmen wird.

Aber kehren wir jetzt zum »Brief an Ingoli« zurück. Galilei erklärt geduldig, was eine Parallaxe ist (VI 513–522): der Winkel, der von den beiden Linien Betrachter-Sternmittelpunkt und Erdmittelpunkt-Sternmittelpunkt gebildet wird. Je größer der Winkel, um so näher ist der Stern der Erde. Ingoli glaubte nämlich, die größere Nähe eines Sterns zum »Firmament« heiße Parallaxe, und er zog daraus eine Reihe kurioser Fehlschlüsse. Dann behandelt Galilei Ingolis Behauptung, die Erde erweise sich als Mittelpunkt des Firmaments, da die Fixsterne immer gleich groß erscheinen (VI 523–26). Danach kommt ein Beweis für die Stellung der Erde im Weltmittelpunkt zur Sprache, den Ingoli von Ptolemäus übernommen hat: Die Erde muß im Mittelpunkt stehen, sonst würden wir nicht immer die gleiche Hälfte des gestirnten Himmels sehen; von zwei entgegengesetzten Sternen geht ja der eine unter, während der andere gegenüber am Horizont aufgeht und umgekehrt. Das setzt in der Tat voraus, sagt Galilei, daß wir es mit zwei Hemisphären zu tun haben. »Diese Darlegung ist schön und des Ptolemäus würdig, und zusammen mit einer anderen seiner Voraussetzungen ist sie notwendig schlüssig. Aber wenn die zweite Voraussetzung fällt, ist das ganze Argument hinfällig.« Und das ist die Immobilität der Erde. Denn sobald Kopernikus die Erde statt des Firmaments als bewegt ansetzt, kann die Erde stehen, wo immer sie will, und das alternative Auf- und Untergehen der Sterne findet ebenfalls statt. Und um noch klarer zu reden: setzt man die ruhende Erde außerhalb des Firmamentmittelpunktes, dann findet diese Alternative nicht statt, wohl aber, wenn die Erde sich bewegt. (Galilei fügt eine erklärende Zeichnung bei.) »Damit sehen Sie, daß der wechselnde Aufgang und Untergang über den Sitz der Erde gar nichts beweist« (EN VI 526–28).

Und nun kriegt Tycho wieder einmal eins aufs Haupt für seine Annahme, die Fixsterne seien ungeheuer groß (da er mangels Teleskop nichts von der Irradiation wissen konnte). Wann immer Galilei gegen Tycho polemisiert, kommt diese Ungenauigkeit zur Sprache, die Kepler in einer einzigen Nebenbemerkung erledigt: entschuldigt wegen Fehlens eines Teleskops. Dann folgt auf S. 533 diese bezeichnende hemdsärmelige Feststellung: »Wenn Sie nun mit der Autorität Tychos dem kopernikanischen System vorwerfen, daß die Exzentrizitäten von Mars und Venus anders sind, als Kopernikus sie festgelegt hat, ... dann kommen Sie mir wie jener Mann vor, der sein Haus bis auf die Fundamente abreißen wollte; er sagte, die Architektur sei falsch und das Haus unbewohnbar, bloß weil der Ofen rauchte.« Das sind Kleinigkeiten, die mit den Fundamenten der Hauptstruktur des Systems nichts zu tun haben. Dann hätte man ja auch mit der Entdeckung der Ungleichheit der Jahre das ganze ptolemäische System umstürzen müssen; das ist sein Analogiebeispiel. Folglich: »Lassen Sie die Fundamente der kopernikanischen Konstruktion in Ruhe und bringen Sie die Exzentrizitäten von Mars und Venus nach Ihrem Belieben in Ordnung.« (Kepler hatte schon fünfzehn Jahre vorher in seiner »Astronomia Nova« mitgeteilt, daß er mehrere Jahre seines Lebens auf die genaue Berechnung der Mars-Exzentrizität verwandt und dabei wider Willen die elliptische Bahn entdeckt habe.) An dieser Stelle sieht man aufs Genaueste, warum Galilei sich mit Kepler nicht befaßte: Ihm kam es aufs große Ganze an, das genügte für seine Zwecke. Und was waren seine Zwecke? Die Bewegung der Erde und der übrigen Planeten um die Sonne, zur Anschauung gebracht durch seine teleskopischen Entdeckungen; oder besser umgekehrt: seine teleskopischen Entdeckungen, mit einem welterschütternden Sinn versehen durch den vorausgegangenen Kopernikus. Astronomische Spitzfindigkeiten waren ihm gleichgültig, die studierte er nicht einmal. Ein geniales Auge, das mit einem einzigen Blick über das Universum Bescheid wußte und damit tatsächlich »im großen und ganzen« recht behielt, auch ohne astronomische Kleinarbeit; die hatte ein Galilei nicht nötig. Und wenn denn schon dieser Keplero oder Glepero oder wie er hieß sich die Mühe machen wollte, den rauchenden Ofen zu verbessern, bitte sehr, eine Arbeit für kleine Handwerker; nur sollte er sich nicht einbilden, deswegen ein großer Astronom zu sein. »Denn was wollen Sie machen, Herr Sarsi«, oder Herr Kepler, »wenn einzig mir allein alle himmlischen Entdeckungen gewährt wurden!«

Aus dieser Stelle – »bringen Sie das nach Ihrem Belieben in Ordnung« – nun aber schließen zu wollen, Galilei habe die elliptische Bewegung der Planeten für richtig gehalten, aber aus Rücksicht auf die Laien, also aus didaktischen Gründen, keine Komplikationen vorgetragen, ist Unsinn, auch wenn man es immer wieder liest. Galilei wußte, daß die Planeten exzentrische Bahnen haben, aber wie nun genau, das interessierte ihn nicht, es hatte auch Kopernikus nicht interessiert, und Kopernikus hatte zur Aufrechterhaltung der Kreisbahnen seelenruhig auf die Deferenten- und Epizykelhilfe zurückgegriffen. Dabei konnte es gut und gern bleiben, wie Galilei an Cesi, der sich über die Epizykelwirtschaft gewundert hatte, am 30. 6. 1612 beruhigend geschrieben hatte: »Unter exzentrischen Bewegungen verstehen wir die Kreisbewegungen um die Erde, aber um andere Zentren als die Erde, und unter epizyklischen diejenigen, die nicht um die Erde kreisen. Wenn jemand diese leugnen will, muß er den Umlauf der Mediceischen Sterne um Jupiter und den Umlauf der Venus und des Merkur um die Sonne leugnen... Die Einführung solcher Bewegungen ist also keine Schimäre, im Gegenteil gibt es nicht nur Bewegungen in exzentrischen Kreisen und Epizykeln, sondern es gibt keine anderen, noch gibt es irgendeinen Stern, der sich in konzentrischen Kreisen um die Erde bewegt. Aber ich habe jetzt keine Zeit...« (EN XI 345). Cesi beruhigte sich daraufhin, weil Galilei ihn in dem Brief wenigstens von dem Alptraum der soliden Sphären befreit hatte; aber aus seiner Antwort (XI 366), das wissen wir schon, ist ersichtlich, daß er das Werk des Kopernikus und Keplers »Astronomia Nova« mit der Entdeckung der elliptischen Bahnen genau studiert hatte. Er beugte sich indes der Autorität Galileis.

Auch im Brief an Ingoli wiederholt Galilei, daß die Natur, wenn sie einem Körper Bewegung zuteilt, stets die »zirkuläre Bewegung« vorschreibt, niemals aber die »gerade Bewegung« als »Neigung« zulasse (EN VI 558). Und schließlich verspricht er »für ein andermal« Beobachtungen, »die bis jetzt noch niemand gemacht hat und die (immer in den Grenzen der menschlichen und naturwissenschaftlichen Rede bleibend) die Sicherheit des kopernikanischen Systems zwingend (necessariamente) bezeugen« (EN VI 543).

Das also war die Generalprobe für das geplante große Werk, das er »Ebbe und Flut« nennen wollte. Aber als die römischen Freunde den »Brief an Ingoli« in Händen hatten, hüteten sie ihn wie Verschwörer. Ingoli hatte davon gehört und wollte den Brief sehen, und Galilei schickte ein Exemplar für Ingoli an Guiducci, der sich in Rom aufhielt. Guiducci gab das Exemplar jedoch nicht an Ingoli weiter, sondern teilte mit, Cesi rate davon ab, da in dem Brief trotz der Schutzklausel die Meinung des Kopernikus »ex professo verteidigt« werde. Und auf den Papst, der von den Kriegswirren sehr in Anspruch genommen sei, könne man im Augenblick auch nicht zählen (EN XIII 265). Der fröhliche Ciampoli las zwar Urban VIII. ein paar unverfängliche Stellen daraus vor, aber weder Ingoli noch das große Publikum bekamen die Schrift zu sehen. Sie ist zu Galileis Lebzeiten überhaupt nicht veröffentlicht worden.

Die Generalprobe fand also unter Ausschluß der Öffentlichkeit statt und erregte bei den römischen Freunden Schrecken. Und was hat Galilei daraus geschlossen? Nichts. Er arbeitete nun an seinem großen Opus.

14
Das Umformen der Köpfe

Dialog über die beiden hauptsächlichsten Weltsysteme, das ptolemäische und das kopernikanische

Im nächsten Jahr, 1625, finden wir Galilei an der Arbeit an seinem Dialog über »Ebbe und Flut, worin ausführlich die Systeme des Ptolemäus und des Kopernikus behandelt werden, da ich diesem Phänomen die Bewegung der Erde zuschreibe«, wie er in einem Brief an Elio Diodati schrieb, den gelehrten Korrespondenten zahlreicher Wissenschaftler und Politiker (EN XIII 282). Im Dezember desselben Jahres nennt er den Dialog Ciampoli gegenüber »beinahe fertig«.

Dann aber blieb die Arbeit liegen, er erkundigte sich nach Daten der Gezeiten, im Jahr 1628 war er schwer krank und mehrere Monate lang taub. Auch Familienangelegenheiten beschäftigten ihn, die Legitimation seines Sohnes Vincenzio, der 1628 Doktor beider Rechte wurde und heiratete; für ihn kaufte er im Jahre 1629 ein Haus in Florenz, und im Jahre 1631 mietete er, wie schon gesagt, die Villa Il Gioiello in Arcetri, die an das Kloster seiner beiden Töchter angrenzte.

In diesen ganzen Jahren herrschte Freundschaft zwischen Urban und Galilei. Urban dotierte ihn mit zwei Pensionen, die zusammen tausend Scudi im Jahre ausmachten. Da es kirchliche Pensionen waren, mußte Galilei für eine der beiden einen klerikalen Grad nachweisen, also ließ er sich 1631 von einem Bischof im Auftrag des Florentiner Erzbischofs die Tonsur scheren; damit verbunden war die lebenslange Auflage, täglich bestimmte Gebete zu Ehren der Mutter Gottes zu verrichten.

Seine Schüler machten inzwischen Karriere. Castelli hatte nun eine Professur in Rom und publizierte 1628 einen bewunderten Traktat über sein Fachgebiet Hydraulik »Über das Messen des fließenden Wassers«. Auch Castellis Schüler Cavalieri, der mit Hilfe der Indivisiblen das »Cavalierische Prinzip« der Rauminhaltsbestimmung entwickelte, und Borelli, der über die Stoßkraft arbeitete, wurden bedeutende Wissenschaftler und Universitätsprofessoren. Torricelli wurde nach Galileis Tod toskanischer Hofphilosoph und -mathematiker. Die neue mechanistische Wissenschaft erstarb in Italien also keineswegs mit Galileis Verurteilung.

Was aber die lange Pause in Galileis Arbeit angeht, so ist und bleibt sie ein Rätsel. Erst Ende Oktober 1629 schrieb er an Diodati, daß er »vor einem Monat« (EN XIV 49) die Arbeit »an den Dialogen über Ebbe und Flut, die drei Jahre liegen geblieben sind«, wieder aufgenommen habe. Und im Januar 1630 teilte er Cesare Marsili in Bologna mit, daß er die fertigen Dialoge über Ebbe und Flut gerade revidiere, »die auch alles enthalten, was man nach seiner Meinung über die beiden Systeme sagen kann« (EN XIV 66).

Für Vermutungen über die lange Pause bleibt ein weites Feld. Zweifel am Zusammenhang der Flutperioden mit der Erdbewegung? Zweifel am glücklichen Ausgang des Wagnisses? (Er hatte schließlich den Schreck der römischen Freunde über den Brief an Ingoli erlebt.) Zweifel über die Haltung der römischen Jesuiten, unter denen sich jetzt auch P. Scheiner befand, der sein Standardwerk »Rosa Ursina« über die Sonnenflecken vorbereitete? Auf keinen Fall kann ihn die Vorrede der Alibi-Einleitung aufgehalten haben, denn den elegantest möglichen Entwurf kennen wir schon aus dem Brief an Ingoli. Er hätte sie wörtlich in das neue Werk übernehmen können.

Die römischen Freunde jedenfalls trieben ihn immer wieder an, und als 1630 P. Niccolò Riccardi, sein Bewunderer (wir erinnern uns an sein überschwengliches Imprimatur für den »Saggiatore«) Maestro del Sacro Palazzo wurde, war es für alle eine ausgemachte Sache, daß das große Werk Galileis alle Hürden nehmen werde. Dabei wußten zwar alle, daß der Padre Mostro ein Bewunderer Galileis war, aber sie wußten auch, was er von den astronomischen Problemen hielt. Galilei selbst erfuhr es von den römischen Freunden und schrieb am 8. 6. 1624 an den Prinzen Cesi, der sowieso schon Bescheid wußte: »... Und bezüglich wahr oder nicht wahr macht sich Padre Mostro nichts aus Ptolemäus und nichts aus Kopernikus, sondern beruhigt sich auf ziemlich flotte Weise, indem er Engel annimmt, die ohne Schwierigkeit oder irgend eine Verwicklung die Himmelskörper so lenken, wie sie sich bewegen, und das muß uns genügen...« (EN XIII 183). Riccardi würde also zu keinem Risiko bereit sein, wenn es eines Tages um die Verantwortung dafür ging, daß eins der beiden Systeme »wahr sein muß«; das war allen Beteiligten von vornherein klar. Er bewunderte den geistreichen Schriftsteller, ungefähr so wie Urban VIII.

Daß es auch von anderer einflußreicher Seite Hürden geben würde, mußte Galilei bewußt werden, als er von einem Gespräch seines Schülers Castelli mit dem Kardinalnepoten Francesco Barberini hörte, der sich den ungefähren Inhalt des zu erwartenden Werkes vortragen ließ und darauf sagte: »Wenn die Erde sich bewegt, folgt daraus notwendigerweise, daß sie ein Stern ist, und das scheint allzu sehr den theologischen Wahrheiten zu widersprechen.« Castelli beruhigte ihn mit der Versicherung, Galilei bringe Gegenbeweise für den Charakter der Erde als Stern, und er fährt in seinem Brief an Galilei fort: »Das wird Ihnen sehr leicht fallen, da ja der Mond der Mond und nicht die Erde, Mars der Mars und weder Mond noch Venus ist usw. Und darauf hat der Kardinal gesagt, das müßten Sie beweisen, dann könne die Sache im übrigen durchgehen.« Es ist immer wieder der leichtgläubige Castelli, der in seinem Optimismus noch hinzufügt, Ciampoli verspreche sich viel von einer Reise Galileis nach Rom, von seiner Art zu verhandeln und zu reden, von seinen Manieren und vor allem von der Tatsache, daß er das Manuskript mitbringe – das müsse alle Schwierigkeiten überwinden (EN XIV 78). Und am 16. März 1630 teilte er Galilei noch überdies mit, er habe vom Prinzen Cesi erfahren, der Papst habe vor einigen Tagen bezüglich des »verbotenen Kopernikus« zu Campanella wörtlich gesagt: »Das war nie Unsere Absicht; und wenn es nach Uns gegangen wäre, hätte man jenes Dekret nicht erlassen.«

Am 3. Mai 1630 kam Galilei also guter Dinge in Rom an. Der

skeptische Guicciardini war seit 1621 nicht mehr Botschafter des Großherzogs, vielmehr bekleidete diesen Posten jetzt Francesco Niccolini, dessen Vater zur Zeit des triumphalen Auftritts Galileis in Rom 1611 Botschafter gewesen war. Die Niccolinis waren Galilei sehr zugetan; es kam noch hinzu, daß der jetzige Botschafter mit Caterina Riccardi, einer Cousine des Padre Mostro, verheiratet war. Diese Caterina, der Riccardi sehr ergeben war, spielte dann eine große Rolle in der anhebenden Tragödie.

Zunächst wurde Galilei von Urban VIII. in einer langen Audienz empfangen (EN XIV 105 f.). Urban hatte nichts gegen die Veröffentlichung eines neuen Buches von Galilei, im Gegenteil, aber er mißbilligte den vorgesehenen Titel über »Ebbe und Flut« und wünschte einen streng mathematischen Titel, etwa über die beiden Weltsysteme, und selbstverständlich streng hypothetisch, und das hieß: keinen Versuch eines physikalischen Beweises. Das alles wissen wir nicht von Galilei selbst, sondern aus einem Brief, den der inzwischen ziemlich verstörte Riccardi ein Jahr später an den Florentiner Inquisitor schrieb. Aber das werden wir später noch sehen.

Bevor wir uns dem Inhalt des »Dialogs über die beiden hauptsächlichsten Weltsysteme, das ptolemäische und das kopernikanische« zuwenden, wollen wir uns den jetzt voll entwickelten Charakter Urbans kurz vor Augen führen, was auch Galilei hätte tun können und sollen. Der Gedanke, daß das kopernikanische System nur als Hypothese behandelt werden könne und daß Gott in seiner Allmacht auch andere, uns unbegreifliche Mittel wisse, um das Phänomen der Gezeiten hervorzurufen, hat nichts mit der Charakterentwicklung Barberinis zu tun; diese Überzeugungen hatte er bekanntlich schon als Kardinal Galilei zur Kenntnis gebracht.

Trotzdem oder gerade deswegen erhebt sich die Frage, ob Galilei glaubte, er, der größte Wissenschaftler, könne auf den größten Kirchenfürsten als Freund bauen. War er vielleicht der Meinung, der große Literat Barberini werde bei der Lektüre des Buches ganz einfach von den Argumenten überzeugt werden, und das »hypothetisch« und der »Allmachtsvorbehalt« sei vom kirchlichen Oberhaupt, das in Wirklichkeit ein höchst moderner Mensch sei, nur augenzwinkernd gefordert worden? War womöglich das politische Wirken Urbans in diesem Jahrzehnt für Galilei sogar ein Zeichen weitgespannter Interessen und geringen religiösen Engagements und insofern eine günstig einzuschätzende Situation? Hielt er nach wie vor die gegenseitige Versicherung geistiger Größe für tragfähig? Zwei große moderne Männer, hoch erhaben über der im Altertümlichen befangenen Masse, sind sich auf jeden Fall einig — so etwa? Das alles mochte ihm andeutungsweise vorschweben, als er 1630 in Rom Urbans Zustimmung zur hypothetischen Behandlung der beiden Systeme erhielt.

Jedenfalls scheint er den Charakter dieses Barberini auf dem Stuhl Petri nicht weiter studiert zu haben. Studienmaterial lag in Hülle und Fülle vor. Ranke entwirft in seiner »Geschichte der Päpste« ein erschreckendes Bild dieses anachronistischen Renaissancefürsten.

In den Galilei-Biographien wird gewöhnlich als Zeichen für Barberinis Bewunderung das Gedicht »Adulatio perniciosa« genannt, das er zum Lob Galileis verfaßt hat. Das darf man nicht überschätzen; die gegenseitige poetische Beweihräucherung war damals nicht viel mehr als ein Sport; das gehörte zum guten Ton unter Literaten. Barberini hat denn auch noch eine ganze Anzahl viel »wichtigerer« Gedichte geschrieben. Er suchte seine literarische Kunst darin zu beweisen, daß er ganze Bibelpartien in horazische Oden und den Lobgesang des alten Simeon in zwei sapphische Strophen verwandelte!

Aber er war nicht nur ein gewandter Literat, er war jetzt Papst, und selbstverständlich der größte: »Das Wort eines lebenden Papstes gilt mehr als die Satzungen von hundert verstorbenen.« Den alten Beschluß der Römer, keinem lebenden Papst ein Denkmal zu errichten, stieß er um: »Gilt nicht für einen Papst wie mich.« Konsistorien wurden selten abgehalten, die Beschlüsse der Kongregationen meist ignoriert, denn »ich weiß das alles besser als alle Kardinäle zusammen«. Kein fremder Gesandter wußte im voraus, was ihn in einer Audienz erwartete. Klagen über Urbans Launen und Unberechenbarkeit waren an der Tagesordnung. Die Venezianer kamen dahinter, daß es sich um eine fast pathologische Besserwisserei handelte, und sie erreichten ihre Ziele oft damit, daß sie ihre Wünsche unrealisierbare Phantasien nannten, worauf Urban sie manchmal belehrte, sie sollten die Sache nur mutig anpacken und nicht so kleinmütig sein.

Da Urban auch Fürst des Kirchenstaates war, mußte er ein großer Fürst sein. Er ließ Festungen bauen und errichtete eine Waffenfabrik. Zum Gießen von Kanonen ließ er die Bronzeverkleidungen aus dem antiken Pantheon reißen. Für den Bau seines Palastes wurde das Kolosseum als Steinbruch benutzt. Daher der heute noch in Italien lebendige Spottvers: Quod non fecerunt Barbari, fecerunt Barberini. Civitavecchia baute er zum Freihafen aus, legte sich ein Heer zu und trieb große Politik. In seine inneritalienischen kriegerischen und politischen Händel wollen wir uns nicht vertiefen, für uns ist seine »große« Politik wichtig.

Urbans große politische Leistung bestand in der Entmachtung des nordeuropäischen Katholizismus. Das ging sehr leicht: er weigerte sich ganz einfach, den Krieg als einen Religionskrieg zu betrachten und wechselte je nach politischer Rechnung die Fronten. Es ist erwiesen, daß er von den Verhandlungen Frankreichs mit Gustav Adolf wußte und sie billigte. Ranke zitiert dazu den venezianischen Diplomaten Alvise Contarini, der neben anderen Gesandtschaften auch am französischen und am römischen Hof tätig gewesen war: »Ich rede davon mit gutem Grund, denn ich bin bei allen Verhandlungen zugegen gewesen. Die Nuntien des Papstes haben immer die Unternehmungen Richelieus begünstigt, sowohl wo es auf dessen eigene Erhaltung ankam, als auch insofern er Bayern und die Liga mit Frankreich zu vereinigen suchte; zu seiner Verbindung mit Holland und den protestantischen Mächten überhaupt haben sie stillgeschwiegen, um nicht zu sagen, daß sie dieselben gebilligt. Andere Päpste hätten sich vielleicht ein Gewissen daraus gemacht, die Nuntien Urbans VIII. gelangten dadurch zu größerem Ansehen und persönlichen Vorteilen.«

Der Höhepunkt dieser »rein politischen« Intrigenspiele Urbans fiel in die Jahre 1630 und 1631. Kaiser Ferdinand II, vor kurzem noch gefürchteter Sieger, hatte schon halb Deutschland an die Schweden verloren und erklärte öffentlich, erst habe ihn der Papst zum Restitutionsedikt (Rückgabe der von den protestantischen Fürsten in Besitz genommenen Kirchengüter) genötigt, und jetzt lasse er ihn in dem daraus entstandenen Krieg im

Stich und weigere sich, die Verbindung der Franzosen mit den Ketzern zu verdammen oder diesen Krieg als einen Religionskrieg zu verstehen.

Sowieso war Urbans schlaue Geheimdiplomatie längst allgemein bekannt. Trotzdem erhielt die kaiserliche Gesandtschaft 1632 auf die Versicherung, mit des Papstes Erklärung eines Religionskrieges ließen sich die 30000 Schweden auch jetzt noch verjagen, die ungeheuerliche Antwort Urbans: »Mit Dreißigtausend hat Alexander die Welt erobert.« Kurz darauf standen die Schweden in Tirol, und Urban war mit seinem Latein am Ende. In Rom lief das Wort um: »Kirchen und Klöster brennen, und der Papst bleibt eiskalt. Gustav Adolf beweist mehr Eifer für das Luthertum als der Heilige Vater für den alleinseligmachenden katholischen Glauben.« Kardinal Gaspare Borgia als Vertreter Spaniens provozierte einen Tumult, als er in Anwesenheit aller Kardinäle das ungeistliche Betragen des Papstes verurteilte.

Dies alles war weltbekannt, als Galilei noch immer mit dem literarischen Mäzen Barberini rechnete und auf die gegenseitige Einschätzung als Ebenbürtige zählte. Hoffnung auf geistigen Respekt von seiten eines Mannes, der den Dreißigjährigen Krieg als Beförderungsmittel eigener Interessen benutzte und der gerade den römischen Kaiser wie Dreck behandelt hatte und der just in diesem Augenblick vor aller Welt als Opportunist entlarvt wurde und daher aufs äußerste gereizt war? Dieses anachronistische Spätrenaissance-Monster glaubte er wissenschaftlich überzeugen oder sogar überlisten zu können, mindestens aber als augenzwinkernden großen Freund einschätzen zu dürfen? Gewiß, er erhielt gerade jetzt Pfründen für sich und seinen Sohn zugeschanzt, aber das waren kleine Gunstbeweise eines Mannes, der sich als Herr der Welt fühlte. Und daß sich der politisierende Herr der Welt nicht persönlich um Galileis Manuskript kümmern würde, war selbstverständlich. Er überließ das Riccardi, dem Maestro del Sacro Palazzo, dem Padre Mostro.

Sehen wir uns nun an, was Galilei dem Padre Mostro in die Hand drückte. Der »Dialog über die beiden hauptsächlichsten Weltsysteme, das ptolemäische und das kopernikanische« ist in vier Tage eingeteilt. Er wird von drei Personen geführt: Salviati, Sagredo und Simplicio. In den ersten beiden Personen hat Galilei seinen zwei verstorbenen Freunden ein Denkmal gesetzt: Filippo Salviati, »dessen geringster Ruhm sein edles Blut und sein glänzender Reichtum war; ein erhabener Geist, der nach keinem Genuß mehr trachtete als nach dem des Forschens und Denkens« (Strauß S. 7; EN VII 30 f.), und Giovan Francesco Sagredo, »einem Mann von vornehmster Abkunft und ausgezeichnetem Scharfsinn«. Salviati beruft sich häufig auf »unseren Akademiker«, das ist Galilei, Sagredo macht den interessierten Laien, Simplicio dagegen ist ein Peripatetiker, dessen wahrer Name verschwiegen wird. Statt dessen wird er Simplicio genannt, weil sein Lieblingsautor Simplicius ist (ein berühmter Aristoteles-Kommentator aus dem 6. Jahrhundert). Da aber der Simplicio des Dialogs oft eine klägliche Figur macht, sich mit bornierter Engstirnigkeit wehrt und dafür immer wieder einmal lächerlich gemacht wird, bedeutet der Name natürlich auch Simplex, Einfaltspinsel.

Die beschwichtigende, kirchlich einwandfreie und vor dem Druck in Rom kontrollierte Vorrede, für deren notgedrungene Abfassung Galilei oft bedauert wurde, ist der freiwillig geschriebenen Vorrede zum »Brief an Ingoli« ganz ähnlich, nur daß jetzt den »fremden Nationen« noch zusätzlich klargemacht wird, das »heilsame Edikt« von 1616 sei mit Galileis Vorwissen erlassen worden; quasi als sei er konsultiert worden. Und zu den Gründen, aus denen die italienischen Katholiken trotz bester astronomischer Kenntnisse bei der Unbeweglichkeit der Erde bleiben, tritt außer dem Eifer für die Religion und der Einsicht in die Unzulänglichkeit des Menschengeistes jetzt noch »die Erkenntnis der göttlichen Allmacht« hinzu. Das war jedoch im Grunde auch schon in der Ingoli-Vorrede enthalten, wo die Einsicht in die menschlich-wissenschaftliche Unzulänglichkeit sofort das Bedürfnis nach den »höheren Wissenschaften« (Theologie) nach sich zog, »die allein die Blindheit unseres Geistes erhellen und uns die Disziplinen lehren können, zu denen wir durch Erfahrung und Vernunftgründe niemals gelangen würden«. Das alles kennen wir schon; statt der Theologie ist nun Gottes Allmacht selbst eingesetzt. Kurz gesagt: der Kern der Vorrede stammt aus der Vorrede des Briefes an Ingoli.

Daß sie zweideutig ist und eine bloße Alibifunktion hat, ist selbstverständlich. Aber das war die Strategie, mit der Galilei unter dem Pontifikat des großen Geistes Urban die Pflicht zur bloßen Hypothese erfüllt zu haben glaubte.

DER ERSTE TAG des Dialogs ist den aristotelischen Prinzipien gewidmet. Daß die Welt ein dreidimensionaler und daher vollkommener Raum sei, gibt Salviati ohne weiteres zu, aber er möchte lieber einen mathematischen Beweis sehen (den er dann selbst zu geben versucht). Daß aber die Zahl Drei »vollkommen« sei, wie Simplicio mit Aristoteles behauptet, gibt Salviati sofort Gelegenheit zu der Präzisierung, daß es Vollkommenheit nur »in Hinsicht auf« gibt. Die Zahl Vier ist vollkommen in Hinsicht auf Beine oder auch in Hinsicht auf die vier Elemente — und damit beginnt eine scharfe Polemik gegen die landläufigen, angeblich pythagoreischen »albernen Zahlenspielereien«, die mit Pythagoras nichts zu tun haben, da seine echten mathematischen Entdeckungen der »inkommensurablen und irrationalen Größen« an Nichteingeweihte nicht weitergegeben wurden. Obwohl dabei Plato als Bewunderer der Mathematik, die den menschlichen Geist der göttlichen Vernunft angleicht, genannt wird, ist Salviatis (oder sagen wir Galileis) Zurückweisung absoluter Vollkommenheit und sein Bestehen auf »vollkommen nur in Hinsicht auf« schon hier ein deutliches Zeichen dafür, daß Galilei kein Platoniker war. Dann hätte ihn die Mathematik als solche interessieren müssen, während sie ihm nur immer Mittel zur präzisen rationalen Formulierung der experimentell erfragten und oft nur annähernd exakten Antworten der Natur war.

Der Schluß des Ersten Tages kommt auf das Problem zurück — ein kunstvoller Bogenschlag über den ganzen ersten der vier Tage. Und darum ist Stillman Drakes Vermutung in seiner Einleitung zum Neudruck der Straußschen Übersetzung, daß die ersten vierzig Seiten der Straußschen Seitenzählung ursprünglich von Ebbe und Flut handelten und wegen der Titeländerung durch etwas anderes ersetzt werden mußten , nicht sehr stichhaltig. (Übrigens vermutete schon 1909 der Jesuit Adolf Müller in »Der Galilei-Prozeß«, S. 99, dasselbe. Simplicio kommt am Anfang des Dritten Tages verspätet an, da seine Gondel wegen außergewöhnlicher Ebbe den venezianischen Palast Sagredos nicht erreichen konnte. Das gibt Gelegenheit, über Ebbe und Flut zu reden, und Müller meint: »Vielleicht sollte das die ursprüngliche Einleitung zum Traktat über Ebbe und Flut geben.«) Am Schluß des Ersten Tages also heißt es, Gott habe »extensive«, der Mensch »intensive« Erkenntnis; »der menschliche Intellekt begreift einige Wahrheiten so vollkommen und ist ihrer so unbedingt gewiß, wie es nur die Natur selbst sein kann. Dahin gehören die rein mathematischen Erkenntnisse, nämlich die Geometrie und die Arithmetik. Freilich erkennt der göttliche Geist unendlich viel mehr mathematische Wahrheiten, denn er erkennt sie alle. Die Erkenntnis der wenigen aber, welche der menschliche Geist begriffen hat, kommt meiner Meinung nach an objektiver Gewißheit der göttlichen Erkenntnis gleich; denn sie gelangt bis zur Einsicht ihrer Notwendigkeit, und eine höhere Stufe der Gewißheit kann es wohl nicht geben... Die Art und Weise, wie Gott die zahllosen Wahrheiten erkennt, von denen wir nur einige wenige kennen, ist hoch erhaben über unsere Weise. Wir gehen mittels schrittweiser Erörterung weiter von Schluß zu Schluß, während er durch bloße Anschauung begreift« (Strauß 108 ff.; EN VII 128 ff.).

Hier scheint es nun in der Tat so, als spreche Plato aus Salviati/Galilei. Mit einem kleinen entscheidenden Unterschied: Plato meinte die reine Mathematik und sonst nichts, Galilei meinte die mathematisch fundierte Autonomie der neuen Wissenschaft; zu diesem und nur zu diesem Zweck legitimiert er mit der scheinbaren Hilfe Platos die zur exakten (und nicht schattenhaften) Naturbefragung nötige Mathematik. Die Gefahr für die überkommene Weltanschauung sahen die Konsultoren des späteren Inquisitionsprozesses genau: unter den inakzeptablen Merkmalen des Dialogo zählten sie auch diese Gleichsetzung des menschlichen mit dem göttlichen Geist auf. Strauß meint in einer Anmerkung spöttisch, sie hätten sich an diesen »harmlosen Sätzen« gestoßen. Für die damaligen Theologen und Philosophen waren diese Sätze nicht platonisch, sondern Rammböcke gegen die Sicherheit des bestehenden Welt- und Gottesverständnisses.

Und was hat es mit den Spuren von Platonismus in Galileis Denken überhaupt auf sich? Nichts außer einem großen Streit zwischen den Historikern, die über Galilei gearbeitet haben.

Der Streitpunkt ist angesichts des Begründers der mechanistischen Wissenschaft so nebensächlich, daß wir ihn nicht zu beachten brauchen, auch wenn der Erfinder des Galileischen Platonismus Ernst Cassirer heißt.

Wer dagegen einen von der pythagoreischen Zahlenmystik und der Schönheit der Mathematik besessenen Gelehrten sucht, muß sich an Kepler halten, der sein ganzes Leben lang von der Harmonie des Weltalls träumte, aber gerade durch seine mathematische Besessenheit fast wider Willen seine epochalen Entdeckungen machte.

Im übrigen sieht man im Verlauf des Ersten Tages deutlich, warum Salviati und Sagredo mit dem eifrigen, meist nur autoritätsgläubigen Simplicio über Mathematik disputieren. Damit kommen sie nämlich auf die aristotelische Bewegungslehre, die ja in der Tat einerseits auf ungeprüftem Augenschein beruht (Feuer und Luft streben »nach oben«, Erde und Wasser »nach unten«), andererseits von der Annahme ausgeht, daß es außerhalb der unvollkommenen Erde die vollkommene Bewegung, nämlich die Kreisbewegung gebe. Wir werden gleich sehen, warum an diesem Punkt die Ansätze des Fallgesetzes behandelt werden, deren »volle Erkenntnis« Salviati für ein andermal in Aussicht stellt. (Das wird erst 1638 in den »Discorsi« geschehen.) Gelangt nämlich eine Bewegung von einer geneigten Ebene in die Horizontale, so setzt sie sich fort. Und da heißt es dann: »Die Bewegung längs der horizontalen Linie, die keine Schiefe oder Steilheit besitzt, ist aber nichts anderes als die Kreisbewegung um den Mittelpunkt. Darum wird also die Kreisbewegung niemals natürlicherweise ohne vorangehende geradlinige Bewegung zustande kommen; ist sie aber einmal zustandegekommen, so wird sie in Ewigkeit mit gleichförmiger Geschwindigkeit fortdauern« (Strauß 30; EN VII 53).

Das ist nun Galileis Definition der ewigen Kreisbewegung, die von Strauß als zirkuläres Trägheitsgesetz bezeichnet wird. Im Zweiten Tag werden wir jedoch einen knappen Ansatz zum wirklichen Trägheitsgesetz finden. Hier, im Ersten Tag, führt Salviati seine Überlegungen nur an, um, wie er sagt, einen Gedanken Platos weiterzuführen. Kurz nach dem Disput über die pythagoreischen Zahlenspielereien hatte nämlich Salviati dem Plato, der in Wirklichkeit nur vom Ur-Chaos spricht, die Meinung zugeschrieben, Gott habe den chaotischen Zustand beendet, indem er die gerade Bewegung der Himmelsköper in ewige gleichförmige Kreisbewegungen verwandelte. Denn Bewegungen im Weltall können »unmöglich geradlinig oder anders als kreisförmig sein« (Strauß 20 f.; EN VII 43 f.).

Hier sind wir an einer für Galileis Theorie über den Aufbau des Universums sehr wichtigen Stelle. Damit wird nämlich die Kreisbewegung der Himmelskörper, die die Alten einfach nur behaupteten, in die Nähe eines Beweises gebracht: so, wie die Fallbewegung sich auf der Ebene fortsetzt in eine ewige, gleichförmig schnelle Kreisbewegung um den Globus, was er später beweisen will, so können auch die Himmelskörper aus einer ursprünglichen Fallbewegung in die ewige, gleichförmig schnelle Kreisbewegung übergegangen sein. Dieser Gedanke ist Galilei so teuer, daß er ihn 1638 in den »Discorsi«, den Gesprächen über zwei neue Wissenschaften, noch einmal ausführt.

Für die unaufhörliche Bewegung einer idealen Kugel auf einer idealen Ebene bei Wegfall der Reibung und des Luftwiderstandes wird er im Zweiten Tag den Beweis führen, daß der stets gleichbleibende Abstand vom Mittelpunkt die stets gleichbleibende »Schwere« der Kugel zur Folge hat. Und die dem Plato zugeschriebene Kosmogonie (freier Fall der Gestirne und Umlenken in die Kreisbahn) ist im Zusammenhang nicht »sonderbar«, sondern sie dient dazu, das, was auf der Erde experimentell und mathematisch vorgewiesen werden kann, auch für die Himmelskörper anzunehmen. Es geht im Weltraum zu wie auf der Erde, und was liegt dann näher, als auch die Erde sich wie einen Stern verhalten zu lassen. Es ist innerhalb des Gesamtentwurfs der Versuch, den Simplicio langsam in die Neue Wissenschaft einzustimmen. Auch die Bewegung der Himmelskörper ist als unaufhörliche Kreisbwegung um ihren Bahnmittelpunkt zu denken. Damit akzeptiert Galilei nicht die Bewegungslehre, die Aristoteles sich für die Erde ausgedacht hatte; davon werden wir des öfteren noch hören. Aber die Kreisbahnen der Himmelskörper akzeptiert er, selbstverständlich mitsamt den notwendigen Epizykeln, die Kopernikus wegen der Exzentrizität der Bahnen noch immer beibehalten mußte und die Galilei im Brief an Ingoli, wie schon zitiert, ärgerlich als Bagatelle abtat und später im Dialog sogar als nicht existent erklärte. Er wußte, daß dieser »Ofen rauchte«, aber er blieb dabei, daß es sich um eine Kleinigkeit handelte, die aufs Ganze gesehen so gut wie inexistent war.

Aber es ist sinnlos, Galileis Beharren auf den Kreisbahnen des Kopernikus immer wieder als didaktische Methode zwecks Propagierung des heliozentrischen Systems hinstellen zu wollen. Er negierte Keplers Entdeckungen, die er kannte, nicht aus Gründen der Einfachheit, sondern weil er die Bemühungen Keplers, Kopernikus korrigieren zu wollen, für unwichtigen Kleinkram ansah.

Übrigens hätte Galilei Keplers Arbeiten nicht wirklich, sondern nur auf Treu und Glauben nachprüfen können. Die zwei Keplerschen Gesetze von 1609 (in »Astronomia Nova«) sagen 1) Die Planetenbahnen sind elliptisch mit der Sonne in einem der Brennpunkte, 2) Die Verbindungslinie von der Sonne zum Planeten bestreicht in gleichen Zeiten gleiche Flächen (womit die langsamere Bewegung in Sonnenferne mathematisch bestimmt ist). Und das dritte Gesetz von 1618 (in »Harmonice Mundi«) lautet: Die Quadrate der Umlaufzeiten der Planeten sind proportional den dritten Potenzen ihrer mittleren Entfernungen von der Sonne. Dieses dritte Gesetz wurde die entscheidende Hilfe für Newton.

Zum Nachprüfen dieser Sätze benötigte man genaue Positionsdaten, die Kepler von Tycho Brahe in riesigen Mengen geerbt hatte. An den Mars-Daten hatte er noch selbst mitgearbeitet. Und dann mußte man eben rechnen, wenn man Keplers Sätze bezweifelte, und: wenn man das alles überhaupt für so vieler Mühe wert hielt. Galilei hatte den Kopernikus, und der genügte ihm.

Ich sagte vor kurzem: Und was liegt dann näher, als auch die Erde sich verhalten zu lassen wie einen Stern. Genau das sagt denn auch Salviati: »Was aber die Erde betrifft, so ist es eine Veredelung und Vervollkommnung, sie als ähnlich den Himmelskörpern hinzustellen, sie gewissermaßen an den Himmel zu versetzen« (Strauß 40; EN VII 62). Dabei fällt einem natürlich die schon zitierte Sorge des Kardinalnepoten Francesco Barberini ein: Wenn die Erde sich bewege, werde sie zu einem Stern, ein Einwand, den wir Freund Castelli sehr leicht nehmen sahen. Doch darin drückte sich die Ansicht der gesamten peripatetischen Schule aus. Für sie wurde die Erde zu einem Stern unter Millionen anderer Sterne »erniedrigt« und nicht etwa veredelt.

Nach einem längeren fruchtlosen Hin und Her zwischen Salviati und Simplicio über die Menge der unprüfbaren Voraussetzungen für die Vollkommenheit der Sterne und die Unvollkommenheit der Erde schlägt Salviati schließlich vor: »Zuerst wollen wir alles, was Aristoteles, Ptolemäus und andere bisher für die Unbeweglichkeit der Erde angeführt haben, zur Sprache bringen; zweitens versuchen, dies zu widerlegen; endlich solche Tatsachen beibringen, auf Grund deren man zur Überzeugung gelangen kann, die Erde sei so gut wie der Mond ein anderer Planet, unter die von Natur kreisförmig bewegten Körper zu rechnen« (Strauß 47; EN VII 69).

Von da ab geht es um das aristotelische Prinzip, daß die Erde erzeugbar, veränderlich, vergänglich, die Himmelskörper aber unbeeinflußbar, unerzeugbar, unvergänglich seien. Da aber Aristoteles »den sinnlichen Erfahrungen vor allen Spekulationen den Vorrang einräumt, ... bemerke ich: die am Himmel in neueren Zeiten gemachten Entdeckungen sind und waren derart, daß sie alle Philosophen vollauf befriedigen könnten, denn sowohl bei einzelnen Körpern als am gesamten Himmelsgewölbe hat man gesehen und sieht man noch immer Vorgänge ähnlich denen, die wir bei uns Erzeugung und Vernichtung nennen. Es ist nämlich von ausgezeichneten Astronomen die Entstehung und Vernichtung vieler Kometen in Regionen oberhalb der Mondsphäre beobachtet worden, auch der beiden neuen Sterne von 1572 und 1604, die ohne jeden Zweifel einer weit höheren Sphäre angehörten als alle Planeten. Ja auf der Oberfläche der Sonne sogar sieht man mit Hilfe des Fernrohrs dichte dunkle Gebilde entstehen und sich wieder auflösen, dem Aussehen nach ganz ähnlich den Wolken der Erdatmosphäre... Nun, wenn Aristoteles diese Dinge sähe, was meint Ihr, Herr Simplicio, was würde er sagen und tun?« (Strauß 54 f.; EN VII 76).

Das weiß Simplicio natürlich nicht. Aber er führt allerlei Einwände an, vor allem den »Anti-Tycho« (der Autor Chiaramonti wird nicht genannt), der Tychos Berechnungen und Folgerungen völlig vernichtet habe. Von den Sonnenflecken rede er gar nicht, weil er sie für eine Fabel oder für teleskopische Täuschungen halte.

Auf die Ansichten des »redseligen Tycho« legt Salviati keinerlei Wert. Aber über die Sonnenflecken hält er dem Simplicio einen gründlichen Vortrag und bringt ihn in Verlegenheit. Dann insistiert Salviati noch einmal auf zwei der »bestbegründeten« Lehren des Aristoteles, nämlich daß über astronomische Gegenstände wegen der großen Entfernung des Himmels nicht mit voller Entschiedenheit gehandelt werden könne, und daß die sinnliche Erfahrung vor der Spekulation zu stehen habe. »Daher verfahrt Ihr mehr im Sinne des Aristoteles, wenn Ihr den Himmel für veränderlich ausgebt, weil dies der sinnlichen Erfahrung entspricht, als wenn Ihr sagt, der Himmel sei unveränderlich, weil Aristoteles durch Spekulation zu dieser Ansicht gelangte« (Strauß 59; EN VII 80).

Aber kurz darauf gesteht Salviati seufzend, daß wenig Hoffnung auf Verunsicherung der peripatetischen Philosophen bestehe; sie schweigen das Neue einfach tot. »Wie eitel ist doch der Glaube, man könne einer neuen Wahrheit Eingang verschaffen durch Widerlegung dieses oder jenes Autors. Erst muß man verstehen, die Köpfe der Menschen umzuformen und sie fähig zu machen,zwischen Wahrheit und Irrtum zu unterscheiden; das aber vermag bloß Gott allein« (Strauß 61; EN VII 82).

Die Köpfe der Menschen umformen, rifar i cervelli degli uomini, das ist eine zentrale Stelle für Galileis publizistische Arbeit. Nachdem er erfahren hat, daß seine Entdeckungen die Wissenschaftler kaltlassen, geht ihm die Wahrheit auf, daß zum Durchbruch der neuen Wissenschaft eine totale Veränderung des kulturellen Klimas notwendig ist. Einzelheiten bewirken gar nichts. Mit dem Dialogo will er zu dieser Klimaveränderung beitragen. Und so und nur so erklären sich die vielen sogenannten »Abschweifungen«: auf allen möglichen naturwissenschaftlichen Gebieten weist er neue Richtungen, um zu zeigen, daß die gesamte bisherige Weltauffassung auf ungeprüfter pseudowissenschaftlicher Dogmatik beruht. Man hat diese seine Bemühungen als »bloße« Zerstörung der Ptolemäischen Astronomie bezeichnet; in Wirklichkeit sind seine Bemühungen auf die »Umformung der Köpfe« gerichtet. Als er diesen Satz niederschrieb, scheint er durchaus schon an die

Möglichkeit gedacht zu haben, daß er die in kulturellen Fragen so mächtige Kirche nicht gewinnen würde; aber dieses Köpfe umformende Buch würde trotzdem seine Wirkung tun. Dazu paßt die Tatsache, daß der Gesandte Niccolini nach dem Inquisitionsprozeß verwundert an den toskanischen Hof berichtete, Galilei sei tief deprimiert, am wenigsten allerdings über das Verbot des »Dialogo«. Darüber hätte sich Niccolini nicht zu wundern brauchen: Galilei wußte, daß genügend Exemplare in Europa verstreut waren, um dieses Werk vor der Vernichtung zu retten. Die Depression galt also mit Recht nur seiner Exilierung.

Im Fortgang der Diskussion des Ersten Tages wird dann nur noch über den Mond geredet, mit ausgezeichneten Interpretationen der Beobachtungen und mit törichten Einwänden Simplicios. Das Thema »Mond« hat seinen guten Grund: der Mond ist der Erde relativ nahe, und man kann ihn mit dem Teleskop gut beobachten.

Daß aber der Erste Tag ein wohlabgerundetes Ganzes ist, das mit der These von der gottgleichen Sicherheit der mathematischen Erkenntnis die Brücke zum mathematischen Beginn des Kapitels schlägt, das haben wir schon gesehen, und das dürfte auch einleuchten.

DER ZWEITE TAG beginnt mit einem kurzen Rückblick Sagredos: »Wir haben zuletzt viele Übereinstimmungen im einzelnen zwischen der Erde und dem Mond hervorgehoben, und zwar mehr mit dem Mond als mit einem anderen Planeten, wohl wegen der genaueren und sinnlich greifbaren Kenntnis, die wir infolge seiner geringeren Entfernung über ihn besitzen. Nachdem wir schließlich zu dem Ergebnis gekommen sind, diese zweite Meinung (die Erde ein Planet) habe die größere Wahrscheinlichkeit für sich, verlangt es m. E. die Folgerichtigkeit, daß wir die Frage prüfen, ob die Erde für unbeweglich zu halten ist, wie bisher von den meisten geglaubt wurde, oder für beweglich, wie einige Philosophen des Altertums glaubten und einige neuerdings meinen; und wenn für beweglich, in welcher Art« (Strauß 111; EN VII 132 f.).

Salviati beeilt sich, wieder einmal eine Schutzbehauptung einzufügen: Er habe nicht gesagt, die Erde sei wahrscheinlich den Himmelskörpern gleich, und er werde auch in Zukunft keine der strittigen Lehren als erwiesen betrachten. Er habe nur Gründe und Gegengründe zur Sprache gebracht »und einiges Neue, auf das ich durch langes Nachdenken gestoßen bin. Die Entscheidung aber stelle ich dem Urteil anderer anheim« (Strauß 112; EN VII 133).

Simplicio ist von den Erörterungen des Ersten Tages nicht überzeugt. Man muß den ganzen Aristoteles stets präsent haben, um entlegene Stellen miteinander kombinieren zu können, dann kann man aus seinen Büchern »die Beweise für alles Erkennbare schöpfen; denn in ihm ist alles enthalten« (Strauß 113; EN VII 134). Der spöttische Sagredo schlägt ihm darauf einen Schlüssel vor, aus dem alles noch einfacher zu kombinieren ist: das Alphabet. Und Salviati sagt, gerade die engstirnigen Anhänger des Aristoteles würden von Aristoteles, wenn er heute lebte, abgewiesen. Simplicio ist der Verzweiflung nahe und fragt, wen man sich als Führer wählen solle, wenn man Aristoteles aufgibt. Darauf Salviati (Strauß 117 ff.; EN VII 138 f.): »Des Führers bedarf man in unbekannten wilden Ländern, in offener ebener Gegend brauchen nur Blinde einen Schutz. Wer zu diesen gehört, bleibe besser daheim. Wer aber Augen hat, körperliche und geistige, der nehme diese zum Führer! Darum sage ich nicht, daß man Aristoteles nicht hören soll, ja ich lobe es, ihn einzusehen und ihn fleißig zu studieren. Ich tadle nur, wenn man auf Gnade und Ungnade sich ihm ergibt, derart daß man blindlings jedes seiner Worte unterschreibt und, ohne nach anderen Gründen zu forschen, diese als ein unumstößliches Machtgebot anerkennen soll. Es ist dies ein Mißbrauch, der ein anderes schweres Übel im Gefolge hat: man bemüht sich nicht mehr, sich von der Strenge seiner Beweise zu überzeugen. Was kann es Schmählicheres geben als zu sehen, wie bei öffentlichen Disputationen, wo es sich um beweisbare Behauptungen handelt, urplötzlich jemand ein Zitat vorbringt, das gar oft auf einen ganz anderen Gegenstand sich bezieht, und mit diesem dem Gegner den Mund stopft? Wenn Ihr aber durchaus fortfahren wollt, auf diese Weise zu studieren, nennt euch fernerhin nicht Philosophen, nennt Euch Historiker oder Doktoren der Auswendiglernerei; denn wer niemals philosophiert, der darf den Ehrentitel eines Philosophen nicht beanspruchen.«

Und in demselben Absatz folgt wieder einmal eine Schutzbehauptung Salviati/Galileis, diesmal verbunden mit einer kühnen Definition der Rolle Sagredos: »Da ich in dieser Frage (Bewegung der Erde) schwankend bin, Signor Simplicio aber mit Aristoteles entschieden für die Unbewegtheit eintritt, so mag er Schritt für Schritt die Beweggründe für seine Meinung vorbringen, ich die Einwände und die Gründe für den entgegengesetzten Standpunkt, und Signor Sagredo mag uns seine Empfindungen zu wissen tun und uns sagen, auf welche Seite er sich hingezogen fühlt.«

Das ist wiederum eine sehr wichtige, taktische Wendung. Es werden zwar noch energischere Schutzbehauptungen folgen, aber die häufige Bemerkung, er überlasse die Entscheidung »dem Urteil anderer«, erfährt hier eine Konkretisierung. Seine Erwartung richtet sich nicht auf die Kirche, sondern auf Sagredo, den »Mann von vornehmster Abkunft und ausgezeichnetem Scharfsinn«. Sagredo erhält hier die Rolle des gebildeten Publikums, und zwar des idealen Publikums, das bereit, vielmehr sogar begierig ist, sich die Köpfe umformen zu lassen. »Auf welche Seite sich Sagredo hingezogen fühlt«, das interessiert Salviati/Galilei.

Jetzt beginnt die eigentliche Erörterung des Themas. Salviati sagt, beide Bewegungsmodelle — das ganze Universum im Umlauf um die ruhende Erde, oder aber die tägliche Umdrehung der Erde allein —, beide würden die Himmelserscheinungen gleich gut erklären. Aber die Natur biete nach allgemeiner Ansicht nicht viele Mittel auf, wenn sie mit wenigen auskommen könne.

Salviati selbst zählt zur Freude Simplicios alle Gründe der Peripatetiker auf, die gegen die Rotation der Erde sprechen: die vom Turm fallende Kugel müßte zurückbleiben, eine vom Schiffsmast fallende Kugel ebenfalls, Kanonenschüsse nach Osten und nach Westen müßten verschiedene Reichweiten haben, aber er warnt Simplicio, sich nicht zu früh zu freuen. Sagredo streut die Beobachtung ein, daß es nur immer Konversionen von der Peripatetik zur neuen Wissenschaft gebe und niemals umgekehrt. Er bringt Simplicio so weit, daß er selbst sagt, von den beiden Sätzen (Bewegung des Weltalls oder Bewegung der Erde) »muß der eine notwendig richtig, der andere falsch sein« (Strauß 136; EN VII 156). Erstaunlicherweise fällt dem Simplicio nicht die andere mögliche Antwort ein: eine Theorie ist erst dann »notwendig richtig«, wenn alle anderen, nicht nur eine andere denkbare Theorie, als falsch erwiesen sind; diese strenge Regel hat Galilei selbst seinerzeit Sarsi gegenüber aufgestellt, ich habe sie auf S. 177 zitiert. Die »Erkenntnis« des Simplicio dagegen über die zwingend notwendige Wahl zwischen den beiden Systemen verspricht nichts Gutes für den hypothetischen Charakter des Dialogs.

Sagredo stößt nach und sagt, folglich werde er sich von dem, der hier die Gründe für das wahre System vorbringe, überzeugen lassen, sonst müßte er ja stumpfsinnig und blödsinnig sein. Als Simplicio daraufhin erneut Aristoteles als musterhaften Denker empfiehlt, verweist ihm Sagredo diese ewige Wiederholung und sagt zornig: »Ich weiß nicht, worauf Ihr den Vorwurf gründet, daß die Natur durch ihr hohes Alter kindisch geworden sei, daß sie es verlernt habe, denkende Geister hervorzubringen, daß sie nur noch Hörige des Aristoteles zu schaffen vermöge, die mit seinem Gehirn begreifen und mit seinen Sinnen wahrnehmen« (Strauß 137; EN VII 157). Worauf Salviati sofort einspringt und das Hypothetische seines Vortrags betont und es sogar noch überbietet: »Ich muß darauf aufmerksam machen, daß ich bei unseren Unterredungen die Rolle des Kopernikaners spiele und gewissermaßen seine Maske vornehme; wie es aber in meinem Innern unter der Wirkung dieser Gründe aussieht, die ich scheinbar zu seinen Gunsten vorbringe, bitte ich nicht nach meinen Worten beurteilen zu wollen, solange wir uns in der Hitze des Komödienspielens befinden, sondern erst, wenn ich die Verkleidung abgelegt habe; Ihr werdet mich dann vielleicht anders finden, als ich auf der Bühne schien« (Strauß 137; EN VII 157/8).

Vorläufig ist er auf der Bühne, und er beginnt sofort mit den Überlegungen, daß der lotrechte Fall einer Kugel vom Turm oder auch vom Mast eines stehenden wie auch eines fahrenden Schiffes uns »nichts über die Bewegung und Ruhe der Erde ermitteln« läßt (Strauß 151; EN VII 170), weil im Falle der Erdbewegung wir selbst und alle Gegenstände diese Bewegung natürlicherweise mitmachen (Strauß 149, EN VII 168) und infolgedessen in beiden Fällen die gleichen Phänomene entstehen. Er bringt Simplicio selbst zu den Schlußfolgerungen, daß eine rollende ideale Kugel auf einer idealen Ebene in Ewigkeit weiterrollen würde (Strauß 154, EN VII 173), und zwar auf einer Fläche, »die in allen ihren Teilen gleich weit entfernt vom Mittelpunkt« ist, also: auf der ideal glatten Fläche des Erdballs (Strauß 155; EN VII 174).

Hier ist nun der im Ersten Tag versprochene Beweis für die Ewigkeit der Kreisbewegung. Denn auf einer abschüssigen Ebene ist die Kugel bestrebt, in beschleunigter Bewegung zum Mittelpunkt zu gelangen, auf einer ansteigenden wird sie nur mit Gewalt hinaufzustoßen sein, und zwar um so weiter, je weniger steil die Fläche ist. Auf einer weder abschüssigen noch ansteigenden Fläche würde die Kugel ruhen. »Wenn man ihr aber (sc. auf der horizontalen Ebene) einen Anstoß nach irgend einer Richtung gäbe, was würde geschehen?« fragt Salviati (Strauß 154; EN VII 173). Und Simplicio antwortet: »Ich kann weder einen Grund für eine Beschleunigung noch für eine Verzögerung entdecken, da weder ein Ab- noch ein Ansteigen stattfindet.« Da das beschleunigte Absteigen und verzögerte Ansteigen mit dem Trieb der schweren Körper zum Mittelpunkt zusammenhängt, liegt der Grund für die Unbegrenztheit der gleichförmigen horizontalen Bewegung der angestoßenen Kugel darin, daß die Fläche »in allen ihren Teilen gleich weit entfernt vom Mittelpunkt« ist, und das eben ist beim Globus der Fall. Der Beweis dient dazu, den lotrechten Fall auch vom Mast eines fahrenden Schiffes darzutun. Diese Art von Trägheitsprinzip wird hier nicht um seiner selbst willen ausgesprochen, sondern nur zu dem Zweck, die peripatetischen (und auch noch tychonischen) Einwände gegen die Rotation der Erde zu erledigen. Die Kugel fällt eben lotrecht, gleichgültig, ob die Erde ruht oder sich bewegt. Salviati sagt ausdrücklich, daß er damit nur zeigen wollte, daß sich aus den »von den Gegnern für die Unbewegtheit der Erde beigebrachten Argumenten nichts entnehmen läßt« (Strauß 162; EN VII 180). Dasselbe gilt von den Kanonenschüssen nach Ost und West und senkrecht in die Höhe.

Dabei kommen auch zusammengesetzte Bewegungen zur Sprache und eine knappe Formulierung des richtigen Trägheitsgesetzes: Die Geschützkugel verläßt den Lauf in gerader Linie und »verläßt diese Linie nicht oder würde sie doch nicht verlassen, wenn ihr eigenes Gewicht sie nicht nach unten ablenkte« (Strauß 184; EN VII 201). Das wird sogar dem immer gelehriger werdenden Simplicio in den Mund gelegt! Und das alles führt zu der prägnanten Formulierung Sagredos: »Dieses Schritthalten mit der Erde ist nämlich die ursprünglichste, ewige Bewegung, unvertilgbar und unaufhörlich verbunden mit der Kugel als einem irdischen Gegenstand, der sie von Natur besitzt und in Ewigkeit besitzen wird« (Strauß 187; EN VII 203).

Dieses Schritthalten kann auf einfache Weise experimentiert werden. (Das Experiment steht fast wörtlich schon im Brief an Ingoli.) Auf einem ruhenden Schiff schaffe man Mücken, Schmetterlinge und ein Aquarium in die verschlossene Kajüte, und man lasse aus einem Gefäß Wasser in ein zweites unterhalb tropfen. Die Tiere bewegen sich fröhlich nach allen Richtungen, und die Wassertropfen treffen genau in das untergestellte Gefäß. Und genau dasselbe geschieht, wenn sich das Schiff in schneller Fahrt befindet.

Die schnelle Rotation der Erde müßte alles, was nicht niet- und nagelfest ist, von der Erde weg ins Weltall schleudern, so argumentierte man seit Ptolemäus. Benedetti schon hatte die tangentiale Zentrifugalkraft erwähnt, wenn er auch nicht diesen Terminus benutzte, und Galilei sucht mit Hilfe einer Zeichnung den geometrischen Beweis zu erbringen, daß ein Fortschleudern von der rotierenden Erde wegen der Ablenkung der Tangente durch die Schwere unmöglich sei (Strauß 209 ff.; EN VII 224 ff.). In seinen Anmerkungen dazu macht Strauß zur allgemein-dynamischen Geltung des geometrischen Beweises zwar seine berechtigte Reserve, aber er fügt bewundernd hinzu, dies sei »das erstemal, daß ganz in der heute üblichen Weise die Abhängigkeit einer veränderlichen Größe von einer anderen figürlich dargestellt wird; die Zeiten werden als Abszissen, die zugehörigen Geschwindigkeiten als Ordinaten eingetragen« (Strauß 528, Anm. 69, und 530, Anm. 74). Am Ende der Ausführungen Salviatis gesteht Sagredo: »Wer naturwissenschaftliche Fragen ohne Hilfe der Geometrie behandeln will, unternimmt etwas Unausführbares« (Strauß 215, EN VII 229).

Kurz darauf gibt Salviati dem Simplicio, der die abstrakten Berechnungen für unanwendbar auf die konkrete Wirklichkeit hält, eine einfache und glänzende Darstellung der mathematischen Berechnungen und ihrer experimentellen Verifikation: »Gerade wie der Kalkulator, damit die Zucker-, Seide- und Wollrechnungen stimmen, die Tara der Kisten, der Verpakkung und sonstigen Ballasts abziehen muß, so muß der Mathematiker, wenn er die theoretisch bewiesenen Folgewirkungen experimentell studieren will, die störenden Einflüsse der Materie in Abrechnung bringen. Wenn er das versteht, so versichere ich Euch, alles wird akkurat ebenso stimmen wie die zahlenmäßigen Berechnungen. Die Fehler liegen also weder an dem Abstrakten noch an dem Konkreten, weder an der Geometrie noch an der Physik, sondern an dem Rechner, der nicht richtig zu rechnen versteht« (Strauß 220; EN VII 234).

Aus noch unveröffentlichten Schriften »unseres Freundes, des Akademikers«, über den freien Fall geht hervor: »Legt ein Körper, vom Ruhezustand ausgehend, in dem ersten Zeitintervall eine so und so große Strecke, etwa eine Meßrute zurück, so wird er im zweiten Zeitintervall drei Ruten, im dritten fünf, im vierten sieben Ruten zurücklegen usw., stets fortschreitend wie die ungeraden Zahlen. Dies kommt schließlich auf dasselbe hinaus, wie wenn man sagt, daß die zurückgelegten Strecken im doppelten Verhältnis der Zeiten stehen, die zum Zurücklegen der Strecken erforderlich sind; oder wir können auch sagen: die zurückgelegten Strecken verhalten sich zueinander wie die Quadrate der Zeiten« (Strauß 236, EN VII 248).

Galileis epochale Formel des Fallgesetzes, die zur heutigen Schulbuchformel geworden ist, gibt Thomas S. Kuhn (»Die Struktur wissenschaftlicher Revolutionen«, deutsche Übersetzung 1973, S. 185) Gelegenheit zu einer interessanten wissenschaftshistorischen Bemerkung: »Newton schrieb, Galilei habe entdeckt, daß die konstante Schwerkraft eine Bewegung proportional zum Quadrat der Zeit erzeuge. Tatsächlich nimmt Galileis kinematischer Satz diese Form an, wenn er in die Matrix von Newtons eigenen dynamischen Begriffen eingebettet wird. Galilei selbst hat jedoch nichts Entsprechendes gesagt. Seine Erörterung über fallende Körper erwähnt kaum Kräfte, geschweige denn eine gleichbleibende Gravitation, die den Fall von Körpern verursacht.«

Und wie zum Beweis der Kuhnschen Bemerkung antwortet

im Dialogo einige Seiten weiter Salviati auf die Behauptung Simplicios, die »Ursache« des Fallens sei die Schwere: »Ihr irrt, Signor Simplicio; Ihr solltet sagen, jedermann weiß, daß man sie Schwere nennt. Ich frage Euch aber nicht nach dem Namen, sondern nach dem Wesen der Sache. Über dieses Wesen wißt Ihr nicht im geringsten mehr, als Ihr über das Wesen des bewegenden Prinzips der Sterne wißt, ausgenommen den Namen, den man jenen gegeben hat und der einem geläufig und vertraut ist durch die oft wiederholte Erfahrung, die man tausendfältig den Tag über macht. In der Tat aber haben wir ebenso wenig ein Verständnis für das Prinzip oder die Kraft, die den Stein nach unten treibt, als wir begreifen, was ihn nach oben bewegt, nachdem er die Hand des Schleudernden verlassen, oder was den Mond in seiner Kreisbahn erhält« (Strauß 249; EN VII 260 f.). Einige Zeilen vorher ist schon damals die Rede von der östlichen Abweichung beim Fall! Auf Seite 63 f. haben wir schon zitiert, wie Galilei später in den »Zwei neuen Wissenschaften« die Suche nach der Ursache der Beschleunigung geradewegs ablehnt; ihm genügt es vollauf, die Phänomene kinematisch zu beschreiben.

Hat also Galilei nicht nach einer »Philosophie« gesucht, nach einer Weltformel für den Aufbau des Universums? Gerade das hat er doch seit Jahrzehnten versprochen, z. B. in seinem Bewerbungsschreiben aus Padua nach Florenz. Er war der Meinung, mit seinem jetzigen »Dialogo« sein Versprechen eingelöst zu haben. Damals konnte er ja noch nicht eingestehen: den kosmologischen Aufbau des Universums übernehme ich von Kopernikus; damit hätte er damals nur Schrecken verbreitet. Jetzt aber wird es sich herausstellen, daß die kosmologische kopernikanische Formel genügt: Kreisbewegung der Planeten in Ewigkeit, die keiner Kraft bedürfen, weil die Kreisbewegung natürlich ist. Und die dazu passende These, die auch die Erde unter das gleiche Gesetz stellt, ist die ewige Kreisbewegung einer idealen Kugel auf einer ideal glatten Erde ohne weiteren Kraftbedarf. Das war die Analogie zur unendlichen Kreisbewegung der Planeten. Stets gleich bleibende Entfernung vom Mittelpunkt, das war das gemeinsame Allgemeine.

Warum aber verkündet er das nicht feierlich als den durchgängigen Aufbau des Universums? Weil die intelligenten Leser das selbst erschließen mochten. Außerdem fehlte noch allerlei an terrestrischer Physik, um die er sich jetzt gerade bemühte und die er teilweise für eine spätere Zeit (eben die »Gespräche über zwei neue Wissenschaften«) in Aussicht stellte. Mit den kinematischen Entdeckungen blickte er schon hinter den unmittelbaren Augenschein und überwand die aristotelische Bewegungslehre. Noch weiter »dahinter« zu sehen hielt er nicht für opportun, okkulten »Kräften« mißtraute er, und man hat den Eindruck, daß er die reduzierten Formeln der Phänomene für das »Wesen« hielt.

Sein Zeitgenosse Descartes, der die Natur noch energischer mathematisierte und auf Ausdehnung und Bewegung reduzierte, das geradlinige Trägheitsgesetz formulierte, die analytische Geometrie schuf, alles Organische und Anorganische auf das gleiche Modell der »Maschine« zurückführte und damit ein fruchtbares wissenschaftliches Denkmodell schuf, bewunderte Galilei für seine mathematische Methode, verwarf aber seine Beschränkung auf Untersuchung von Einzelwirkungen. Das komme daher, daß Galilei »die letzten Ursachen der Natur« nicht suche und daher »ohne Fundament« arbeite. Er erkläre sehr gut, was geschieht, »aber nicht, warum es geschieht (cur ita fit), wie ich es in meinen Principia mache« (EN XVII 387 und 403). Nur: Was Descartes als kosmologisches Modell voraussetzte – kosmische Wirbel, deren Saugkraft die Himmelskörper in ihrer (kreisförmigen) Bahn halte –, war schlicht falsch, eine voreilige Antwort auf die Frage, cur ita fit. Newton dagegen, der auf Keplers Astronomie und Galileis Mechanik aufbaute, hielt sich aufs neue an Galileis bewußte Beschränkung. Das Trägheitsgesetz und die allgemeine Gravitation erklärten zwar die Bahnen von Kanonenkugeln und Planeten aus dem gleichen Prinzip, aber Newton gab zu, daß die »Ursache« der Gravitation für ihn ein Geheimnis sei:

»Ich wünschte, Ihr würdet mir nicht die *natürliche* Gravitation zuschreiben. Daß die Gravitation der Materie natürlich, innewohnend und wesentlich sein soll, so daß ein Körper auf einen anderen wirken kann, auf die Entfernung durch ein Vakuum, ohne Vermittlung von sonst irgend etwas, von dem und durch das ihre wirkende Kraft und Gewalt vom einen zum anderen übertragen wird, ist für mich eine derartige Ungereimtheit, daß ich glaube, kein Mensch, der in philosophischen Dingen hinlängliche Denkfähigkeit besitzt, könne je auf sie verfallen. Die Gravitation muß durch eine Kraft verursacht werden, die ständig, bestimmten Gesetzen entsprechend einwirkt; doch ob diese Kraft materiell oder immateriell ist, überlasse ich meinen Lesern zu überlegen« (Brief an Bentley vom 25. 2. 1693).

Und in seiner »Optik« (deutsch 2 Bde 1896/7, Bd. II, S. 144) schrieb er: »Wenn man sagt, jede Species der Dinge sei mit einer spezifischen verborgenen Eigenschaft begabt, durch welche sie wirkt und sichtbare Effekte hervorbringt, so ist damit gar nichts gesagt; wenn man aber aus den Erscheinungen zwei oder drei allgemeine Prinzipien der Bewegung herleitet und dann angibt, wie aus diesen klaren Prinzipien die Eigenschaften und Wirkungen aller Dinge folgen, so wäre dies ein großer Fortschritt in der Naturforschung, wenn auch die Ursachen dieser Prinzipien noch nicht entdeckt wären. Deshalb trage ich keine Bedenken, die oben erwähnten Prinzipien der Bewegung, die eine sehr allgemeine Ausdehnung besitzen, aufzustellen und die Entdeckung ihrer Ursachen anderen anheimzugeben.« Das aber ist genau der Standpunkt und die Methode Galileis. Newton hatte zwar Mühe, sich gegen die cartesianische Schule durchzusetzen, aber sein mathematisch stimmiges Modell erklärte das Weltsystem schließlich doch wesentlich besser. Das Cur ita fit, und das heißt die Frage nach der Wahrheit, wurde ausgeschlossen und blieb es bis heute auf allen Gebieten der Naturwissenschaft. Das mechanistisch-materialistische System kennt diese Frage nicht. Den Grund bezeichnet ein knappes, glänzendes Wort Bertrand Russells: »Die Physik ist mathematisch, nicht weil wir so viel, sondern weil wir so wenig von der physikalischen Welt wissen: nur ihre mathematischen Eigenschaften können wir entdecken.« Nämlich in der Epoche des technisch funktionierenden materialistisch-mechanistischen Weltsystems. Damit ist die existenzielle Frage nach der »Wahrheit« natürlich nicht vom Tisch. Aber Physik und Philosophie scheinen die falschen Instanzen zur Beurteilung der Wahrheitsfrage zu sein. Vertagen wir das Problem!

Im Fortgang des Zweiten Tages findet sich noch einmal eine Bemerkung Salviatis über die Kreisbewegung: »Es ist schon unzähligemale angegeben worden, daß die Kreisbewegung dem Ganzen und den Teilen natürlich ist, sobald sie sich in bester Anordnung befinden, die geradlinige Bewegung dient dazu, die in ihrer Lage gestörten Teile wieder in diese zurückzuführen. Freilich noch besser ist es zu sagen, daß weder die geordneten noch die ungeordneten Teile sich geradlinig bewegen, sondern daß sie eine gemischte Bewegungsart besitzen, die möglicherweise schlechthin kreisförmig ist« (Strauß 257; EN VII 267 f.).

Und um den Streitereien über die »Prinzipien« der verschiedenen Bewegungen ein Ende zu bereiten, sagt schließlich Salviati noch einmal zum Phänomen des freien Falles: »Fügt noch hinzu, daß höchstwahrscheinlich die Bewegung eines von der Erde getrennten Teiles, der sich zu seinem Ganzen wieder zurückbegibt, ebenfalls kreisförmig ist...« (Strauß 279; EN VII 288). Dasselbe suchte Galilei schon bei dem vom Turm fallenden Stein geometrisch zu beweisen, indem er die Umdrehung der Erde mit einrechnete.

Das letzte Drittel des Zweiten Tages leidet für den heutigen Leser darunter, daß eine ausführliche Auseinandersetzung mit zwei zeitgenössischen Schriften stattfindet, einmal den »Disquisitiones mathematicae« von Johannes G. Locher, dann mit Scipione Chiaramontis »De tribus novis stellis«. Diese Schriften bringen die üblichen Einwände gegen Kopernikus, und man kann sagen, da sie damals viel gegolten haben, war ihre Behandlung zwecks »Umformung der Köpfe« erforderlich und für die Zeitgenossen gerade nicht langweilig. Bei Locher kommt hinzu, daß er ein Schüler des Pater Scheiner war. Offenbar sollte Scheiner, der ja gerade sein großes Werk über die Sonne (»Rosa Ursina«) vorbereitete, schon im voraus als inkompetent hingestellt werden. Durch die Verzögerung in der Druckerlaubnis des »Dialogo« erschien die »Rosa Ursina« allerdings vor dem »Dialogo«. Daß Locher 1614 (so lange lag die Publikation schon zurück) mehrmals mit großer Hochachtung Galilei zitiert, scheint den mit den Jesuiten zerfallenen Galilei nicht mehr gerührt zu haben. Wir werden es in kurzem noch schlimmer kommen sehen.

Chiaramonti war gerade in einem heftigen Streit mit Kepler begriffen, der Chiaramontis »Antytycho« unbarmherzig verrissen hatte. Da auch Galilei gegen Chiaramonti Stellung beziehen mußte, schrieb er ein einzigesmal ein respektvolles Wort über Kepler, nämlich Chiaramonti habe »die hohe Meinung von Keplers Gelehrsamkeit, die alle Gelehrten hegen, nicht vernichten können« (Strauß 286; EN VII 295). Der Pisaner Professor Chiaramonti und Galilei gingen höflich, respektvoll miteinander um; sie suchten ihre sachlichen Differenzen vom Persönlichen fernzuhalten. Aber auch Chiaramonti wird am Anfang des Dritten Tages schwer getroffen werden.

Am Schluß des Zweiten Tages (Strauß 288–90; EN VII 296–98) wiederholt Sagredo noch einmal, daß eine der beiden Lehren richtig, die andere notwendig falsch sein müsse, und daher könnten auch nur für eine der beiden stichhaltige Gründe und Beweise gefunden werden. Simplicio konstatiert, »daß die Gründe für das Stillstehen der Erde nicht zwingend sind; aber es ist kein einziger Beweis von zwingender Überzeugungskraft für die gegnerische Ansicht angeführt worden, der die Bewegung dartäte«. Salviati antwortet: »Ich habe mir niemals die Aufgabe gestellt, Signor Simplicio, Euch von Eurer Ansicht zu bekehren und möchte noch weniger mich unterfangen, entscheidend über eine so bedeutende Streitfrage abzuurteilen. Bei den bisherigen wie bei den folgenden Disputationen ist meine Absicht nur die gewesen und wird es nur sein, Euch klar zu machen, daß die Anhänger der Lehre, wonach jene äußerst rasche 24-stündige Bewegung bloß der Erde angehöre und nicht dem ganzen Weltall mit Ausnahme der Erde, diese ihre Ansicht, daß dem so sein könne oder müsse, nicht ins Blaue hinein, wie man zu sagen pflegt, sich gebildet haben, daß sie vielmehr die Gründe für die gegnerische Ansicht sehr wohl anhörten, kannten, prüften und auch nicht verächtlich darauf zu erwidern wußten. In dieser nämlichen Absicht werden wir zu der Betrachtung der anderen Bewegung übergehen können, wenn dies nach Eurem und Signor Sagredos Geschmack ist, zu jener anderen Bewegung, die zuerst von Aristarch aus Samos und sodann von Nikolaus Kopernikus gleichfalls dem Erdball zugeschrieben worden ist. Diese Bewegung geht, wie Ihr wahrscheinlich schon gehört habt, unter dem Tierkreis vor sich, innerhalb eines Zeitraums von einem Jahr um die im Mittelpunkt des Tierkreises unbeweglich stehende Sonne.«

Die Umformung der Köpfe ist also bis jetzt so weit gediehen, daß Simplicio keine zwingenden Gründe mehr für das Stillstehen der Erde hat, mit anderen Worten: Keine der beiden Lehren ist bewiesen worden, alles bewegt sich unter jeder der beiden Voraussetzungen ungestört auf der Erde und in der Luft. Mit diesem Erfolg ist Salviati zufrieden.

DER DRITTE TAG, der sich mit dem jährlichen Umlauf der Erde um die Sonne befaßt, beginnt mit einem furchtbaren taktischen Fehler. Sagredo findet, die Diskussionen des Vortages seien nicht so sehr gegen die bedeutenden Schriftsteller Aristoteles und Ptolemäus und ihre verzeihlichen Irrtümer gerichtet gewesen, als vielmehr gegen ihre modernen peripatetischen Anhänger, die »sehr kindische, wo nicht lächerliche Gründe aufgebracht haben«. Und da sagt Salviati, er habe denselben Eindruck gehabt und schäme sich, jene Gründe zu wiederholen, »nicht um den Ruf ihrer Urheber zu schonen, deren Namen man stets verschweigen kann, als vielmehr um der Ehre des Menschengeschlechts keinen Makel anzuheften« (Strauß 291; EN VII 299).

Autorennamen waren zwar keine genannt worden, dafür aber lange lateinische Zitate aus den »Disquisitiones mathematicae« (auch als »Thesenbüchlein« bekannt) und ein neues Buch vom Autor des »Antitycho« mit Zitaten daraus (»De tribus stellis«). Jeder Leser wußte sofort, wer die beiden Autoren waren, und andere, deren »Namen man verschweigen konnte«, waren nicht zitiert worden. Ins Mark getroffen mußten sich Scheiner (der ja der Lehrer Lochers war) und Chiaramonti fühlen, die hier schlankweg als »Makel des Menschengeschlechts« bezeichnet wurden. Das war nicht mehr Ausdruck von Gegnerschaft, das mußte Feindschaft provozieren.

Die Nacht scheint die Gemüter nicht beruhigt zu haben, denn es geht nun im selben Ton gleich weiter gegen Chiaramonti, in dessen Buch Salviati Dinge findet, »wie ich sie zur Ehre des Philosophen lieber nicht gesehen hätte« (Strauß 294; EN VII 302). Allerdings habe der hoch angesehene Verfasser, den »unser Akademiker« einst gelobt habe, die peripatetische Lehre von der Unveränderlichkeit des Himmels gegen eine Schar von Astronomen angeblich mit deren eigenen Waffen verteidigt. Salviati fühlt sich zur Erwiderung gezwungen, da die Italiener durch Schweigen darüber den Schein von Ignoranten auf sich laden und sich in den Augen der Ausländer, besonders der Nichtkatholiken, lächerlich machen würden. Damit bezieht er sich auf die Vorrede, worin das ganze Unternehmen mit eben diesem Argument begründet wird.

Chiaramonti versucht in seinem »De tribus stellis...« die drei Novae, die seit 1572 aufgetreten waren, in die sublunare Sphäre herunterzuholen, indem er die Berechnungen der Astronomen von 1572 einschließlich Tychos miteinander vergleicht und die Unterschiede in den Meßergebnissen teils falsch versteht, teils korrigiert und zu seinen Gunsten ausschlachtet. Salviati macht sich die Mühe, anhand zahlreicher Tabellen Chiaramonti seiner Irrtümer, Schliche und astronomischen Unkenntnisse zu überführen. Eine imposante Abschlachtung, die allerdings mit dem Thema des Dritten Tages nichts zu tun hat. Galilei kannte das Buch bei der Abfassung des Ersten Tages noch nicht.

Danach erst wendet sich Salviati unvermittelt dem eigentlichen Tagesthema zu, hört sich die aristotelische These vom Mittelpunkt des Universums an und schreibt ihn, falls es überhaupt einen Mittelpunkt gibt, der Sonne zu. Die Begründung (Strauß 335 ff.; EN VII 349 ff.) lautet wie folgt:

»Es ergibt sich dies aus ganz augenscheinlichen und darum durchaus beweisenden Beobachtungen. Die, welche am handgreiflichsten dartut, daß die Erde jenem Mittelpunkt entrückt ist, die Sonne aber in demselben steht, ist die Tatsache, daß sich alle Planeten bald näher, bald weiter entfernt von der Erde befinden, und zwar sind die Unterschiede sehr bedeutend. Venus z. B. ist in ihrer größten Ferne sechsmal so weit von uns entfernt, als wenn sie in nächste Nähe rückt; Mars steht in dem einen Fall achtmal so hoch als in dem andern. Ihr seht gleichzeitig, wie Aristoteles sich ein bißchen täuschte, wenn er ihre Entfernung von uns stets für gleich hielt... Bei den drei oberen Planeten Mars, Jupiter und Saturn geht dies daraus hervor, daß sie sich immer in größter Erdnähe befinden, wenn sie in Opposition mit der Sonne sind, und in größter Erdferne, wenn sie mit ihr in Konjunktion sind. Diese Annäherung und Entfernung ist dermaßen bedeutend, daß Mars in Erdnähe an sechzigmal größer erscheint als in Erdferne. Bei Venus und Merkur ergibt sich die Drehung um die Sonne daraus, daß sie sich niemals weit von dieser entfernen und daß sie bald vor, bald hinter ihr stehen, wie aus der Phasenänderung der Venus mit Notwendigkeit hervorgeht. Was den Mond betrifft, so steht aus den weiterhin näher zu entwickelnden Gründen allerdings fest, daß er sich in keiner Weise von der Erde trennen läßt... Ich wiederhole, daß der Mittelpunkt der am Himmel beschriebenen Bahnen bei den fünf Planeten Saturn, Jupiter, Mars, Venus und Merkur die Sonne ist; desgleichen wird sie sich als Mittelpunkt der Erdbewegung erweisen, wenn es gelingt, auch die Erde an den Himmel zu verlegen. Was endlich den Mond betrifft, so bewegt sich dieser in einem Kreis um die Erde, von welcher er sich, wie gesagt, in keiner Weise trennen läßt; darum dreht er sich aber nicht minder um die Sonne, indem er die Erde bei ihrer jährlichen Bewegung begleitet.«

Ausgerüstet mit diesen Kenntnissen, fertigt Simplicio selbst eine (kopernikanische) Zeichnung an, nach der sich alle Planeten um die Sonne bewegen. Jetzt bleibt nur noch zu entscheiden, ob die Erde, die sich zwischen diesen bewegten Planeten befindet, sich mit ihnen bewegt oder nicht. Salviati findet, da schon alle Planeten sich um die Sonne als Zentrum bewegen, so ist es »richtiger, dem Mittelpunkt von beweglichen Sphären Unbeweglichkeit beizumessen als irgend einem anderen von diesem Mittelpunkt verschiedenen Ort... Wenn dem so ist, so folgt mit Notwendigkeit, daß auch die tägliche Bewegung der Erde zukommt; denn steht die Sonne fest und die Erde drehte sich nicht um sich selber, sondern hätte bloß die jährliche Bewegung um die Sonne, so würde unser Jahr nur aus einem Tag und einer Nacht bestehen, nämlich einem sechsmonatigen Tag und einer sechsmonatigen Nacht, wie früher bereits erwähnt. Ihr seht also, wie schön sich dem Universum die ungeheuer rasche 24-stündige Bewegung nehmen läßt, und wie die Fixsterne, welche ebensoviele Sonnen sind, sich gleich unserer Sonne einer ewigen Ruhe erfreuen. Ihr seht überdies, wie leicht sich bei dieser ersten Skizze die Gründe für die großartigen Himmelserscheinungen angeben lassen« (Strauß 341; EN VII 354). Sagredo wundert sich, daß diese alte pythagoreische Anschauung jahrtausendelang wenig Anhänger, ja sogar Aristoteles als Gegner gefunden habe und nach dem Auftreten des Kopernikus ebensowenig Anklang gefunden habe. Darauf meint

Salviati, auf die Zahl der Gegner und ihrer Albernheiten brauche man keine Rücksicht zu nehmen, da diese Sorte Leute dem »Begriff des Menschen nur der Gattung, nicht der spezifischen Differenz nach« entspreche (Strauß 342; EN VII 355). Was heißt das? Strauß klärt uns in einer Anmerkung auf S. 551 auf: »Nach der schulmäßigen Logik besteht jede Definition eines Begriffs in der Angabe des genus und der differentia specifica. Die übliche Definition des Menschen, welche zugleich eines der gewöhnlichsten Beispiele abgab, um das Wesen der Definition zu erläutern, lautete dementsprechend animal mortale rationale; wenn man also von der differentia specifica absieht, die in dem rationale ihren Ausdruck findet, so bleibt bloß das Genus Tier übrig.« Kurz gesagt: die alberne Masse der antiken und modernen Gegner sind schlicht und einfach bloße Tiere.

Salviati wundert sich dagegen über etwas ganz anderes, nämlich über die »Geisteshöhe derer, die sich ihr (der Theorie des Kopernikus) angeschlossen und sie für wahr gehalten, die durch die Lebendigkeit ihres Geistes den eigenen Sinnen Gewalt angetan derart, daß sie, was die Vernunft gebot, über den offenbarsten gegenteiligen Sinnenschein zu stellen vermochten«.

Nachdem Salviati die teleskopischen Beobachtungen und die dadurch beseitigte Irradiation dargelegt hat, ruft Sagredo (Strauß 354 ff.; EN VII 367 ff.) begeistert aus: »O Nikolaus Kopernikus, wie hättest du dich gefreut, durch so klare Tatsachen dein System nach dieser Seite hin bestätigt zu sehen!« Und Salviati kontert: »Ja, aber wieviel geringer wäre der Ruhm seiner Geistesgröße in den Augen der Sachverständigen!«

An dieser Stelle tritt Galilei ein einzigesmal bescheiden hinter Kopernikus zurück, denn Galileis Ruhm muß gemäß dieser Bemerkung ja »um wieviel geringer« als der Ruhm des Kopernikus sein. Aber gleich darauf bedauert er das Mißgeschick des scharfsinnigen Kopernikus, nicht erlebt zu haben, wie die »anscheinende Absurdität« einer gemeinschaftlichen Bewegung von Erde und Mond um die Sonne beseitigt ist. (Diese Absurdität ergab sich bislang aus dem aristotelischen Prinzip, wonach ein Körper nicht gleichzeitig zwei verschiedene Bewegungen ausführen könne.) Jetzt aber haben wir »im Jupiter gleichsam eine zweite Erde kennengelernt, der nicht nur in Gesellschaft eines Mondes, sondern sogar von vier Monden begleitet in zwölf Jahren um die Sonne läuft«. Und auf Simplicios Frage, wieso Ptolemäus über das alles in Unkenntnis gewesen sein solle, gibt Salviati richtig zu bedenken, daß die Astronomen bisher »nur Rechenschaft von den Erscheinungen« abzulegen hatten, d.h. beliebige Bewegungsmodelle zwecks Voraussage der Planetenstellungen, aber kein physikalisch oder mechanisch richtiges System zu liefern hatten.

Anders Kopernikus. Ihm ging es um die physikalische Wahrheit. »Bei Ptolemäus finden sich die Übel, bei Kopernikus ihre Heilung« (Strauß 357; EN VII 369). Und sofort folgte eine Behauptung, von der Galilei wußte, daß sie falsch war: »Um diesen Erscheinungen Rechnung zu tragen, hat Ptolemäus eine Menge von Epizykeln eingeführt, die er der Reihe nach für jeden besonderen Planeten nach etlichen schlecht zusammenstimmenden Bewegungsgesetzen zurechtstutzte: diese werden sämtlich durch eine höchst einfache, der Erde beigelegte Bewegung beseitigt.«

Kopernikus, der an den Kreisbahnen der Planeten festhielt, konnte wegen der Exzentrizität der Bahnen gar nicht auf Epizykel verzichten, und so auch Galilei. Er wußte, daß »der Ofen rauchte«. Koestler hat in »Die Nachtwandler« S. 191–94 verdienstvollerweise zusammengerechnet, wieviel Epizykel Kopernikus in seinem Werk »De Revolutionibus...« nötig hatte; es sind 48. Ptolemäus hatte ursprünglich 80, eine revidierte Ausgabe Peurbachs im 15. Jahrhundert kam aber mit 40 aus. Zu der Behauptung Galileis im »Dialogo«, die Epizykel des Ptolemäus seien durch Kopernikus »sämtlich« beseitigt, schreibt der durchweg apologetisch eingestellte Stillman Drake (nach Koestler, a.a.O. S. 485): »Eine drastische Simplifizierung Kopernikus' mag ihm (Galilei) als bequemeres didaktisches Hilfsmittel vorgekommen sein. Das ist zumindest die nachsichtige Annahme. Immerhin bleibt die Frage, wieso er den verhängnisvollen Fehler begehen konnte, vor dem er andere so oft gewarnt hatte, nämlich Theorien aufzustellen unter Mißachtung der besten Beobachtungsresultate.« Die besten Beobachtungsresultate, das wissen wir längst, sind die Messungen Tychos und die darauf aufbauende Keplersche Astronomie, in der es infolge der drei epochemachenden Gesetze keine Epizykel mehr gibt. Aber die »Frage« Drakes ist leicht zu beantworten: Galilei konnte sich von den aristotelischen »vollkommenen« Kreisbewegungen, die keine »Kräfte« benötigten, nicht lösen.

Nun folgt ein »Beweis« für die jährliche Bewegung der Erde, der in doppelter Hinsicht peinlich ist. Einerseits wußte Galilei, daß Scheiner ein großes Werk über die Sonne vorbereitete und als alter Beobachter der Sonnenflecken mit Sicherheit gründliche, jahrelange Beobachtungen vorlegen werde. Andererseits besaß Galilei einen nicht sehr klaren Brief von Francesco Sizzi über die veränderlichen Bahnen der Sonnenflecken (EN XI 491), der zur Zeit des Briefwechsels mit Welser über die Sonnenflecken eingetroffen war, aber zu spät, um noch einen Niederschlag in der damaligen Veröffentlichung des Briefwechsels finden zu können. Sizzis Brief war im Juli 1613 bei Galilei eingegangen, aber die »Briefe über die Sonnenflecken« waren schon im März 1613 im Druck erschienen. Sei es nun, daß Galilei indirekte Nachrichten über den Inhalt der kommenden Scheinerschen »Rosa Ursina« hatte, sei es, daß er sich jetzt an den Brief von Sizzi erinnerte, jedenfalls setzt Salviati auf über zehn Seiten (Strauß 361–73, EN VII 372–83) mit dem Eröffnungsruf »Vernehmt denn das hohe neue Wunder!« die Veränderlichkeit der Fleckenkurven auseinander und behauptet, er habe sie »einige Jahre nach 1610« zusammen mit »unserem Akademiker« monatelang beobachtet und notiert. Wäre der »Dialogo« nicht durch das Hin und Her wegen des Imprimatur verzögert worden und vor der »Rosa Ursina« erschienen, so wäre das in der Tat ein triumphaler Streich gewesen. Da aber die »Rosa« vor dem »Dialogo« erschien, konnte Scheiner behaupten, Galilei habe einfach abgeschrieben. (Das war zwar nicht möglich, da Galileis Manuskript bei Erscheinen der »Rosa« schon im Druck war und nicht mehr verändert werden durfte; doch das konnte man nicht wissen. Außerdem sind Scheiners Beobachtungen als Frucht jahrelanger sorgfältiger Beobachtungen exakter und gelten heute noch als mustergültig. Hätte Galilei diese Passagen wörtlich gekannt, wären seine eigenen Ausführungen genauer ausgefallen.)

Da Salviati 1614 gestorben war, mußte Galilei das Ganze, sollte es im »Dialogo« vorkommen, so weit zurückverlegen. Wie es sich damit in Wirklichkeit verhielt, läßt sich nicht feststellen. Sonderbar ist nur, daß Galilei bis dahin nie von dieser Entdeckung und den Folgerungen daraus gesprochen hat. Sehr viel später, im Jahre 1636 (EN XVI 391), schrieb er in einem Brief an seinen Freund Micanzio über Scheiner und seine »Rosa Ursina«, die Micanzio gerade las: »Der Saukerl und bösartige Esel stellt einen Katalog meiner Unkenntnisse zusammen, die aus einer einzigen herrühren und die anfangs ihm ebenso wenig wie mir bekannt war, nämlich die winzige Neigung der Sonnenachse gegen die Ekliptik: ich entdeckte sie vor ihm, das bin ich sicher, aber ich hatte keine Gelegenheit, davon zu sprechen außer im Dialogo. Doch der arme Kerl mag seine schlechte Fortune darin sehen, daß er der Beobachtung absolut nichts Wunderbares entnahm, während ich damit das größte Geheimnis der Natur entdeckte... Es hat ihn tödlich getroffen und tollwütig gemacht, daß es mir allein vorbehalten war, so viele und große Neuheiten am Himmel zu entdecken und daraus so viele und stupende Folgerungen zu ziehen, unter denen diese, so darf man sagen, die größte ist. Und der Unglückliche, der so lange Zeit ein so kostbares Juwel in Händen hielt, hat es nicht zu schätzen gewußt!«

In diesem Brief tritt die nebenbei behauptete Priorität hinter der Interpretation des Phänomens zurück: Galilei hat mit Hilfe der manchmal geraden, manchmal schiefen Kurven der Sonnenflecken »das größte Geheimnis der Natur entdeckt«, nämlich einen Beweis für den Umlauf der Erde um die Sonne.

Das hat Scheiner in der Tat nicht daraus gefolgert, und mit Recht nicht. Denn Simplicio wendet im »Dialogo« richtig ein, das gleiche Bild müsse sich ergeben, wenn die Sonne sich um die Erde drehe. Dem hält Salviati entgegen, dann müsse man »der Sonne zwei Bewegungen um ihren eigenen Mittelpunkt, aber um zwei verschiedene Achsen zuschreiben, deren eine ihre Umdrehung in einem Jahr vollendet, während die andere sie in weniger als einem Monat ausführt, eine Annahme, die meiner Vernunft sehr hart, ja unmöglich erscheint.« Dann folgen schwer verständliche Erwägungen einer vierfachen Bewegung, darunter auch eine »in 24 Stunden, übereinstimmend mit der täglichen Bewegung um die Pole des Äquators«, und zu alledem sagt Salviati selbst: »Was ich da sage, ist sehr dunkel, ich weiß es, aber es wird euch klar werden, wenn wir von der dritten jährliche Bewegung sprechen, die Kopernikus der Erde beigelegt hat.« Die dunkle Stelle selbst steht bei Strauß auf S. 371 (EN VII 382), die Behandlung der dritten Bewegung des Kopernikus, die alles aufklären soll, auf S. 416 (EN VII 424), aber sie klärt gar nichts betreffs der ersten Stellen auf, sondern ist einfach die geniale Erklärung, die Galilei für die kopernikanische sog. Deklinationsbewegung gibt: Ein schwebender Gegenstand, der im Kreis herumgeführt wird, gerät in scheinbar entgegengesetzte Eigendrehung, in Wirklichkeit scheint er sich nur zu drehen. Das kann man mit einer in einer Schüssel Wasser schwimmenden Kugel, die man mit einer Markierung versieht, leicht experimentieren: Wenn man die Schüssel in der Hand hält und sich auf den Fußsohlen um sich selbst dreht, scheint die Kugel in Gegendrehung zu geraten, in Wirklichkeit aber zeigt die Markierung stets in die gleiche Richtung. Und das also sollte die Sonne, falls sie sich um die Erde drehte, nicht können, das wäre »hart, ja unmöglich«. Die Dunkelheit der ersten Stelle, in der die Unmöglichkeit der identischen Phänomene beim Umlauf entweder der Erde oder der Sonne bewiesen werden soll, bleibt so dunkel wie vorher.

Die ganze Sonnenfleckengeschichte ist eine unglückliche Idee. In der späteren Geschichte der Astronomie ist die Neigung der Sonnenachse gegen die Ekliptik niemals als Beweis für den Umlauf der Erde um die Sonne aufgetaucht.

Salviati dämpft am Ende der verdunkelten Passage Sagredos Begeisterung mit der Beteuerung, seine Ausführungen seien weder ein Beweis noch ein Nichtbeweis, er stelle die Entscheidung »anderen anheim. Diese Entscheidung wird endlich einmal unzweifelhaft gefällt werden, da notwendig eins der beiden Systeme richtig und das andere falsch sein muß und mithin unausbleiblich die Gründe für die wahre Lehre – ich meine nur innerhalb der Grenzen menschlicher Wissenschaft – sich als ebenso beweiskräftig herausstellen müssen wie die gegenteiligen als nichtig und verfehlt«.

Bekanntlich hat Simplicio längst eingesehen, daß die Planeten sich allesamt um die Sonne drehen; es bleibt für den Dritten Tag nur noch die Frage, ob auch die Erde sich den Planeten anschließt. Sein Einwand, daß die Sonnenflecken wechselnde Kurven sowohl bei der Erdbewegung als auch bei der Sonnenbewegung zeigen müssen, war ganz einfach ein Hinweis auf das tychonische System, ohne daß der Name Tycho fiel. Und Salviati suchte mit dieser dunklen Stelle dem tychonischen System das Lebenslicht auszublasen. Das ist der Sinn und die Absicht der geheimnisvollen Passage. Was der Sonne unmöglich war, sollte dagegen für die Erde das Natürlichste von der Welt sein.

Sonderbar? Die Sachen stehen so, daß Galilei leider mit seinen Mitteln das tatsächlich unrichtige System Tychos nicht widerlegen konnte; daher entweder totschweigen oder dieser »sehr dunkle« Versuch. Und leider hat er die beiden Fliegen – Scheiner und Tycho –, die er mit einer Klappe schlagen wollte, nicht getroffen. Allerdings haben die Zeitgenossen die Verdunkelung nicht durchschaut, außer Scheiner selbst in einer späten Antwort (»Prodromus pro Sole mobili...« 1651). Da war Galilei längst tot.

Im »Dialogo« geht es anschließend um die Tiefe des Weltraums, d.h. um die Größe und Entfernung der Fixsterne. Beides wurde bisher, so erklärt Salviati, stets überschätzt, die Größe wegen der nicht abgerechneten Irradiation, die Entfernung wegen dieser fälschlich angenommenen Riesengröße der Fixsterne. Die früheren Astronomen, und dabei wird Tycho wie üblich genannt, sind nicht mit der Tatsache zu entschuldigen, daß sie noch kein Teleskop zur Verfügung hatten. Daß da ein Problem vorlag, mußten sie an der verschiedenen Größe der Venus bei Tag und bei Nacht erkennen; und dann war das Problem eben zu untersuchen. Sie hätten nur einen gewaltig flimmernden Fixstern mit einem schmalen Band in passender Entfernung vom Auge zu verdecken brauchen, und schon wäre die Irradiation verschwunden, und sie hätten mit allerlei Vorsichtsmaßregeln (die Salviati genau beschreibt) den spitzen Winkel zum Fixstern berechnen können. Diese grobe Methode hätte jedenfalls genügt, um jene Astronomen von den schlimmsten Übertreibungen abzuhalten. Trotzdem darf man annehmen, die Fixsterne seien so weit entfernt, daß ihre Parallaxe für uns unbemerkbar ist.

Diese Stelle fängt mit einer erstaunlichen Bemerkung an. Da ist nämlich (Strauß 375; EN VII 386) vom »scheinbaren Durchmesser der Sonne in ihrer mittleren Entfernung« die Rede, die »der herrschenden Ansicht und der Wirklichkeit« entspricht.

Also doch keine »vollkommenen« Kreisbahnen der Planeten? Also die Epizykel, die Galilei, wie wir gesehen haben, Cesi gegenüber als physikalisch unentbehrlich verteidigte, doch nicht physikalisch vorhanden? Sehr viel später, als Galilei längst Publikationsverbot hatte, entstand um 1638 ein kurzes Manuskript »Operazioni Astonomiche«, worin eine Methode gezeigt wird, die »Näherung und Entfernung der Sonne« festzustellen, ohne daß Konsequenzen für die Planetenbahnen gezogen würden (EN VIII 460). Galilei blieb also zeitlebens bei der Antwort, die er Ingoli gegeben hatte: bringt das nach eurem Gusto in Ordnung, und laßt die Fundamente des Kopernikus in Ruhe, es handelt sich nur um einen rauchenden Ofen.

Die Erörterung über die Tiefe des Weltraums führt schließlich zu einem hymnischen Ausbruch Salviatis (Strauß 384 f.; EN VII 394 f.): »Darum frage ich dich schließlich, du törichter Mensch: Begreifst du mit deinem Geiste die Größe des Weltalls, die du für allzu gewaltig ausgibst? Und wenn du sie begreifst, wirst du glauben mögen, daß deine Fassungskraft weiter reicht als die göttliche Allmacht? Wirst du zu behaupten wagen, daß du dir Größeres vorzustellen vermagst, als Gott auszuführen imstande ist? Begreifst du sie aber nicht, was willst du urteilen über die Dinge, die du nicht fassest?«

Der trockene Simplicio entgegnet ungerührt: »Diese Erörterungen sind alle ganz schön und gut (»camminan tutti benissimo«), und niemand stellt in Abrede, daß die Größe des Himmels erhaben sein mag über unser Vorstellungsvermögen, sowie daß Gott ihn tausendmal größer hätte schaffen können, als er wirklich ist. Nicht aber dürfen wir zugeben, daß irgend etwas umsonst geschaffen und müßig im Weltall sei. Wenn wir nun sehen, in welch schöner Ordnung die Planeten um die Erde geschart sind, in Entfernungen von ihr, die wohlabgemessen sind, um auf sie zu unserem Wohle Einfluß zu üben, wozu dann zwischen die höchste Sphäre des Saturn und die Sternensphäre einen ungeheuren Raum ohne jedweden Stern überflüssig und zwecklos einschieben? zu welchem Ende? zu wessen Nutz und Frommen?«

Aus dieser Bemerkung treten sehr schön und verständlich die damaligen quasi-religiös begründeten astrologischen Zwecke des Sternenhimmels hervor: Gott veranlaßt den Einfluß der

Sterne zu unserem Wohl. Salviati will davon nichts wissen (so wie Galilei von der Astrologie nichts wissen wollte): »Zu viel maßen wir uns an, scheint mir, Signor Simplicio, wenn wir meinen, einzig die Sorge um uns erschöpfe das Wirken der Weisheit und Macht Gottes, darüber hinaus tue und ordne er nichts. Ich möchte aber, daß wir den Arm Gottes nicht so verkürzen... Es ist frevelhaft, unsere schwache Vernunft zum Richter zu setzen über die Werke Gottes, alles das im Weltall eitel und überflüssig zu nennen, was nicht unserem Nutzen dient.« Und Sagredo fügt hinzu: »Sagt lieber: alles das, dessen Nutzen für uns wir nicht begreifen.«

Wir können mit Simplicio sagen: das alles ist schön und gut, aber es trägt zur Sache nicht viel bei. Wirkliche Bedeutung hat ein Passus über die Parallaxe der Fixsterne, wobei Galileis Scharfsinn zu bewundern ist (Strauß 400; EN VII 409): »Meiner Ansicht nach sind die Sterne nicht über eine einzige Kugelfläche hin verstreut und gleich weit entfernt von einem Mittelpunkt, sondern ihre Abstände von uns sind sehr verschieden, so daß etliche wohl zwei- oder dreimal weiter entfernt sein mögen als gewisse andere. Wenn sich also mittels des Fernrohrs herausstellte, daß ein sehr kleiner Stern dicht bei einem größeren steht, daß mithin ersterer sehr hoch stände, so könnte es wohl geschehen, daß eine merkliche Änderung ihrer Lage einträte, analog den Erscheinungen an den oberen Planeten.« Genau unter dieser Vorbedingung ist es Friedrich W. Bessel 1838 als erstem gelungen, eine Fixsternparallaxe nachzuweisen, und zwar beim Stern 61 im Sternbild des Schwans. Nur eben: Zur Zeit Galileis war so etwas mit den damaligen Mitteln nicht erreichbar. Doch weiß Galilei sehr genau, wie wichtig der Nachweis der Fixsternparallaxe ist. Er läßt Salviati sagen: «Mit Konstatierung einer solchen Veränderung läge nichts mehr vor, was die Erdbewegung zweifelhaft machen könnte; denn es gäbe keinen anderen Ausweg, besagte Erscheinung zu erklären. Aber sollte diese auch nicht sinnlich wahrzunehmen sein, so ist doch damit die Erdbewegung noch nicht widerlegt, die Unbeweglichkeit noch nicht zwingend erwiesen. Denn möglicherweise macht die ungeheure Entfernung der Sternensphäre, wie Kopernikus behauptet, solche minimalen Erscheinungen der Beobachtung unzugänglich« (Strauß 404; EN VII 413).

Es folgt eine ausführliche, von einer Zeichnung unterstützte Darlegung, wieso der Wechsel der Jahreszeiten, die ungleiche Länge von Tag und Nacht usw. »ebensowohl nach der kopernikanischen als nach der ptolemäischen Ansicht eintreten müssen, ja mit noch größerer Ungezwungenheit und Einfachheit«. Die Eleganz der kopernikanischen Erklärung kann heute jeder Gymnasiast vorführen oder konnte es doch zu meiner Schulzeit; für Galileis Leser war es eine Sensation. Allerdings sagt Salviati selbst, daß der Vorzug des kopernikanischen Modells nur in seiner größeren Eleganz besteht.

Darauf folgt die schon zitierte Erledigung der dritten kopernikanischen Bewegung, der sog. Deklinationsbewegung der Erde, und anschließend eine lange und bewundernde Darstellung der Magnetismuslehre William Gilberts, der im Jahre 1600 ein aufsehenerregendes Werk »De Magnete« veröffentlicht hatte und der Meinung war, die ganze Erde sei ein riesiger Magnet. Die Gebildeten wurden damals in Massen vom Magnet-Rausch erfaßt. Galilei selbst stellte damals armierte Magnete her und überredete seinen Freund Sagredo, dem Großherzog seinen besonders guten Magneten zu verkaufen. Im »Dialogo« ist Salviati ein Anhänger der Gilbertschen Meinung, daß die Erde ein Magnet sei und daß die stets gleichbleibende Richtung der Erdachse eben daher rührte. Kleinere Irrtümer Gilberts werden allerdings korrigiert.

Damit endet der Dritte Tag ohne jeden rhetorischen Höhepunkt. Das Ergebnis besteht in dem, was den Schlußteilen vorausging: im Vorweisen der größeren Eleganz des kopernikanischen Systems gegenüber dem ptolemäischen.

DER VIERTE TAG — merkwürdig kurz, nur knapp ein Zehntel des gesamten Buches — soll nun die Entscheidung bringen durch den Nachweis, daß die Gezeiten eine Folge der doppelten Erdbewegung sind. Und wieso das? »Nur an dem Elemente des Wassers, das eine solch ungeheure Ausdehnung besitzt und mit dem Erdball nicht wie sämtliche festen Bestandteile eng verbunden und verknüpft ist, sondern infolge seiner Flüssigkeit teilweise unter eigener Botmäßigkeit steht und frei ist — einzig und allein an dem Elemente des Wassers von allem, was da unter dem Monde, können wir möglicherweise eine Spur, ein Anzeichen finden, das uns verrät, wie die Erde sich bezüglich der Bewegung oder Ruhe verhält« (Strauß 435; EN VII 442 f.).

Das widerspricht nun ganz und gar Galileis Prinzip vom Mithalten oder Schritthalten aller festen und bewegten Gegenstände mit der Erdbewegung. Natürlich gibt es Strömungen innerhalb des Meeres aus verschiedenen Gründen, z.B. den warmen Golfstrom, der zur Zeit Galileis längst bekannt, nämlich 1513 von dem Spanier Alaminos entdeckt war. Aber solche Erscheinungen waren zunächst einmal grundsätzlich ebenso zu erklären wie der von der Erdbewegung unbehinderte Vogelflug.

Nun gibt es aber eine alternierende »Strömung«, Ebbe und Flut, die auf diese Weise nicht zu erklären war. Schon 1616 stellte Galilei, wie wir wissen, seine in der Paduaner Zeit entwickelte Deutung in dem »Diskurs über Ebbe und Flut des Meeres« für den Kardinal Orsini dar. Dieser Diskurs beschäftigte sich nur mit der täglichen Periode der Gezeiten und bildet jetzt die erste Hälfte des Vierten Tages. In der neu hinzugekommenen zweiten Hälfte folgen Überlegungen zu den monatlichen und jährlichen Schwankungen der Gezeiten.

Wenn man die Ausführungen liest, klingen sie ganz plausibel: Die Erde dreht sich nicht nur täglich, sondern sie führt gleichzeitig eine jährliche Bewegung um die Sonne aus. Jeder Punkt der Erde – außer den Polen – hat mithin einmal am Tage eine Geschwindigkeit aus der Summe der beiden Bewegungen, zwölf Stunden später aber nur die Geschwindigkeit aus der Differenz der beiden Bewegungen. Die Landmassen, die z.B. das Mittelmeer umgeben und die sich periodisch schneller und langsamer bewegen, bilden so etwas wie eine Schüssel, die mit Wasser gefüllt ist. Eine gefüllte Schüssel aber, die man hin- und herbewegt, nimmt das Wasser nicht einfach mit, sondern das Wasser schwappt hin und wider; es hält mit der Bewegung der Schüssel nicht Schritt.

Nach diesem Prinzip, auf die Erde übertragen, müßte einmal am Tag Flut und Ebbe eintreten. Galilei erklärt die zweimalige Erscheinung durch die riesigen Wassermassen, die langsam wieder ins Gleichgewicht streben wollen und dabei durch den punktuellen Geschwindigkeitswechsel der Erde in der Ausgleichsbewegung regelmäßig gestört werden. Außerdem zählt er noch allerlei andere mitwirkende Momente auf, z. B. die verschiedenen Wassertiefen, die Hemmungen durch nord-südlich verlaufende Meeresarme usw.

Das klingt, wie gesagt, nicht schlecht. Wieso aber hält das Wasser mit dem Festland nicht Schritt? »Weil es infolge seiner Flüssigkeit frei ist«? Ernst Mach hat 1912 in der 7. Auflage von »Die Mechanik in ihrer Entwicklung« Galileis Theorie ausführlich behandelt. Wir wollen uns den Passus deshalb ansehen, weil Stillman Drake dem bedeutenden Physiker Mach vorwirft, er habe eine »Karikatur« der Galileischen Gezeitentheorie geliefert. Da Drake überdies die Newtonsche Gezeitenlehre für überholt erklärt, müssen wir das Thema auf den nächsten Seiten ausführlich diskutieren. Mach schreibt also (S. 208 ff.):

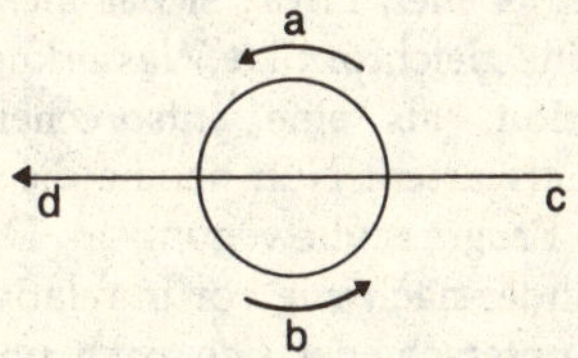

»Von den Fluttheorien, welche vom Newton aufgestellt worden sind, wollen wir nur die Galileische kurz besprechen. Galilei erklärt die Flut durch die Relativbewegung der festen und flüssigen Erdteile und betrachtet die Tatsache geradezu als einen Beweis der Erdbewegung, als Hauptargument für das Kopernikanische System. Wenn die Erde (siehe Abbildung) von West nach Ost rotiert und zugleich eine Progressivbewegung hat, so nehmen die Teile der Erde bei *a* die Summe, bei *b* die Differenz beider Geschwindigkeiten an. Das Wasser in den Meeresbekken, welches diesem Geschwindigkeitswechsel nicht so rasch folgen kann, verhält sich wie in einer hin und her geschwungenen Schüssel oder in einer abwechselnd schneller und langsamer bewegten wasserführenden Gondel. Es staut sich bald auf der Vorder- bald auf der Rückseite. Dies ist im wesentlichen die Ansicht, die Galilei in dem Dialog über die beiden Weltsysteme entwickelt. Die Keplersche Ansicht von einer Anziehung des Mondes erscheint ihm mystisch und kindisch; er glaubt, sie in die Kategorie der Erklärungen durch Sympathie und Antipathie verweisen und ebenso leicht abtun zu können als das Ansteigen der Flut durch Bestrahlung und dieser folgende Ausdehnung des Wassers. Daß nach seiner Theorie täglich nur *einmal* Flut und Ebbe eintreten sollte, übersieht Galilei natürlich nicht; er täuscht sich aber über die Schwierigkeiten weg, indem er meint, durch Rücksicht auf die Eigenschwingungen des Wassers und die Änderungen der Bewegung die tägliche, monatliche und jährliche Periode erklären zu können. Das Prinzip der relativen Bewegung ist ein *richtiges* Element in dieser Theorie, dasselbe ist aber so *unglücklich* angewandt, daß nur eine sehr trügerische Theorie sich ergeben konnte. Wir wollen uns zunächst überzeugen, daß die in Betracht gezogenen Umstände den ihnen zugeschriebenen Erfolg sicher *nicht* haben können. Wir denken uns eine gleichförmige Wasserkugel. Einen andern Erfolg der Rotation, als eine entsprechende Abplattung, werden wir nicht erwarten. Nun nehme die Kugel auch noch eine gleichmäßige Progressivbewegung an. Die Teile derselben werden gegeneinander nach wie vor in relativer Ruhe bleiben. Denn dieser Fall unterscheidet sich nach unserer Auffassung nicht wesentlich von dem vorigen, da man sich die Progressivbewegung der Kugel durch eine entgegengesetzte aller umgebenden Körper ersetzt denken kann. Aber auch für denjenigen, welcher die Bewegung als eine »absolute« ansieht, wird durch die gleiche Progressivbewegung an dem Verhältnis der Teile zueinander nichts geändert. Nun lassen wir die Kugel, deren Teile sich gegeneinander ohnehin nicht zu bewegen streben, teilweise erstarren, so daß Meeresbecken mit noch flüssigem Wasser entstehen. Die ungestörte gleichmäßige Rotation wird fortbestehen, und Galileis Theorie ist also unrichtig. Doch scheint der Galileische Gedanke auf den ersten Blick recht annehmbar. Wie klärt sich diese Paradoxie auf? Es liegt alles an der *negativen* Auffassung des Trägheitssatzes. Fragt man hingegen, welche *Beschleunigungen* erfährt das Wasser, so ist alles klar. Das *schwerelose* Wasser würde bei der ersten Umdrehung abgeschleudert. Das *schwere* Wasser hingegen beschreibt eine *Zentralbewegung* um den Erdmittelpunkt. Es müßte bei seiner geringen Umlaufgeschwindigkeit sich dem Erdmittelpunkt noch mehr nähern, wenn nicht durch den Widerstand der unterhalb liegenden Masse gerade so viel von der Zentripetalbeschleunigung aufgehoben würde, daß der Rest derselben eben zur Zentralbewegung in der Kreisbahn mit der gegebenen Tangentialgeschwindigkeit ausreicht. Mit dieser Auffassung verschwindet jeder Zweifel und jede Unklarheit. Man kann aber wohl hinzufügen, daß es für Galilei beinahe unmöglich war, ohne übermenschliches Genie hierin bis auf den Grund zu sehen. Er hätte auch noch die großen Gedankenschritte von Huygens und Newton vorwegnehmen müssen. Merkwürdig ist, daß Galilei in seiner Fluttheorie die *erste* dynamische Aufgabe für den Weltraum behandelt, ohne sich um das neue Koordinatensystem Sorgen zu machen. Er betrachtet wohl in der naivsten Weise den Fixsternhimmel als das neue Bezugssystem.«

Arthur Koestler (»Die Nachtwandler«, S. 473 ff.) spinnt die Schlußbemerkung Machs über den Fixsternhimmel noch weiter ins Mathematische aus: »Galileis Theorie der Gezeiten lautet in etwas vereinfachter Form folgendermaßen: Nimm einen Punkt auf der Erdoberfläche – beispielsweise Venedig. Er führt eine zweifache Bewegung aus, die tägliche Umdrehung um die Erdachse und die jährliche Umdrehung um die Sonne. Des Nachts, wenn Venedig sich in N befindet, wirken die beiden Bewegungen zusammen, am Tag in T wirken sie gegeneinander:

Daher bewegt sich Venedig und mit ihm das ganze Festland in der Nacht rascher und am Tag langsamer, mit dem Ergebnis, daß das Wasser nachts ›zurückgelassen‹ wird und am Tag dem Land vorausstürmt. Aus diesem Grund muß sich das Wasser alle vierundzwanzig Stunden, stets um Mittag, zu einer Flut anhäufen. Die Tatsache, daß es zwei Fluten in Venedig gibt statt einer und deren Eintritt sich täglich etwas verschiebt, erklärte Galilei mit sekundären Gründen wie der Gestalt des Meeres, seiner Tiefe und ähnlichem.

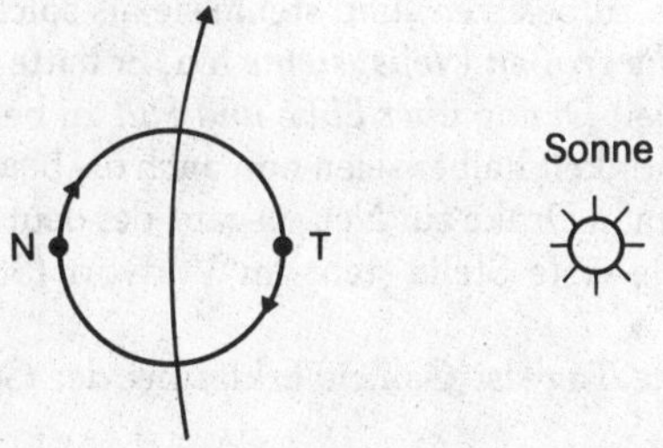

Nun liegt der Irrtum der Beweisführung aber darin, daß sich Bewegung nur in bezug auf einen bestimmten Punkt definieren läßt. Bezieht man die Bewegung auf die Achse der Erde, dann bewegt sich jeder Teil ihrer Oberfläche, mag er trocken oder naß sein, mit gleichförmiger Geschwindigkeit bei Tag und bei Nacht, und es gibt keine Gezeiten. Bezieht man die Bewegung auf die Fixsterne, dann erhalten wir die periodischen Variationen, die das Diagramm anzeigt und die ebenfalls für Wasser und Land die gleichen sind und keine Impulsunterschiede herbeiführen können. Ein Unterschied im Schwung, der die See veranlaßte ›überzuschwabbern‹, könnte bloß auftreten, wenn die Erde einen Stoß von außen erhielte — beispielsweise durch den Zusammenprall mit einem anderen Körper. Doch die Rotation der Erde und ihre jährliche Umdrehung unterliegen beide dem Trägheitsgesetz und zeitigen daher den gleichen Impuls im Wasser und auf dem Land; folglich kann auch eine Kombination der beiden Bewegungen keinen Impulsunterschied erzeugen. Galilei begeht bei seiner Beweisführung den Fehler, die *Bewegung des Wassers auf die Erdachse zu beziehen, die Bewegung des Landes jedoch auf die Fixsterne.* Mit anderen Worten, er schmuggelt unbewußt die ausgebliebene Parallaxe durch die Hintertür ein. Eine Wirkung der jährlichen Erdbewegung in bezug auf die Fixsterne war nicht festzustellen gewesen. Galilei findet sie in den Gezeiten, indem er die Fixsterne dort hineinbringt, wo sie nicht hingehören. Die Gezeiten wurden zu einem *Ersatz* der Parallaxe.

Wie stark diese fixe Idee war, sieht man daraus, daß er, ein Bahnbrecher auf dem Gebiet der Relativität der Bewegung, niemals den groben Fehler in seiner Beweisführung entdeckte. Siebzehn Jahre nachdem er auf die Geheimwaffe gestoßen war, glaubte er fest, in ihr den entscheidenden Beweis für die Bewegung der Erde zu besitzen, und stellte sie als solchen in seinem *Dialog über die großen Weltsysteme* hin. Er hatte sogar die Absicht, die Arbeit *Dialog über Ebbe und Flut* zu betiteln.«

Der Gerechtigkeit halber seien nun auch die beiden Stellen zitiert, die Stillman Drake zur Neuausgabe des deutschen Dialogs beisteuert. Die erste Stelle steht im Vorwort (Strauß XXIII*) und lautet:

»Der ›Vierte Tag‹ ist Galileis Erklärung der Gezeiten durch

zwei Hauptursachen gewidmet, wobei eine die ständige Beunruhigung des Meeres und die andere die beobachteten Gezeitenperioden erklärt. Strauß verdient höchstes Lob für seine Feststellung, daß der von Galilei aus der ›Hauptursache‹ hergeleitete Effekt existieren muß, obgleich er viel zu klein ist, um die beobachteten Gezeiten zu erklären. Emil Wohlwill bemerkte, daß wissenschaftlich oder technisch ausgebildete Personen mit Strauß übereinstimmten. In den späteren Ausgaben seiner historischen Behandlung der Entwicklung der Mechanik hat Ernst Mach eine sehr unbillige Karikatur der Galileischen Gezeitentheorie gegeben, wobei er ein völlig irrelevantes Argument gegen seine ›Hauptursache‹ anführt. Wegen seines Prestige als Physiker sind die meisten Historiker Mach gefolgt und nicht Strauß, der die Gründe für seine Schlußfolgerungen nicht anführte. Zu seiner Unterstützung werde ich nun meine Rekonstruktion der korrekten Analyse aufgrund der Newtonschen Kinematik anführen.

Betrachten Sie die Erde auf ihrer Kreisbahn rund um die Sonne, wobei es keine Rolle spielt, welche Kraft sie diese Bahn durchlaufen läßt. Zunächst sei irgendein Punkt auf der Erdoberfläche stets der sonnennächste Punkt. Wegen der beträchtlichen Größe der Erde werden unterschiedliche Zentripetalbeschleunigungen, die zur Sonne hin gerichtet sind, an Punkten mit unterschiedlichem Abstand zur Sonne auftreten. Dadurch allein wird die Meeresoberfläche nicht gestört. Nun tritt aber die tägliche Drehung der Erde um ihre Achse hinzu, und dadurch wird — außer an den Polen — jeder Punkt durch einen Tageszyklus verschiedener Zentripetalbeschleunigungen zur Sonne hindurchgehen. Kleine Wasservolumina, die sich frei in bezug aufeinander bewegen können, werden sich ständig an diese veränderliche Beschleunigung anpassen und die Meeresoberfläche kontinuierlich verändern. Zu diesem Ergebnis kam auch Galilei aus ganz anderen Gründen.

Es ist wahrscheinlich, daß Mach, der eine Form des Relativitätsprinzips annahm, Galileis Argument, das auf ›absoluten Geschwindigkeiten‹ aufgebaut war, zerstören wollte. Diese Geschwindigkeiten sollten in bezug auf die Sonne gemessen werden, die Galilei als ruhend annahm. Dazu behandelte Mach die jährliche Bewegung als geradlinig anstelle von kreisförmig.

Da dies eine unendliche Entfernung der Sonne von der Erde voraussetzt, kann diese Überlegung nicht als Widerlegung von Galileis Argument betrachtet werden, welches die beobachtbare Welt betraf. Die weitverbreitete Annahme einer ›zirkulären Trägheit‹, die Galilei von seinen modernen Kritikern zugeschrieben wird, hat es ihnen ermöglicht, das Argument von Mach zu modifizieren und es auf die doppelte Kreisbewegung anzuwenden, wobei sie aber Galileis Behandlung der einzelnen *Volumelemente* jedes Meeres ignorieren. Da das *gesamte* Meer seinen Platz auf der Erde beibehält, vermeinen sie Galileis Überlegungen zu widerlegen.

Bei Berücksichtigung dieser Bemerkungen über den Ursprung des *Dialogs* und die Veränderungen, die er erfahren hat, sowie über Galileis Kinematik schwerer Körper, die sich in der Nähe der Erdoberfläche bewegen, werden scharfsinnige Leser dieser klassischen Übersetzung eines wissenschaftlichen Klassikers die Sorgfalt von Galileis Denkweise erkennen und auch die Größe der Ungerechtigkeiten, unter denen er sowohl von seiten der römischen Inquisition wie auch von derjenigen moderner Historiker gelitten hat.«

Stillman Drakes zweiter Beitrag steht in den Anmerkungen (Strauß 586):

»Zwei Arten von Gezeitentheorien entstanden zu Beginn der modernen Wissenschaft. Kepler postulierte, daß die Gezeiten durch die Anziehung des Mondes auf das Meereswasser zustande kommen. Im Gefolge des Mondes verursachen diese Wasserhügel Ebbe und Flut. Newton hat diese Hügeltheorie quantitativ ausgearbeitet, und sie herrschte bis zur Zeit von Laplace vor, obwohl die von Newton als 4 Meter hoch berechneten Wasserhügel auch unter optimalen Bedingungen einen Meter nicht übersteigen können und zumeist noch viel niedriger sein müssen. Tatsächlich ist dieser Effekt so klein, daß er in der modernen Gezeitentheorie vernachlässigt wird. Unterhalb einer anziehenden Masse verliert das Wasser nur einen kleinen Teil seines Gewichts und steigt dadurch noch nicht auf. Ein zweiter Typus von Gezeitentheorie, die ›Strömungstheorien‹, wurden von Galilei initiiert. Er postulierte zeitliche Bewegungen von getrennten Teilen großer Meere, deren Geschwindigkeiten in bezug auf die Sonne unterschiedlich sind. Die Gezeiten werden hier durch die Behinderung der Strömung an den langen Küsten erklärt. An Inseln, die entfernt von großen Küstenlinien liegen, sollte der Gezeitenhub demnach nur gering sein, wogegen große Veränderungen in der Geschwindigkeit und Richtung der Strömung beobachtet werden müßten. Strömungstheorien der Gezeiten, wenn auch sehr verschieden von derjenigen Galileis, sind seit den Zeiten von Laplace vorherrschend.«

Zur Ablehnung von Ernst Machs Darlegungen ist zu sagen, daß die Behauptung Drakes, Mach habe die jährliche Bewegung der Erde als eine gerade Bewegung angenommen, aus dem Physiker Mach einen schlichten Schwachsinnigen zu machen versucht. Der Leser wird an keiner Stelle des Machschen Textes auch nur den leisesten Hinweis auf einen solchen Unsinn finden. Drake klammert sich an die kleine beigegebene schematische Zeichnung, die dem Leser die Summe bzw. die Differenz der beiden Bewegungen klarmachen soll. Dort ist die Jahresbahn der Erde nicht leise gekrümmt, sondern gerade gezeichnet, unter der Voraussetzung, daß jeder Leser sowieso weiß, wie die Jahresbahn der Erde aussieht. Wenn Drake sich an solche schlau sein wollende Fantasien klammern muß, kann man nur mitleidig den Kopf schütteln.

Zum Sieg der Strömungstheorien über die angeblich nur bis zu den Zeiten Laplaces (1749–1827) gültige Gezeitenlehre, worüber der Leser sehr erstaunt sein wird, müssen wir wohl oder übel die allerneuesten Nachschlagewerke heranziehen, da wir ja sonderbarerweise in der Schule etwas gelernt haben, das spätestens seit 1827 nicht mehr gilt! Also zitieren wir das Allerneueste:

»Die periodischen Bewegungen des Weltmeeres, die durch die gezeitenerzeugenden Kräfte von Mond und Sonne verursacht werden, nennt man die Gezeiten des Meeres. Dadurch hebt und senkt sich der Wasserspiegel zweimal am Tag. Dieser Effekt ist an den Küsten der offenen Meere besonders gut zu beobachten. Entsprechend der Dauer eines Mondumlaufes von 24h50m erreicht das Wasser dabei alle 12h25m einen höchsten und dazwischen jeweils einen niedrigsten Stand. Man spricht von *Hochwasser* und von *Niedrigwasser.* Das Steigen des Wassers vom Niedrigwasser bis zum Hochwasser nennt man *Flut,* das Fallen vom Hochwasser bis zum Niedrigwasser *Ebbe*. Einen gesamten Zyklus, bestehend aus einer Flut und der nachfolgenden Ebbe, bezeichnet man mit *Tide*.

Ursache für die Gezeiten ist das Zusammenwirken von Anziehungskräften und Fliehkräften zwischen Erde und Mond sowie Erde und Sonne. Die übrigen Himmelskörper unseres Sonnensystems spielen keine Rolle, da ihre Wirkung wegen zu großer Entfernungen und/oder zu geringer Masse vernachlässigt werden kann. Die gezeitenerzeugenden Kräfte werden im Folgenden am Beispiel der Wechselwirkung zwischen Erde und Mond dargestellt.

Erde und Mond üben aufeinander Anziehungskräfte nach dem Gravitationsgesetz aus. Für den Mittelpunkt der Erde und des Mondes werden diese Anziehungskräfte durch Fliehkräfte aufgehoben, weil das System Erde — Mond um den gemeinsamen Schwerpunkt rotiert. Dieser Schwerpunkt liegt etwa ¼ Erdradius unterhalb der Erdoberfläche auf der Verbindungslinie der Mittelpunkte der beiden Himmelskörper. Der Erdmit-

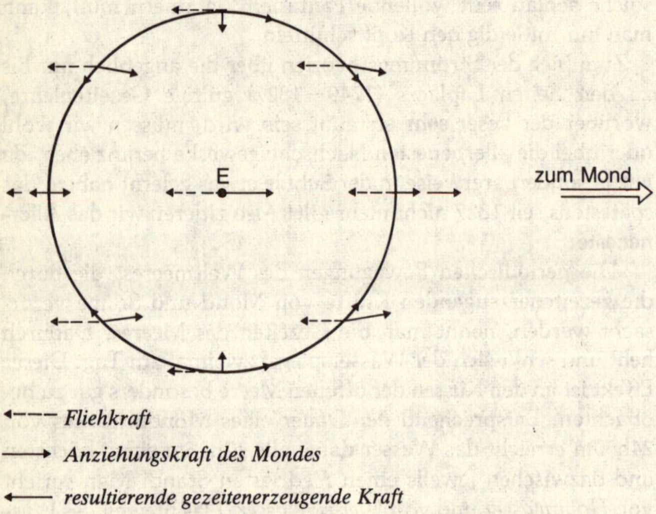

Abb. 1: Anziehungskräfte und Fliehkräfte zwischen Erde und Mond

telpunkt rotiert somit um diesen gemeinsamen Schwerpunkt mit einem Radius von ¾ Erdradien. Alle anderen Punkte der Erde machen dabei die gleiche Bewegung. Somit wirken auf alle Massenteilchen der Erde die gleichen Fliehkräfte. Die Fliehkraftvektoren sind alle parallel zueinander. Dies gilt insbesondere auch für alle Punkte der Erdoberfläche. Andererseits ist die Anziehungskraft des Mondes auf die Massenteilchen der Erde entsprechend dem Gravitationsgesetz umgekehrt proportional dem Quadrat des Abstandes. Wegen des Gleichgewichtes heben sich Fliehkraft und Gravitationskraft im Massenmittelpunkt der Erde und des Mondes auf, sonst würden sich die beiden Himmelskörper aufeinander zu oder voneinander weg bewegen müssen. Die beiden Kräfte sind entgegengesetzt gleich groß.

Für die Massenteilchen auf der dem Mond zugewandten Seite der Erde ist der Abstand vom Mond kleiner als für den Erdmittelpunkt. Deshalb ist hier die Anziehungskraft größer als im Erdmittelpunkt. Für die Massenteilchen auf der dem Mond abgewandten Seite ist der Abstand größer als für den Erdmittelpunkt, deshalb sind hier die Anziehungskräfte kleiner. Da die Fliehkräfte überall gleich groß sind, überwiegen auf der dem Mond zugewandten Seite der Erde die Anziehungskräfte die Fliehkräfte, auf der abgewandten Seite überwiegen die Fliehkräfte die Anziehungskräfte.

Alle Fliehkraftvektoren auf der Erde sind parallel zueinander und zur Verbindungslinie Erdmittelpunkt – Mondmittelpunkt. Die Vektoren der Anziehungskräfte weisen alle auf den Mondmittelpunkt. Die gezeitenerzeugenden Kräfte an einem Ort der Erdoberfläche sind dann jeweils die Resultierenden aus diesen beiden Vektoren. Für die verschiedenen Punkte der Erde sind sie verschieden und für einen Punkt sind sie zu verschiedenen Zeiten verschieden (Abb. 1). Die gezeitenerzeugenden Kräfte an einem Punkt der Erde kann man in eine Komponente in Richtung des Erdradius und in eine andere tangential zur Erdoberfläche zerlegen (Abb. 2). Die radialen Komponenten können bei der weiteren Betrachtung vernachlässigt werden. Sie erreichen höchstens einen Wert von $1{,}1 \cdot 10^{-7}$ der Schwerkraft. Die tangentialen Kräfte sind zwar auch sehr klein, sie verursachen aber eine horizontale Verschiebung der leicht beweglichen Wassermassen der Meere. Alle tangentialen Komponenten auf einer Halbkugel weisen dabei auf einen Punkt (Abb. 3). Auf diesen werden die Wassermassen dieser Halbkugel zu bewegt. Dadurch entsteht hier ein meßbar höherer Wasserstand als normal! Die Abbildung 3 zeigt, daß die beiden Punkte höheren Wasserstandes Antipodenpunkte sind.

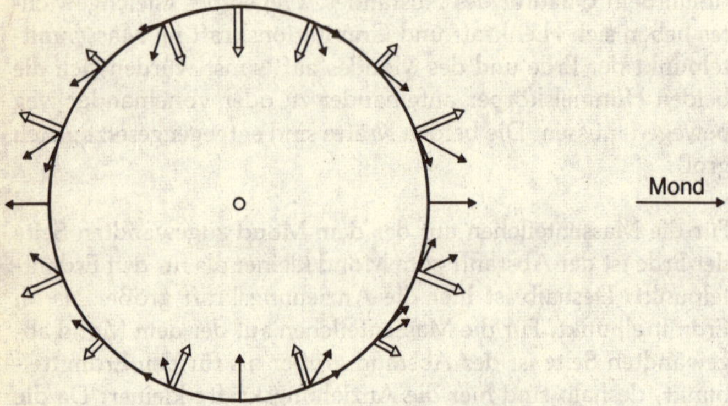

Abb. 2: Zerlegung der resultierenden gezeitenerzeugenden Kräfte in radiale und tangentiale Komponenten für einen Meridionalschnitt der Erde

Berücksichtigt man jetzt zusätzlich die Rotation der Erde um ihre eigene Achse, so wandern die beiden Punkte höheren Wasserstandes relativ zur Erdoberfläche. Die ausgedehnten Küsten der Kontinente stauen dabei die im freien Meer zusammenströmenden Wassermassen und verhindern gleichzeitig den Abfluß in andere Gebiete. Dadurch kommt es an den Küsten zu Hochwasserhöhen von mehreren Metern. In der deutschen Bucht beträgt der Höhenunterschied zwischen Hoch- und Niedrigwasser 2,5 bis 3 Meter. Besondere Küstenformen, insbesondere zur See weit offene Buchten können zu besonders hohen Höhenunterschieden führen. So kommt es in der Bucht von St. Malo (Frankreich) zu Höhenunterschieden zwischen Hoch- und Niedrigwasser von 11 Metern und mehr; ähnlich große Höhen können in Liverpool (England) vorkommen; in der Fundybai (Kanada) sogar Höhen bis zu 21 Metern. →**Gezeitenenergie.**

Dem dargestellten Einfluß des Mondes überlagert sich der gezeitenerzeugende Einfluß der Sonne. Die Kräftemechanik ist dabei dieselbe wie sie für den Mond dargestellt worden ist. Da jedoch die Sonne einen wesentlich größeren Abstand von der Erde hat als der Mond, sind die auftretenden Kräfte trotz der millionenfach größeren Masse der Sonne geringer als die des Mondes. Im Mittel gilt, daß die von der Sonne bewirkten etwa ¼ der vom Mond bewirkten Kräfte betragen. Dementsprechend erzeugt auch die Sonne durch die tangentialen Kraftkomponenten geringere Hochwasserhöhen als der Mond.

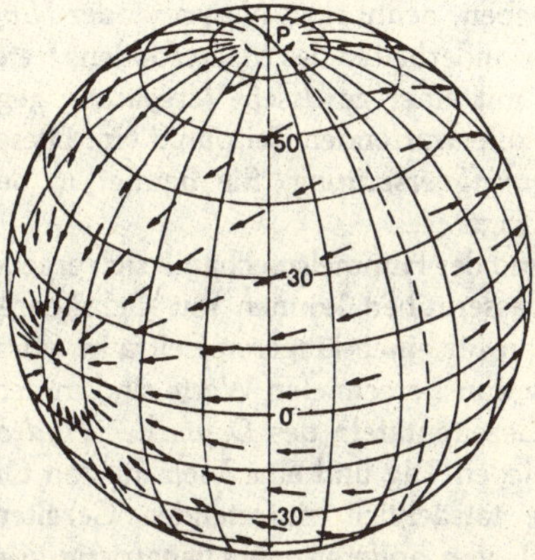

Abb. 3: Tangentiale Komponenten der gezeitenerzeugenden Kräfte in räumlicher Darstellung. Hoher Wasserstand im Punkt A, niedriger Wasserstand in allen Punkten auf der gestrichelten Linie.

Betrachtet man die Einwirkung von Mond und Sonne gleichzeitig, so gibt es Zeitpunkte, in denen sich die Wirkungen gegenseitig verstärken und solche, in denen sie sich gegenseitig schwächen. Zur Zeit des Neumondes sind Anziehungskräfte von Sonne und Mond und auch die entsprechenden Fliehkräfte jeweils gleichgerichtet. Bei Vollmond sind Anziehungskraft des

Mondes und die von der Sonne verursachte Fliehkraft gleichgerichtet und umgekehrt. Bei Neumond und bei Vollmond verstärken sich also die Wirkungen von Mond und Sonne (spezielle →**Elongationen**). Bei den dazwischen liegenden Zeiten, d.h. beim ersten und letzten Mondviertel versuchen die von der Sonne herrührenden Kräfte die Wassermengen dort zu sammeln, wo der Mond sie abfließen läßt. Damit wirken zu diesen Zeitpunkten Mond und Sonne einander entgegen. Da die Kräfte durch den Mond überwiegen, bleibt sein Einfluß bestimmend für die Gezeitenerscheinungen, sie fallen jedoch schwächer aus. Zeiten, wo sich der Einfluß von Sonne und Mond verstärken, nennt man *Springzeit* oder *Springflut*. Das Wasser steigt besonders hoch an. Die Zeiten, wo sich die Wirkungen zum Teil aufheben, nennt man *Nippzeit* oder *Nippflut*. Durch küstennahe Besonderheiten des Meeresbodens treten Springzeit und Nippzeit mit einer gewissen Verspätung gegenüber dem astronomisch zu erwartenden Zeitpunkt ein. Diese Verspätung nennt man *Springverspätung*. Sie beträgt in der deutschen Bucht 2 bis 3 Tage.

Die auf Grund der Himmelsmechanik sich ergebenden Hoch- und Niedrigwasserhöhen können mit Gezeitenrechenmaschinen recht genau für einen längeren Zeitraum vorausberechnet werden. Die vorausberechneten Werte sind in den jährlich erscheinenden Gezeitentafeln des *Deutschen Hydrographischen Institutes* für jeden Tag und eine Vielzahl von Orten nachzuschlagen. Die tatsächlich eintretenden Gezeitenverhältnisse sind aber noch von anderen nicht langfristig vorhersehbaren Gegebenheiten abhängig. Dazu gehören insbesondere Windrichtung und Windstärke. *Sturmfluten* sind besonders hohe Wasserwände, die der Wind verursacht. Tritt eine Sturmflut zur Springzeit ein, so ist die Gefahr besonders groß. Bewohner der Küsten in aller Welt fürchten solches Zusammentreffen.

Starke Stürme können aber auch in Seegebieten, in denen sonst kaum Gezeitenerscheinungen auftreten, wie z.B. in der Ostsee oder dem Mittelmeer zu erheblichen Sturmfluten führen, wie fast in jedem Jahr einige Male gemeldet wird. →**Hydrologie.**

Gezeiten der Erdatmosphäre, die durch denselben Effekt wie die der Ozeane verursacht sind, äußern sich vor allem in tropischen (äquatornahen) Gebieten durch periodische Schwankungen des Luftdrucks.

Gezeiten des gesamten Erdkörpers sind ebenfalls feststellbar; sie erreichen einen Gezeitenhub der festen Erdkruste von 15 cm mit einer 12stündigen Periode.«

Dieses lange Zitat ist die gesamte Abhandlung über »Gezeiten« in der fünfbändigen »Enzyklopädie Naturwissenschaft und Technik« (Verlag Moderne Industrie 1980), der deutschen Ausgabe der »Van Nostrand's Scientific Encyclopedia« (1976). Es ist nach wie vor die angeblich überwundene Gezeitenlehre.

Der »zweite Typus von Gezeitentheorien, die Strömungstheorien« ist eine irreführende Benennung. Im Brockhaus von 1969 liest man unter »Gezeitentheorie« den grundlegenden Satz: »Die Gezeitentheorie, angewendet auf die komplizierte Gestalt der Ozeane, bereitet große mathematische Schwierigkeiten, so daß vereinfachende Annahmen gemacht werden mußten.« Und nun folgen die Theorien und Berechnungen von Bernoulli (1741), Laplace (1775), Hough (1897), Airy (1842), Poincaré (1910), Proudman (1936), Doodson (1938), Sterneck (1919), Defant (1925) und Hansen (1952).

Die drei Erstgenannten gehen bei ihren Berechnungen von der Annahme einer ganz von Wasser bedeckten Erde aus, wobei z.B. Laplace aus der Trägheit des Wassers auf Schwingungen kommt, deren Periode die der gezeitenerzeugenden Kräfte (Mond-Erde-Sonne) ist, während Hough die freien Schwingungen des Meeres durch die Wassertiefe und die Corioliskraft (Ablenkung der Winde nach Osten auf der nördlichen Halbkugel usw.) bestimmt und eine Beeinflussung des Tidenhubs postuliert. Alle anderen Genannten untersuchen Besonderheiten, die entweder nur auf einfach geformte Meeresbekken oder auf Nebenmeere beschränkt sind, da die mathematischen Mittel zur Bewältigung aller Erscheinungen nicht hinreichen.

Es handelt sich also darum, die geographischen Besonderheiten zu klären und alle mit einzubeziehen, was nicht oder besser: nur indirekt von den Gezeiten herrührt. Daß es Meeresströmungen so gut wie Windströmungen gibt, ist klar. Aber es ist ebenso klar, daß keiner der neueren Ozeanographen die grundlegende Gezeitenperiode von 24 Stunden und 50 Minuten leugnet, die sich nun einmal auf die täglich verspätete Mondkulmination bezieht. Und keiner wird behaupten, daß ein schlüsselartiges Hin- und Widerrucken entsprechend dem Sonnentag stattfindet.

Die Auseinandersetzung ist sehr gründlich ausgefallen. Dazu fühlte ich mich verpflichtet aus zwei Gründen. Erstens soll die deutsche Übersetzung des »Dialogo« keine Legenden verbreiten. Und zweitens, das ist die Hauptsache: die wissenschaftliche Größe Galileis hat keine apologetischen Stützen für gelegentliche Irrtümer nötig; das hieße zu klein denken von seiner Bedeutung für das moderne mechanistische Weltmodell. Galilei als Pionier des mechanistischen Zeitalters suchte eben auch für die Gezeiten ein mechanisches Prinzip und hoffte damit die Bewegung der Erde zu beweisen. Warum er das Phänomen nicht richtig deuten konnte, hat der angebliche Karikaturist Ernst Mach in seinem Schlußsatz verständnis- und respektvoll erklärt. — —

Im weiteren Verlauf des Vierten Tages werden die Passatwinde ungefähr der heutigen Anschauung gemäß behandelt. Dann folgt ein Einwand Simplicios, die dauernden Ostwinde könnten ebensogut auch die Gezeiten hervorrufen. Diese Theorie von Francis Bacon, dessen Name nicht genannt wird, fertigt Salviati mit der einleuchtenden Antwort ab, daß damit ein Fließen nur in einer Richtung, nicht aber das Hin und Zurück von Flut und Ebbe erklärbar würde.

Und nun kommt doch noch der Mond ins Spiel (Strauß 473; EN VII 477). Je weiter ein Planet von der Sonne entfernt ist, umso langsamer ist sein Umlauf. Da der Mond um die Erde läuft und dabei im jährlichen Umlauf der Erde mitgenommen wird, muß die wechselnde Mondentfernung von der Sonne — einmal in der Stellung Sonne, Mond, Erde, einmal in der Stellung Sonne, Erde, Mond — zur Beschleunigung bzw. Verzögerung der Mondgeschwindigkeit führen. Und darein wird auch die Erde verwickelt. Wenn man sich die Verbindungslinien der beiden Körper bis zur Sonne verlängert denkt, kann man damit die Schwingungen eines verlängerten und verkürzten Pendels vergleichen, und das zeigt, daß Erde und Mond gemeinsam eine monatlich teils schnellere, teils langsamere gemeinsame Bahn um die Sonne ziehen. Diese monatliche Geschwindigkeitsänderung hat dann selbstverständlich ebenfalls einen Einfluß auf die Gezeiten. Die Überlegung ist frappant, auch wenn der Vergleich mit einem Pendel untauglich ist. Strauß stellt in einer Anmerkung fest, das Ergebnis sei trotzdem »zufällig« richtig. Besser wäre zu sagen: da das Phänomen der monatlichen Maxima bekannt war, konnte jeder theoretische Einfall, der sich dem Phänomen anpassen ließ, für schlüssig gelten. Damit taucht, nebenbei gesagt, eine wissenschaftliche Problematik auf: Theoriebildung aufgrund analogischer Experimente.

Schließlich wird noch die jährliche Schwankung der Gezeiten behandelt.

Ebenfalls im Vierten Tag steht dann die berüchtigte Bemerkung: »Wie nun jeder Planet bei seinem besonderen Umlauf sich verhält und welche genaue Beschaffenheit seine Bahn aufweist – Probleme, die gewöhnlich als die Theorie des betreffenden Planeten bezeichnet werden –, das mit Bestimmtheit zu entscheiden vermögen wir noch nicht. Als Zeugnis dessen mag Mars angeführt werden, der heutzutage den Astronomen so viel Mühe verursacht« (Strauß 476; EN VII 480). Das schreibt Galilei nicht ahnungslos zwanzig Jahre nach Keplers Ellipsensatz in »Astronomia Nova« (Untertitel: Über die Bewegungen des Sternes Mars), nein, er will damit Keplers Werk verhöhnen, gerade durch die Nennung des Mars. Kurz darauf wird Kepler überdies kindisch genannt, weil er die Gezeiten auf die »okkulte« Anziehungskraft des Mondes zurückgeführt hatte.

Mit der Hoffnung auf zukünftige Entdeckung der Fixsternparallaxe enden die Diskussionen, und es mußte jetzt der von Urban VIII. auferlegte Schluß mit dem Allmachtsvorbehalt angefügt werden. Den wollen wir ganz abdrucken, um keinem Aspekt durch gekürzte Zitate ein Übergewicht zu geben. Auf die Bemerkung Salviatis, er zolle seiner eigenen Darlegung keinen Beifall, sagt Simplicio:

»Ich muß zugeben, daß Eure Erklärung (der Gezeiten) mir wohl geistvoller erscheint als alle anderen, die ich je gehört habe, gleichwohl halte ich sie nicht für richtig und beweisend. Meinem geistigen Auge schwebt vielmehr stets eine unerschütterlich feststehende Lehre vor, die mir einst eine ebenso gelehrte wie hochgestellte Persönlichkeit gegeben hat. Ich weiß, daß Ihr beide auf die Frage: Kann Gott vermöge seiner unendlichen Macht und Weisheit dem Elemente des Wassers die abwechselnde Bewegung, die wir an ihm beobachten, nicht auch auf andere Weise mitteilen, als indem er das Meeresbecken bewegt? – ich weiß, sage ich, daß Ihr auf diese Frage antworten werdet, er vermöge und wisse das auf vielfache, unserem Verstand unerfindliche Weise zu tun. Dies zugegeben, ziehe ich aber sofort den Schluß, daß es eine unerlaubte Kühnheit wäre, die göttliche Macht und Weisheit begrenzen und einengen zu wollen in die Schranken einer einzelnen menschlichen Laune.«

Darauf antwortet Salviati: »Eine bewundernswerte, wahrhaft himmlische Lehre! Mit ihr stimmt jene andere göttliche Satzung vortrefflich zusammen, die uns wohl gestattet, den Bau des Weltalls forschend zu suchen, die uns jedoch für immer versagt, das Werk seiner Hände wirklich zu durchschauen, in der Absicht vielleicht, daß die Tätigkeit des Menschengeistes nicht abgestumpft und ertötet werde. Laßt uns daher die von Gott verstattete und von ihm gewollte Geistesbetätigung benutzen, um seine Größe zu erkennen, um uns mit desto größerer Bewunderung für sie zu erfüllen, je weniger wir uns imstande fühlen, in die unergründlichen Tiefen seiner Allweisheit einzudringen.«

Und Sagredo fügt unbeteiligt hinzu: »So seien denn hiermit unsere viertägigen Erörterungen endgültig beschlossen. Signor Salviati wird einer Ruhepause bedürfen, die wir ihm trotz unserer Wißbegier nicht versagen dürfen: doch unter der Bedingung, daß, wenn es ihm besser paßt, er unseren, insbesondere meinen Wunsch erfüllt und verabredetermaßen in einer oder zwei Sitzungen die unerledigt gebliebenen Probleme behandelt. Vor allem sehe ich mit gespanntester Erwartung den Elementen der neuen, von unserem akademischen Freund begründeten Wissenschaft entgegen, welche die Ortsbewegungen, natürliche wie gewaltsame, zum Gegenstand hat. Inzwischen laßt uns wie gewöhnlich ein Stündchen die Abendkühle bei einer Spazierfahrt genießen; die Gondel erwartet uns bereits.« – Ende.

Fügen wir aber hier gleich noch einen der vielen handschriftlichen Zusätze bei, die in einem Exemplar des »Dialogo« in der

Seminarbibliothek Padua enthalten sind und von Galilei selbst stammen (Strauß 489; EN VII 540):

»Über die Einführung von Neuerungen. Wie kann man zweifeln, daß es zu den schwersten Ärgernissen führen muß, wenn die von Gott frei geschaffenen Geister gezwungen werden sollen, sich sklavisch fremdem Willen zu fügen? wenn man die eigenen Sinne verleugnen und sie fremder Willkür soll unterwerfen müssen? wenn man Leute, die jeder Sachkenntnis ermangeln, zu Richtern über Fachleute macht und ihnen eine Autorität verleiht, vermöge deren sie diese nach ihrem Gutdünken behandeln? Das sind die Neuerungen, die den Ruin der Gemeinwesen und den Umsturz der Staaten herbeiführen können.«

Das ist der einzige deutliche Hinweis auf seine geheimsten Gedanken: Nicht nur Machtmißbrauch der Kurie, sondern zerstörerischer Machtmißbrauch, Zerstörung von Gemeinwesen, Gefahr für ganze Staaten. Öffentlich konnte er dieses scharfe Verdikt nach dem Inquisitionsprozeß nicht äußern, da er nach dem Abschwören sowieso mit keinem Wort mehr auf die Sache zurückkommen durfte, bei Strafe des Verschwindens für immer in den vatikanischen Verliesen. Darum hat er dieses Urteil seinem Handexemplar des »Dialogo« anvertraut.

Wie kommt er zu dieser verallgemeinernden Folgerung? Überzieht er damit nicht den Sachverhalt? Kann er auf zeitgenössisches Verständnis rechnen, wenn er das, was ihm widerfahren ist, ein Menetekel für Saatsregierungen nennt?

Er kann es. Jetzt endlich zieht auch er die Konsequenzen, die aus dem umfassenden kritischen Werk seines verstorbenen Freundes Paolo Sarpi über die Geschichte des tridentinischen Konzils (1619) zu entnehmen waren. Der Leser mag noch einmal nachschlagen, was er über Sarpi schon erfahren hat, S. 51 ff. Der antikuriale und freiheitliche Venezianer Sarpi, Theolog und Berater der Serenissima, berichtete nicht nur über die öffentlichen Verhandlungen in Trient, er sammelte auch alle erreichbaren vorgängigen Erörterungen und Gesinnungsäußerungen der Hauptakteure, die entlarvend genug waren. Und er griff weiter zurück. Ein einziges Beispiel mag genügen. Der nur kurz regierende Hadrian VI. (9. 1. 1522—14. 9. 1523) beklagte den Machtmißbrauch und die Anmaßungen der römischen Kurie und wollte der Ausbreitung des Luthertums durch eine gründliche Reform zuvorkommen, und wenn dabei auch die gesamte weltliche Macht der Kirche geopfert werden müsse. Worauf, nach Sarpi, der Kardinal Soderino in einem Gutachten folgendermaßen schloß: »Nichts befördert den Untergang eines Regiments mehr als die Änderung der Formen. Mit dem Beschreiten neuer, ungewohnter Wege setzt man sich schwersten Gefahren aus. Das Sicherste ist, in den Spuren der heiligen Päpste zu bleiben. Keiner hat je Häresien durch Reformen überwunden, sondern durch Kreuzzüge und durch Ermunterung von Fürsten und Völkern zur Ausrottung der Häresien... Außerdem ist keine Reform denkbar, die sich nicht beträchtlich auf die kirchlichen Einnahmen auswirkt. Diese haben vier Quellen, eine zeitliche, nämlich die Einkünfte des Kirchenstaates, die anderen geistliche, nämlich die Ablässe, die kanonischen Dispense, die Verleihung von Pfründen. Keine dieser vier Quellen kann man austrocknen, ohne daß nicht ein Viertel der Einnahmen entfiele.«

Sarpi schildert die Geschicklichkeit der Jesuiten, die für den Papst die absolute Monarchie proklamierten, für die weltlichen Staaten jedoch das demokratische Vorrecht der Völker gegen ihre Fürsten zu mobilisieren suchten — um auf diese Weise den Fürsten die inzwischen errungene Macht wieder zu entwinden. Die wahre Reform sieht Sarpi in Hadrians gescheitertem Reformwillen, in der Preisgabe der weltlichen Macht, in der Rückkehr der Kirche zur urchristlichen Spiritualität; dann erst wird die Wiedervereinigung aller Konfessionen möglich.

Nicht nur veranlaßte die Kurie dreißig Jahre später eine kirchentreue Darstellung der Konzilsgeschichte durch den Kardinal Pallavicino, sondern schon vor der Veröffentlichung der Konzilsgeschichte wurden auf den antikurialen Konsultor fünf Attentate verübt. Bei dem fünften, das ich schon zitiert habe, soll er, als ihn der Dolch traf, ausgerufen haben: »Der römische Stil!« Stil — das bedeutete sowohl Stil als Stilett. In Sarpi sollte die Serenissima, die weltliche Unabhängigkeit, getroffen und womöglich vernichtet werden.

Das alles kannte Galilei, er war mit Sarpi bis zu dessen Tod 1623 eng befreundet, und ebenso mit seinem Nachfolger Micanzio, der nicht anders als Sarpi dachte.

Aber — von allen derartigen Dingen taucht in seinen Briefen wenig auf. Überhaupt hat Galilei seine geheimsten Gedanken und Strategien nicht nur keinem Papier, auch keinem Menschen anvertraut. Man muß sie aus seinen Handlungen, und das heißt aus dem, was er mit seinen Werken wagte, erschließen. Jedenfalls hat er jedesmal, wenn es nur halbwegs aussichtsreich schien, die Grenzen abgetastet. Das für jeden harmlosen Weltbürger Unerwartete besteht ja schließlich darin, daß Galilei das Dekret von 1616 völlig richtig als Warnung und Gefahr einschätzte, aber mit der Thronbesteigung Maffeo Barberinis ein neues Abtasten der Grenzen für ersprießlich hielt. Daß er dabei viel riskierte, geht aus keinem seiner Worte hervor. Es muß ihm klar gewesen sein. Daß man im Ernstfall seine Behauptung, er schreibe nur hypothetisch, widerlegen könne, vermeidet er unbedingt auch nur anzudeuten, im Gegenteil. Aber es muß ihm klar gewesen sein. Daß er mit seinem »Dialogo« eine zukünftige Entscheidung der Kirche vorbereitete, während doch die Entscheidung schon 1616 gefallen war, das war ein Trick, und das mußte ihm klar sein. Blieb die alte, vermeintlich dauerhafte Freundschaft mit Barberini, dessen innerste Reservatio nur durch Abtasten mit Hilfe des neuen Werkes zu eruieren war. Und — es blieb das ungeheure Selbstwertgefühl Galileis. Kurz gesagt, mit der Einschätzung seines Falles als Menetekel für autoritäre Staatsregierungen überzog er nicht, sondern bezeichnete den Sachverhalt: Er selbst war eine Großmacht, an der sich die Kirche vergriffen hatte.

Wir dürfen überzeugt sein, daß er diesen kirchlichen Übergriff in den Kalkül der Grenzabtastung einbezogen hatte; die Erfahrungen seines Freundes Sarpi konnten seinem Gedächtnis nicht entschwunden sein. Und wir werden sehen, was der »gebrochene« Mann als erstes nach der Tragödie des Abschwörens tun wird: er macht einfach da weiter, wo er aufgehört hatte. Er kann nur einen einzigen Gedanken als Stütze gehabt haben: Mich könnt ihr demütigen, meine Leistung schafft ihr nicht aus der Welt, und die Zerstörung der Staaten wird vor euch nicht halt machen: ihr werdet euch am Ende selbst zerstört haben.

15
Das Unbehagen des Padre Mostro

Wir haben Galilei in dem Augenblick verlassen, als er dem Maestro del Sacro Palazzo Niccolò Riccardi alias »Padre Mostro« das Manuskript des »Dialogo« in die Hand drückte. Da stand nun Riccardi, der sich aus den kosmologischen Problemen nichts machte, sondern die Planeten durch Engel bewegen ließ, und wußte nicht recht, was er tun sollte. Es ist etwas anderes, einen Schriftsteller zu bewundern, als in einem Staat mit Zensur die Verantwortung für eine kitzlige Publikation des bewunderten Schriftstellers zu übernehmen. Daß es sich um ein beunruhigendes Manuskript handelte, sah er sofort, und der Jubel, den er ins Imprimatur des »Saggiatore« eingebracht hatte, wollte sich jetzt nicht einstellen. Er gab das Manuskript seinem Ordensgenossen, dem Mathematiker Raffaele Visconti zur Prüfung. Visconti, ein großer Bewunderer Galileis, gab sich mit der verbalen Unparteiischkeit Galileis zufrieden und änderte mit dessen Einverständnis nur »ein paar Sächelchen«; möglicherweise stammen von ihm einige der vielen Alibi-Versicherungen, die wir bei der Betrachtung des »Dialogo« gesehen haben. Danach wollte aber Riccardi das Manuskript selbst gründlich lesen, und er scheint die Problematik nicht verniedlicht zu haben.

Denn schon am 19. Mai 1630, vierzehn Tage nach der Ankunft Galileis in Rom, schrieb Botschafter Niccolini an den Staatssekretär Cioli nach Florenz: „Ich unterstütze ihn unermüdlich beim Padre Maestro del Sacro Palazzo, damit er die Druckerlaubnis für sein Werk erhält; aber ich glaube, daß er für den Moment auf einige Schwierigkeiten trifft. Trotzdem studieren wir die Sache und wollen sehen« (EN XIV 103). Den vereinten Bemühungen der Freunde Visconti, Niccolini und vor allem des nimmermüden Parteigängers Ciampoli, der als Staatssekretär (segretario dei brevi ai principi) täglich vertrauten Umgang mit Urban hatte, diesen vereinten Bemühungen sah Galilei mit gelassenem Vertrauen zu. Das geht aus einem Brief des florentinischen Kammerherrn Orso d'Elci vom 3. 6. an Galilei hervor, worin Elci über die Mitteilung glücklich ist, daß Riccardi den Papst von dem Widerwillen (»noia«) abzubringen hofft, den er gegen die Behandlung der Gezeiten als Folge der Erdbewegung hat (EN XIV 113). Und am 16. 6. schickte Visconti Galilei ein Billett und teilte mit, das Buch gefalle Riccardi, der am nächsten Tag mit dem Papst über das Titelblatt sprechen wolle und ihm nach einigen weiteren Verbesserungen das Buch geben werde (EN XIV 120). Und am 26. Juni reiste Galilei nach Florenz zurück. Was war geschehen?

Er hatte von Riccardi zwecks Verhandlung mit Verlegern ein vorläufiges Imprimatur für Rom erhalten, unter der Bedingung, daß er mit dem überarbeiteten Manuskript zurückkehren und das Ganze zusammen mit Riccardi vor dem Druck durchsehen werde. Damit kam Riccardi dem alten Herrn entgegen, der die heißen Sommermonate nicht in Rom verbringen wollte. Um den Druck allerdings machte sich Galilei keine Sorgen, den würde wie bisher der Präsident der Accademia dei Lincei, Prinz Cesi, besorgen. Aber Cesi wurde krank und starb am 1. August 1630. Das war ein harter Schlag. Sofort erkundigte sich Galilei in Genua, ob dort ein geeigneter Drucker zu finden sei. Und die Vereinbarung mit Riccardi? Die scheint Galilei damals schon leicht genommen zu haben. Etwa drei Wochen später, am 24. 8., schrieb ihm sein Freund Benedetto Castelli einen geheimnisvollen Brief, der »viele bedenkenswerte Gesichtspunkte« andeutete, »die ich momentan nicht dem Papier anvertrauen will«, die es aber nahelegten, das Werk in Florenz zu drucken, und zwar »so schnell wie möglich« (EN XIV 135). Castelli setzte noch hinzu, Pater Visconti sehe darin keine Schwierigkeit.

Da nun außerdem auf dem Lande zwischen Florenz und Rom die Pest ausbrach und jeden Verkehr erschwerte, griff Galilei diesen Rat sofort auf, erhielt aber von demselben Castelli am 21. 9. diese Nachricht: Riccardi habe gesagt, »er habe mit Ihnen verabredet, daß Sie nach Rom zurückkehren, um einige

Sächelchen im Vorwort und im Buch selbst in Ordnung zu bringen, daß er aber angesichts der gefährlichen Umstände mit der Übersendung einer Kopie zufrieden sei, um das Nötige zusammen mit Mgr. Ciampoli zu verbessern; danach hätten Sie dann die Freiheit, das Buch in Florenz oder sonstwo nach Belieben drucken zu lassen. Ich selbst habe alles sehr genau begriffen und halte es für absolut notwendig, daß Sie die Kopie schicken, und Sie werden von mir, von Monsignore und von Pater Visconti, der ganz der Ihre ist, aufs beste bedient werden« (XIV 150).

Auch eine Verschickung über Land war nicht möglich. Alle Welt wußte, daß Bücher in der Quarantäne Seite für Seite übers Feuer gehalten wurden und mindestens versengt, wenn nicht halb verkohlt am Bestimmungsort ankamen. Vom 19. 10. 1630 gibt es einen Brief von Caterina Niccolini Riccardi an Galilei des Inhalts, daß der Padre Maestro, also ihr Cousin Riccardi, sich mit der Übersendung des Vorworts und des Schlusses begnügen wolle, allerdings unter der Bedingung, daß die Florentiner Inquisition das ganze Buch prüfen müsse (XIV 156). Galilei scheint, wie aus seinen späteren Äußerungen hervorgeht, die beiden genannten Teile sofort nach Rom geschickt zu haben. Sechs Wochen später schrieb Castelli, Riccardi habe ihm mehrmals versprochen, die Druckerlaubnis auf den Weg zu bringen und dem Pater Stefani, Konsultor der Florentiner Inquisition (den Galilei statt des von Riccardi gewünschten Pater Nente vorgeschlagen hatte), Anweisungen zu geben; aber ob es geschehen sei, könne er nicht sagen (XIV 169).

Nun vergehen Monate, und es geschieht nichts. Endlich, am 7. März 1631, reißt Galilei die Geduld, und er schreibt von seinem Landsitz aus dem Staatssekretär Cioli in Florenz einen ausführlichen Brief voller Selbstbewußtsein, Hoheit und Entrüstung. Er schildert die Ereignisse seit seinem römischen Aufenthalt, erzählt auch, daß der Pater Stefani bei der Lektüre des Werkes »mehrfach Tränen vergossen hat über die Demut und Unterwürfigkeit, die ich in dem Buch gegenüber der höchsten Autorität beweise«, und klagt schließlich bitter über Riccardi, der die Rücksendung des »Vorworts und des zu seiner Zufriedenheit geänderten Schlusses« dauernd versprochen habe, ohne daß auch nur das geringste geschehen sei. »Das Werk liegt in irgend einem Winkel, mein Leben geht dahin, und ich befinde mich in dauernder Aufregung.« Und er bittet, der Großherzog möge doch den Botschafter beauftragen, dem Padre Maestro zu bedeuten, Seine Hoheit wünsche, daß die Angelegenheit endlich geregelt werde, und Hoheit wünsche außerdem klarzustellen, welcher Qualität der Mann sei, der in seinen Diensten stehe (EN XIV 215).

Mit Bewunderung und Schreck sieht man Galilei über Castellis mysteriöse Andeutungen und das Zögern und Schweigen Riccardis hinweggehen; dem Riccardi, so dachte er offenbar, muß man die fürstliche Würde des Großherzogs und die Größe seines Philosophen einmal gründlich hinter die Ohren reiben. Erstaunlich ist nicht so sehr, daß der sehr junge Großherzog sofort auf Galileis Wünsche einging, als vielmehr, daß auch erfahrene Diplomaten wie Cioli und Niccolini nichts dabei fanden. Der Großherzog ließ für seinen Botschafter Niccolini eine Kopie des Briefes herstellen und wies ihn an, genau in diesem Sinn zu verfahren. Niccolini antwortete am 16. 3. 31, dem Riccardi passe Pater Stefani nicht, er möchte nach wie vor Nente mit der Durchsicht beauftragen, den Galilei abgelehnt habe. Aber trotzdem wollten er und seine Frau Caterina sich wirksam und gemäß dem Befehl des Großherzogs verwenden (XIV 224).

Das alles geht nun eine Weile hin und her, bis Niccolini am 19. 4. 1631 schreiben kann: „Der Maestro del Sacro Palazzo wurde vergangenen Montag von der Botschafterin und mir ziemlich lange bearbeitet... Schließlich wurde vereinbart, daß er die Druckerlaubnis erteile, allerdings mit einer Erklärung zu seiner Entlastung, die er mir noch schriftlich zustellen werde...« Niccolini wollte zu seiner eigenen Entlastung einen wörtlich genauen Bericht liefern können. Der Brief schloß mit dem ahnungsvollen Satz: »Die Wahrheit ist, daß diese Meinungen hier nicht gefallen, besonders nicht den höchsten Herren« (XIV 251).

Aber — dieser Satz alarmierte niemand. Galilei hielt alles für bloße Formsachen und den Riccardi für eine Schlampe, der zweiundzwanzigjährige Großherzog seinerseits glaubte, seine Wünsche träfen auch im Vatikan auf Respekt.

Die schriftlichen Bedingungen Riccardis können wir einem

Brief entnehmen, den er acht Tage später an Niccolini richtete: »Herr Galilei hatte von mir die Approbation mit einem einfachen Imprimatur als Ausweis beim Großherzog. Aber er hat mir versprochen, die Korrekturen und Abänderungen gemäß unserer Vereinbarung auszuführen und dann nach Rom zu kommen, um das Buch hier drucken zu lassen. Hier wäre dann unter der urteilsfähigen Mitwirkung Mgr. Ciampolis jede Schwierigkeit ausgeräumt worden. – Pater Stefani wird das Buch nach bestem Wissen und Gewissen durchgesehen haben. Da er aber die Gedanken unseres Herrn (des Papstes) nicht kennt, kann er keine Approbation erteilen, die mir genügt, nämlich daß das Buch ohne Unannehmlichkeit für ihn und für mich gedruckt wird, falls die Neider dann etwas finden, was den ausdrücklichen Anordnungen widerspricht. Mein größtes Bestreben ist, meinem Herrn, dem Großherzog, zu Diensten zu sein, aber ich möchte es so tun, daß der Schützling dieses so großen Herrn außerhalb jeder Gefahr für sein Ansehen bleibe. Das aber kann ich nicht tun mit der bloßen Druckerlaubnis, die ich übrigens für dort (Florenz) gar nicht geben kann, sondern nur durch Sicherstellung, daß die Befehle unseres Herrn (des Papstes) ausgeführt sind. Wenn ich das Vorwort und das Ende des Buches erhalte, kann ich leicht sehen, ob es mir genügt, und ich werde das zusammen mit meiner Approbation bezeugen. Wenn aber nicht eine Kopie (des ganzen Buches) übersandt werden kann, schreibe ich dem Inquisitor einen Brief über alles, was in dem Buch zu beobachten ist und was mir befohlen wurde, worauf dann er, falls alles beobachtet ist, die Sache in Druck gehen lassen kann. Sonst findet sich nur die andere Lösung mit meiner alleinigen Unterschrift, die dem Herrn Galilei gar nichts nützt und mir mit meiner Höflichkeit schadet... Jedenfalls versichern Sie bitte den Interessenten, daß kein Mensch hinter dieser Praktik steckt, weder von höherer, unterer oder gleichgeordneter Stelle, sondern nur meine und Herrn Galileis gemeinsame Freunde; auch soll er nicht denken, daß eine Manipulation seiner Feinde dahinter steckt. Und verzeihen Sie bitte, daß meine Antwort so lang auf sich hat warten lassen« (EN XIV 254).

Dieser Brief mit seinen Zwischentönen war gewiß nicht leicht zu nehmen. Aber Galilei nahm ihn nicht nur leicht, ihn packte vielmehr eine noch größere Wut: »Die Wahrheit ist, daß in dem Billett weder eine Druckerlaubnis noch eine Erklärung noch sonst etwas steht, sondern nur neue Verzögerungen mit Hilfe von Ansprüchen und Forderungen, denen ich vor Monaten und Abermonaten schon Genüge geleistet habe... Hier treibt man auf einem Ozean, der weder Küsten noch Häfen hat...« Und er versichert aufs neue, daß »diejenigen, die behaupten, meine Ideen gefallen nicht, schlecht informiert sind, denn die Meinungen, die nicht gefallen, sind absolut nicht die meinen...« (XIV 259). Er schlägt vor, daß der Großherzog alle um sich versammelt, seine führenden Leute, den Inquisitor, den Pater Stefani und ihn, und daß sie gemeinsam das korrigierte Buch durchsehen — aber schließlich schickt er noch einmal die Vorrede und den Schluß nach Rom.

Daß Riccardi alles noch einmal schicken ließ, sieht tatsächlich nach Schlamperei aus. Es wäre noch denkbar, daß er die zuerst übersandten Texte für nicht endgültig bearbeitet hielt. Es ist aber am ehesten so, daß er Blut schwitzte. Dieser Mann wußte, was geschehen würde, wenn das Buch so gedruckt würde, wie es war. Sein erster Fehler war gewesen, daß er dem Druck in Florenz zugestimmt hatte. Er hätte von vornherein sagen müssen, es müsse beim Druck in Rom bleiben, weil erstens der Papst so informiert sei und zweitens die Überarbeitung unter seinen, Riccardis, Augen stattfinden werde. Man müsse eben das Abebben der Pest abwarten. Anderseits ahnte er, daß er dieses Werk gar nicht so verändern konnte, daß es keinen Anstoß bei den Peripatetikern und bei Urban erregen würde; Urban war einfach der Meinung, es müsse klipp und klar daraus hervorgehen, daß die kopernikanische These zwar die Erscheinungen rette, aber weder wahr noch plausibel sei. So oder so sah Riccardi sich in einer reichlich verzweifelten Situation, und daher schob er die ganze Angelegenheit immer wieder vor sich her.

Da er sie endlich doch zum Schluß bringen mußte, suchte er sich zu salvieren. Einen Monat später, am 24. Mai 1631, schrieb er einen Brief an den Inquisitor von Florenz, worin er seine eigene Verantwortung abgibt und sie der Florentiner Inquisition aufbürdet; das war seine letzte, verzweifelte List, und dieser Brief, der später zu den Akten des römischen Inquisitionsgerichts kam, rettete ihn. Der Brief findet sich bei den Prozeßakten in EN XIX 327. Er lautet:

»Herr Galilei gedenkt dort eins seiner Werke zu drucken, das zuerst den Titel ›Über Flut und Ebbe des Meeres‹ hatte und worin er wahrscheinlich über das Kopernikanische System mit seiner Bewegung der Erde handelt und das Verständnis jenes großen Naturgeheimnisses mit Hilfe dieser Lehre zu erleichtern behauptet, die er umgekehrt mit diesem Gewinn erhärtet.

Er kam hierher nach Rom, um das Werk vorzulegen, das von mir unterschrieben wurde mit der Auflage, die notwendigen Anpassungen vorzunehmen und das Werk zurückzubringen zwecks endgültiger Zustimmung zum Druck.

Da dies wegen der Schließung der Straßen und der Gefahr für die Originale nicht möglich ist und der Autor die Sache dort zu Ende führen möchte, können Sie mit Ihrer Autorität das Buch genehmigen oder nicht genehmigen, ohne von meiner Revision abhängig zu sein.

Doch muß ich hinzufügen, daß unser Herr (der Papst) darauf besteht, daß Titel und Sujet sich nicht von Ebbe und Flut herleiten, sondern strikt von der mathematischen Betrachtung der kopernikanischen Meinung betreffs Bewegung der Erde, und zwar in der Absicht zu beweisen, daß, wenn man die Offenbarung Gottes und die heilige Lehre beiseite läßt, mit dieser Theorie die Erscheinungen gerettet und alle gegenteiligen Überzeugungen der peripatetischen Erfahrung und Philosophie erledigt werden könnten.

Dies aber so, daß dieser Meinung niemals die absolute Wahrheit, sondern nur die hypothetische zugesprochen wird, und ohne in die heilige Schrift einzutreten. Außerdem muß gezeigt werden, daß diese Schrift nur nachweisen will, daß man alle Gründe kennt, die dafür vorgebracht werden können und daß in Rom das Dekret nicht ohne deren Kenntnis erlassen wurde, im Einklang mit Anfang und Ende des Buches, die ich korrigiert übersenden werde. Unter diesen Vorsichtsmaßregeln wird das Buch hier in Rom auf keinerlei Schwierigkeiten treffen, und Sie können dem Autor gefällig und der großherzoglichen Hoheit zu Diensten sein, die an dieser Sache ein so dringliches Interesse zeigt.«

Galilei war überglücklich (XIV 276). Niccolini blieb Riccardi nun unentwegt auf den Fersen und endlich, am 19. Juli, konnte er die »korrigierte Vorrede« an Galilei schicken, der sie an den Inquisitor von Florenz weitergeben sollte. Diese Vorrede wurde, außer einer unwichtigen kleinen Verschönerung, wörtlich dem Buch vorangestellt. Da wir die Vorrede zum »Brief an Ingoli« kennen, dürfen wir annehmen, daß Riccardi Galileis Text ganz unwesentlich »korrigiert« hat. Riccardis Begleitschreiben an den Inquisitor (EN XIX 330) lautet: »In Übereinstimmung mit der Anordnung unseres Herrn bezüglich des Buches des Herrn Galilei und außer dem, was ich Ihnen über den Inhalt des Werkes andeutete, schicke ich Ihnen diesen Anfang oder Vorrede, die auf dem ersten Blatt stehen soll. Der Autor mag sie frei verändern oder verschönern, wenn er nur die Substanz des Textes beibehält. Das Ende muß das gleiche Argument enthalten.«

Niccolini bedauert in seinem Begleitbrief zur korrigierten Vorrede (XIV 284) den armen Padre Maestro, der gerade in diesen Tagen Ärger mit einem anderen Imprimatur gehabt habe. Und dann heißt es, in die Einwilligung für Galileis Werk »wurde er sozusagen an den Haaren hineingezogen, und nur infolge der Verehrung für den Großherzog und sein Haus«. Caterina hatte ihren Cousin mit ihrem ganzen Charme umsponnen, und sie hätte ihn ruiniert, wenn Riccardi nicht seine Vorsichtsmaßregeln getroffen hätte. Auch seinen deutlichen Brief vom 25. 4. an Niccolini konnte er im Falle eines Falles dem Papst vorlegen.

Über die bemühte Zweideutigkeit der Vorrede ist viel geschrieben worden. Aber man muß festhalten, daß sie für Riccardi in Ordnung war. Was ihm nicht in Ordnung schien, war die Inkongruenz des Dialogs mit der Vorrede; das hat er den Florentinern deutlich gesagt. Und daß er überraschenderweise den Schluß nicht korrigiert zurücksandte, sondern sich mit der Forderung »das gleiche Argument« begnügte, kann nicht anders interpretiert werden, als daß ihm der vorliegende Schluß unbrauchbar erschien. Sollte jemand auf den Gedanken kommen, der jetzige Schluß habe noch nicht vorgelegen, das Manuskript sei vor dem jetzigen Schluß zu Ende gewesen, so genügt ein Blick in den Text: Das Buch kann nicht mit einer Verhöhnung Keplers und einem nebensächlichen Lob Marsilis geendet haben. Riccardi war kein Schriftsteller, er konnte sich nicht zutrauen, auf eigene Faust einen Text zu verfassen, der Galileis Ausdruckskraft gerecht wurde und zugleich den Literaten und Kirchenfürsten Urban VIII. zufriedenstellte. »Das Ende muß das gleiche Argument enthalten« — das war eine Ablehnung des vorliegenden Schlusses, der mit einigen Korrekturen nicht in die von »unserem Herrn« gewünschte Ordnung zu bringen war. Damit war der Schwarze Peter endgültig Galilei und dem Florentiner Inquisitor zugeschoben.

Aber das fiel keinem der in Florenz Beteiligten auf. Man hielt das alles offenbar für eine reine Formsache. Hauptsache, der Druck, den man schon im Juni ohne die Vorrede begonnen hatte, konnte nun ungehindert weitergehen. Am 21. Februar 1632 lag der Dialog fertig vor, der Versand begann, und Ende Juli schon erging von Rom aus der Befehl des Papstes (EN XX 571), das Buch dürfe nicht mehr ausgeliefert werden.

16
Unheil wird zur Apotheose

Von überall her gingen Gratulationsschreiben über den »Dialogo« ein, auch einige mit vorsichtig dosierter Kritik. Baliani aus Genua (EN XIV 342) äußerte andeutungsweise Zweifel an der Richtigkeit der Gezeitentheorie, da sich die Gezeiten täglich um fünfzig Minuten verschieben. Auch der berühmte Dominikaner Tommaso Campanella, der zwanzig Jahre lang in den spanischen Gefängnissen Neapels Unsägliches gelitten hatte, von Urban VIII. 1626 befreit worden war und immer wieder, auch aus dem Gefängnis, bewundernde und selten beantwortete Briefe an Galilei schrieb, meldete sich enthusiastisch und doch kritisch; er hatte gehofft, Galilei werde die »Anomalien der Exzentrizitäten« behandeln, und auch in die Gezeitentheorie konnte er nicht recht einstimmen. Rührend ist seine unermüdliche Bitte um bessere Aufnahme bei dem Bewunderten: »Wenn wir ein Jahr zusammen leben könnten, würden wir große Dinge zuwege bringen... Gott will nicht, er sei gelobt.« Dio non vuole, sia lodato! (EN XIV 367).

Galilei machte sich aus den paar kritischen Stimmen nichts. Für ihn waren Briefe interessanter, die über die Wirkung auf die Betroffenen berichteten. So berichtete Castelli am 19. 6. 32, Pater Scheiner sei in einer Buchhandlung bei Erwähnung des »Dialogo« blaß geworden und habe gezittert. »Und er hat gesagt, er würde für das Buch zehn Goldscudi zahlen, um sofort, auf der Stelle, antworten zu können« (EN XIV 360).

Campanellas Brief wurde am 5. August geschrieben. Aber schon am 21. Juli (oder 25., das handschriftliche Datum ist schwer leserlich) hatte Riccardi unter größter Geheimhaltung an den florentinischen Inquisitor geschrieben, das Buch Galileis enthalte »viele Dinge, die nicht gefallen, derentwegen die Herren in jeder Weise auf Abhilfe bestehen. Inzwischen ist es der Befehl unseres Herrn (obwohl man vorläufig nur meinen Namen verwenden darf), daß das Buch angehalten und dort nicht in Umlauf gesetzt wird, bevor von hier Korrekturen übersandt sind; ebensowenig darf es nach auswärts verschickt werden. Setzen Sie sich bitte mit dem Nuntius in Verbindung, und verfahren Sie ohne Aufsehen, aber in jeder Beziehung wirkungsvoll« (EN XX 571). Am 7. August folgte ein Brief Riccardis, der den Befehl Urbans enthielt, der Inquisitor möge sich »geschickt« erkundigen, wieviel Exemplare ausgeliefert worden seien und wohin, da man sie wieder einsammeln wolle. Am Schluß dieses Briefes, der auf Geschicklichkeit Wert legt, heißt es komischerweise: »Und trösten Sie den Autor, er soll guten Mutes bleiben« (EN XX 572). Und am 18. September mußte Riccardi auf Befehl des Papstes das handschriftliche Original und die Approbation zu Händen des Sant'Uffizio einfordern (XX 572).

Am 25. September platzte dann die Bombe. Kardinal Antonio Barberini, ein jüngerer Bruder Urbans, beauftragte den florentinischen Inquisitor, Galilei vor Zeugen zu verpflichten, sich während des ganzen Monats Oktober in Rom zur Verfügung des Sant'Uffizio zu halten.

Wann Galilei von den Schwierigkeiten erfahren hat, geht aus dem Briefwechsel nicht hervor. Aber daß der Verleger ihm das Verbot der weiteren Auslieferung verschwiegen haben könnte, ist ganz undenkbar. Ins Bild setzte ihn jedenfalls Riccardis Brief vom 7. August, der ihn jedoch auch wieder halb beruhigen mußte, da er ja guten Mut behalten sollte. Galilei jedenfalls hoffte, die Sache in harmlose Bahnen lenken zu können. Er schrieb am 13. Oktober 32 einen langen Brief an den Nepoten, Kardinal Francesco Barberini, worin er wieder einmal sagt, fromm wie ein Heiliger gehandelt zu haben, und vorschlägt, die Probleme entweder schriftlich oder vor der Inquisition in Florenz zu behandeln. Auf dem Umschlag des Briefes liest man von der Hand Urbans VIII. die Bemerkung: »Die Sache wurde auf der letzten Sitzung des Sant'Uffizio behandelt: keine weitere Antwort erforderlich; es genügt Nachfrage beim Assessor, ob der Sitzungsbeschluß ausgeführt ist« (XIV 406—410). Als es ernster wurde, verschaffte sich Galilei immer wieder ärztliche Atteste zwecks Aufschub des Termins. Anfangs befahl der Großherzog seinem Gesandten, in Rom energisch zu verhandeln. Bis schließlich der andere Barberini, der Kardinal Antonio, am 1. Januar 1633 dem Inquisitor von Florenz klipp und klar mitteilte, das Sant'Uffizio habe die Weigerung Galileis zur sofortigen Abreise »sehr übel aufgenommen«. Galilei solle aufhören, von der widrigen Jahreszeit zu reden, da er es aus eigener Schuld so weit habe kommen lassen. Wenn er jetzt nicht sofort abreise, werde ein Kommissar mit römischen Vertrauensärzten erscheinen und Galilei gegebenenfalls in Ketten nach Rom transportieren, da er bisher die Güte der Kongregation mißbraucht habe; die Kosten dieser Veranstaltung habe dann er zu tragen (EN XX 575). Am 20. Januar 1633 brach Galilei nach Rom auf.

Man ist versucht, den Pater Riccardi verantwortlich dafür zu machen, daß Galilei keine radikalen Einflüsse faßte, etwa sich nach Norden oder wenigstens nach Venedig abzusetzen. Doch alle derartigen Überlegungen sind im nachhinein unsinnig, vor allem, weil Galilei es angesichts seines wissenschaftlichen Ansehens für unmöglich hielt, daß ihm etwas Ernsthaftes zustoßen könnte. Und in der Tat, trotz allem, was sie dann beschlossen und angeordnet haben, sie haben nicht gewagt, Hand an ihn zu legen, ja, sie wagten nicht einmal, ihn während des Prozesses in eine Gefängniszelle zu sperren; sie begnügten sich mit einem Eid, von dem sie und er wußten, daß er falsch und sinnlos war. Sie haben ihn demütigen können, weil sie mit ihrer Macht drohten, aber das war alles. Und damit haben sie der Kirche geschadet und dem Gedemütigten zu einer Aureole verholfen, statt, wie sie meinten, der Kirche zu nützen und die Meinung Galileis zu unterdrücken.

Aber soweit sind wir noch lange nicht. Sehen wir uns an, wie die mit Optimismus verbrämten Hiobsbotschaften aussahen, die während der schon skizzierten römischen Eskalation in Florenz eintrafen. Am 7. August, wir zählen noch das Jahr 1632, suchte Riccardi bei Filippo Magalotti in Rom die Exemplare wieder einzusammeln, die Magalotti nach Rom gebracht, aber schon verteilt hatte. Riccardi nannte keinen Grund, doch Magalotti erriet sowohl den verschwiegenen Grund als auch den

Grund des Schweigens, »da man«, wie er an Guiducci schrieb, »unter schweren Strafen auch nicht die geringste Entscheidung des Sant'Uffizio enthüllen darf« (EN XIV 368ff.). Immerhin nannte Riccardi die Fehler, die das Buch enthalten sollte, erstens die geheimnisvolle Ironie der drei Delphine auf dem Titelblatt, die sich gegenseitig in den Schwanz beißen, was Magalotti lachend als Verlagszeichen aufklärte, zweitens gewisse Differenzen zwischen Manuskript und gedrucktem Buch, und drittens Urbans Zorn darüber, daß »am Ende zwei, drei Argumente des Papstes fehlen, mit denen er Galilei von der Irrigkeit der kopernikanischen Lehre überzeugt zu haben glaubte«. Doch Magalotti hält das alles nur für Vorwände. Die Hauptsache sei das energische Drängen der Jesuiten auf ein Verbot des Buches. »Er selbst (Riccardi) hat es mir mit diesen Worten bestätigt: ›Die Jesuiten werden ihn aufs bitterste verfolgen‹.« Zum Schluß meint Magalotti, wenn die angebliche Abweichung des Drucks vom Manuskript aufgeklärt werde, habe ein Buch mit gehörigem Imprimatur nichts zu fürchten.

Am 14. 8. 32 sagt Micanzio in einem wütenden Brief (XIV 371) aus Venedig: »Ein Verbot des Buches wird den Ruhm des Autors nicht schmälern, man wird es dem boshaften Neid zum Trotz lesen. Sie werden sehen, daß es in fremde Sprachen übersetzt wird... Aber, mein Gott, was finden denn diese Ruchlosen daran auszusetzen?... Ich bestehe darauf, daß diese Sache die Wissenschaft nicht der weiteren Dinge beraubt, die Sie in Aussicht stellen. Lassen Sie um Gottes willen den Mut nicht sinken, arbeiten Sie mutig für den Ruhm und die Menschheit!« Fulgenzio Micanzio war nicht irgendwer. Er hatte 1606 seine theologische Professur aufgegeben und war Gehilfe des Paters Paolo Sarpi im erfolgreichen Widerstand Venedigs gegen das Interdikt Pauls V. geworden. Seit Sarpis Tod war dann er der Theologe und Konsultor des Rats von Venedig und stets ein scharfer Gegner der römischen Ansprüche.

Am 24. 8. 32 gibt der Großherzog seinem Gesandten Niccolini einige Argumente an die Hand: Man muß sich höchlich wundern, daß ein in Rom und in Florenz sorgfältig durchgesehenes und mit Imprimatur ausgestattetes Buch jetzt plötzlich eingezogen wird, obwohl in dem Buch die Argumente für beide Systeme unparteiisch vorgetragen werden. Der Großherzog hat den Eindruck, daß es hier mehr gegen die Person als gegen das Buch geht, und er wünscht, daß Galilei Gelegenheit zur Verteidigung gegen die Angreifer gegeben wird und daß die Anklagen schriftlich nach Florenz übermittelt werden (XIV 375ff.).

Die Befehle dieses herrischen, den Papst geradezu von oben herab behandelnden Schreibens wurden nie ausgeführt, wie wir bald sehen werden.

Freund Cavalierei aus Bologna beglückwünscht Galilei beinah zu den Angriffen seiner Feinde, denn »das trägt Ihren Namen auch ans Ohr von Leuten, die sich sonst nicht darum gekümmert hätten« (XIV 378).

Am 4. September erhält Mario Guiducci einen zweiten Brief von Magalotti, der den Brief vom 7. August präzisiert: Riccardi sage, das Vorwort sei in anderen Charakteren als der »Dialogo« gedruckt und daher vom Hauptinhalt distanziert, und von den Argumenten des Papstes sei nur ein einziges aufgeführt, das zwar am Ende des Buches stehe, »aber im Mund des Simplicio, einer im Verlauf des Dialogo wenig geschätzten, im Gegenteil verlachten und verspotteten Person«. Magalotti empfiehlt, der Gesandte Niccolini möge mit Riccardi oder dem Nepoten Francesco Barberini sprechen, »aber niemals mit unserem Herrn, und zwar aus Gründen, die auszubreiten überflüssig ist« (EN XIV 379).

Man sieht leicht, daß alle Welt Galilei den Rücken zu stärken sucht. Die Verehrung der Freunde und die geradezu kämpferische Teilnahme des Großherzogs beruhigten ihn einigermaßen. Sah doch alles so aus, als brauche er sich nur der Angriffe irgendwelcher Neidhämmel zu erwehren.

Als Niccolini trotz des Abratens Magalottis in die Höhle des Löwen ging, hatte er die Anweisungen aus Florenz vom 24. 8. in der Tasche — und ließ sie in der Tasche. Warum? Er berichtet über sein Gespräch mit dem Papst am 5. 9. 32. Diesen Brief an Cioli (XIV 383ff.) sollten wir in extenso zur Kenntnis nehmen:

»Ich hatte gestern keine Zeit, Ihnen mitzuteilen, was mich der aufgebrachte Papst über das Werk Galileis wissen ließ, und mir war die Gelegenheit sehr recht, da ich auf diese Weise Seiner Heiligkeit einiges sagen konnte, wenn auch ohne jeden

Erfolg. Und was mich betrifft, so beginne ich ebenso wie Sie an den Untergang der Welt zu glauben. Als wir über andere unangenehme Verfahren des Sant'Uffizio sprachen, geriet Seine Heiligkeit in großen Zorn und sagte unvermittelt, auch unser Galilei habe es gewagt, sich in Dinge zu mischen, die ihn nichts angehen, nämlich in die schwersten und gefährlichsten Materien, die man in diesem Augenblick aufrühren könne. Ich antwortete, Herr Galilei habe nicht ohne die Approbation seiner Untergebenen drucken lassen, ja, ich selbst hätte die Vorbemerkungen zu diesem Zweck erhalten und sie nach dort weitergegeben. Er antwortete mit der gleichen Wut, Galilei und Ciampoli hätten ihn betrogen und besonders Ciampoli habe zu behaupten gewagt, Herr Galilei wolle alles tun, was Seine Heiligkeit befehle, und alles stehe zum besten, was aber, wie man dann entdeckt habe, behauptet wurde, ohne daß das Werk je gesehen oder gelesen worden sei. Er wetterte gegen Ciampoli und den Maestro del Sacro Palazzo, obwohl er von letzterem sagte, auch er sei an der Nase herumgeführt worden, mit schönen Worten zur Unterschrift des Buches veranlaßt und mit weiteren schönen Worten zum Druck in Florenz überredet worden, ohne daß man die Form gewahrt habe, die dem Inquisitor von Florenz mitgeteilt worden sei, und sogar unter Verwendung des Namens des Maestro del Sacro Palazzo, der mit auswärtigen Druckschriften gar nichts zu tun habe. Hier mischte ich mich ein und sagte dem Papst, ich wisse, daß Seine Heiligkeit eine spezielle Kommission eingesetzt habe, und da es sein könne, wie es manchmal geschehe, daß mißgünstig gestimmte Personen darunter seien, so bäte ich ihn demütig, Galilei Gelegenheit zu seiner Rechtfertigung zu geben. Darauf antwortete Seine Heiligkeit, in den Verhandlungen des Sant'Uffizio werde lediglich zensiert und danach die Person zum Widerruf vorgeladen. Ich entgegnete: Meint Eure Heiligkeit nicht, er müsse vorher die Schwierigkeiten und die Zensuren oder Meinungsverschiedenheiten erfahren, die man seinem Werk entgegensetzt, und was daran dem Sant'Uffizio mißfällt? Er fuhr mich heftig an: Das Sant'Uffizio, sage ich Ihnen, macht das nicht und geht nicht solche Wege, diese Sachen gibt man niemals vorher jemand bekannt, das ist nicht Usus. Übrigens weiß er selbst am besten, worin die Schwierigkeiten bestehen, wenn er sie wissen will, denn Wir haben mit ihm darüber gesprochen, und er hat sie alle von Uns persönlich gehört. Ich erwiderte, ich bäte zu bedenken, daß das Buch seinem fürstlichen Herrn gewidmet sei und daß er in den Diensten dieses Herrn stehe, und auch deshalb hätte ich gehofft, daß der Papst mit Nachsicht verfahre und das auch den Nachgeordneten zu beachten aufgebe. Er sagte, er habe Werke verboten, die auf dem Titelblatt seinen päpstlichen Namen als persönliche Widmung trugen; und in solchen Fällen, wo es um die schlimmsten jemals ausgeheckten Schädigungen der Religion gehe, müsse auch Seine Hoheit der Erzherzog als christlicher Fürst an der Bestrafung mitwirken. Ich solle ruhig schreiben, er warne den Großherzog, sich dafür stark zu machen, wie er es in der Sache Alidosi gemacht habe, denn diesmal würde er nicht mit Ehren daraus hervorgehen. Ich wiederholte, ich würde mit Sicherheit weitere Aufträge zu seiner Belästigung erhalten und sie auch ausführen, aber ich könne nicht glauben, daß Seine Heiligkeit der Meinung sei, das schon approbierte Buch verbieten zu lassen, ohne vorher den Herrn Galilei wenigstens gehört zu haben. Er entgegnete, das sei das Harmloseste, was man ihm antun könne, er solle nur achtgeben, daß er nicht vor das Sant'Uffizio geladen werde. Er habe eine Kommission von Theologen und anderen, in verschiedenen Wissenschaften erfahrenen Personen berufen, ernsten und heiligmäßigen Männern, die Wort für Wort jede Einzelheit prüften, da es sich um die verderbteste Materie handle, die einem unter die Hände kommen könne. Und dabei beschwerte er sich aufs neue, er sei von Galilei und Ciampoli betrogen worden. Dann sagte er, ich solle als letztes meinem Herrn schreiben, die Ausführungen seien im höchsten Grade abwegig, man werde jede Einzelheit reiflich untersuchen, und Hoheit solle sich nicht dafür einsetzen, sondern vorsichtig vorgehen. Und nicht nur mir legte er Geheimhaltung auf, auch Ihrer Hoheit soll ich das Schweigegebot mitteilen. Er fügte noch hinzu, er habe mit Herrn Galilei den höflichsten Umgang gepflogen, und er habe ihm alles eingeschärft, was er wohl wisse, und übrigens habe er die Sache nicht der Inquisition übergeben, wozu er eigentlich verpflichtet gewesen sei, sondern einer speziellen, eigens eingesetzten Kommission, und das sei schließlich etwas, denn er habe ihn damit besser behandelt, als umgekehrt er Seine Heiligkeit behandelt habe, die er betrogen habe. Ich stieß also auf eine böse Abneigung; der Papst könnte gar nicht schlechter auf den armen Herrn Galilei zu sprechen sein. Sie können sich denken, in welcher Stimmung ich gestern morgen nach Hause ging.«

Dieser Brief ist sehr wichtig. Der Papst ist gekränkt und wütend, aber er weiß noch nichts von einem generellen Verbot aus dem Jahre 1616. Er ist sogar noch der Meinung, daß Galilei gar nicht vor das Sant'Uffizio geladen werden würde: »Er soll achtgeben, daß er nicht vor das Sant'Uffizio geladen wird!« Doch der Brief ist noch nicht zu Ende. Jetzt fährt trotz allem Niccolini voller Optimismus fort:

„Vergangenen Montag war ich beim Maestro del Sacro Palazzo. Nachdem ich ihm alle Punkte Ihres Briefes vorgetragen und ihn auch über seine Sorgen beruhigt hatte, schöpfte ich ziemlich gute Hoffnungen, besonders da er glaubte, man werde wohl nicht so weit gehen, das Buch zu verbieten, sondern es nur korrigieren und einige Dinge, die sich tatsächlich schlecht ausnähmen, abändern. Und wenn er ohne Übertretung der Schweigepflicht und der Befehle mich im voraus etwas wissen lassen könne, wolle er es tun. Aber auch für ihn sei Vorsicht geboten, denn er habe wegen dieser Sache seine Stürme erlebt, und er habe sich helfen müssen, so gut er gekonnt habe. Er beklagt, daß die Form nicht beachtet worden sei, die er in seinem Brief an den Inquisitor vorgeschrieben habe, und daß die Erklärung am Anfang des Buches in anderen Lettern gedruckt und mit dem Rest des Werkes nicht verbunden sei, und daß der Schluß des Buches dem Anfang nicht entspreche. Was nun mich angeht, wenn ich meine Meinung sagen soll, so glaube ich, daß man dieses Geschäft ohne Heftigkeit anpacken muß und eher mit den Nachgeordneten und Kardinal Barberini als mit dem Papst verhandeln sollte. Denn wenn sich Seine Heiligkeit versteift, ist es um die Sache geschehen, besonders wenn man widersprochen oder drohen oder trotzen wollte, denn dann geht es hart auf hart und er respektiert niemand mehr. Das Beste ist, ihn mit der Zeit herumzukriegen und öfter geschickt und ohne Aufsehen darauf zurückzukommen, auch mit Hilfe der Nachgeordneten je nach Lage der Thematik...

Ihr energischer Brief (gemeint kann nur der zitierte Brief

Ciolis vom 24. 8. sein) scheint mir jetzt, da ich den Papst gehört habe, nicht angebracht, denn mit energischen Worten würden wir ihn reizen und alles verderben. Ich kann freilich nichts anderes tun als gehorchen, mein Wille hat ganz und gar von den Befehlen meiner Herrschaft abzuhängen. Das wird eine heikle Geschichte werden. Ich denke, ich gehe noch einmal zum Maestro del Sacro Palazzo, erzähle ihm, was ich vom Papst zu hören bekam, und will sehen, was er dazu zu sagen weiß.«

Torricelli schreibt unter dem 11. September 32 aus Rom (XIV 387), er habe mit seinem Freund Grienberger gesprochen, der seit Clavios Tod das Collegium Romanum leitete, und der finde das Buch sehr schön, voll schöner Sachen, aber die Meinung könne er nicht loben, und obwohl sie wahr scheine, könne er sie nicht für wahr halten. Und Pater Scheiner habe das Buch kopfschüttelnd gelobt, er finde es wegen der vielen Abschweifungen ermüdend, und übrigens habe Galilei sich ihm gegenüber schlecht benommen, er wolle davon nicht sprechen.

Und nun überstürzen sich die Briefe Niccolinis an Cioli. Am 11. September, also eine knappe Woche nach dem vorigen Brief, folgt ein nicht minder wichtiger, nachdem Niccolini sich mit Riccardi beraten hat. Ich zitiere das Nötigste:

»Ich habe mit dem Padre Maestro del Sacro Palazzo über den Inhalt Ihres letzten Briefes gesprochen, in dem Sie von der Sache des Herrn Galilei handeln, und das nicht so sehr wegen der Freundschaft und des Vertrauens zwischen ihm und mir, als vielmehr wegen der Reden des Papstes in der letzten Audienz. Und er hat mir geantwortet und geraten: Falls wir Herrn Galilei ruinieren und mit Seiner Heiligkeit brechen wollen, sollen wir die Meinung des Großherzogs in Form derartiger Klagen ruhig vorbringen; wenn wir ihm aber helfen wollten, müsse ich in jeder Weise solche Dinge unterlassen... Nach der Meinung des Papstes handelt es sich nicht um Mathematik, sondern um die Heilige Schrift, die Religion und den Glauben. Denn es ist die Anweisung betreffs des Drucks nicht befolgt worden... Riccardi glaubt, wenn man es hier gedruckt hätte, wäre mit der verabredeten Revision Blatt für Blatt eine Version entstanden, die hingehen könnte. Und ich persönlich denke, daß es ein schwerer Fehler war, das Buch in Florenz zu drucken... Was die Personen der Spezialkommission angehe, so müsse er selbst aus Freundschaft zu Galilei, aus Dienstbereitschaft gegenüber dem Großherzog und als Unterzeichner der Approbation das Buch verteidigen, und der Theologe des Papstes habe echten guten Willen, den Jesuiten aber habe er selbst als seinen Vertrauensmann vorgeschlagen, und der gehe mit der richtigen Absicht vor; er sieht demnach nicht ein, warum wir uns über diese Personen beklagen wollen. Doch vor allem, so sagt er mit der üblichen Vertraulichkeit und Geheimhaltungsempfehlung, habe man in den Büchern des Sant'Uffizio entdeckt, daß Galilei vor etwa zwölf Jahren nach Rom beordert worden sei, und damals sei ihm im Namen des Papstes und des Sant'Uffizio vom Kardinal Bellarmino verboten worden, diese Meinung aufrechtzuhalten; und das allein genüge, um ihn vollständig zu ruinieren. Und er sagt, er wundere sich nicht über die stürmische Intervention des Großherzogs, denn der habe ja bis jetzt nicht alle Umstände der Angelegenheit erfahren. Kurz, er bittet den Großherzog zu glauben, daß man Herrn Galilei keinen anderen Dienst erweisen könne, als für den Moment in aller Stille vorzugehen. Auf das alles gibt er sein Wort und schwört auf seine Ehre und seine Seele, und er fügt hinzu, wenn es anders ausgehe, wolle er sich in Florenz in die Hände des Großherzogs überliefern zur Züchtigung, ja bis zur Enthauptung... Zuletzt bemerkte er noch, der Papst könne in dieser Sache vieles sagen, was er selbst nicht sagen dürfe« (EN XIV 388ff.).

Antonio Favaro, der Herausgeber der Edizione Nazionale, macht an anderer Stelle dem Großherzog den Vorwurf, sich nicht energisch genug für Galilei verwendet zu haben. Wir haben aber in den letzten Dokumenten gesehen, wie er, als er herrisch auftrat, nur die einschüchternden Drohungen Urbans provozierte, vor allem aber, wie die Freunde Niccolini und Riccardi ihm dringend Zurückhaltung empfahlen – mit der Aussicht auf besten Erfolg. Riccardi, der in dieser ganzen Zeit nichts anderes tat, als sich selbst zu salvieren (während Ciampoli einen unbedeutenden Posten in der Provinz übernehmen mußte und nie mehr nach Rom zurückkehren durfte), hätte nach dem Prozeß nach Florenz zur Enthauptung kommen müssen, und der Theologe des Papstes mit dem echten guten Willen, Agostino Oreggi, hatte für die Übergabe an die Inquisition gestimmt, vor allem aber hatte der »Vertrauensmann«, der

Jesuit, nämlich Melchior Inchofer, eine vernichtende Blütenlese aus dem Dialogo zusammengestellt. Und Niccolini? Er und seine Frau waren es ja gewesen, die »mit schönen Worten« Riccardi »an den Haaren« in das Abenteuer der provisorischen Zustimmungen gezerrt hatten. Auch Niccolini war psychisch nicht mehr unbefangen genug, um die Lage scharf zu analysieren und dem Großherzog zu sagen, wenn ihm jetzt nichts Kühnes zur Rettung Galileis einfalle, dann lasse man den alten Mann sehenden Auges ins Verderben gehen. Genau das zeichnete sich nämlich im nächsten Brief ab.

Eine Zwischenbemerkung zu Person und Schicksal des unbarmherzigen Kommissionsmitglieds Inchofer kann ein Schlaglicht auf die kuriose Geistesverfassung der damaligen Theologie außerhalb und innerhalb der Indexkongregation werfen: Während Inchofer grimmig über Galileis »Dialogo« gebeugt saß und seine Exzerpte und Schlußfolgerungen niederschrieb, saßen andere Theologen über ein Buch Inchofers gebeugt und machten Exzerpte und Schlußfolgerungen. Inchofer hatte ein Buch über einen Brief der Jungfrau Maria an die Bewohner Messinas veröffentlicht, und dieses Buch kam im selben Jahr wie Galileis Buch auf den Index. Aber nicht genug damit: Später publizierte Inchofer eine Schrift gegen die Kastration, und die kam nicht nur auf den Index, sondern der Autor mußte für immer aus Rom verschwinden; er starb 1648 in Mailand. Man kam also sehr leicht auf den Index, und ebenso leicht wurde man verbannt; auch Ciampoli wurde nacheinander in fünf Provinznester mit unbedeutenden Aufgaben kommandiert, und trotz seiner flehentlichen Bitten gab es keinen Pardon, er sah Rom nicht wieder und starb 1643 in Iesi. Und nur weil es sich oft um unbekannte Schreiber und Schriften handelt, gibt es keine Liste des häufig verübten Blödsinns. Was z. B. berechtigte die Kirche, die Kastration zu verteidigen? Die Existenz des Kastratenchors der Sixtinischen Kapelle? Und ganz nebenbei: Wenn man in Rom heute eine feierliche Rehabilitation Galileis erwägt, die er nicht nötig hat, dann müßte man auch an die Rehabilitation vieler anderer Verurteilter denken und z. B. Gott und die Welt um Verzeihung bitten für die Verurteilung und Verbannung Inchofers wegen seines Eintretens für Gottes Willen nicht nur im Himmel, sondern auch gegenüber begabten jugendlichen Sängern. Diese Schandtat der Kongregation kennen wir nur durch den Zufall, daß Inchofer als Konsultor in den Prozeß Galileis verwickelt war. Es ist nicht wahr, daß die Inquisition nur ein einziges Mal ein offenbares Unrecht begangen habe, sie hat lediglich nur ein einziges Mal einen weltbekannten Gelehrten verurteilt und ihm zu noch größerer Bekanntheit verholfen; doch Unrecht bleibt Unrecht, ob es bedeutenden oder unbedeutenden Menschen angetan wird. Nicht nur die Greueltaten in Spanien und in Frankreich, wo die Kirche sich den habgierigen Mordgelüsten Philipps des Schönen beugte, schreien zum Himmel, nein, in Hunderten von Städten müßten die Akten der Inquisition sorgfältig durchgesehen und sachverständig interpretiert werden; da bliebe kein Auge trokken. Und selbst die politisch machtlose heutige Kirche fährt in der gleichen, nunmehr notgedrungen sublimeren Weise fort. Der Hauptvorwurf gegen Galilei wird Ungehorsam gegen einen angeblichen Befehl von 1616 sein, der Vorwurf gegen den Erzbischof Lefebvre hier und jetzt lautet: Ungehorsam gegen die Einführung eines neuen Ritus. Beidemal hat der Begriff »Ungehorsam« einen verräterischen Haken, was wir für Galileis Fall noch sehen werden. Mit der vielgerühmten jahrhundertealten diplomatisch-politisch-juristisch-psychologischen Erfahrung der Kirche ist es nichts, war es nie etwas und kann es gemäß ihres zwieschlächtigen Auftrags und schwankenden Selbstverständnisses nie etwas werden. Von dieser Legende sollten alle ernsthaften Historiker endlich Abschied nehmen.

Wenden wir uns nach dieser Zwischenbemerkung dem düsteren Brief Niccolinis zu, den er am 18. September 1632 an Cioli schrieb; der Brief hätte den Großherzog in höchste Alarmstufe versetzen müssen. Der Papst hatte nämlich einen seiner Sekretäre zu Niccolini geschickt und ließ wissen, »er wolle zum Zeichen der Hochschätzung für den Großherzog entgegen der gewohnten Übung mitteilen, daß er nicht anders gekonnt habe, als die Sache der Inquisition zu übergeben, nachdem er, ebenfalls entgegen aller Gewohnheit, aus Rücksicht auf des Großherzogs Anteilnahme, das Buch Galileis von einer Spezialkommission Wort für Wort habe untersuchen lassen, um zu sehen, ob die Überweisung ans Sant'Uffizio unterbleiben könne«.

Tycho de Brahe, dänischer Astronom

Nikolaus Kopernikus

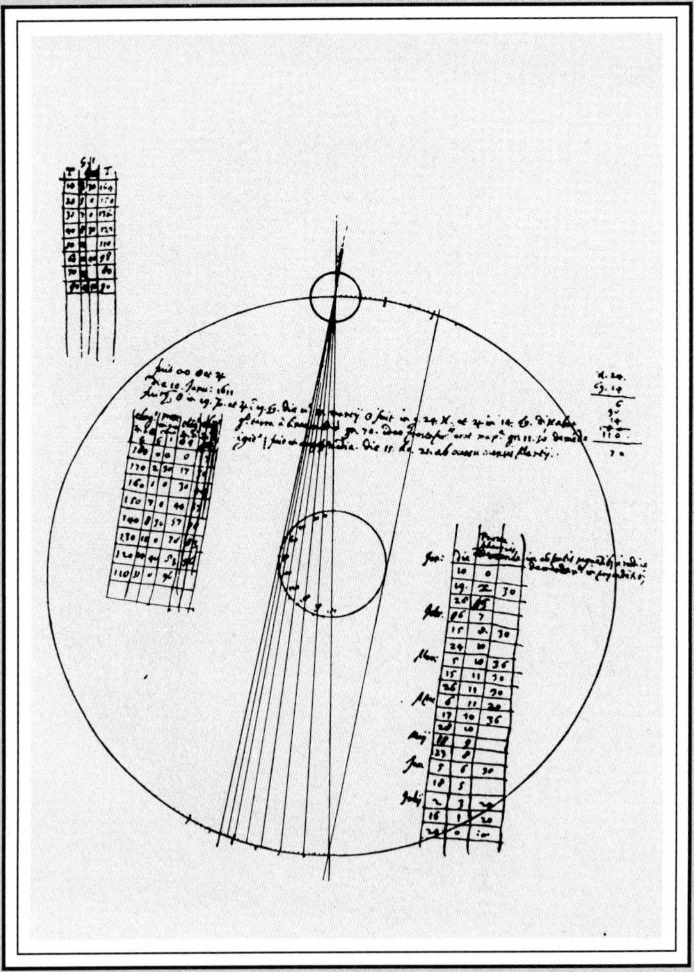

Eigenhändige astronomische Handzeichnung
von Galileo Galilei

Robert Bellarmin
(Kupferstich aus dem 16. Jahrhundert)

Niccolini diskutierte mit dem Sekretär ähnlich wie in der Papstaudienz. Da der Mann aber inkompetent war, eilte Niccolini in den Vatikan und wurde sofort empfangen. Niccolini legte sehr geschickt dar, der Papst hätte, da die Spezialkommission keine Kongregation mit festen Verfahrensregeln war, Galilei ohne weiteres Gelegenheit zur Rechtfertigung geben können. Urban antwortete evasiv, das sei alles eins, die Spezialkommission sei nur dem Großherzog zu Gefallen ernannt worden, um zu sehen, ob – und nun folgte noch einmal dasselbe, was der Sekretär schon gesagt hatte. Dann aber kam dies: »Seine Heiligkeit sagte, Herr Galilei sei immer noch sein Freund, aber diese Meinungen seien vor 16 Jahren verdammt worden, und Galilei sei in ein großes Wespennest getreten, was er hätte bleiben lassen sollen.« Niccolini macht trotz Urbans »basta, basta« noch neue, vergebliche Einwände, und zum Schluß erzählt Urban ihm eine Anekdote, und sie lachen ein bißchen (EN XIV 391ff.).

Und Urban wird sich die Hände gerieben und gedacht haben, aus Florenz drohe jetzt keine Gefahr mehr. Denn warum eigentlich hatte er so viele angebliche oder wirkliche »Rücksichten« auf den Großherzog genommen? Weil er in der üblen politischen Großwetterlage, in der sich das Großmaul Barberini befand, keinen politischen Widerstand des Großherzogtums Toscana brauchen konnte. Das war die reale Lage, und die hatte Urban mit ein bißchen Geschwätz glücklich bewältigt, ja, er konnte sich sagen, er habe die Dummköpfe in Florenz sogar politisch überschätzt; die ahnten gar nichts von seinen Sorgen. Oder sie waren nicht gewillt, Galileis wegen eine politische Komplikation heraufzubeschwören. Gleichgültig, was sie nicht ahnten oder trotz Ahnung nicht vorhatten, Urban wußte jetzt Bescheid: aus Florenz war kein weiterer Widerstand zu befürchten.

Und wieder eine Woche später, am 25. 9. 32, beorderte Kardinal Antonio Barberini Galilei für den ganzen Monat Oktober nach Rom, wie schon gesagt.

So wie die Sachen jetzt standen, ließen alle den alten Mann sehenden Auges ins Verderben gehen. Trickreich war übrigens Urbans Behauptung, Galilei sei auch jetzt noch sein Freund, damit wurden Niccolini und der Großherzog noch mehr eingelullt. Galilei würde nach dem Prozeß für den Rest seines Lebens auch nicht einen einzigen Augenblick lang etwas von Urbans Freundschaft bemerken. Eine Lüge aber war – das wissen wir heute, damals stand es nur in den Akten der Inquisition –, die Kommission sei zu dem Ergebnis gekommen, der Fall müsse der Inquisition übergeben werden. Das Gegenteil ist die Wahrheit.

Die Kommission nämlich stellte zunächst die Entwicklung seit Erteilung des ersten provisorischen Imprimatur durch Riccardi dar, erwähnte auch, Galilei scheine »betrügerisch« den Befehl von 1616 verschwiegen zu haben, und kam dann zu folgendem Schluß:

»ERSTENS: Das römische Imprimatur wurde ohne Erlaubnis und ohne Mitteilung an den Aussteller mit benutzt.

ZWEITENS: Die Vorrede ist in anderen Lettern gedruckt und erweist sich als unnütz, da vom Korpus des Werkes abgesetzt, und am Ende wird das Heilmittel einem Toren in den Mund gelegt, ist nur mit Schwierigkeiten zu finden und wird von dem anderen Gesprächsteilnehmer nur mit einer kühlen Andeutung gebilligt und ohne das Gute deutlich hervorzuheben, wodurch seine Rede widerwillig erscheint.

DRITTENS: Häufig wird in dem Werk vom Hypothetischen abgegangen, die Bewegung der Erde und Ruhe der Sonne absolut behauptet, oder es werden die fundierten Argumente als beweiskräftig und notwendig qualifiziert, die negativen dagegen als unmöglich.

VIERTENS: Die Sache wird als noch nicht entschieden behandelt, so als ob die Entscheidung noch zu erwarten statt vorauszusetzen sei.

FÜNFTENS: Mißhandlung der gegnerischen Autoren, deren sich die Kirche am meisten bedient.

SECHSTENS: Behauptung und schlechte Erklärung einer gewissen Gleichheit des menschlichen und des göttlichen Intellekts in Beziehung auf das Begreifen der Geometrie.

SIEBTENS: Als Wahrheit ausgegeben, daß Anhänger des Ptolemäus zu Anhängern des Kopernikus werden und nie umgekehrt.

ACHTENS: Schlechte Herleitung der Gezeiten, die es gibt, aus der Ruhe der Sonne und Bewegung der Erde, die es nicht gibt.

Alle diese Dinge könnte man verbessern, wenn man in dem Buch einen Nutzen sieht, der dieses Entgegenkommen rechtfertigt« (EN XIX 326).

Die Kommission hat also nicht festgestellt, daß die Übergabe an die Inquisition unumgänglich sei, sondern im Gegenteil, daß es sich um ein korrigierbares Werk handle.

Der nächste Satz allerdings zitiert noch einmal das »betrügerisch« verschwiegene Dokument, das die Kommission in den alten Galilei-Akten gefunden hatte: »Dem Autor wurde 1616 vom Sant'Uffizio befohlen: ›daß er die obgenannte Meinung — die Sonne sei das Weltzentrum und die Erde bewege sich — vollständig aufgebe und sie außerdem nicht behaupten, lehren oder verteidigen dürfe, in welcher Form auch immer, weder mündlich noch schriftlich, andernfalls das Sant'Uffizio gegen ihn einschreiten werde‹« (XIX 327).

Den Text kennen wir schon, es ist der nicht unterzeichnete, dubiose Bericht über die Belehrung Galileis durch Kardinal Bellarmino von 1616. Dazu gab die Kommission keine Meinung ab. Wenn man wollte, konnte man daraus schließen, Galilei habe 1632 den Befehl von 1616 übertreten und es müsse nun automatisch der Prozeß folgen. Allerdings hätte man sich den ganzen damaligen Komplex ansehen und eine ganz bestimmte Frage überdenken müssen; darauf werden wir noch kommen.

Vorläufig kehren wir zu Galilei zurück. Er traf nach fast vierwöchiger unbequemer Quarantäne am 13. Februar 1633 in Rom ein und durfte im Haus des toskanischen Botschafters wohnen, unter der Auflage, keine Besuche zu empfangen. Das war ungewöhnlich, er hätte normalerweise in die Verliese des Vatikans gebracht werden müssen.

Die letzten Audienzen Niccolinis beim Papst waren so ergebnislos verlaufen wie alle früheren; er bekam lediglich zu hören, »Gott möge Galilei den Irrtum verzeihen, sich in solche Verwirklichungen eingelassen zu haben, nachdem Seine Heiligkeit, als sie noch Kardinal war, ihn daraus befreit hatte« (EN XIV 428), und die ärztlichen Atteste seien »Vorwände, um den Papst an der Nase herumzuführen« (EN XIV 438).

Vom 13. Februar bis zum 12. April, dem Tag des ersten Verhörs, geschah gar nichts. Doch aus dieser Wartezeit haben wir einige Daten, die wir sehr genau im Gedächtnis behalten müssen. Am 25. Februar schrieb Galilei in einem Brief an Geri Bocchineri, den Privatsekretär des Großherzogs: »Wie wir hören, haben sich die vielen und schweren Anklagen auf einen einzigen Punkt reduziert, der alle anderen verdrängt hat. Und diesen einzigen auszuräumen werde ich keine Mühe haben« (EN XV 50). Zwei Tage später schrieb Niccolini in einem Brief an den Staatssekretär Cioli: »Nach meinen Erkundigungen muß die Hauptschwierigkeit darin bestehen, daß die Herren behaupten, im Jahre 1616 sei ihm auferlegt worden, diese Meinung nicht zu diskutieren und nicht vorzutragen; wogegen er sagt, die Anordnung bestehe nicht in dieser Form; vielmehr dürfe er diese Meinung nicht glauben oder verteidigen, und darüber könne er sich rechtfertigen. In seinem Buch halte er sie weder aufrecht, noch verteidige er sie, noch entscheide er dringend etwas, er bringe nur die beidseitigen Gründe vor. Alles andere scheint unwichtig und überwindbar« (XV 55).

Am selben Tag berichtet Niccolini in einem zweiten Schreiben über ein Gespräch mit Urban, der wieder auf die unübliche Behandlung Galileis – kein Gefängnisaufenthalt! – hinwies, von längeren Prozeßvorbereitungen sprach und dann wieder einmal betonte, Galilei habe nicht hypothetisch, sondern parteiisch geschrieben, und er habe übrigens auch »den Befehl übertreten, den Kardinal Bellarmino ihm im Auftrag der Indexkongregation 1616 erteilt habe« (XV 56).

Die ersten beiden dieser drei Briefe sind deshalb so wichtig, weil sie beweisen, daß Galilei genau über den Umfang des Hauptanklagepunktes im voraus informiert war. Er wußte demnach, daß er mit der Behauptung konfrontiert werden würde, Bellarmino habe ihm mehr untersagt, als was er ihm in Wirklichkeit mitgeteilt hatte. Galilei hatte also viel Zeit, sich genau zu erinnern, und sagte schon im voraus, das sei alles falsch und das werde er mit Leichtigkeit beweisen.

Und damit sind wir am Prozeßbeginn angelangt. Galilei wurde für den 12. April 1633 vorgeladen, und er wußte, daß er abends nicht ins Haus Niccolini zurückkehren könne, sondern »pro forma« Gefangener sei, allerdings nicht im Gefängnis, sondern in der Wohnung des vatikanischen Amtsanwalts, die aus drei bequemen Zimmern bestand, mit der Erlaubnis, einen Diener zu halten, der ihm täglich die Mahlzeiten aus der Küche der Niccolinis besorgen konnte, und mit der weiteren Erlaubnis, sich in den anliegenden Gärten zu ergehen. Das alles hatte der Kardinalnepote Francesco Barberini veranlaßt (EN XV 85). Erstaunlich ist, daß Galilei fast zusammenbrach, als Niccolini ihm den Rat mitgab (ebda, 85), von der Diskussion seiner Meinungen abzustehen und statt dessen den Wünschen des Tribunals ganz einfach nachzugeben; erstaunlich deshalb, weil sein Freund Micanzio ihm denselben Rat schon viel früher, im Oktober 32, als Kenner der Materie zwecks reibungsloser Erledigung gegeben hatte (EN XIV 420); wobei Micanzio zum wievieltenmal sagte, wenn Galilei in Venedig wäre, würde ihm unter keinen Umständen ein Unrecht geschehen – auch darin war Micanzio Kenner der Materie.

Der Inhalt der Prozeßakten wird im Folgenden wörtlich wiedergegeben; nicht zusammengefaßt, wie das gewöhnlich geschieht, denn wir benötigen den Einblick in die Gesamtatmosphäre. Die Texte werden auch nicht geglättet, denn gerade die bürokratisierte Sprache des Inquisitionsgerichts mit ihrem nur scheinbar juristischen rational drapierten Stil (die ewigen »genannt«, »obgenannt«, die entnervenden Wiederholungen usw.) verrät die Versachlichung der angeklagten Person, in die sich auch der Angeklagte glaubt einlassen zu müssen, um aber gelegentlich auszubrechen und seine eigene, wirkliche, personale Sprache zu sprechen.

Der erste Prozeßtag, 12. 4. 1633

»Am Dienstag, den 12. April 1633 erschien, persönlich vorgeladen, im Gebäude des Sant'Uffizio in Rom, in den üblichen Räumen des Pater Kommissar, vor dem Generalkommissar Vincenzio Maculano aus Fiorenzuola und dem assistierenden Amtsanwalt des Sant'Uffizio Carlo Sinceri usw. Galileo, Sohn des verstorbenen Florentiners Vinenzio Galilei, 70 Jahre alt, der den erforderlichen Schwur, die Wahrheit zu sagen, leistete und sodann verhört wurde.

Frage: Wie und wann er nach Rom gekommen sei.

Antwort: Ich kam in Rom am ersten Fastensonntag an, und zwar in einer Sänfte.

Frage: Ob er aus freien Stücken oder auf Einladung gekommen sei oder ob es ihm von irgend jemand befohlen worden sei und wo.

Antwort: In Florenz befahl mir der Pater Inquisitor, nach Rom zu gehen und mich dem Sant'Uffizo zu stellen, auf Anordnung dieses Sant'Uffizio.

Frage: Ob er wisse oder sich denken könne, aus welchem Grund ihm befohlen wurde, nach Rom zu kommen.

Antwort: Ich denke, der Grund für die Vorladung beim Sant'Uffizio in Rom ist, Rechenschaft über mein kürzlich gedrucktes Buch zu geben, und zwar denke ich das deshalb, weil nur wenige Tage vor dem Befehl zur Reise nach Rom dem Buchhändler und mir untersagt wurde, die genannten Bücher auszuliefern, und ebenso dem Buchhändler vom Pater Inquisitor befohlen wurde, das Manuskript meines Buches nach Rom an das Sant'Uffizio zu schicken.

Frage: Er möge erklären, was das für ein Buch sei, dessentwegen er denke, nach Rom befohlen zu sein.

Antwort: Es ist ein Buch in Dialogform und behandelt die Konstitution der Welt, d.h. die zwei hauptsächlichen Systeme, die Ordnung des Himmels und der Elemente.

Frage: Ob er, wenn man ihm das genannte Buch zeige, es als das seine erkennen könne.

Antwort: Ich hoffe, daß ich das vorgelegte Buch erkennen werde.

Darauf wurde ihm eins von den 1632 in Florenz gedruckten Büchern mit dem Titel Dialogo di Galileo Galilei Linceo etc. vorgelegt, worin es um die beiden Weltsysteme geht, und nachdem er es genau gesehen und untersucht hatte, sagte er: Ich kenne dieses Buch sehr gut, es ist eins der in Florenz gedruckten, und ich erkenne es als meines und von mir verfaßt an.

Frage: Ob ebenso wie das Ganze auch jede Einzelheit in dem Buch von ihm stamme.

Antwort: Ich kenne das mir vorgelegte Buch, es ist eins der in Florenz gedruckten; und alles, was darin enthalten ist, erkenne ich als von mir verfaßt an.

Frage: Wie und wie lange er an dem Buch geschrieben habe und wo.

Antwort: Was den Ort angeht, so habe ich es in Florenz seit zehn oder zwölf Jahren geschrieben; und ich werde ihm ungefähr sieben oder acht Jahre gewidmet haben, aber nicht ununterbrochen.

Frage: Ob er früher schon in Rom gewesen sei, und besonders im Jahre 1616 in welcher Angelegenheit.

Antwort: Ich war 1616 in Rom, danach im zweiten Jahr des Pontifikats unseres Herrn Urban VIII., und zuletzt vor drei Jahren aus dem Grund, daß ich mein Buch drucken lassen wollte. Der Grund, warum ich 1616 nach Rom kam, waren Gerüchte über Zweifel an der Lehre des Nikolaus Kopernikus über die Bewegung der Erde, der Ruhe der Sonne und der Anordnung der himmlischen Sphären; um mich zu versichern, daß ich nur heilige und katholische Ansichten vertrete, kam ich hierher, um zu hören, was in dieser Materie zu vertreten sei.

Frage: Ob er aus eigenen Stücken kam oder vorgeladen war, warum er vorgeladen war und mit wem oder mit wieviel Personen er über das Obgenannte verhandelt habe.

Antwort: 1616 kam ich aus eigenen Stücken, ohne vorgeladen zu sein, aus dem Grund, den ich genannt habe; und in Rom besprach ich diese Dinge mit einigen Kardinälen des Sant'Uffizio, besonders mit den Kardinälen Bellarmino, Aracoeli, San Eusebio, Bonsi und d'Ascoli.

Frage: Er berichte im einzelnen, was er mit den genannten Kardinälen besprochen hat.

Antwort: Der Grund zu den Gesprächen mit den genannten Kardinälen war ihr Wunsch, sich über die Lehre des Kopernikus zu informieren, da sein Buch für Nichtmathematiker recht schwer zu verstehen ist; insbesondere wollten sie wissen, wie nach der Hypothese des Kopernikus die himmlischen Sphären eingeteilt sind und wie er die Sonne ins Zentrum der Planetensphären setzt, um die Sonne herum als erste die Sphäre des Merkur, danach die der Venus, dann den Mond um die Erde und um diese beiden Mars, Jupiter und Saturn; und hinsichtlich der Bewegung setzt er die Sonne unbeweglich ins Zentrum und die Erde beweglich in sich und um die Sonne, das heißt in sich in täglicher Bewegung, um die Sonne in jährlicher Bewegung.

Frage: Da er nach Rom kam, um darüber Entscheidung und Wahrheit zu erlangen, möge er auch sagen, was in dieser Sache entschieden wurde.

Antwort: In der Streitfrage über die obgenannte Stabilität der Sonne und Bewegung der Erde hat die Indexkongregation entschieden, daß diese Meinung, absolut genommen, mit den Heiligen Schriften in Widerspruch stehe, und sie könne nur hypothetisch genommen werden, in der Art, wie Kopernikus es tut.

Frage: Ob ihm damals die genannte Entscheidung mitgeteilt wurde und von wem.

Antwort: Die genannte Entscheidung wurde mir von der Indexkongregation, von Kardinal Bellarmino mitgeteilt.

Frage: Was ihm Seine Eminenz Bellarmino über die Entscheidung mitgeteilt habe und ob er noch etwas anderes gesagt habe und was.

Antwort: Der Herr Kardinal Bellarmino bedeutete mir, die genannte Meinung des Kopernikus könne man hypothetisch benutzen, so wie Kopernikus es gehalten habe. Seine Eminenz wußte, daß ich sie hypothetisch meinte, nämlich in der Art des Kopernikus, wie man aus einer Antwort ersieht, die derselbe Kardinal in einem Brief an den Karmeliterprovinzial P. Paolo Antonio Foscarino gerichtet hat, von der ich eine Kopie besitze und wo diese Worte enthalten sind: ›Mir scheint, sage ich, daß Sie und Herr Galilei vorsichtig handeln, indem Sie sich damit begnügen, hypothetisch und nicht absolut zu sprechen.‹ Und dieser Brief des genannten Herrn Kardinals ist am 12. April 1615 geschrieben; man durfte sie also nicht anders, nämlich im absoluten Sinn, nehmen oder verteidigen.

Frage: Darauf wurde ihm gesagt, er möge angeben, was beschlossen und ihm dann mitgeteilt wurde, nämlich im Monat Februar 1616.

Antwort: Im Monat Februar sagte mir der Herr Kardinal Bellarmino, daß die Meinung des Kopernikus im absoluten Sinn genommen den Heiligen Schriften widerspreche und weder behauptet noch verteidigt werden könne, aber man dürfe sie hypothetisch nehmen und sich ihrer bedienen. In Übereinstimmung damit habe ich eine Bestätigung desselben Herrn

Kardinal Bellarmino vom 26. Mai 1616, in der er sagt, daß man die Meinung des Kopernikus weder für wahr halten noch verteidigen dürfe, da sie den Heiligen Schriften widerspreche. Von dieser Bestätigung lege ich eine Kopie vor. Hier ist sie.

Und er legte ein einseitig beschriebenes, zwölf Zeilen langes Papier vor, das beginnt: »Wir, Roberto Kardinal Bellarmino, haben«, und endet: »Diesen 26. Mai 1616«, unterzeichnet: »Derselbe wie oben, Roberto Kardinal Bellarmino«, das ich entgegennahm und mit dem Buchstaben B bezeichnete.

Hinzugefügt: Das Original dieser Bestätigung habe ich bei mir in Rom, es ist vollständig von der Hand des obengenannten Herrn Kardinal Bellarmino geschrieben.

Frage: Ob bei der oben erwähnten Mitteilung irgendwelche Personen zugegen waren und welche.

Antwort: Als der Herr Kardinal Bellarmino zu mir sprach und mir mitteilte, was die Lehre des Kopernikus anging, waren einige Dominikanerpatres zugegen. Aber ich kannte sie nicht und habe sie später nicht wiedergesehen.

Frage: Ob ihm dann in Gegenwart der genannten Patres von ihnen oder sonstwem irgendeine Anordnung über diese Materie gegeben wurde und welche.

Antwort: Ich erinnere mich, daß das Ganze sich folgendermaßen abspielte: Eines Morgens ließ mich der Herr Kardinal Bellarmino rufen und sagte mir privat etwas (un certo particolare), das ich Seiner Heiligkeit sagen möchte, bevor ich es anderen sage. Aber in der Folge sagte er dann, daß man die Lehre des Kopernikus weder für wahr halten noch verteidigen dürfe, da sie den Heiligen Schriften widerspreche. Ob diese Dominikanerpatres vorher da waren oder später kamen, das weiß ich nicht mehr; ich weiß auch nicht, ob sie zugegen waren, als der Herr Kardinal sagte, daß man die genannte Lehre nicht für wahr halten dürfe. Es kann sein, daß mir die Vorschrift gemacht wurde, daß ich persönlich diese Lehre nicht für wahr halten noch verteidigen dürfe. Doch daran erinnere ich mich nicht, da es viele Jahre her ist.

Frage: Ob er, wenn ihm vorgelesen würde, was ihm damals gesagt und mit der Vorschrift eingeschärft wurde, sich daran erinnern werde.

Antwort: Ich erinnere mich nicht, daß mir etwas anderes gesagt wurde, und ich kann nicht wissen, ob ich mich erinnern werde an etwas, was mir danach gesagt wurde, auch wenn es mir vorgelesen wird. Ich sage frei heraus, an was ich mich erinnere, denn ich behaupte, in keiner Weise dieser Vorschrift zuwidergehandelt zu haben, nämlich die genannte Lehre von der Mobilität der Erde und der Stabilität der Sonne weder für wahr gehalten noch verteidigt zu haben.

Darauf wurde ihm gesagt, da in der genannten Vorschrift, die ihm damals vor Zeugen gegeben wurde, protokolliert sei, daß er die genannte Meinung auf keine Weise behaupten, verteidigen oder lehren dürfe, möge er nun sagen, ob er sich erinnere, wie und von wem ihm das eingeschärft worden sei.

Antwort: Ich erinnere mich nicht, daß mir die Vorschrift von jemand anderem als dem Herrn Kardinal Bellarmino mit klarer Stimme gegeben wurde. Ich erinnere mich, daß die Vorschrift lautete, ich dürfe weder für wahr halten noch verteidigen, und es kann sein, daß es dabei auch hieß: auch nicht lehren. Ich erinnere mich nicht, daß jene Einzelheit »auf keine Weise« dabei war, aber es ist möglich, daß sie dabei war, denn ich habe mir darüber weder Gedanken gemacht noch das Gedächtnis in andere Richtung gelenkt, da ich ja wenige Monate danach jene Bestätigung vom 26. Mai des genannten Herrn Kardinal Bellarmino erhielt, die ich hier vorgelegt habe und mit der mir bestätigt wird, daß der mir erteilte Befehl darin bestehe, die genannte Lehre weder für wahr zu halten noch zu verteidigen. Die beiden anderen Einzelheiten, nämlich »und auch nicht zu lehren« und »auf keine Weise« habe ich nicht im Gedächtnis behalten, und zwar, wie ich glaube, weil sie in der genannten Bestätigung nicht vorkommen, auf die ich mich verlassen habe und die ich im Gedächtnis behielt.

Frage: Ob er nach der Mitteilung der genannten Vorschrift eine Erlaubnis zum Schreiben des von ihm identifizierten Buches, das er dann habe drucken lassen, erhalten habe.

Antwort: Nach der obgenannten Vorschrift habe ich nicht um Erlaubnis zum Abfassen des obgenannten Buches nachgesucht, denn ich verneine, mit dem Schreiben des genannten Buches die mir auferlegte Vorschrift, nämlich die genannte

Meinung weder aufrecht zu halten noch zu verteidigen noch zu lehren, übertreten zu haben; im Gegenteil, ich habe sie widerlegt.

Frage: Ob er für den Druck des Buches eine Erlaubnis erhielt, von wem, und ob für sich selbst oder für jemand anderen.

Antwort: Um die Druckerlaubnis für das genannte Buch zu erhalten, machte ich mich – obwohl Angebote mit Gewinnbeteiligung aus Frankreich, Deutschland und Venetien eingingen – spontan auf den Weg und kam nach Rom, um es in die Hände des obersten Zensors zu übergeben, nämlich des Maestro del Sacro Palazzo, mit meinem absoluten Einverständnis, daß er nach seinem Gutdünken Zusätze, Streichungen und Änderungen vornehme. Nachdem er es von seinem Mitarbeiter Pater Visconti sorgfältig hatte durchsehen lassen, dem ich es übergeben hatte, sah es der genannte Maestro del Sacro Palazzo selbst noch einmal durch und genehmigte es. Das heißt, er gewährte mir die Lizenz mit seiner Unterschrift, aber mit der Auflage, das Buch in Rom zu drukken. Wir vereinbarten, daß ich im Herbst nach Rom zurückkehren würde, da ich mit Eintritt des Sommers nach Hause gehen wollte, um keine Erkrankung zu riskieren; ich hatte mich schon den ganzen Mai und Juni hier aufgehalten. Während ich in Florenz war, brach dann die Seuche aus, und die Verbindungen wurden unterbrochen. Da ich sah, daß ich nicht nach Rom kommen konnte, bat ich den genannten Padre Maestro del Sacro Palazzo brieflich, sich mit dem Druck in Florenz zufrieden zu geben. Er ließ mich wissen, er wolle das Original revidieren, ich sollte es ihm schicken. Ich erkundigte mich nun mit aller möglichen Sorgfalt überall, bis zu den ersten Sekretären des Großherzogs und den Posthaltern, ob es eine Möglichkeit der sicheren Versendung des genannten Originals gebe, aber niemand konnte eine Garantie dafür geben, im Gegenteil, die Sache würde ohne Zweifel schief gehen, das Manuskript würde entweder durchnäßt oder versengt; so streng waren die Kontrollen. Ich berichtete dem Padre Maestro von dieser Schwierigkeit, das Buch zu übersenden, und so befahl er mir aufs neue, daß das Buch von einer Person seines Vertrauens auf das skrupulöseste revidiert würde. Die Person, der Dominikanerpater Giacinto

Stefani, Lektor für Heilige Schrift an der öffentlichen Hochschule von Florenz, Prediger der großherzoglichen Hoheiten und Konsultor des Sant'Uffizio, besaß sein Vertrauen. Ich übergab das Buch dem Padre Inquisitor von Florenz, und vom Padre Inqusitor wurde es dem genannten Padre Giacinto Stefani übergeben, und von diesem wurde es dann dem Padre Inquisitor zurückgegeben, der es dem Herrn Niccolò dell'Antella schickte, dem Beauftragten des Großherzogs für den Buchdruck in Florenz. Von diesem Herrn Niccolò übernahm es der Drucker namens Landini, versicherte sich beim Padre Inquisitor und druckte es unter peinlicher Beachtung aller vom Padre Maestro del Sacro Palazzo gegebenen Anweisungen.

Frage: Ob er, als er bei obgenanntem Magistro Sacri Palatii um die Erlaubnis zum Druck des obgenannten Buches nachsuchte, diesem Magistro die Vorschrift, die ihm seinerzeit betreffs des oben erwähnten Erlasses der Hl. Kongregation gemacht wurde, erwähnt habe.

Antwort: Ich sagte dem Padre Maestro del Sacro Palazzo nichts von der Vorschrift, als ich um die Druckerlaubnis nachsuchte, da ich das nicht für nötig erachtete. Ich hatte keinerlei Bedenken, weil ich ja in dem genannten Buch die Lehre von der Mobilität der Erde und der Stabilität der Sonne weder behauptete noch verteidigte; vielmehr zeige ich in dem genannten Buch das Gegenteil der besagten Meinung des Kopernikus, nämlich daß die Gründe des Kopernikus wertlos und nicht schlüssig sind.

Damit wurde das Verhör beendet, und ihm wurde an Stelle des Kerkers eine Beamtenwohnung im Gebäude des Sant'Uffizio angewiesen« (EN XIX 336ff.).

Gefälschtes Dokument?

Dieser Niederschrift des Verhörs ist die Kopie des Handschreibens Bellarminos beigefügt (EN XIX 342), das wir schon auf S. 142 kennengelernt haben. Über dieses Schreiben war das Gericht natürlich sehr erstaunt. Das war etwas unerwartet Neues, das die Herren hätte aufwecken müssen. Die Anweisung des Papstes, die 1616 an den Kardinal Bellarmino und den Generalkommissar Segizzi ergangen war und wonach die weitergehende Prozedur, die dem angeklagten Galilei soeben teilweise vorgelesen wurde, nur für den Fall der Weigerung Galileis auszuführen war, kannten die Herren sehr gut. Auch der Leser kennt sie schon von S.140 f. Jetzt hätten sie sich sagen können, daß außer dem Protokoll, das sie vor sich hatten, auch ein Bericht Bellarminos an den Papst vorhanden sein müsse. Und unter den Dekreten hätten sie tatsächlich den knappen Bericht Bellarminos, daß Galilei »eingewilligt hat«, finden können. (Auch das findet der Leser hier im Buch auf S.141.) Aber das Gericht begnügte sich mit der ausführlichen Aktennotiz, die man früher als eine Fälschung von 1633 betrachtete, heute als Fälschung von 1616 nimmt.

Der neueste Stand der Kontroverse findet sich in einer Diskussion zwischen Stillman Drake und Giorgio de Santillana als Nachtrag zur englischen Ausgabe der italienischen Biographie »Galileo Galilei« (1957) von Ludovico Geymonat. Die englische Übersetzung mit dem gleichen Titel, in der sich die Diskussion findet, ist 1965 erschienen. Der Nachtrag beginnt dort auf S.205 mit einer »historischen Spekulation« von Stillman Drake. Er stellt sich die Vorgänge von 1616 im Hause Bellarminos ungefähr wie folgt vor: Der Generalkommissar der Inquisition, Michelangelo Segizzi, machte mit seinem Begleiter scheinbar rein zufällig an dem Tag einen Besuch bei Bellarmino und drängte sich damit ungebeten in die Sitzung ein. (Drake versteht also die Anordnung des Papstes so, daß bei Galileis Weigerung im Hause Bellarminos eine weitere Sitzung bei Segizzi stattfinden müsse; das ist aus der Anordnung nicht zu entnehmen. Es ist selbstverständlich, daß beide Prälaten zusammen zugegen waren.) Jedenfalls war Segizzi zugegen, und das ist richtig, gleichgültig ob er erwünscht war oder nicht. Als Galilei gemeldet wurde, sei Bellarmino ihm entgegengegangen und habe ihm vermutlich leise gesagt, Seine Heiligkeit erwarte seine Zustimmung zu dem, was er gleich hören werde. (Das entnimmt Drake der Aussage Galileis aus dem ersten Verhör: Bellarmino habe ihm etwas gesagt, was er nur Seiner Heiligkeit mitteilen möchte. Das Gericht machte sich daraus nichts, und Galilei kommt auch nicht mehr darauf zurück.) So gewarnt, habe Galileo dem kurzen Vortrag Bellarminos zwar nicht widersprochen, aber gar keine Zeit zum Ja-Sagen gehabt, weil jetzt Segizzi sofort den zweiten Teil der päpstlichen Anordnung heruntergeleiert habe. Der Notar, der die diffizile päpstliche Anordnung gar nicht kannte, habe in gutem Glauben alles protokolliert. — Darauf habe Bellarmino vermutlich Galilei bis zur Tür gebracht und ihn zu einem späteren Gespräch bestellt, dann habe er vermutlich Segizzi unter vier Augen wegen der Verletzung der Anordnung zur Rede gestellt und ihm mit Enthüllung vor dem Papst gedroht, wenn er das Protokoll, das unter keinen Umständen unterschrieben werde, nicht vernichte. In einem späteren Gespräch mit Galilei habe Bellarmino vermutlich gesagt, es gelte nur, was er gesagt habe, und die Rede Segizzis sei null und nichtig und könne vergessen werden.

Diese Fantasie Drakes setzt eine Freundschaft oder gar Komplizenschaft zwischen Bellarmino und Galilei voraus, die nicht bestand; Bellarmino hatte lediglich Respekt vor dem Wissenschaftler. In jedem Fall aber ist es undenkbar, daß der Kardinal zu dem gemaßregelten Galilei derart verächtlich vom Generalkommissar der Inquisition gesprochen haben könnte. Die Antwort Giorgio de Santillanas ist denn auch hart und kurz, er braucht dazu nur vier Seiten (a.a.O. S.221). Santillana bezieht sich auf den von mir schon auf S.276 zitierten Brief Galileis an Geri Bocchineri, wonach Galilei im voraus weiß, daß man die Vorschrift von 1616 weitergehend auslegen will, und es für ein leichtes hält, das zu verhindern. Diesen und den Brief Niccolinis zwei Tage danach, den ich ebenfalls schon auf S.276 zitiert habe, nimmt Santillana als schlagenden Beweis dafür, daß Galilei lange genug Zeit hatte, sein Gedächtnis aufzufrischen. Galilei wußte sehr genau, daß es nicht gut sei, vor der Inquisition den Dummen zu mimen, Santillana erinnert Drake an die panische Angst, die jedermann vor der Inquisition hatte, so wie in unserer Zeit vor der Gestapo oder der GPU. Außerdem wird Galilei im zweiten Verhör noch einmal darauf zurückkommen und noch einmal ruhig betonen, daß er von irgendeiner Rede dieser Art nichts im Gedächtnis findet. Aber er sieht, daß das Gericht ein Papier hat, gegen das er den Zeugen Bellarmino nicht mehr aufrufen kann. Und da das Gericht nur Teile vorliest und nicht mitteilt, wer das ominöse »quovis modo« gesagt haben sollte, meinte Galilei schließlich nachdenklich, Bellarmino habe womöglich etwas mehr gesagt, was aber verständlicherweise infolge der späteren Bestätigung von Bellarminos Hand aus seinem Gedächtnis entschwunden sei. Das beweist hinlänglich, daß im Jahre 1616 außer Bellarmino niemand eine weitergehende Vorschrift vorgetragen hat. Also, so Santillana, muß Rom endlich den Prozeß annullieren.

Santillana erschüttert mit dem Zitat von klaren Fakten Drakes Spekulationen. Aber – seine eigene These setzt voraus, daß Segizzi eine glatte Fälschung begangen hat. Das wäre eine ungeheure Unvorsichtigkeit des Generalkommissars der Inquisition gewesen. Außerdem ist es methodisch richtiger, historische Dokumente so lange für authentisch zu halten, als sich Gründe dafür finden lassen, besonders da bloße Aktennotizen öfter in den vatikanischen Akten vorkommen. Der Generalkommissar als Fälscher oder Anstifter ist nach der Genauigkeitsmanie (siehe das Protokoll des ersten Verhörs) der Inquisition nicht denkbar. Die Sache muß anders liegen.

Überall auf der Welt wird bei Sitzungen mit festliegender Tagesordnung gelegentlich ein Protokoll schon vorbereitet. Warum sollte nicht ein Schreiber oder Notar, der die päpstliche Anordnung schriftlich vorliegen hatte, für alle Fälle das dazu passende Protokoll, dessen Wortlaut ja im wesentlichen im voraus festlag, zur Erleichterung der Arbeit vorbereiten? Die Hausgenossen Bellarminos, die als Zeugen in Frage kamen, waren bekannt, auch sie also konnte er schon mit einsetzen. Als die Sache dann beendet war, kaum daß sie begonnen hatte, war das Protokoll wertlos. Bellarmino fertigte seinerseits gar keins an, er hatte seinen Bericht in der vom Papst geleiteten nächsten Sitzung zu erstatten, wo er sowieso protokolliert werden würde. Und nun kann das vorbereitete wertlose Protokoll in der Ablage liegengeblieben und von einer Hilfskraft ahnungslos abgeheftet worden sein. Ein Versehen also? Das ist nichts Seltenes. Man braucht nur daran zu denken, was alles versehentlich in Akten gerät, z.B. zur Freude der fiskalischen Betriebsprüfer! Natürlich kann Santillana jetzt immer noch sagen: Wer es eingeheftet hat, kann es nur böswillig eingeheftet haben. Nur ist auch diese Vermutung waghalsiger als nötig.

Jedenfalls benutzte das Inquisitionsgericht mit voller Überzeugung diesen Protokollentwurf, der achtlos oder achtsam in die Akten geraten war. Bei der Sitzung, in der Bellarmino seinerzeit seinen knappen Bericht erstattete, war auch Segizzi anwesend, ohne zu widersprechen, doch der damalige Kardinal Maffeo Barberini gehörte nicht zu diesem Kreis, er wußte davon nichts und konnte sich mithin jetzt, 1633, auch nicht daran erinnern. Bellarmino, Segizzi und der damalige Papst waren aber längst tot, sie konnten nicht mehr befragt werden. Keiner der jetzigen Inquisitionsrichter hatte, wie man dem ersten Verhör entnehmen kann, eine genaue Vorstellung von den damaligen Vorgängen, und so nahmen sie das Papier eben für das authentische Protokoll. Aber wir werden sehen, daß dieses Protokoll nicht die Hauptrolle spielte, wie gewöhnlich behauptet wird. Galilei konnte das Protokoll weitgehend entkräften. Der Prozeß ist aus anderen Gründen blamabel und für das Ansehen der Kirche auf Jahrhunderte hinaus schädlich gewesen.

Beratungen vom 12. bis 30. April

Das erste Verhör lief, wie man sieht, in der Hauptsache auf den Vorhalt des Protokolls mit seinem »quovis modo« hinaus; »auf keine Weise« hätte sich Galilei demnach mit der kopernikanischen Lehre beschäftigen dürfen, also auch nicht auf hypothetische. Dabei fiel niemandem auf, daß ein solches erweitertes, über das allgemeine Dekret von 1616 hinausgehende Verbot eine Art spezielle Lex Galilei gewesen wäre, die es nicht geben konnte. Doch war schon der Anordnung des damaligen Papstes zu entnehmen, daß damals im Weigerungsfall diese Lex Galilei anzuwenden sei. Der Sündenfall, der das ausführliche Protokoll ermöglichte, war also in erster Linie ein Sündenfall des damaligen Papstes! Die jetzigen Inquisitoren nahmen das guten Gewissens hin. Aber auch Bellarmino hatte die Anordnung ohne Widerspruch vom Papst entgegengenommen.

Aus Galileis Antworten im ersten Verhör geht hervor, daß er seine Verteidigung zur Sache auf seiner Überzeugung aufbauen wollte, er habe mit den wiederholt eingestreuten Alibis formell dem hypothetischen Charakter, der als Bedingung verlangt worden war, Genüge getan. Also behauptete er schlankweg, er habe das Buch im Grunde gegen Kopernikus geschrieben, ja einmal sagte er sogar, er habe in dem Buch Kopernikus widerlegt (confutato). Die Mitglieder des Gerichts hatten selbstverständlich das Buch nicht gelesen, dazu gab es die Konsultoren. Bis jetzt lag nur das Ergebnis der Spezialkommission vor, das acht korrigierbare Negativpunkte markiert hatte.

In den folgenden Tagen kam aber Melchior Inchofers ausführliche Textuntersuchung auf den Tisch. Eine in der Tendenz gleiche, aber im Ton ruhigere Untersuchung kam von Zaccaria Pasqualigo (dem übrigens später das gleiche zustieß wie Inchofer: zwei seiner Bücher kamen auf den Index). Galileis Text wurde strikt auf die Stichworte des Dekrets von 1616 hin untersucht. Inchofer befand in seinem langen, detaillierten Bericht, daß Galilei im Dialogo die Sonnenflecken, die Gezeiten, den Magnetismus ganz einseitig als Beweise für die Erdbewegung »bis zum Erbrechen einbleut« (EN XIX 350), also sogar noch neue Argumente zur Behauptung und Verteidigung der Erdrotation einführt, und das heiße »doppelt verteidigen« (XIX 351). Außerdem ziehe er durchsichtigerweise gewaltig über den Pater Scheiner her, der als Antikopernikaner bekannt sei. Die Gegenargumente der Ptolemäer und Aristoteliker, die Galilei im »Dialogo« vorbringen lasse, dienten erst recht seiner eindeutigen Absicht, da er sie als sinn- und kraftlos hinstelle. Galileis Behauptung, er schreibe den »Dialogo« wegen der nordeuropäischen Kopernikaner, sei Unsinn, denn »Die Ultramontani« behandelten weder das Dekret noch Galileis neue Argumente, und außerdem schreibe er ja italienisch, und das heiße nicht den ausländischen und einheimischen Gelehrten an die Hand gehen, sondern die einheimischen ungelehrten Leser, die man leicht in die Irre führen könne, auf seine Seite ziehen (XIX 352). Die Antikopernikaner rechne er nicht unter die Menschen (353). Außerdem sage er, man müsse die Gehirne umschaffen, damit sie das Wahre vom Falschen unterscheiden könnten (354). Mit allerlei Kunstgriffen erwecke er den Anschein, er wolle die Entscheidung offenlassen, aber das wäre in jedem Fall unstatthaft, da die kopernikanische Lehre ja schon durch das Dekret von 1616 als schriftwidrig erklärt worden sei (XIX 352). Schließlich behauptete Galilei, von den beiden Systemen müsse notwendig das eine wahr und das andere falsch sein.

Genug, man sieht, Inchofer hat das Buch mit Luchsaugen studiert und jeden Winkelzug durchschaut. Damit kam eine neue Note in den Prozeß: Galilei konnte jetzt überführt werden, im »Dialogo« den Kopernikanismus als unumstößlich wahr zu lehren und ihn mit den rüdesten Mitteln gegen die Andersdenkenden zu verteidigen, denen er sogar die Zugehörigkeit zum menschlichen Geschlecht absprach. Protokoll hin, Protokoll her, das allgemeine Dekret von 1616, das alle Systeme ins Reich der Hypothesen verwies, war damit beiseite geschoben. Galilei hatte sich schweren Ungehorsams schuldig gemacht und besaß auch noch die Stirn zu behaupten, er habe in dem Buch den Kopernikus widerlegt, wodurch noch das Faktum des Meineides hinzukam. Man konnte gleich für den nächsten Tag eine Sitzung anberaumen und ihn wegen schweren Ungehorsams, den er leugnete, und wegen Meineides auf die Folter schicken und nach erfolgtem Eingeständnis das Urteil sprechen: Kerker in den vatikanischen Verliesen.

Das war die Situation, mit der der Generalkommissar Maculano da Firenzuola und die Kardinäle der Inquisitionskongregation sich vierzehn Tage lang konfrontiert sahen. So lange nämlich brauchten sie, um zu einem Entschluß zu kommen. Besonders der Bericht Inchofers hatte die Atmosphäre verdüstert. Was tun? So lautete die Frage. Aber warum war es überhaupt eine Frage? Das geht aus einem Brief hervor, den am 28. April der Kardinalnepote Francesco Barberini per Boten in Castelgandolfo erhielt. Der Absender, der seine außergerichtlichen Bemühungen schildert und dafür belobigt zu werden hofft, ist nicht irgendwer, sondern der Generalkommissar Maculanu da Firenzuola höchstpersönlich, der Mann also, der Galilei verhört hatte und der den Prozeß weiterführen würde. Und hier ist der Brief, der so unglaublich klingt, daß er meist falsch interpretiert wird.

»Hochwürdigster Herr und Eminenz. — Gestern erstattete ich gemäß dem Befehl unseres Herrn den Eminenzen der Hl. Kongregation Bericht über die Sache Galileos und referierte kurz den Stand der Dinge. Die Herren billigten, was bisher unternommen wurde, und erörterten anderseits verschiedene Schwierigkeiten über den Modus der Fortsetzung und Erledigung der Sache, hauptsächlich weil Galileo in der Vernehmung bestritten hat, was aus dem von ihm verfaßten Buch klar hervorgeht. Es würde nun aus dem so negativen Verhalten die

Notwendigkeit größerer Strenge im Justizverfahren und geringerer Berücksichtigung der Schonung folgen, die wir in dieser Angelegenheit walten lassen. Schließlich schlug ich eine Lösung vor, nämlich die Hl. Kongregation möge mir die Ermächtigung erteilen, mit Galileo außergerichtlich zu verhandeln, um ihm die Erkenntnis seines Irrtums zu ermöglichen und ihn, nachdem er das eingesehen habe, zum Eingeständnis zu bewegen. Auf den ersten Blick schien der Vorschlag zu gewagt, und man hatte nicht viel Hoffnung, ihn mit Gründen zu überzeugen. Aber als ich das Konzept andeutete, von dem ich ausgehen wollte, gaben sie mir die Ermächtigung. Und um keine Zeit zu verlieren, machte ich mich gestern nach Tisch an das Gespräch mit Galileo, und nach vielen, vielen Argumenten und Gegenargumenten hin und her zwischen uns erreichte ich mit Gottes Hilfe mein Ziel, so nämlich, daß er seinen Irrtum mit Händen zu greifen schien und klar erkannte, in seinem Buch geirrt zu haben und zu weit gegangen zu sein. Das drückte er mit sehr warmen Worten aus, er schien glücklich erleichtert, seinen Irrtum erkannt zu haben, und er ist bereit, ihn vor Gericht einzugestehen. Nur bat er mich um ein wenig Zeit, um darüber nachzudenken, wie er das Geständnis ohne Verlust der Ehre formulieren könne. In der Substanz wird er, wie ich hoffe, die besprochene Linie einhalten.

Ich hielt es für meine Pflicht, Eure Eminenz sofort davon zu benachrichtigen, bevor ich es irgend jemand anderem mitteile, da ich hoffe, daß Seine Heiligkeit und Eure Eminenz zufrieden sein werden, wenn die Sache auf diese Weise in Ordnung kommt und ohne Schwierigkeit erledigt werden kann. Das Gericht wahrt sein Ansehen, mit dem Angeklagten kann man milde verfahren, und wie immer das Urteil ausfällt, er wird die ihm erwiesene Milde erkennen, mit allen Konsequenzen an Buße, die man für wünschenswert hält. Heute denke ich ihn zu sprechen und besagtes Geständnis zu erhalten, und wenn ich es bekomme, brauche ich ihm nur noch die Abfassung seiner Verteidigungsschrift zu genehmigen. Danach kann man ihm seine Wohnung (beim toskanischen Gesandten) als Kerker anweisen, wie es Eure Eminenz schon angedeutet hat.

Mit demütigster Ehrerbietung

Rom, den 28. April 1633 Fra Vincenzio da Firenzuola.«

Dieses Dokument ist ein Unikum in der Geschichte der Inquisition. Der Vernehmungsrichter, Generalkommissar Firenzuola, schlägt den Kardinälen, die nicht mehr wissen, was zu tun ist, seinen eigenen privaten Besuch bei dem Angeklagten in der Wohnung im Sant'Uffizio, dem Pro-Forma-Gefängnis, vor, um mit dem Angeklagten über den schmerzlosen Fortgang der Verhandlung zu reden! Und er weiß, daß die verblüfften Kardinäle, die so etwas »Außergerichtliches« noch nie erlebt hatten, denken und auch sagen werden, Meineid sei Meineid, der Angeklagte sei bestimmt zu hochmütig, das einzugestehen, und außerdem sei das nicht leicht zu schlucken: der Untersuchungsrichter geht zum meineidigen Angeklagten, um ihm gut zuzureden. Jetzt müsse doch eigentlich rigoros verfahren werden. Der Generalkommissar weiß aber auch, daß sie am Ende doch zustimmen werden, denn sie trauen sich nicht, »die Schonung, die in dieser Angelegenheit waltet«, außer acht zu lassen. Der Generalkommissar braucht nur auf die Ausweglosigkeit hinzuweisen. Er legt sein Konzept vor. Er legt dar, wie er mit Galilei (den er respektvoll Galileo nennt, so wie man immer nur Dante sagt) reden will, und da keinem etwas Besseres einfällt, stimmen sie schließlich zu.

Das Ziel, den schweren Makel des Meineids auszuräumen, hat Vincenzio Maculano da Firenzuola erreicht. Er konnte stolz darauf sein, aber es war in Wirklichkeit gar nicht schwer. Er brauchte Galilei nur aus Inchofers Report die paar Stellen vorzulegen, die wir kennen, und er brauchte nur auf den Eid hinzuweisen, den Galilei zu Beginn des Prozesses geleistet hatte, und er wird ihm auch das völlig ungewöhnliche Entgegenkommen vor Augen geführt haben, womit der Meineid gegenstandslos gemacht werden sollte – es muß eine rührende Rede vor dem Hintergrund schrecklicher Aussichten gewesen sein.

Um das dubiose Protokoll von 1616 ging es dabei überhaupt nicht, im Gegenteil war Firenzuola einverstanden damit, daß Galilei das in seinem Geständnis noch einmal in Ruhe entkräften könne. Es ging um nichts anderes als das Eingeständnis, daß er »zu weit gegangen sei« und den »Irrtum einsehe«. Das sollte genügen, den Makel der verstockten Leugnung auszulöschen.

Und nun überbieten sich die Interpreten gegenseitig in der

Behauptung, von der Milde, die der Generalkommissar im Brief an Francesco Barberini in Aussicht gestellt habe, sei dann rein nichts übriggeblieben. Sie alle übersehen, daß es nicht darum geht, was wir heute unter Milde verstehen, sondern was die Inquisition unter Milde verstand. Die Milde bestand erstens darin, daß Firenzuola den großen Galilei dazu brachte, seinen Stolz fahrenzulassen und seine These, er habe »den Kopernikus widerlegt«, aufzugeben, und zwar, um das Gericht nicht zur rigorosen Härte zu zwingen und dem alten Herrn die Mißhandlung zu ersparen. Die Inquisition war damals die Inquisition und kein modernes Schiedsgericht. Firenzuola hat das ganze Kunststück fertiggebracht, ohne daß Galilei sein Gesicht verlieren mußte.

Und die Milde bestand schließlich darin, daß Galilei nicht vernichtet wurde, weil Francesco Barberini das schon ausgeschlossen hatte und in Firenzuola einen geschickten Helfer fand. Galilei wurde am Ende pro forma zu Gefängnis verurteilt, zuerst einige Tage im römischen Palast der toskanischen Erzherzöge, dann im Palast seines Freundes, des Erzbischofs Piccolomini in Siena, und schließlich in seiner Villa in Arcetri bei Florenz. Das nennt man bis zum heutigen Tag in Italien »confino«, Wohnortsbeschränkung, Zwangsaufenthalt, und diese Anordnung wird noch heute für gefährliche Personen getroffen, die auf Bewährung in Freiheit bleiben. In Deutschland haben wir etwas ähnliches mit der regelmäßigen Meldepflicht. Gewiß, das war für den selbstbewußten berühmten Mann eine schwere Demütigung, und mehr noch, es war eine überwachte Behinderung seiner Freiheit. Es war fast ein wirkliches Gefängnis. Er hat das als Martyrium empfunden, und er hat richtig empfunden. Es war eine Verbannung ins eigene Haus, aber — und das ist für Inquisitionsverhältnisse »mild« — es war nicht mehr als eine Verbannung ins eigene Haus.

Der Schluß des Briefes macht deutlich, daß der Generalkommissar nicht an Freispruch oder väterliche Ermahnung oder bloße Indizierung des »Dialogo« dachte, sondern an ein Urteil, »wie immer es ausfalle«. Aber in dieses »wie immer« war kein extremes »wie« einbeschlossen. Ja, schon jetzt, noch während des Prozesses, war eine andere, total ungewöhnliche Behandlung des Untersuchungsgefangenen vorgesehen: er sollte nach dem nachgereichten Geständnis sofort das Pro-forma-Gefängnis im Sant'Uffizio verlassen und nach Hause zu Niccolini gehen dürfen. Die eigene Wohnung als Gefängnis pro forma, auch das hatte es noch nie während eines Inquisitionsprozesses gegeben.

Und woher das alles? Wir haben es schon gesehen, das alles kam von Francesco Barberini, der es vorher schon »erwähnt« hatte. Höflicherweise wird auch der Papst als interessiert an Milde mit genannt, das mag zutreffen oder nicht zutreffen, es ändert nichts an der Anordnung Francesco Barberinis, diese Angelegenheit mit Schonung zu behandeln.

Bleibt noch die Bemerkung Firenzuolas: »Das Gericht wird sein Ansehen wahren.« Wie hätte es sein Ansehen verlieren können? Wenn bekannt geworden wäre, daß Galilei unbeirrt dem Gericht widerstanden hätte und sein Geständnis unter der Folter von sich gegeben hätte, dann wäre nach Barberinis Meinung das Ansehen des Gerichts hin gewesen. Einem so berühmten Gelehrten gegenüber konnte man nicht so verfahren. Und einzugestehen, daß er die Mobilität der Erde nicht wirklich bewiesen habe, obwohl er sie bewiesen zu haben glaubte, das war schließlich für Galilei nichts Unzumutbares; es war keine Lüge. Die entscheidende Lüge, er habe nach 1616 nie mehr an die physikalische Realität des Heliozentrismus geglaubt, die durfte er beibehalten, das akzeptierte Firenzuola, und dafür durfte er sich einen raffinierten plausiblen Grund ausdenken. So daß das Gericht am Ende schließen konnte, man habe nur den Verdacht, daß er doch daran geglaubt habe, oder noch weniger: daß er die physikalische Realität für »plausibel« gehalten habe, und um den Verdacht auszuräumen, solle er seine Behauptung beschwören. Damit würde das Gericht formal sein Gesicht wahren. Es hat dem Gericht bei der Nachwelt nicht genützt. Aber das alles werden wir noch genauer sehen.

Das zweite Verhör, 30. 4. 1633

Das zweite Verhör bestand nur in der Erklärung, die Galilei mit dem Generalkommissar abgesprochen hatte. Er hatte, wie es in der Präambel heißt, »gebeten, angehört zu werden«. Als Nachtrag brachte Galilei allerdings nach dem Abschluß der Sitzung noch eine kurze Erklärung vor, die nicht abgesprochen war (EN XIX 342ff.).

Frage: Er möge sagen, was ihm zu sagen nötig scheint.

Antwort: Während ich tagelang fortwährend und angestrengt über das Verhör vom 16. dieses Monats (Irrtum: er meint den 12.) nachdachte, und besonders darüber, ob mir vor 16 Jahren auf Anordnung des Sant'Uffizio das Verbot auferlegt wurde, die damals verurteilte Lehre von der Mobilität der Erde und der Stabilität der Sonne zu behaupten, zu verteidigen oder auf irgendeine Weise zu lehren, kam mir der Gedanke, meinen gedruckten Dialogo wieder zu lesen, den ich seit drei Jahren nicht mehr angesehen hatte. Ich wollte nämlich sorgfältig ergründen, ob mir wider meine reinste Intention aus Unbedachtheit etwas aus der Feder geflossen sei, was der Leser oder die Obrigkeit nicht nur als Spuren des Ungehorsams, sondern vielleicht noch andere Einzelheiten, die sie als Zuwiderhandlung gegen die Anordnungen der hl. Kirche auslegen könnten. Und da ich durch die wohlwollende Erlaubnis der Obrigkeit die Möglichkeit habe, meinen Diener herumzuschicken, konnte ich mir eins meiner Bücher besorgen, und ich begann es mit höchster Aufmerksamkeit zu lesen. Und da es mir nach so langer Zeit fast wie die neue Schrift eines anderen Autors vorkam, gestehe ich frei, daß es mir an mehreren Stellen so abgefaßt schien, daß der Leser, der mein Inneres nicht kennt, Grund zu der Annahme gehabt hätte, die Argumente für die falsche Seite, die ich widerlegen wollte, seien auf eine Weise vorgebracht, daß sie durch ihre Kraft eher zwingend als leicht widerlegbar erscheinen. Besonders zwei Argumente, eins von den Sonnenflecken und das andere von den Gezeiten abgeleitet, dringen tatsächlich mit viel stärkerer Überzeugungskraft ans Ohr des Lesers, als es sich für einen Autor gehört, der sie für nicht schlüssig hält und sie widerlegen will, da ich sie doch innerlich und wahrhaftig für nicht schlüssig und für widerlegbar hielt und halte. Und als Entschuldigung vor mir selbst, daß ich einem meiner Intention ganz fremden Irrtum verfiel, beruhige ich mich nicht damit, daß man die gegnerischen Gründe, die man widerlegen will, in der striktesten Weise vortragen muß (besonders im Genre des Dialogs) und sie nicht zum Nachteil des Gegners verharmlosen darf, nein, dabei beruhige ich mich nicht, sondern ich fühle den natürlichen Stolz jedes Menschen auf seinen Scharfsinn und auf seine Lust, sich gewandter als gewöhnliche Menschen zu erweisen, auch im Vortrag falscher Meinungen, und mit ingeniösen und brillanten Argumenten für ihre Wahrscheinlichkeit zu glänzen. Nach alledem, obwohl mit Cicero avidior sim gloria quam satis sit, würde ich, wenn ich jetzt dieselben Argumente zu behandeln hätte, sie so abschwächen, daß sie nicht die überzeugende Kraft beweisen könnten, die ihnen essentiell und realiter fehlt. Mein Irrtum war also, und das bekenne ich, eitler Ehrgeiz, reine Dummheit und Unbedachtheit. Das ist, was ich zu diesem besonderen Punkt zu sagen habe, der mir beim Wiederlesen meines Buches auffiel.

Nach der Niederschrift und seiner Unterschrift wurde das Verhör beendet und ihm Schweigen unter Eid auferlegt.

Ich, Galileo Galilei, habe ausgesagt wie oben.

Und kurz darauf kam er zurück und sagte:

Und zur größeren Versicherung, daß ich die verurteilte Lehre von der Mobilität der Erde und Stabilität der Sonne nicht für wahr gehalten habe und nicht für wahr halte: Wenn mir, wie ich wünsche, Gelegenheit und Zeit gewährt wird, dies klarer zu demonstrieren, dann bin ich bereit, es zu tun. Dazu bietet sich eine sehr gute Gelegenheit, da die Gesprächspartner in dem schon veröffentlichten Buch sich verabredet haben, nach einer gewissen Zeit noch einmal zusammenzukommen, um über verschiedene naturwissenschaftliche Probleme zu diskutieren, die von den bisher behandelten abgetrennt wurden. Da ich also noch einen oder zwei weitere Tage anschließen muß, verspreche ich, bei dieser Gelegenheit die Argumente wieder aufzunehmen, die zugunsten der falschen Lehre vorgebracht wurden, und sie auf die wirksame Art zu widerlegen, die mir von Gottes Hilfe eingegeben wird. Ich bitte also dieses Heilige Gericht um Mitwirkung bei meinem guten Entschluß und um Gewährung der Gelegenheit, ihn in die Tat umzusetzen.

Ich, Galileo Galilei, versichere wie oben.«

»An demselben 30. April 1633:

P. Vincenzio Maculano da Firenzuola, der Hl. römischen und allgemeinen Inquisition Generalkommissar, hat nach Rücksprache mit dem Heiligen Vater in Anbetracht des Gesundheitszustandes und hohen Alters des obgenannten Galilei ihn ins Haus des toskanischen Gesandten entlassen mit der Auflage, dieses Haus als Gefängnis zu betrachten und mit niemand anderem Umgang zu pflegen als mit der Familie und den Dienstboten in jenem Haus und sich, wann immer es befohlen wird, im Sant'Uffizio einzufinden...« (EN XIX 344).

Auf das verzweifelte Angebot Galileis, seinen »Dialogo« mit einer Erweiterung selbst zu verleumden, ging Firenzuola mit keinem Wort ein. Das Angebot war sowieso aussichtslos, und so unterblieb wenigstens die Selbstzerstörung Galileis, die ihm nur in einem Moment tiefster Niedergeschlagenheit durch den Kopf gegangen sein kann. Und zwar Niedergeschlagenheit verständlicherweise in dem dramatischen Moment, da er nun auf Firenzuolas Rat ein Schuldbekenntnis abgelegt hatte. Damit war ja seine ursprüngliche Strategie endgültig mißlungen.

Zur Prozedur gehörte nach dem Eingeständnis einer Schuld die Erlaubnis, innerhalb einer vorgegebenen Zeit eine Verteidigungsschrift anzufertigen. Dazu mußte eine besondere Sitzung anberaumt werden.

Auch die Verteidigungsschrift war mit Firenzuola im wesentlichen ausgehandelt. In der Zeit zwischen dem 30. April und dem 10. Mai hat er Galilei noch einmal privat empfangen, wie aus einem Brief Niccolinis an Cioli vom 3. Mai hervorgeht: »Da er (Galilei) zur raschen Erledigung seiner Sache zu kommen wünscht, hat ihm der P. Kommissar des Sant'Uffizio vorgeschlagen, ihn zu diesem Zweck aufzusuchen« (EN XV 111/112).

Schon am 1. Mai übrigens hatte Niccolini nach Florenz geschrieben, Galilei sei überraschend am Tag zuvor bei guter Gesundheit in die Gesandtschaft entlassen worden, und das verdanke man »der Fürsprache des P. Kommissar beim Kardinal Barberino, der ihn ohne Befragen der Kongregation befreit hat... Der P. Kommissar hat auch die Absicht, sich für die Niederschlagung der Sache zu verwenden« (XV 109/110). Wenn diese erstaunliche Absicht des Untersuchungsrichters der Inquisition keine zu optimistische Auslegung irgendwelcher Worte Firenzuolas durch Niccolini ist, dann kannte er zwar die Elastizität Francesco Barberinis, aber er ahnte nichts von der beleidigten Sturheit Urbans. Doch man kann daran zweifeln, daß Firenzuola so weitgehende Absichten und Hoffnungen deutlich aussprach, es sei denn aus Höflichkeit; wir kennen ja seinen Brief an Francesco Barberini, wo er durchaus von einem zu erwartenden Urteil mit Bußen spricht.

Die Verteidigungsschrift, 10. 5. 1633

»Dienstag, den 10. Mai 1633.

Vorgeladen erschien plötzlich in Rom in der Aula des Sant'Uffizio-Gebäudes vor dem Dominikanerpater Vincenzio Maculao, Generalkommissar des Sant'Uffizio, und vor mir etc.

Galileus Galileus wie oben; und ihm wurde, als er sich einfand, vom P. Kommissar ein Termin von acht Tagen zugestanden zur Abfassung seiner Verteidigung, falls er diese Absicht habe.

Nach Anhörung dessen sagte er (Galilei):

Ich habe gehört, was Euer Ehrwürden mir gesagt hat. Und als Antwort sage ich, daß ich zu meiner Verteidigung, d. h. zum Erweis meiner Aufrichtigkeit und Reinheit der Intention, nicht zur Entschuldigung meiner stellenweise tatsächlichen Überschreitungen, wie ich schon eingestanden habe, dieses Schriftstück übergebe zusammen mit einer eigenhändigen Bestätigung des verstorbenen Herrn Kardinal Bellarmino, die ich schon als Kopie von meiner Hand vorgelegt habe. Im übrigen vertraue ich mich in allem und für alles der gewohnten Barmherzigkeit und Gnade dieses Gerichts an.

Und nach seiner Unterschrift wurde er ins Haus des oben genannten toskanischen Gesandten entlassen, unter den Bedingungen, die ihm schon bekannt sind.

Ich, Galileo Galilei, eigenhändig« (EN XIX 345).

Die gleichzeitig abgegebene Verteidigungsschrift folgt auf derselben Seite XIX 345ff.:

»Im oben erwähnten Verhör, in dem ich gefragt wurde, ob ich dem Padre Maestro del Sacro Palazzo die Ermahnung mitgeteilt hätte, die mir vor etwa 16 Jahren auf Anordnung des Sant'Uffizio privat erteilt wurde, nämlich die Lehre von der Bewegung der Erde und Stabilität der Sonne nicht zu behaupten, zu verteidigen oder in irgendeiner Weise zu lehren, antwortete ich mit Nein. Und da ich nicht nach dem Grund dieser Unterlassung gefragt wurde, hatte ich keine Gelegenheit, weiteres hinzuzufügen. Jetzt scheint es mir nötig, davon zu sprechen, um meine reinste Gesinnung zu beweisen; Verstellung oder Betrug war mir in allen meinen Handlungen stets fremd. Ich sage also, daß in jener Zeit einige mir wenig Wohlgesinnte das Gerücht verbreiteten, ich sei von Herrn Kardinal Bellarmino vorgeladen worden, um einige meiner Meinungen und Lehren abzuschwören und auch Bußen auferlegt zu bekommen. So war ich gezwungen, mich an Seine Eminenz mit der Bitte zu wenden, mir ein Zeugnis auszustellen mit der Erklärung, warum ich geladen wurde. Dieses Zeugnis erhielt ich, und zwar eigenhändig abgefaßt, und es ist das, was ich zusammen mit diesem Schriftstück vorlege. Daraus sieht man deutlich, daß mir nur mitgeteilt wurde, man könne die dem Kopernikus zugeschriebene Lehre von der Mobilität der Erde und Stabilität der Sonne weder behaupten noch verteidigen, daß mir aber über diese generelle, für jedermann geltende Entscheidung hinaus keine einzige besondere Vorschrift gegeben wurde; man findet nicht die geringste Spur davon. Ich aber, der zu seiner Erinnerung diese authentische Bestätigung handschriftlich vom Ermahner selbst hatte, beschäftigte mich danach im Geiste und in der Erinnerung nicht weiter mit der Auslegung des Wortlauts, der in der mündlichen Mitteilung der genannten Vorschrift des Nicht-Verteidigens und Nicht-Behauptens gebraucht wurde; so daß also die zwei Einzelheiten, die über das Behaupten und das Verteidigen hinaus lauten: »lehren« und »in welcher Form auch immer«, die, wie ich höre, in der mir erteilten Vorschrift enthalten und registriert sind, mir jetzt ganz neu und wie nie gehört erschienen sind. Und ich glaube nicht, daß man mir nicht abnehmen wird, daß ich im Verlauf von 14 oder 16 Jahren jede Erinnerung daran verloren habe, besonders da ich das Nachdenken darüber gar nicht nötig hatte, nachdem ich eine so rechtskräftige Erinnerung schriftlich hatte. Wenn man aber die genannten Einzelheiten wegläßt und nur die beiden in der vorliegenden Bestätigung beibehält, dann ist kein Zweifel mehr möglich, daß die mir gegebene Ermahnung die gleiche Vorschrift ist, die im Dekret der Index-Kongregation erlassen wurde. Daher meine ich vernünftigerweise entschuldigt zu sein, wenn ich dem Padre Maestro del Sacro Palazzo die mir privat erteilte Vorschrift nicht mitteilte, da sie ja identisch ist mit der Vorschrift der Index-Kongregation.

Daß ich nun, da es klar schien, mein Buch werde keinen strengeren Zensuren unterworfen als den vom Index-Dekret geforderten, den besten und gehörigsten Weg zur Sicherung und Entfernung jedes Schattens eines Makels einschlug, scheint mir ganz offensichtlich zu sein, da ich es ja in die Hände des höchsten Inquisitors übergab, und das gerade in der Zeit, in der viele Bücher über dieselbe Materie bloß auf Grund des genannten Dekrets verboten wurden.

Nach dem, was ich sage, glaube ich der festen Hoffnung sein zu dürfen, daß die hochwürdigen und umsichtigen Herren Richter den Vorwurf der wissentlichen und willentlichen Verletzung der mir erteilten Vorschriften für vollständig ausgeräumt anerkennen werden; so daß die Fehler, die man über mein Buch verstreut findet, nicht mit verdeckter und unaufrichtiger Intention listig eingeschleust wurden, sondern sie sind mir einzig aus eitlem Ehrgeiz und aus der Lust, scharfsinniger als die üblichen populären Schriftsteller zu erscheinen, unbedacht aus der Feder geflossen, wie ich schon in einer anderen Aussage bekannt habe. Diesen Fehler bin ich bereit zu verbessern und abzuändern, wann immer es mir von den Eminenzen befohlen oder erlaubt wird.

Bleibt mir zum Schluß noch, der Erwägung anheimzustellen meine bemitleidenswerte körperliche Verfassung, in die ich im Alter von 70 Jahren durch zehn Monate langen fortgesetzten seelischen Druck und die Strapazen einer langen beschwerlichen Reise in der schrecklichsten Jahreszeit geraten bin und dabei den größten Teil der Jahre, die mir der vorherige Gesundheitszustand versprach, verloren habe. Dies vorzubringen ermuntert und bestärkt mich der Glaube an die Milde und Güte meiner hochwürdigsten Richter, in der Hoffnung, sie möchten auf meine Bitten hin das, was in ihrem Sinn für volle Gerechtigkeit zur vollen Buße für meine Verbrechen trotz vieler Leiden noch fehlt, dem hinfälligen Greisenalter erlassen, das ich ebenfalls demütig ins Feld führe. Nicht weniger möchte ich ihnen meine Ehre und mein Ansehen empfehlen gegen die Verleumdungen meiner böswilligen Gegner, deren Hartnäckigkeit im Verdunkeln meines Rufs die hochwürdigsten Herren daraus ersehen, daß ich gezwungen war, von dem Herrn Kardinal Bellarmino die hier beigefügte Bestätigung zu erbitten.«

Diese Verteidigungsschrift ist ein Glanzstück in der Sache, in der Komposition, in der Präzision des Ausdrucks. Galilei bestreitet nicht, daß auf dem Tisch des Gerichts ein Protokoll mit einem über das Index-Dekret hinausgehenden privaten Befehl liegt. Aber dazu lautet seine entscheidende Stellungnahme in dürren Worten: Mir ist nichts anderes mitgeteilt worden, als was das rechtskräftige Zeugnis des Ermahners selbst enthält, und das ist identisch mit dem Index-Dekret, das für jedermann gilt; von irgendeiner darüber hinausgehenden Vorschrift nur für Galilei findet ihr nicht die geringste Spur. Das ist eine bis an die Grenze der Zurechtweisung des Gerichts gehende Feststellung. Es fehlt nur noch das Stichwort »Lex Galilei«, aber das konnte ihm nicht einfallen, weil dieser Begriff für Gesetze, die auf Personen bezogen sind, neueren Datums ist. Aber er hat den Sachverhalt genauso beschrieben; das ist eine juristische Glanzleistung. Vielleicht stammt die Anregung von Firenzuola, der ja mit der Rechtsprechung als Generalkommissar der Inquisition vertraut sein mußte.

Zwar lenkt Galilei dann wieder ein und verwendet diese Präzisierung nur zu dem Zweck, daß man von seinem Gedächtnis nicht verlangen kann, mehr gespeichert zu haben, als was das Indexdekret enthielt, da er ja ein so »rechtskräftiges schriftliches Gedächtnis« in Händen hat. Diese Verwendung war die einzig richtige, denn in seiner Situation konnte und wollte er das Gericht nicht von oben herab zur juristischen Ordnung rufen, aber bei aller Bescheidenheit klingt der präzise Passus dann doch fast wie eine Belehrung von oben herab. Stilistisch ist die Stelle jedenfalls der üblichen Taktik des Nahelegens, des Überlassens von Schlußfolgerungen, der raffinierten Dialektik in seinen Büchern ebenbürtig. Die Verteidigungsschrift ist ein Stück großartiger forensischer Literatur.

So konnte also Galilei folgern, daß er sein Buch, das er hypothetisch hatte halten wollen, ruhig schreiben durfte. Die Fehler waren ihm aus Lust am Scharfsinn unbedacht aus der Feder geflossen. Das Argument, daß er ja in aller Unschuld das Manuskript in die Hände des höchsten Inquisitors, des P. Niccolò Riccardi, gelegt hatte, deutete zwar an: eigentlich müßtet ihr euch an die zustimmenden Gutachter der Inquisition halten, aber darauf zu insistieren hätte bedeutet, nicht nur Riccardis Betragen, sondern auch die liebevolle Parteinahme des florentinischen Inquisitionskonsultors Stefani regelrecht anzuprangern, und das widerstrebte dem Ehrenmann Galilei.

Die Verantwortung der ersten Gutachter war jedoch ein selbstverständlicher Gedanke, auf den jeder vernünftige Beobachter kommen mußte. Entweder schloß man, daß Konsultoren wie Stefani den »Dialogo« für religiös völlig unverfänglich ansahen und daß die Verfolgung Galileis mithin persönliche oder kulturpolitische Gründe haben mußte, oder man schloß auf inakzeptable Inkonsequenz der römischen Inquisition. Dies tat der weltberühmte de Peiresc, homme de lettres, bibliophiler Sammler, Mäzen, der in Aix-en-Provence ein großes Haus führte, mit Literaten und Potentaten der ganzen Welt bis in die Mongolei im Briefwechsel stand, ein intimer Freund Francesco Barberinis, in einem Brief vom 2. 6. 1633 an den deutschen Adligen Lukas von Holstein, der an Francescos Hof lebte und diesen Brief mit Sicherheit dem Kardinalnepoten zur nachdenklichen Lektüre übergeben hat: »Wir haben den armen Galilei sehr bedauert, der, wie wir hören, als Gefangener festgehalten wird trotz seines guten und untadeligen Verhaltens und seiner wiederholten Erklärungen vor den Häuptern des Sant'Uffizio, nur schreiben zu wollen, was sie billigten, und was sie ja auch taten. Sie können sich kaum vorstellen, wie skandalös das überall empfunden wird und wie befremdend diese Verfolgung wirkt, da man gegebenenfalls die beauftragten Lektoren statt ihn zur Rechenschaft hätte ziehen müssen. Ich denke, diese Väter handeln in gutem Glauben, aber sie werden Mühe haben, die Welt davon zu überzeugen« (EN XV 143). Was eintrat: Die Welt war nicht vom guten Glauben Roms zu überzeugen.

Galilei mußte nun genau sechs Wochen (10. Mai—21. Juni) bis zur nächsten Vorladung warten. Während dieser Zeit erhielt er mancherlei Beweise unerschütterter Freundschaft und Bewunderung von Kirchenfürsten wie z.B. Kardinal Capponi, vor allem aber von Ascanio Piccolomini, seit fünf Jahren Erzbischof von Siena. Schon am 16. Mai schrieb dieser: »Ich, der nie Ihre Unschuld und beste Absicht in Zweifel gezogen habe, fürchtete mehr die Belastung Ihres Gemütes als irgendeinen Schlag, den Ihre Feinde mit ihrer Verfolgung ausführen könnten, da dieses Tribunal wohlüberlegt vorgeht und eher in Nachsicht als sonstwie übertreibt... Nach dem erwünschten Ausgang, das sollten Sie mir jetzt schon versprechen, müssen Sie sofort mein Haus mit Ihrem Besuch ehren, bis die Nachrichten aus Florenz (sc. die Pest betreffend) eine vollends gute Wendung genommen haben. Im übrigen können Sie von diesen Hügeln aus Ihre Freunde besser trösten als von den römischen« (EN XV 124).

Das wohlüberlegte Tribunal überlegte es sich anders, nicht aber Piccolomini. Er blieb für immer ein treuer Freund Galileis. Seine Einladung wiederholte er am 28. Mai, und am 12. Juni hieß es in einem weiteren Brief: »Ich will bei Ihnen keinen anderen Titel haben als den eines wahren und aufrichtigen Freundes (servitore) ohne jedes Zeremoniell« (XV 137 und 153).

Niccolini war am 22. Mai beim Papst und beim Kardinalnepoten Francesco Barberini und wurde auf ein Verbot des Buches und eine »heilsame Buße« für Galilei vorbereitet (XV 132), und am 19. Juni hatte Urban in einer langen Audienz (XV 160) gesagt, er habe bisher »dem Herrn Galilei gern jedmögliche Erleichterung verschafft,dem Großherzog zuliebe, aber in der Sache selbst sei nichts anderes möglich, als die Lehre zu verbieten, da sie irrig und gegen die vom Munde Gottes diktierte Hl. Schrift sei. Und was die Person angehe, so müsse Galilei nach der gewohnten Übung für einige Zeit hier gefangengehalten werden, da er die Anordnungen von 1616 übertreten habe. Aber wenn das Urteil gesprochen sei, wolle er mich wiedersehen und mit mir überlegen, wie man ihm möglichst wenig Übel und Niedergeschlagenheit zufügen könne, denn ohne eine gewisse persönliche Demonstration könne es nicht abgehen. Er ließ durchblicken, daß er glaube, man komme nicht umhin, ihn mindestens für einige Zeit in ein Kloster, etwa Santa Croce, einzusperren; aber er wisse noch nicht so recht, was die Kongregation beschließe, die einhellig ohne Gegenstimme für Bestrafung sei.«

Das also sagte der Papst, der drei Tage vorher, am 16. 6. 1633, den Kardinälen klipp und klar befohlen hatte:

»In der vorliegenden Sache des Galileo Galilei dekretierte Seine Heiligkeit, ihn über die Intention zu befragen, auch unter Androhung der Tortur; und wenn er standhaft bliebe, sei er nach vorhergehender Abschwörung des schweren Verdachts vor der Plenarversammlung des Sant'Uffizio zu Gefängnis nach Gutdünken der Hl. Kongregation zu verurteilen; im übrigen sei ihm aufzuerlegen, in Zukunft weder in Wort noch in Schrift, in welcher Form auch immer, über die Mobilität der Erde und die Stabilität der Sonne zu handeln, widrigenfalls die Strafe des Rückfalls verwirkt sei. Das von ihm verfaßte Buch aber, dessen Titel ›Dialogo von Galileo Galilei Linceo‹ lautet, sei weltweit zu verbieten. Außerdem befahl er, damit es in aller Welt bekannt werde, Exemplare des auszufertigenden Urteils allen apostolischen Nuntien und den Inquisitoren der häretischen Irrlehren zuzustellen, und besonders dem florentinischen Inquisitor, der das Unheil in einer Plenarversammlung der dortigen Kongregation unter Hinzuziehung möglichst vieler Mathematikprofessoren öffentlich zu verlesen habe« (EN XIX 360).

Das alles wußte also Urban drei Tage später im Gespräch mit Niccolini nicht mehr. Der großmächtige Herr der Welt erwies sich zuletzt gegenüber dem Großherzog doch noch als Feigling und versteckte sich hinter der Kongregation. Der letzte zitierte Satz im Gespräch mit Niccolini war nichts weiter als eine faustdicke Lüge.

Die Ironie des Schicksals wollte es, daß am selben Tag, dem 16. 6. 1636, der ewig danebentippende Benedetto Castelli von Brescia aus an Galilei schrieb: »Wir haben es mit dem Heiligen Gericht zu tun, das von der höchsten Besonnenheit und Weisheit eines vortrefflichen Papstes geleitet wird, so daß man kein Unheil von Böswilligen noch von Ignoranten zu fürchten hat« (VX 155).

Der arme Ignorant. Aber er hing nach wie vor mit wilder Liebe an seinem Meister, und der Meister blieb ihm ebenso verbunden.

Die befohlene Befragung, 21. 6. 1633

EN XIX 361:
»*Frage:* Ob er von sich aus etwas zu sagen habe.
Antwort: Ich habe nichts zu sagen.
Frage: Ob er für wahr halte oder hielt, und von welcher Zeit ab, daß die Sonne das Zentrum der Welt und die Erde nicht das Zentrum der Welt sei und sich auch in täglicher Umdrehung bewege.
Antwort: Vor langer Zeit, d.h. vor der Entscheidung der hl. Indexkongregation und bevor mir jene Ermahnung erteilt wurde, war ich unentschieden und hielt die beiden Lehren des Ptolemäus und des Kopernikus für diskutabel, da entweder die eine oder die andere in der Natur wahr sein konnte. Aber nach der obgenannten Entscheidung und von der Weisheit der Obrigkeit gestärkt, wich jede Zweideutigkeit von mir, und ich hielt die Lehre des Ptolemäus, so wie heute, für absolut wahr und unbezweifelbar, nämlich die Stabilität der Erde und die Mobilität der Sonne.
Darauf wurde ihm gesagt, daß aus der Art und Verknüpfung, womit in dem nach der genannten Zeit von ihm zum Druck gegebenen Buch die genannte Lehre behandelt und verteidigt werde, vielmehr geschlossen werde, daß er die genannte Lehre nach der genannten Zeit aufrechterhalten habe. Daher solle er frei die Wahrheit sagen, ob er sie aufrechterhalte oder aufrechterhielt.
Antwort: Was die Abfassung des schon veröffentlichten Dialogo betrifft, so habe ich mir keine Sorgen gemacht, daß der Eindruck entstehen könnte, ich hielte die kopernikanische Lehre für wahr; lediglich in dem Gedanken, dem allgemeinen Wohl zu dienen, habe ich die naturwissenschaftlichen und astronomischen Gründe auseinandergesetzt, die man für die eine und für die andere Partei vorbringen kann, und ich bemühte mich klarzumachen, daß weder die einen noch die anderen Gründe weder für die eine noch für die andere Lehre zwingende Beweiskraft hätten und daß man sich daher, um

sicherzugehen, an die Entscheidung höherer Wissenschaften halten müsse, wie man an vielen, vielen Stellen des Dialogo deutlich sieht. Daher folgere ich in meinem Inneren, daß ich die verurteilte Lehre nach der Entscheidung der Obrigkeit nicht für wahr halte noch für wahr gehalten habe.

Und es wurde ihm gesagt, daß vielmehr aus dem Buch und aus den für die affirmative Partei vorgebrachten Gründen, nämlich daß die Erde bewegt und die Sonne unbeweglich sei, geschlossen wird, wie schon gesagt, daß er der Lehre des Kopernikus anhänge; und daher werde man, wenn er sich nicht zum Bekennen der Wahrheit entschließe, zu den geeigneten Mitteln der Rechts- und Tatsachensicherung greifen.

Antwort: Ich halte diese Lehre des Kopernikus nicht für wahr und habe sie nicht für wahr gehalten, nachdem mir durch jene Vorschrift eingeschärft wurde, daß ich sie fahrenlassen müsse. Im übrigen bin ich in euren Händen, tut, was euch beliebt.

Und es wurde ihm gesagt, er solle die Wahrheit bekennen, sonst werde man zur Tortur schreiten.

Antwort: Ich bin hier, um Gehorsam zu leisten. Und ich habe diese Lehre nicht für wahr gehalten nach der vollzogenen Entscheidung, wie ich gesagt habe.

Und da in Ausführung des Dekrets nichts anderes zu erreichen war, wurde er nach Unterzeichnung an seinen Aufenthaltsort entlassen.

Ich Galileo Galilei habe ausgesagt wie oben.«

Der Aufenthaltsort war nicht das Haus des toskanischen Gesandten, sondern die Wohnung im Sant'Uffizio, die er schon kannte. Aber das war nur für eine Nacht. Am nächsten Tag wurde ihm ein Büßerhemd übergestreift, und er wurde in den Gerichtssaal der Inquisition in der Kirche Santa Maria sopra Minerva geführt.

Urteilsverkündung und Schwur, 22. 6. 1633

»Wir,

Gasparo, Titular von Santa Croce in Jerusalem, Borgia; Fra Felice Centino, Titular von S. Anastasia, genannt von Ascoli; Guido, Titular von S. Maria del Popolo, Bentivoglio; Fra Desiderio Scaglia, Titular von S. Carlo, genannt von Cremona; Fra Antonio Barberino, genannt von S. Onofrio; Laudivio Zacchia, Titular von S. Pietro in Vincoli, genannt von San Sisto; Berlingero, Titular von S. Agostino, Gesso; Fabricio, Titular von S. Lorenzo in Pane und Perna, Verospio; Francesco, Titular von S. Lorenzo in Damaso, Barberino; und Martio, von Santa Maria Nova, Ginetto, Kardinaldiakon; durch Gottes Barmherzigkeit Kardinäle der Hl. Römischen Kirche, vom Apostolischen Stuhl in der ganzen Christenheit als Generalinquisitoren gegen die häretische Verworfenheit ausdrücklich eingesetzt.

Da du, Galileo, Sohn des Vincenzio Galilei aus Florenz, siebzig Jahre alt, im Jahre 1615 in diesem Sant'Uffizio denunziert wurdest, du hieltest die falsche, von einigen verbreitete Lehre für wahr, wonach die Sonne das Zentrum der Welt und beweglich sei und die Erde sich in täglicher Umdrehung bewege; du habest auch Schüler, die du in dieser Lehre unterrichtetest; du unterhieltest darüber Briefwechsel mit einigen Mathematikern in Deutschland; du habest einige Briefe unter dem Titel ›Über die Sonnenflecken‹ in Druck gegeben, in denen du diese Lehre als wahr darlegtest; du habest den Einwänden aus der Hl. Schrift, die man dir gelegentlich entgegenhielt, mit Schriftauslegungen in deinem Sinn geantwortet, worauf die Kopie einer Schrift in Briefform vorgelegt wurde, die du an einen gewissen Schüler von dir geschrieben habest und worin gemäß der Ansichten des Kopernikus verschiedene Behauptungen gegen den wahren Sinn und die Autorität der Hl. Schrift enthalten sind. Da deshalb dieses Hl. Tribunal der Unordnung und dem Schaden steuern wollte, die daraus hervorgingen und sich zum Nachteil der Hl. Glaubens ausbreiteten, wurden auf Befehl Unseres Herrn und der Hochwürdigsten und Ehrwürdigsten Herren Kardinäle dieser Obersten und Universalen Inquisition von den theologischen Qualifikatoren die beiden Behauptungen der Stabilität der Sonne und der Bewegung der Erde qualifiziert, und zwar: Daß die Sonne das Zentrum der Welt und in örtlicher Bewegung unveränderlich sei, ist eine absurde und falsche Philosophie und formal häretisch, da ausdrücklich im Widerspruch mit der Hl. Schrift;

Daß die Erde nicht das Zentrum der Welt noch unbeweglich

sei, sondern sich in täglicher Umdrehung bewege, ist ebenfalls philosophisch absurd und falsch und theologisch mindestens irrig im Glauben.

Aber da man damals mit dir milde verfahren wollte, wurde in der Hl. Kongregation, die unter Unserem Herrn am 25. Februar 1616 zusammentrat, dekretiert, daß der Hochwürdige Herr Kardinal Bellarmino dir befehlen solle, die genannte falsche Ansicht gänzlich aufzugeben; und im Weigerungsfalle sollte dir der Kommissar des Sant'Uffizio einschärfen, die genannte Lehre aufzugeben und sie weder andere zu lehren noch sie zu verteidigen, noch sie zu behandeln; wenn du dich aber auch bei dieser Einschärfung nicht beruhigen solltest, seist du einzukerkern; und in Ausführung dieses Dekrets wurde dir im Haus und in Gegenwart des obgenannten Hochw. Herrn Kardinals Bellarmino, nach milder Anweisung und Abmahnung durch denselben Herrn Kardinal, vom P. Kommissar des damaligen Sant'Uffizio vor Notar und Zeugen der Befehl erteilt, du habest die genannte falsche Ansicht gänzlich aufzugeben und dürftest sie in Zukunft weder aufrechterhalten noch verteidigen, noch lehren, in welcher Form auch immer, weder in Wort noch in Schrift: und nachdem du Gehorsam gelobt hattest, wurdest du entlassen.

Und auf daß solche schädliche Lehre tatsächlich aufgegeben würde und nicht weiter um sich greife zum Schaden der katholischen Wahrheit, ging von der Hl. Indexkongregation ein Dekret aus, wodurch die von dieser Lehre handelnden Bücher verboten wurden und diese Lehre für falsch und gänzlich gegen die Hl. Schrift gerichtet erklärt wurde.

Und da zuletzt hier ein Buch aufgetaucht ist, voriges Jahr in Florenz gedruckt, dessen Aufschrift dich als Autor auswies, da der Titel lautet ›Dialog von Galileo Galilei über die beiden hauptsächlichsten Weltsysteme, das ptolemäische und kopernikanische‹; und da die Hl. Kongregation feststellte, daß mit der Veröffentlichung dieses Buches die falsche Meinung der Bewegung der Erde und Stabilität der Sonne täglich mehr Fuß faßte und sich verbreitete, wurde das genannte Buch sorgfältig untersucht und darin ausdrücklich die Überschreitung des vorgenannten, an dich ergangenen Befehls gefunden, da du in dem Buch die genannte Lehre verteidigt hast, die schon verurteilt war und dir ins Gesicht als solche erklärt worden war, indem du in dem genannten Buch mit verschiedenen Winkelzügen dich bemühst, sie unentschieden zu lassen, was ebenfalls ein schwerer Irrtum ist, da auf keine Weise eine Meinung für wahrscheinlich erklärt werden kann, die als widersprüchlich zur göttlichen Schrift erklärt und definiert wurde.

Daher wurdest du auf unseren Befehl vor dieses Sant'Uffizio geladen, wo du, unter Eid verhört, das Buch als von dir verfaßt und zum Druck gegeben erkanntest. Du bekanntest, daß du vor etwa zehn oder zwölf Jahren, nachdem dir der Befehl schon erteilt war, mit der Abfassung des Buches begonnen hast und daß du um die Druckerlaubnis nachgesucht hast, allerdings ohne denen, die dir diese Erlaubnis gaben, mitzuteilen, daß du den Befehl hattest, diese Lehre weder zu behaupten noch zu verteidigen, noch in welcher Weise auch immer zu lehren.

Du bekanntest gleichfalls, daß die Schrift dieses Buches an mehreren Stellen in einer Form abgefaßt ist, daß der Leser den Eindruck gewinnen könnte, die Argumente für die falsche Seite seien auf eine Weise ausgedrückt, daß sie durch ihre Überzeugungskraft eher zwingend als leicht widerlegbar wirkten; und zur Entschuldigung fügtest du hinzu, in diesen deiner Intention ganz fremden Irrtum, wie du sagtest, seist du geraten, weil es sich um einen Dialog handelte und weil jedermann einen natürlichen Stolz auf den eigenen Scharfsinn hat und sich geschickter als gewöhnliche Menschen im Ersinnen verblüffender Argumente, auch für falsche Meinungen, zu erweisen sucht.

Und nachdem man dir einen ausreichenden Termin zur Niederschrift deiner Verteidigung zugebilligt hat, legtest du eine handschriftliche Bestätigung des Hochw. Herrn Kardinal Bellarmino vor, die du dir beschafft hast, um, wie du sagtest, dich gegen die Verleumdungen deiner Feinde zu verteidigen, die gegen dich vorbrachten, du hättest vor dem Sant'Uffizio abschwören und Bußen auf dich nehmen müssen; in dieser Bestätigung heißt es, du hättest weder abgeschworen, noch seist du bestraft worden, sondern es sei dir nur die von der Hl. Indexkongregation veröffentlichte Erklärung unseres Herrn mitgeteilt worden, wonach die Lehre von der Bewegung der Erde und der Stabilität der Sonne der Hl. Schrift widerspreche und daher nicht verteidigt noch geglaubt werden dürfe; und da in dieser

Bestätigung die beiden Einzelheiten des Befehls, nämlich ›lehren‹ und ›auf welche Weise auch immer‹ nicht erwähnt werden, muß man annehmen, daß du im Laufe von vierzehn oder sechzehn Jahren jede Erinnerung daran verloren hast und daß du aus diesem Grund den Befehl verschwiegst, als du um die Druckerlaubnis einkamst; und das alles sagtest du nicht, um den Irrtum zu entschuldigen, sondern damit man ihn nicht bösem Willen, sondern eitlem Ehrgeiz zuschreibe. Aber durch diese Bestätigung, die du zu deiner Verteidigung vorlegtest, wurdest du nur noch mehr belastet, da du, obwohl darin die genannte Lehre als im Widerspruch mit der Hl. Schrift bezeichnet wird, nichtsdestoweniger gewagt hast, diese Lehre zu behandeln, zu verteidigen und als wahrscheinlich hinzustellen; und sie deckt auch nicht die Lizenz, die du durch Verschweigen des dir erteilten Befehls listig und hartnäckig erschlichen hast.

Und da es uns scheint, daß du nicht die ganze Wahrheit über deine Intention gesagt hast, hielten wir es für nötig, gegen dich das rigorose Examen einzuleiten (guidicassimo esser necessario venir contro di te al rigoroso essame), wobei du, unbeschadet deiner Geständnisse und der obigen Schlußfolgerungen über deine Intention, katholisch geantwortet hast.

Daher sind wir nach Betrachtung und reiflicher Erwägung der einzelnen Punkte deines Falles, einschließlich deiner obgenannten Geständnisse und Entschuldigungen zum folgenden endgültigen Urteil gegen dich gekommen.

Unter Anrufung des allerheiligsten Namens unseres Herrn Jesus Christus und seiner glorreichen, allzeit jungfräulichen Mutter Maria für dieses unser endgültiges Urteil, für das wir als Gericht konstituiert sind, und auf Rat und Meinung der hochw. Magister der hl. Theologie und Doktoren beider Rechte, unserer Konsultoren, beschlossen wir in diesem Schriftsatz in der Sache und den vor uns anhängenden Sachen zwischen Carlo Sinceri, Doktor beider Rechte, Amtsanwalt dieses Sant'Uffizio, einerseits, und dir, vorgenanntem Galileo Galilei, Angeklagtem, hier anwesend, untersucht, prozessiert und geständig wie oben, anderseits:

Wir sagen, verkünden, urteilen und erklären, daß du, obgenannter Galileo, wegen der prozessual erschlossenen und von dir gestandenen Sachen wie oben, dich diesem Sant'Uffizio der

Häresie schwer verdächtig gemacht hast, nämlich behauptet und geglaubt zu haben, die falsche und den Heiligen und Göttlichen Schriften widersprechende Lehre, daß die Sonne der Mittelpunkt der Erde (Schreibfehler statt ›Welt‹) sei und sich nicht von Osten nach Westen bewege und daß die Erde sich bewege und nicht das Zentrum der Welt sei und daß man eine Meinung für wahrscheinlich halten und verteidigen könne, nachdem sie schon als der Hl. Schrift widersprechend erklärt und definiert worden ist; und folglich bist du der ganzen Strenge und allen Strafen verfallen, die von den hl. Kirchengesetzen und anderen Erlassen derartigen Verbrechern auferlegt und rechtskräftig erklärt wurden. Wir begnügen uns damit, sie dir zu erlassen, falls du mit aufrichtigem Herzen und ungeheucheltem Glauben vor uns die obgenannten Irrtümer und Häresien und jederart Irrtum und Häresie wider die katholische und apostolische Kirche in der von uns vorgeschriebenen Art und Form abschwörst, verfluchst und verabscheust.

Und damit dieser dein schwerer und schädlicher Irrtum und Übergriff nicht ganz ungestraft bleibe und du in Zukunft vorsichtiger seist und auch als Beispiel für andere, sich ähnlicher Delikte zu enthalten, ordnen wir an, daß das Buch der Dialoge des Galileo Galilei durch öffentliches Edikt verboten werde.

Wir verurteilen dich zu formalem Gefängnis in diesem Sant'Uffizio nach unserem Gutdünken; und als heilsame Buße legen wir dir auf, die nächsten drei Jahre lang wöchentlich einmal die sieben Bußpsalmen zu beten. Wir behalten uns vor, die obgenannten Strafen und Bußen zu modifzieren, zu ändern oder sie ganz oder teilweise aufzuheben.

Dies sagen wir, verkünden, urteilen, ordnen an und behalten uns vor in dieser und in jeder anderen besseren Art und Form, die wir begründen konnten und mußten.

So verkünden wir unterzeichneten Kardinäle

F. Kardinal von Ascoli
G. Kardinal Bentivoglio
Fr. D. Kardinal von Cremona
Fr. Antonio Kardinal von S. Onofrio
B. Kardinal Gesso
F. Kardinal Verospio
M. Kardinal Ginetto.« (EN XIX 402ff.)

Anschließend verlas Galilei die ihm überreichte Schwurformel:

»Ich, Galileo, Sohn des Vincenzio Galilei aus Florenz, meines Alters siebzig Jahre, persönlich vor Gericht erschienen, auf Knien vor Euch, Ehrwürdigste und Hochwürdigste Kardinäle, Generalinquisitoren in der ganzen Christenheit gegen das Verbrechen der Häresie; vor Augen die sakrosankten Evangelien, die ich mit meinen Händen berühre, schwöre, daß ich immer geglaubt habe, jetzt glaube und mit Gottes Hilfe auch in Zukunft glauben werde, was die Hl. Katholische und Apostolische Kirche glaubt, predigt und lehrt. Da mir aber vom Sant'Uffizio juristisch eingeschärft wurde, daß ich die falsche Lehre, die Sonne sei das Zentrum der Welt und bewege sich nicht und die Erde sei nicht das Zentrum der Welt und bewege sich, vollständig aufzugeben hätte und daß ich sie weder glauben noch verteidigen, noch lehren dürfe, auf welche Weise auch immer, weder in Wort noch in Schrift, und nachdem mir mitgeteilt worden, daß die genannte Lehre der Hl. Schrift widerspreche, und da ich danach ein Buch geschrieben habe und drucken ließ, worin ich die schon verurteilte Lehre behandle und mit sehr wirkungsvollen Gründen stütze, ohne eine Lösung herbeizuführen, wurde ich in schwerem Verdacht der Häresie befunden, nämlich behauptet und geglaubt zu haben, daß die Sonne das Zentrum der Welt und unbeweglich und die Erde nicht das Zentrum der Welt sei und sich bewege: Daher, um dem Geiste Eurer Eminenzen und jedes gläubigen Christen diesen schweren Verdacht zu benehmen, der gerechterweise von mir vermutet wurde, schwöre ich mit aufrichtigem, unverstelltem Herzen ab, verfluche und verabscheue die obgenannten Irrtümer und Häresien und ganz allgemein jeden möglichen anderen Irrtum, jede Häresie und Sektiererei, die im Widerspruch mit der hl. Kirche sind; und ich schwöre, in Zukunft nie mehr in Wort oder Schrift Dinge auszusprechen oder zu lehren, die einen ähnlichen Verdacht erwecken könnten; sollte ich aber irgendeinen Häretiker oder Häresieverdächtigen kennenlernen, werde ich ihn diesem Sant'Uffizio oder dem Inquisitor oder meiner jeweiligen lokalen Obrigkeit denunzieren.

Ich schwöre und verspreche, alle Bußen, die mir von diesem Sant'Uffizio auferlegt wurden oder mir noch auferlegt werden, vollständig zu erfüllen und zu beobachten; und wenn ich mich irgendwie gegen die genannten Versprechen und Eide, was Gott verhüte, vergehen sollte, so unterwerfe ich mich allen Strafen und Züchtigungen, die von den hl. Kirchengesetzen und anderen allgemeinen und besonderen Verordnungen gegen derartige Verbrecher erlassen und sanktioniert worden sind. Dazu mögen mir Gott und diese Seine hl. Evangelien helfen, die ich mit meinen Händen berühre. Ich, obgenannter Galileo Galilei, habe abgeschworen, beeidigt und versprochen und habe mich wie oben verpflichtet; und zur Bestätigung und Wahrheit habe ich dieses vorliegende Blatt meiner Abschwörung mit eigener Hand unterschrieben und Wort für Wort verlesen in Rom, im Kloster der Minerva, diesen 22. Juni 1633.

Ich, Galileo Galilei, habe abgeschworen wie oben, eigenhändig« (EN XIX 406f.)

Analyse des Urteils

Der Leser müßte sich über den Galimathias des Inquisitionsurteils wundern, wäre ihm nicht schon das Kreuz-und-Quer der verschiedenen Mitwirkenden bekannt.

Als erstes allerdings können wir die auch heute noch hie und da vermutete Folterung Galileis als Legende aus Unkenntnis beiseite tun. Da wir die gesamten Prozeßakten Wort für Wort soeben kennengelernt haben, wissen wir, daß Urban die »Androhung« der Tortur dekretiert hatte. Diese Androhung war bekannt unter dem terminus technicus der »territio verbalis«, Folterung in Worten, also Androhung. Und aus dem Verhör über die Intention, gemäß dem päpstlichen Dekret, wissen wir, wie diese Sache abgelaufen ist: trotz Drohung mit der Folterung blieb Galilei bei seiner Aussage, er habe seit 1616 nicht mehr an die physikalische Wahrheit der kopernikanischen Lehre geglaubt. »Und da nichts weiter zu erreichen war«, ließ man ihn unterschreiben und schickte ihn weg, und infolge dieser Standhaftigkeit kam es sofort am nächsten Tag zum Beschwören dieser Standhaftigkeit. Wäre die wirkliche Folter von Urban angeordnet worden (was, wie wir sahen, nicht der Fall war), so hätte sie ja die erwünschte »Wahrheit« erbringen müssen, nämlich das Eingeständnis, daß er trotz allem nach wie vor an die physikalische Wahrheit des Kopernikanismus geglaubt habe, und damit wäre er vernichtet gewesen. Da wäre dann nichts mehr zu schwören gewesen.

Aber sehen wir uns jetzt das Urteil selbst an. Unterschrieben haben von den am Anfang des Dokumentes aufgeführten Kardinälen nur sieben. Die drei Fehlenden sind Francesco Barberini, Gaspare Borgia und Laudivio Zacchia. Bei Borgia, dem Beauftragten des von Urban mißachteten spanischen Königs, kann man politische Animosität vermuten. Francesco Barberini hielt sich häufiger von den wildesten Eskapaden Urbans distanziert; ob das auch hier gilt, ist schwer zu sagen; Urban hätte es sicherlich als einen Affront betrachtet. Warum Zacchias Unterschrift fehlt, dafür gibt es keinerlei Vermutung. Parteinahme für Galilei kann man aus den fehlenden Unterschriften und das heißt aus der Abwesenheit der drei Kardinäle am 22. Juni nicht entnehmen, im Gegenteil hat z.B. Bentivoglio, der in Padua Privatschüler Galileis gewesen war, in seinen späteren Memoiren das Schicksal seines alten Lehrers bedauert, gehört aber trotz seiner Sympathie zu den Unterzeichnern des Urteils.

Ob der Generalkommissar mit dem Ausgang des Prozesses zufrieden war, ist nicht auszumachen. Galilei hielt sich von ihm hintergangen, denn Firenzuola habe in den privaten Gesprächen nie von einem drohenden Abschwören gesprochen, sei aber bekannt für seinen Haß auf den Padre Mostro, der das Buch approbiert hatte. Galileis Meinung kennen wir aus einer Niederschrift vom Juli 1633 (»Relazione«, EN XIX 407ff.) des Diplomaten Giovanfrancesco Buonamici, der mit Galilei über die Gattin des Sohnes Vincenzio verschwägert war, während des Prozesses in Rom war und seinen Freund Galilei oft gesprochen hat.

Daß die Kardinäle über das Zeugnis Bellarminos verblüfft waren, sieht man an der unglaublichen Unlogik, mit der sie es im Urteil verwendet haben. Dadurch sei Galileis Schuld noch schwerer geworden! Das heißt doch nichts anderes, als daß die Existenz des bloßen Dekrets von 1616, das die hypothetische Verwendung des Kopernikanismus erlaubte, noch schwerer wiege als Segizzis angeblich mündlich vorgetragene Lex Galilei, womit ausschließlich dem einen Galilei sogar die Erwähnung der kopernikanischen Lehre »in welcher Form auch immer« untersagt wurde. Wer diesen Kopfstand der Logik begreifen kann, soll sich melden. Denn die Bekanntgabe des Dekretes durch Bellarmino im voraus bedeutete nicht mehr und nicht weniger als: Auch wenn du rücksichtsvollerweise nicht genannt wirst, so gilt das bevorstehende Dekret auch für dich, da du durch deine Aktivität der hauptsächlichste Verursacher bist. Galilei sollte also nicht sagen können, das amtliche allgemeine Dekret gehe ihn persönlich überhaupt nichts an.

Ebensowenig oder noch weniger spricht für das logische Denken dieser Richter die Unverfrorenheit, mit der sie die Anordnung Pauls V. zitieren, Galilei sei abzumahnen und falls er sich widersetze, mit weitgehenden Verboten oder gar Kerker zu konfrontieren, und zusammen damit eben das weitgehende, nicht unterzeichnete Protokoll zitieren, ohne darin einen Widerspruch zu entdecken. Dieses Nebeneinander setzte logischerweise Galileis damalige Weigerung voraus, und da wäre also jetzt eine gewaltige Aufregung fällig gewesen, etwa: Warum hast du, Galileo, dich der Abmahnung des obgenannten Kardinals Bellarmino widersetzt? Du mußt dich widersetzt haben, da ja die zweite Hälfte der päpstlichen Anordnung nur auszusprechen war, »wenn du dich weigerst«. Heraus mit der Sprache, Galileo! – Oder aber sie hätten nach dem Bericht Bellarminos in der nächsten damaligen Sitzung des Sant'Uffizio vom 3. 3. 1616 suchen müssen. Da hätten sie dann den knappen Satz gefunden: Kardinal Bellarmino hat Galileo ermahnt, und der hat zugestimmt. – Aber nichts vom einen und nichts vom anderen. Die erste Untersuchung brauchten sie gar nicht anzufangen, dann hätte nämlich Galilei wieder einmal auf das handschriftliche Zeugnis Bellarminos verwiesen. Das zweite, die Suche nach Bellarminos Bericht, scheint unterblieben zu sein, aber das ist so unwahrscheinlich, daß wir annehmen dürfen, sie hatten ihn vorliegen, machten ein langes Gesicht und ließen das Schriftstück rasch wieder in den Akten verschwinden.

Denn – und nun kommt die Hauptsache – wie verblüfft die Kardinäle auch immer gewesen sein mochten und wie »milde« (Firenzuola) sie womöglich zu urteilen gedachten, sie hatten keine Wahl: Urban hatte schließlich dekretiert, wie das Urteil aussehen sollte, und daraufhin ging es sehr schnell, Zug um

Zug. Sein Dekret kennen wir: den Angeklagten unter Androhung der Tortur auf seine Intention bei der Abfassung des »Dialogo« zu befragen, und wenn er bei seiner Behauptung (nach 1616 nicht mehr an Kopernikus geglaubt zu haben) bleibe, ihn ebendies beschwören zu lassen; anschließend sei er zu Gefängnis zu verurteilen und ihm die Behandlung des Themas, »in welcher Form auch immer«, zu untersagen; ferner sei das Buch zu verbieten und das Urteil in der ganzen Christenheit bekanntzumachen.

Sollte nun jemand sagen, dieser Befehl Urbans sei lediglich die offizielle Formulierung eines Kongregationsbeschlusses gewesen, dann ist die einzig richtige Antwort: So etwas kann von Johannes Paul II. angenommen werden, nicht aber von Urban VIII., der sich den Teufel um Kongregationsbeschlüsse kümmerte. »Weiß ich alles besser« ist von anderen Gelegenheiten (nachzulesen in Rankes »Geschichte der Päpste«) zur Genüge belegt. Und selbst wenn es sich um einen Kongregationsbeschluß handelt, so ist es ein Beschluß, den Urban so haben wollte. Wehe, wenn sie etwas beschlossen hätten, was ihm mißfiel. Außerdem wissen wir längst, daß er drei Tage nach seinem Dekret über das zu fällende Urteil dem Gesandten Niccolini vorlog, er wisse noch nicht, was die Kongregation beschließen werde, er wisse nur, daß die Stimmung dort für Verurteilung sei.

Aber da ist mehr als Schwindelei des Papstes. Da ist die Verleugnung all seiner besseren Überzeugungen. Im Jahre 1616 hatten die Qualifikatoren den Kopernikanismus als »formal häretisch« und »im Glauben irrig« erklärt und damit dem damaligen Papst Paul V. die Verurteilung der Lehre als häretisch nahegelegt. Damals aber hatten sich die Kardinäle Maffeo Barberini und Bonifacio Caetani der Definition als Glaubensirrtum und Häresie strikte widersetzt, so daß das Urteil der Qualifikatoren beiseite gelegt wurde, das Sant'Uffizio nicht tätig wurde und nur die Indexkongregation ihre Wachsamkeit über Buchpublikationen ausüben durfte. Und Maffeo hat später, als er schon Urban VIII. war, zu Campanella gesagt, wenn es nach ihm gegangen wäre, gäbe es das Dekret von 1616 überhaupt nicht, denn die physikalische Wertung des Kopernikanismus sei nicht häretisch, sondern höchstens vermessen (temerario).

Das alles kennt der Leser längst. Und das alles kannte auch Urban im Jahre 1633 längst, es waren ja seine eigenen, im Jahre 1616 erfolgreich ins Werk gesetzten Überzeugungen. Und all diese Überzeugungen, die er bis kurz vor 1633 noch äußerte, warf er jetzt über Bord, und nicht, wie Stillman Drake behauptet, weil das Protokoll von 1616 entdeckt worden war, sondern weil Urban sich persönlich beleidigt fühlte. Was die Kardinäle mit dem Protokoll an Zirkuskünsten aufführen mußten, nachdem Galilei ihnen das handschriftliche Zeugnis Bellarminos vorgelegt hatte, das haben wir ja soeben zur Genüge gesehen. Urban hat aus höchstpersönlicher Wut heraus gehandelt. Jetzt z. B. tauchen im Urteil von 1633 die damals, 1616, perhorreszierten dummen Sprüche der Qualifikatoren auf, jetzt nannten die Richter Galilei »schwerstens häresieverdächtig«, was voraussetzt, daß sie den Kopernikanismus als Häresie betrachteten, und zu alledem rieb sich Barberini befriedigt die Hände. Gewiß, er konnte, wenn er wollte, sagen, seine Unterschrift stehe nicht unter dem Urteil, kein Konzil habe den Kopernikanismus als Häresie verurteilt oder das ptolemäische System zum Dogma erhoben, aber erstens sagte er nichts dergleichen, und zweitens hätte ihm kein Mensch derartige Feinheiten abgenommen, nachdem er mit Glaubenskategorien sozusagen Skat gespielt hatte: im Jahre 1616 »ich passe«, und im Jahre 1633 »Trumpf«. Hier drängt sich ganz einfach der Gedanke auf, daß dieser latinisierende Hobby-Literat, dieser von Selbstbewunderung geschwollene Stellvertreter Christi, dieser dilettantische, ruinöse und gewissenlose Großraumpolitiker im tiefsten Innern – ein Schwachsinniger war. Was übrigens unter Prälaten und Theologen nichts Seltenes ist. Jede Zeit, auch die unsrige, hat schwarz oder purpurn gekleidete Strohköpfe, jede Zeit auf zeitgemäße Weise.

Aber nicht nur Stroh und Schwachsinn in den Köpfen, auch Opportunismus und Feigheit, genannt Gehorsam, haust in der Mehrzahl solcher Köpfe. Unter den Kardinälen von 1633 war kein einziger Bonifacio Caetani oder Maffeo Barberini, der sich widersetzt und verkündet hätte: Wenn wir sagen, eine der Schrift widersprechende wissenschaftliche Lehre könne nicht als »wahrscheinlich« behandelt werden, machen wir uns lächerlich, nachdem Kardinal Bellarmino in der Antwort an Foscarini erklärt hat, wenn der Beweis erbracht würde, müßten wir die Redeweise der Hl. Schrift mit großer Umsicht behandeln, nicht aber erklärt hat, es dürfe nicht nach Beweisen gesucht werden. Denn er hat geschrieben: Solange als mir kein Beweis vorgelegt wird, akzeptiere ich das nicht als physikalische Wahrheit. Und genauso ist das Dekret von 1616 zu verstehen. Eure Heiligkeit selbst hat sich damals in diesem Sinn verwendet. Wenn wir aber den Eindruck haben, der Beweis sei in Galileos Dialogo erbracht, dann müssen wir uns hinsetzen und die Redeweise der Hl. Schrift als volkstümliche Ausdrucksweise erklären. Sind wir aber der Meinung, das Vorgelegte genüge nicht zum Beweis, dann wenden wir bitte das Dekret an, erklären den »Dialogo« als »vermessenen« und mißlungenen Versuch, Beweise vorzutäuschen, und zur Beruhigung des einfachen Volkes mag die Indexkongregation das Buch verbieten. Die Sache mit dem Quovis-modo-Protokoll ist durch das Handschreiben Bellarminos weitgehend entkräftet, und im übrigen gibt es da einen Bericht Bellarminos in der Sant'Uffizio-Sitzung vom 3. 3. 1616, wo er mit einem einzigen knappen Satz den Hergang der Ermahnung berichtet, ohne Segizzis Eingriff zu erwähnen, und Segizzi war in dieser Sitzung anwesend und hat nicht protestiert. Ideo censeo, Galilei persönlich kann nicht verurteilt werden! Und ich widerspreche hiermit nicht anders als genau so, wie Eure Heiligkeit seinerzeit als Kardinal mit bewundernswertem Mut eurem Vorgänger Paul V. ins Gesicht hinein widerstanden habt. Dixi. — Daraufhin hätte es vielleicht noch einige andere Dixi gegeben, und die Herren Kardinäle wären in Ungnade gefallen, und das konnte ihnen gleichgültig sein. Die Zeit der massenweisen Vergiftung von Kardinälen war vorüber.

Diesen Mut hatte in der Tat Maffeo Barberini 1616 bewiesen. Aber am Ziel seiner Wünsche angekommen, verwandelte sich sein Mut in Übermut, und seine Theologie entpuppte sich als opportunistisches Machtmittel. Im Falle des »Dialogo« fühlte er sich persönlich gekränkt, und er wollte außerdem beweisen, daß er nicht nur für Gustav Adolf gewirkt hatte, sondern auch für Jesus Christus in die Bresche sprang und dafür sogar Opfer brachte, nämlich seine bisherige richtige Überzeugung opferte. Zweierlei ist ihm damit gelungen: durch politische Großmannssucht hat er Nordeuropa an den Protestantismus verloren, und durch das törichte Inquisitionsurteil hat er auch den geistigen Rang der Kirche zum Gespött gemacht und die Verachtung der ganzen Welt provoziert.

Wohlwollender kann man das Urteil der Inquisition nicht beurteilen. Ich selbst habe schon mehrmals Verständnis dafür verlangt, daß es für die Menschheit ein Schock war, sich plötzlich wie Fliegen auf einer winzigen Kugel sitzend durchs Weltall spediert zu sehen, und ich würde auch jetzt noch für dieses Verständnis plädieren, wenn sich vor unseren Augen im Verlauf der Untersuchung nicht allmählich ein sehr komplexes Bild entwickelt hätte. Einerseits hatte Tycho schon mit vielen alten Vorstellungen durch genaue Messungen aufgeräumt, hatte Kepler durch sorgfältige Berechnungen mathematische Beweise für drei wichtige, weit über Kopernikus hinausreichende Gesetze geliefert, hatte Galilei mit den teleskopischen Beobachtungen den Heliozentrismus weitgehend plausibel gemacht, anderseits hatte Kardinal Bellarmino schon 1611 durch eigene teleskopische Beobachtungen die Galileischen Daten am Himmel vorgefunden und sie sich von den Mathematikern des Collegium Romanum bestätigen lassen und hatte dann allerdings später im Brief an Foscarini konstatiert, zwingende Beweise für die kopernikanische Kosmologie lägen bisher nicht vor. Aber gerade diese Bemerkung zeigte, daß die Kirche nicht mehr einfach sagen konnte: das ist alles Unsinn, es ist Teufelszeug, sondern sagen mußte: Solange keine zwingenden Beweise geliefert werden, bleiben wir lieber bei den Kirchenvätern. Und das heißt: die Kosmologie war im 17. Jahrhundert in heftige Bewegung gekommen. Man lebte ja nicht mehr im Mittelalter, sondern am Ausgang von Humanismus und Renaissance.

Nachdem wir dies alles vor uns ausgebreitet sehen und die Schwierigkeiten nicht verniedlichen – selbst Galilei war noch von manchen Schwierigkeiten gehandikapt, siehe Kreisbewegung und Epizykel –, müssen wir doch sagen, daß die Reaktion der Kirche auch für die damalige Zeit unerträglich war. Wie sie damals hätte urteilen können, habe ich zuletzt an einem Kardinal gezeigt, den es 1633 nicht gab, und an seiner Rede, die nicht gehalten wurde, die aber hätte gehalten werden müssen, und dies um so mehr, als eine ganz ähnliche Rede 16 Jahre vorher von niemand anderem als Maffeo Barberini vor dem damaligen Sant'Uffizio gehalten worden war, gehalten worden sein muß, denn die damaligen Qualifikatoren und ihre Partisanen ließen sich ja wohl nicht diskussionslos beiseite schieben.

Auf dem jetzigen Stand unserer Kenntnis vom Gang der Dinge muß es also heißen: Es war in den letzten hundert Jahren schon so vieles in Bewegung gekommen, daß von kirchlicher Seite nur noch eine sehr vorsichtige, sozusagen bittende Warnung oder Mahnung verständlich gewesen wäre. Falsch aber war, wie wir jetzt voll einsehen können, schon das Dekret von 1616, das mit dem Wort »falsch« einen auch kirchlich unmöglichen Auftakt gab, nach Tycho, nach Kepler, nach Galilei, nach dem damaligen Collegium Romanum, ja sogar nach dem damaligen Pater Scheiner. Schon damals hätte es nicht »falsch« heißen dürfen, sondern »unbewiesen«. Und jetzt, sechzehn Jahre danach, war es vollends unverständlich für jeden wirklich forschenden Gelehrten (außer für die nicht forschenden Nachbeter alter Bücherweisheit), daß die Kardinäle von 1633 um ein Vielfaches dümmer waren als die Kardinäle von 1616 und daß gerade der energischste von allen, Maffeo Barberini, der beide Episoden aktiv mitgestaltete, jetzt entweder den Verstand verloren hatte oder die kirchliche wissenschaftliche Zuständigkeit nach seinen jeweiligen Launen zurechtbog. Im Jahre 1633, um die Mitte des 17. Jahrhunderts, einen Gelehrten unter Todesdrohung schwören zu lassen, daß die biblische Ausdrucksweise die Grundlage für Astronomie und Kosmologie ist und bleibt, und das heißt, daß das ptolemäische System physikalisch richtig ist (was noch nie jemand behauptet hatte; es war immer nur ein geometrisches Modell für Positionsbestimmungen gewesen) — dieses Zirkuskunststück des Sant'Uffizio, der wichtigsten Kongregation der Kirche, war nicht nur eine Beleidigung der Wissenschaft, es war vor allem auch eine Beleidigung der Theologie. Es war das Kunststück einer Versammlung dummer Prälaten, die sich für gescheit hielten; und das ist zu allen Zeiten die unheilbarste Krankheit.

17
Ungebeugt trotz Exil und persönlichem Leid

Nach alledem ist es völlig gleichgültig, wer mehr oder weniger an der Eröffnung des Prozesses schuldig war. Galilei war der Meinung, er verdanke das den gekränkten Jesuiten. Daß sie nicht für ihn eintraten, ist jedenfalls sicher. Der Gutachter Inchofer war Jesuit, und er hat nach Beendigung des Prozesses noch einen wütenden Traktat gegen den Kopernikanismus veröffentlicht. Der brave Grienberger, seit langem schon Leiter des Collegium Romanum, hat Galilei in seiner Meinung bestärkt. In einem Brief an seinen Pariser Freund Elia Diodati schreibt Galilei von Arcetri aus am 25. 8. 1634, also ein Jahr nach dem Prozeß, daß Niccolinis Gesuch um Befreiung vom Exil aus Rom mit der Drohung beantwortet wurde, bei weiteren solchen Gesuchen werde er in den Verliesen des Vatikans festgesetzt. Und er fährt fort: »Aus diesem und anderen Ereignissen, die zu beschreiben zu lang wäre, sieht man, daß die Wut meiner mächtigen Verfolger sich immer noch steigert. Sie haben sich schließlich selbst zu erkennen geben wollen, als ein guter Freund von mir vor etwa zwei Monaten in Rom war und sich mit dem Jesuitenpater Christoph Grienberger, dem Mathematiker des Collegiums, unterhielt; als er auf meine Angelegenheiten zu sprechen kam, antwortete der Jesuit meinem Freund mit diesen ausdrücklichen Worten: ›Hätte Galileo sich die Freundschaft der Patres dieses Collegiums zu erhalten gewußt, so lebte er im Ruhm der Welt und hätte keinerlei Mißgeschick erfahren, ja, er hätte nach Belieben über jede Materie schreiben können, auch über die Bewegung der Erde etc.‹: daraus sehen Sie, daß es nicht diese oder jene Meinung ist, die gegen mich Krieg geführt hat und noch führt, sondern die Ungnade der Jesuiten« (XVI 116f.).

Diese Äußerung Grienbergers wird häufig angezweifelt, da ja die Patres selbst schon vor Jahren vom Ordensgeneral zum Aristotelismus verpflichtet worden seien. Wie hätten sie also jetzt... Darum geht es nicht. Selbstverständlich meinte Grienberger nicht nur den jetzigen Zeitpunkt, seine Worte betreffen die ganze Zeit von 1611 bis jetzt. Damals, 1611, waren die Patres trunken vor Begeisterung und Freundschaft für Galilei. Hätte Galilei — das ist gemeint — nicht die Entfremdung herbeigeführt, nämlich die wissenschaftliche Bedeutung des Pater Scheiner gering und immer geringer geschätzt, dann den Pater Grassi grundlos attackiert und schließlich das ganze Collegium in den Hohn mit einbeschlossen, wäre Galilei statt dessen nach wie vor mit den Patres in freundschaftlichem Verkehr und Austausch geblieben, dann hätte das Collegium mit Hilfe des Jesuitenkardinals Bellarmino möglicherweise schon das Dekret von 1616 verhindern können. Und die Patres hätten, wenn Galileis Beziehungen zu Scheiner und Grassi herzlich statt feindlich gewesen wären, dem großen Mann auch mit Rat und nicht nur mit Tat zur Seite gestanden; sie hätten ihn davon überzeugt, daß er es nicht nötig hatte, auf die verschiedenen Angriffe, die sich der Hl. Schrift bedienten, auch nur mit einem Wort zu erwidern. Dies alles ist mit Grienbergers Äußerung gemeint. Er hatte recht, nur — Galilei hätte dann zusammen mit ihnen den langsamen Kurs einschlagen müssen, Tycho als Mittelweg gelten lassen müssen usw.; darüber haben wir an früherer Stelle schon gesprochen. Vorsichtige Kompromißpolitik war vom Temperament und Überzeugungsgrad Galileis nicht zu ewarten. Man mußte ihn so nehmen, wie er war. Und Grienberger hätte besser gesprochen, wenn er gesagt hätte: Schade, daß wir dem großen Mann nicht trotz allem die Treue hielten, wir als Geistliche hätten unsere Gelehrteneitelkeit zurückstellen müssen. Dann hätte Galilei nicht so sicher auf die Jesuiten als Urheber des Prozesses kommen müssen. Und was Grienbergers Meinung, »er würde im Weltruhm leben«, betrifft, so bemerkte Micanzio, als Galilei ihm davon berichtete, voller Hohn, die glaubten wohl, über Galileis Ruhm zu entscheiden, in Wirklichkeit aber müsse »ihre unverschämte Verfolgung den Namen Galileis noch berühmter machen«. In der Tat war Galileis Weltruhm mit dem Ausgang des Prozesses für alle Zeiten gesichert. Und ich habe schon gesagt, was Galilei daraufhin tat: er machte einfach da weiter, wo er aufgehört hatte. Am Ende des »Dialogo« verspricht er noch einige Dialoge über andere naturwissenschaftliche Probleme, und diese Dialoge schrieb er jetzt sofort, es sind die »Discorsi«, die »Gespräche und mathematischen Demonstrationen über zwei neue Wissenschaften«.

Am Tag nach dem Abschwören, am 23. Juni, durfte Galilei in den Palast der toskanischen Großherzöge an der Trinità de'Monti übersiedeln, am 6. Juli konnte er Rom verlassen und zum Erzbischof Ascanio Piccolomini nach Siena abreisen, wo er am 9. Juli ankam, um dort das endgültige Abklingen der Pest in Florenz abzuwarten, und in Siena blieb er bis in den Dezember hinein, von Piccolomini »mit unbeschreiblichen Liebenswürdigkeiten überschüttet« (EN XV 176 u. 187). Dieser Mann, der am Hofe des Kardinalnepoten Francesco Barberini seine Karriere begonnen hatte, kümmerte sich nicht im geringsten um das Urteil der Inquisition, für ihn blieb Galilei der große Mann, der seinem Haus mit seiner Anwesenheit Ehre erwies und Glanz verlieh. Er richtete ihm ein prächtiges Arbeitszimmer ein, sorgte für seine Bequemlichkeit und für seinen verwöhnten Gaumen (mit dem Seneser Wein versorgte er ihn auch später in Arcetri regelmäßig bis ins letzte Lebensjahr), lud illustre Gäste zur Tafel und erteilte einem Kleriker, der seinem berühmten Gast geheuchelte Demut vorzuwerfen gewagt hatte, für immer Hausverbot (XV 186).

Von wem die folgende Denunziation in den Akten des Sant'Uffizio stammt, ob vielleicht von jenem Kleriker, ist nicht zu ermitteln, da sie anonym ist. Sie wurde gleichwohl zu den Akten genommen (EN XIX 393):

»Galilei hat in dieser Stadt unkatholische Meinungen ausgestreut, noch ermutigt vom hiesigen Erzbischof, der vielen Personen gegenüber durchblicken ließ, jener sei von der Hl. Kongregation ungerechterweise belastet worden, da sie seine mathematisch unwiderleglichen und für wahr erklärten philosophischen Meinungen weder mißbilligen konnte noch mißbilligen durfte; und er sei der größte Mensch der Welt und werde für immer in seinen Schriften leben, auch wenn sie verboten seien, und alle Modernen und die Besten leisteten ihm Gefolgschaft. Da solcher Samen aus dem Munde eines Prälaten schädliche Früchte bringen kann, wird davon Kenntnis gegeben.« Rom konnte daraufhin selbstverständlich nichts unternehmen, es war ja kein einziger Name genannt, den man hätte zum Verhör zitieren können. Für uns ist das Dokument kostbar, es beweist, daß Piccolomini seine Hochschätzung Galileis auch nach außen hin nicht verheimlichte.

Einiges davon scheint sich herumgesprochen zu haben, denn der Privatsekretär des Großherzogs, Geri Bocchineri, schrieb Galilei am 16. 9. 1633 nach Siena: »Ich freue mich, Ihrem Brief vom 13. entnehmen zu können, daß Sie sich guter Gesundheit erfreuen. Wenn Herr Aggiunti Geld für Sie einzahlt, werde ich es auf Ihr Konto legen; und es ist gut, jetzt für Wein vorzusorgen, der neue wird nämlich ziemlich viel teurer als der vorige. — Es ist eigentlich nicht zu erwarten, daß Ihnen die Erlaubnis, oder heißt es Dispens, verweigert wird, mit dem Illustrissimo Herrn Erzbischof aufs Land zu gehen. Der Sturm gegen Sie scheint sich allerdings noch nicht ganz gelegt zu haben, denn Herr Kanonikus Cini hat mir heute morgen mitgeteilt, ein Priesterchen, Sekretär oder Schreiber beim hiesigen Inquisitor habe ihm erzählt, es erschienen täglich hier und dort Kommissionen aus Rom, um zu sehen oder zu hören, ob Sie zerknirscht seien und ob Ihre Freunde und Schüler konspirieren. Um also denen, die es so wünschen, den Gefallen zu tun, richten Sie es ruhig so ein, daß Sie einen zerknirschten Eindruck machen« (XV 264). Man sieht, nicht nur Piccolomini ist die römische Verbissenheit gleichgültig, auch aus dem Sekretariat des Großherzogs kommt ein Brief, worin mit Nonchalance und Spott zwischen Ratschlägen für den Weinkeller die Lächerlichkeit der römischen Dunkelmänner erledigt wird.

Apropos Dunkelmänner. Es ist schade, daß niemand auf den Gedanken kam, eine neue Sammlung Epistolae obscurorum virorum zu veranstalten; das Material lag auf der Straße. Wie hätte man den literarisch-kirchlich-politischen Tripelpapst »feiern« können: den großen Mann, der die Erde nicht nur beherrscht, sondern sie auch mit den Tauen seiner Weisheit im Kosmos festmacht und zur größeren Sicherheit Galilei in Arcetri festhält, damit er die päpstlichen Taue nicht kappe. Aber — binnen kurzem lag schon genug unfreiwillig komische Dunkelmännerarbeit vor; zahlreiche Peripatetiker stürzten sich jetzt auf den »Dialogo« und »widerlegten« ihn mit den alten kindischen Sprüchen, ohne befürchten zu müssen, daß der wehrlose Galilei sie aufspieße.

Ein großer Teil der »Discorsi« wurde also in Siena niedergeschrieben. Daß Galilei trotz der freundschaftlichen Sorge seines Freundes Piccolomini nach Arcetri in seine Villa zurück strebte, bedeutete nicht, daß er sich in Siena etwa nicht geborgen gefühlt hätte, sondern daß er die Hoffnung hatte, in Arcetri von der »Gefängnisstrafe« erlöst zu werden. Wie sehr diese Hoffnung enttäuscht wurde, haben wir schon gesehen. Der Dunkelmann Urban war entschlossen, an dem Hausarrest nichts zu ändern, und er widerstand allen Umstimmungsversuchen, von wem immer sie kamen.

Wie ungebrochen Galilei aus dem Prozeß hervorging, erfahren wir aus seinem ersten Brief nach dem Prozeß an Elio Diodati vom 7. 3. 1634: »Gesundheitlich geht es mir besser als viele Jahre vorher... In Siena, im Hause des Mgr. Erzbischof, wo ich fünf Monate blieb, von Seiner Hochverehrten Herrlichkeit wie ein Vater behandelt wurde und ununterbrochen Besuche des Adels dieser Stadt erhielt, verfaßte ich einen Traktat über ein neues Thema auf dem Gebiet der Mechanik, voller merkwürdiger und nützlicher Untersuchungen. Von Siena wurde mir in meine Villa zurückzukehren gestattet, wo ich mich jetzt befinde, mit dem Verbot, mich in die Stadt zu begeben. Damit soll ich vom Hof und von den Prinzen ferngehalten werden. Aber: bei meiner Rückkehr hielt sich der Hof in Pisa auf, doch kaum war der Erzherzog in Florenz zurück, schickte er mir schon zwei Tage nach seiner Ankunft einen Reitknecht mit der Ankündigung, er sei zu meinem Besuch unterwegs, und eine halbe Stunde später kam er in Begleitung eines einzigen Herrn in einem kleinen Wagen an, stieg aus und unterhielt und beriet sich mit mir in meinem Zimmer etwas weniger als zwei Stunden. Da ich also nichts eingebüßt habe in den zwei Dingen, die wir höher als alle anderen schätzen müssen, nämlich Leben und Ruf (was mir von der verdoppelten Zuneigung meiner Herrschaft und all meiner Freunde bestätigt wird), so haben denn Unrecht und Ungerechtigkeit, die durch Neid und Bosheit gegen mich in Szene gesetzt werden, mich nicht bedrückt und bedrücken mich nicht. Im Gegenteil, da Leben und Ehre unversehrt sind, gerät die Größe der Kränkung viel eher zur Erhöhung, zu einer Art Rache, und die Infamie fällt zurück auf die Verräter und ihre hochgradige Ignoranz, die Mutter der Bosheit, des Neides, der Wut und aller anderen verbrecherischen und hassenswerten Laster und Sünden... Die auswärtigen Freunde müssen sich mit diesem allgemeinen Bericht begnügen, denn die Masse der Einzelheiten kann unmöglich in einem Brief dargestellt werden. Damit also müssen Sie zufrieden sein, und seien Sie unbesorgt, ich bin noch imstande, meine anderen Studien ins reine zu bringen und zu veröffentlichen. – Die Nachricht, die Sie von Straßburg haben (sc. daß Matthias Bernegger den Dialogo ins Lateinische übersetzt), hat mich sehr erfreut, und ich weiß die Ehre Ihrer Mitwirkung und unermüdlichen Aufmerksamkeit zu schätzen...« (EN XVI 59f.).

Also: ein produktiver, selbstbewußter Galilei wie eh und je. Und da traf ihn drei Wochen später ein ganz anderer Schicksalsschlag, der ihn zu zerbrechen drohte. Seine Lieblingstochter Virginia oder, wie sie im Kloster hieß, Suor Maria Celeste, starb am 2. April 1634 im Alter von 33 Jahren nach kurzer Krankheit. Ihr zuliebe und auf ihr Betreiben hatte er Ende 1631 die Villa in Arcetri gemietet und sich dort niedergelassen; so konnte er sie täglich besuchen, die beiden Grundstücke stießen ja aneinander. Und nun, nachdem er sie fast ein ganzes Jahr nicht gesehen hatte, mußte er drei Monate nach seiner Rückkehr von dieser heißgeliebten Tochter Abschied für immer nehmen.

In einem Brief vom 27. April an Geri Bocchineri, den Bruder seiner Schwiegertochter und Privatsekretär des Großherzogs, stehen die erschütterten und erschütternden Worte: »Eine unendliche Traurigkeit und Melancholie, extreme Appetitlosigkeit, bin mir selbst verhaßt und fühle mich ununterbrochen von meinem geliebten Kind gerufen...«

Woher diese starke Bindung kam, sieht man, wenn man die Briefe der Tochter an den Vater und seine Reaktion darauf studiert. In der Edizione Nazionale sind rund 150 Briefe von ihr, über die Jahre verstreut, zu lesen. Sie liebte ihren Vater stürmisch, so daß sie sich manchmal für ihren Überschwang entschuldigt, sich dann aber wieder Vorwürfe macht, ihm eine Weile nicht geschrieben zu haben, wodurch sie lieblos erscheinen könnte. Im Laufe der Zeit wird sie immer vertrauter mit ihm und berichtet ihm von allen kleinen und großen Ereignissen in dem armen Kloster San Matteo: Hunger, weil die Äbtissin nicht mehr weiß, woher Geld nehmen, Selbstmordversuch einer alten Nonne, Krankheiten, Bitten um Lebensmittel und Wein, Dank für seine Hilfe, Bitten um Garn und Leinen und Decken, die prompt geliefert werden, und um Geld, und riesige Freude über seine Freigebigkeit. Sie selbst schickt Geschenke, selbstgebackene Kuchen und Süßigkeiten, Kleinigkeiten aus eigener Hände Arbeit, und dann Ratschläge für seine Gesundheit, Übersendung von Heilmitteln, Teilnahme an den Familienereignissen. Allmählich wird sie zu einer nicht zu überhörenden Ratgeberin, hält den Vater von zornigen Reaktionen gegen Vincenzio zurück, berichtet über die jüngere Schwester Livia, die als Suor Arcangela mit ihr im Kloster ist, unter Melancholie leidet und schließlich unbedingt eine eigene Zelle haben muß, so daß sie selbst zurücktritt, denn Arcangela »ist ganz anders als ich, ziemlich überreizt, und es ist besser, wenn ich ihr in vielen Dingen nachgebe, um in Frieden und Eintracht zu leben, was für unsere gegenseitige innige Liebe nötig ist«, und so bittet sie einmal um marinierte Fische für die kranke Arcangela. Sie ist dann ganz »verlegen« über einen Brief des Vaters, der ihr sagt, er bewahre all ihre Briefe auf. Verlegen, sagt sie »confusa«, aber wie glücklich muß sie darüber gewesen sein. Ihre Briefe sind tatsächlich fast alle bis heute aufbewahrt. Als der Vater in Rom wieder einmal heftig unter Gicht leidet, fordert sie ihn zur Mäßigkeit im Weintrinken auf, dann werde er sofort Besserung verspüren, und damit traf sie in der Tat einen wichtigen Punkt, denn Wein, guter Wein ist in Galileis Leben ein hervorragendes privates Thema, das auch seine Freunde kennen und mit exquisiten Sendungen zu befriedigen suchen. Auch Maria Celeste, die während seiner langen Abwesenheit seinen Hausstand vom Kloster aus dirigiert, Zahlungen leistet und Buch darüber führt, nimmt den Weinkeller des Gioiello sehr ernst, muß allerdings bekennen, daß ein Faß ziemlich verdorben ist; es wurde nicht rechtzeitig umgefüllt, »weil ich davon nicht genug verstehe«. Aufmerksam darauf hatte sie »die Piera« gemacht, die Wirtschafterin im Gioiello. Aus Rom hörte sie, daß Vincenzio seit Monaten nicht mehr geschrieben habe, worauf sie dafür sorgt, daß schleunigst einige Briefe des Sohnes an den Vater gelangen. Sie unterhält einen Briefwechsel mit Caterina Niccolini Riccardi, um über den Gang der römischen Affäre detailliertere Nachrichten zu erhalten, tauscht Geschenke mit ihr aus, und einmal schreibt sie dem Vater erschrocken, die Botschafterin wolle sie, die arme weltfremde Nonne, im Kloster besuchen. Aber als der Vater dann in Siena ist, erhält sie von Erzbischof Piccolomini Grüße und Geschenke, und dahinter, das weiß sie selbstverständlich, steckt die Liebe des Vaters, ein sehr starkes Zeugnis seiner Liebe. Und kaum daß Galilei nach Arcetri zurückgekehrt ist, kommt ein Brief vom Erzbischof an mit der Bitte, »die Suor Maria Celeste meines lebhaften Wunsches zu versichern, ihr zu Diensten zu sein, ohne jedes Zeremoniell«.

Und was hatte sie dem Vater nach Rom geschrieben, als ihr das Urteil bekannt wurde? »Liebster Herr Vater, jetzt ist die Zeit, sich mit der Vernunft zu wappnen, die der Herrgott Ihnen verliehen hat, und diese Schläge mit jener Gemütsstärke auszuhalten, die die Religion, Ihr Beruf und Ihr Alter erfordern. Und da Sie schon aus vielen Erfahrungen die Falschheit und Unbeständigkeit aller Dinge auf dieser Dreckwelt kennen, sollten Sie nicht viel auf diese Stürme geben...« (EN XV 167). Und nach Siena schreibt sie ihm kurz entschlossen, sie habe das wöchentliche Psalmengebet, das ihm auferlegt wurde, auf sich genommen, damit er wenigstens diese Last los sei. Und sie ist in all ihrem so kärglich reduzierten Leben und mitten im Unglück des Vaters fröhlich und witzig. Ebenfalls in Siena erhält er diesen Bericht: »Der umgefüllte Wein ist in der Farbe besser geworden, und der Piera schmeckt er, sie trinkt ihn... und auch Suor Arcangela läßt sich nicht lange bitten und hält mit. Im Taubenschlag sind zwei Paar junge Täubchen, die auf Ihre Rückkehr und Ihr Kenner-Urteil warten... Stroh für das Maultier (la mula) wird besorgt. Auf Heu braucht man sich keine Hoffnung zu machen, dieses Jahr hat es wenig Gras gegeben, und außerdem sagt die Piera, daß die Signora Mula sich aus Heu nichts macht, und Sie sollten sich erinnern, daß sie sich letztes Jahr daraus ein Lager gemacht hat, um weicher zu liegen« (XV 205).

Vielleicht geben diese paar Striche ein kleines Bild von der Bedeutung, die für den ehelosen Mann diese Frauenstimme hatte. Ihre Stimme war ständig um ihn, streichelte ihn, wachte über ihn, mahnte ihn, bat unbefangen um kleine und große Hilfen, war voller Dankbarkeit und vor allem voller Liebe – und als er in Rom dem Prozeß entgegensah, »befahl« er ihr, ihm mindestens jede Woche zu schreiben. Er konnte ohne diesen Zuspruch gar nicht mehr sein. Und selbstverständlich hat er Piccolomini in Siena von ihr vorgeschwärmt und ihm ihre Briefe gezeigt, er brachte ja aus Rom ein ganzes Paket mit. Er konnte ihm von einem außerordentlichen Menschen erzählen. Acht Tage nach ihrem Tod kam dieser Brief von Ascanio Piccolomini: »Das Unglück der zwei Ereignisse, die Sie mir in Ihrem Brief vom 8. April mitteilen, hat in mir ein so tiefes Mitfühlen erweckt, daß ich frei von mir selbst und dort bei Ihnen sein möchte, um für Sie zu sorgen und Sie zu trösten. Aber zu dem Verlust der Suor Maria Celeste könnte ich doch keine Worte finden, gerade weil ich der bin, der seit langem begriffen hat, daß sie das war, was Sie an Gutem auf dieser Welt hatten und, was noch mehr ist, mit einem Anrecht auf mehr als väterliche Liebe...« (XVI 80).

Das zweite Unglück kennen wir schon: Einen Tag vor dem Tod seiner Tochter teilte ihm der Inquisitor mit, Rom wünsche keine Bittschriften mehr, sonst werde er in die Vatikanischen Verliese geworfen. Dazu sagt Piccolomini in demselben Brief: »Ich muß gestehen, ich war entsetzt über die neuen Befehle aus Rom, deren Sinn ich nicht verstehen kann. Es steht ja gar nicht in Ihrer Macht, nicht einmal wenn Sie sich mit Bitten dazwischen werfen, den Prinzen oder andere Personen zu hindern, daß er um Ihre Begnadigung fleht und bittet. Aber man kann nichts anderes sagen und tun, als schweigen und mit den Achseln zucken. Ich verspreche Ihnen, daß Sie mich eines Tages unvermutet bei Ihnen auftauchen sehen, damit Sie wenigstens in einem Gespräch von ein paar Stunden Ihr Herz ausschütten können. Diesen Herren Ihr Unglück mitzuteilen, danach steht mir kaum der Sinn, wenn ich nicht hoffen kann, ihnen den Beweis der Zuneigung abzuringen, den Sie sich allenthalben verdient haben.« Der Brief schließt mit der üblichen Formel, aber ganz und gar über das Übliche hinausgehoben, nicht: ich küsse Ihnen die Hand, sondern: »Ich küsse Ihnen tausendmal die Hände.«

Und noch mehr. Zwei Monate später schreibt der Erzbischof: »Ich muß mich über Sie beklagen, daß Sie mit den letzten Geschenken der Suor Maria Celeste den Schmerz in mir erneuert haben, mit dem ich, als wäre ich Sie, einen so großen Verlust beweine.«

Ein aufrechter Mann, dem ganz Rom gestohlen bleiben konnte, ein glänzender Intellekt, der von keiner zeitgenössischen Schulfuchserei angehaucht war, ein großes Herz, das nicht in sein Jahrhundert oder besser gesagt in überhaupt kein Jahrhundert paßte — Galilei konnte sich glücklich preisen, einen so seltenen Menschen zum niemals wankenden Freund gefunden zu haben. Alle Welt strebte nach Rom, nicht Ascanio Piccolomini. Er blieb sein ganzes Leben lang Erzbischof von Siena, dankte im Jahre 1671 ab und ging dann erst nach Rom zum Sterben, im selben Jahr 1671. Dieser Mann ist ein weißer Fleck auf der damaligen römischen Weste.

Der siebzigjährige, schwer betroffene Galilei raffte sich auf: er stürzte sich in die Arbeit. Und er erholte sich auch von dem Schmerz, den ihm der Tod der Tochter bereitet hatte. Von der anderen, Suor Arcangela, hörte man immer nur in den Briefen der Maria Celeste, und von nun an hört man überhaupt nichts mehr von ihr. Man darf annehmen, daß sie das Leben im Kloster stets als Exil empfunden hat und nie darüber hinweggekommen ist. Sie überlebte den Vater um siebzehn Jahre.

Dies ist der geeignete Augenblick, eine Summe der Familienverhältnisse Galileis zu ziehen. Wir wissen, wie großzügig er von Anfang an seine Pflichten als Chef des Hauses nahm. In Padua machte er seinerzeit Schulden, um seine Mutter zu unterstützen und seine beiden Schwestern mit einer Mitgift auszustatten; einer der beiden Schwäger, Landucci, drohte ihm mit einem Prozeß, wenn er nicht pünktlicher zahle. In Florenz ging es ihm besser, er brachte die Töchter im Kloster San Matteo unter, und den Sohn Vincenzio ließ er legitimieren und schickte ihn nach Pisa zum Jurastudium. Das Doktorexamen legte Vincenzio 1628 ab, im Januar 1629 heiratete er zur großen Genugtuung seines Vaters die Schwester des großherzoglichen Privatsekretärs, Sestilia Bocchineri, im Dezember 1629 wurde das erste Kind, Galileo, geboren, aber im Dezember 1630 erhielt Galilei von seinem Sohn, der mit seiner jungen Familie vor der

Pest aufs Land ausgewichen war, einen Brief, der ohne die zarte Stimme der Maria Celeste, die ihren Vater und ihren Bruder liebte, sicherlich schreckliches Unheil angerichtet hätte. Der Brief ist in mehreren Hinsichten aufschlußreich:

»Montemurlo, den 7. Dezember 1630.

Hochverehrter und geliebtester Herr Vater, heute sind von Ihnen zwei Briefe angekommen, einer über meine Verwandten in Prato, der andere heute abend von Sandrino überbracht. Beide haben mir Ekel und außerordentlichen Schmerz verursacht, da mir darin, besonders im zweiten, das Urteil meines Ruins gesprochen zu sein scheint. Ich bereite mich darauf vor, es zu ertragen, im Bewußtsein des unerschütterlichen und gerechten Urteils Gottes und mit dem Trost der Sentenz: Una salus victis, nullam sperare salutem. (= Ein Glück bleibt den Besiegten, kein Glück mehr zu erhoffen; aus Vergils »Aeneis«.)

Aber um etwas auf Ihre Briefe zu antworten, beginne ich damit, daß mein Entschluß, hier heraufzukommen, aus dem Wunsch stammt, das Leben zu retten und nicht, spazieren zu gehen in frischer Luft, da in Florenz, besonders in meinem Wohnviertel, die mehr als vermutliche Aussicht bestand, von der Pest ergriffen und vernichtet zu werden. Auch dachte ich nicht, Ihnen deswegen mehr Kosten zu verursachen, ich brauche ja hier oben nicht mehr als in Florenz. Und wenn Sie dachten, hier oben seien meine Verwandten verpflichtet, für das tägliche Brot und alles andere aufzukommen, so haben Sie sich (mit gebührendem Verlaub gesagt) gewaltig geirrt. Denn nachdem sie sich der Sestilia entledigt und sie mir zur Frau gegeben haben, sind sie mir nicht die Bohne schuldig, außer der schuldigen Mitgift zum vertraglich ausgemachten Zeitpunkt, die übrigens auf die Bank gelegt werden muß, ebenfalls vertragsgemäß, und nicht anderweitig für Brot und Wein verbraucht werden darf. Sie werden nicht nur einen Menschen auf Erden, sondern unendlich viele Leute finden, die Ihnen sagen, daß nicht meine Verwandten, sondern Sie für mich und meine Frau aufkommen müssen, die ich liebevoll und zu ihrer vollen Zufriedenheit aufgenommen habe. Und wenn jene Leute noch dazu erfahren, daß Sie mit Ihren fast hundert Scudi pro Monat es für besser und bequem erachten, mich mein bißchen sicheres Kapital verbrauchen und verlieren zu lassen, statt daß Sie sich ein wenig einschränkten im Verbrauch eines Gutteils Ihres großen Einkommens zum Beschenken von Bauern, Erziehung und Einkleidung ihrer Kinder, Bezahlung ihres Klosterunterrichts, Spendung von Mitgiften und Unterstützung bei jeder Gelegenheit; und wenn jene Leute außerdem noch erfahren, daß Sie für die Anna, Tochter des Cosimo Dieciaiuti, zuerst lange Zeit die Erziehung im Kloster bezahlt haben und sich dann in den Kopf setzten, gerade als suchten Sie eine Gelegenheit zum Hinauswerfen des Geldes, sie der ganzen Welt zum Trotz mit Vincenzio Landucci zu verheiraten, sie standesgemäß auszustatten, offenes und gut versorgtes Haus für sie zu halten, ihrem Mann vertraglich hundert Scudi pro Jahr zuzusichern und um diesen hohen Preis außer tausend Unannehmlichkeiten sich die Feindschaft Benedetto und Vincenzio Landuccis zu erkaufen und, was viel schwerer wiegt, sich damit in einen gewissen wenig guten Ruf zu bringen — ich jedenfalls weiß, was ich mir dazu sage, Herr Vater, auch ich bin gewiß, daß Sie bei diesen und vielen anderen Ausgaben, die von den meisten Leuten für übertrieben und überflüssig angesehen werden, mit Ihrem Gehalt nicht auskommen: aber dafür möchte nicht ich gestraft werden. Es ist wahr, daß Sie Ihr Geld, das Sie sich mit Ihrem Schweiß und in Ehren verdient haben, nach Gutdünken und Gefallen ausgeben können und daß es mir nicht zusteht, Ihre Rechnungen zu prüfen, und daß ich alles, was ich von Ihnen habe, nur Ihrer reinen Freundlichkeit und Liebe verdanke und daß es mir bis jetzt nie an etwas gefehlt hat. Da ich aber andererseits an Frau und Kind gebunden bin, kann ich im Hinblick auf den elenden Zustand, den ich mir jetzt bereitet sehe, nicht anders als mich über Gebühr gekränkt fühlen; dabei völlig abgesehen von meinem Kummer. Sie beklagen sich darüber, daß unser Haus wenig Früchte meiner Studien und Anstrengungen zu sehen bekomme, aber daran bin ich absolut nicht schuld; und Sie wissen sehr genau, wie es mich bisher geschmerzt hat und, wie Sie sich denken können, erst recht jetzt schmerzt, mich ohne Arbeit und Fortkommen zu sehen, und Sie wissen, wie oft und wie dringend ich Sie gebeten habe, mir eine Stelle zu besorgen. Wollte Gott, daß ich das Glück hätte und eine Gelegenheit fände, zu arbeiten und mir mein Brot zu verdienen, dann wäre ich aus einem großen Labyrinth heraus und könnte den Himmel mit dem Finger berühren. Und jetzt, wo ich weiß, wie sehr die Ausgaben wachsen, will ich Sie bitten und anflehen, mit nicht geringerer Liebe und Demut als es die Familie Ihres Bruders tut, Sie möchten mir so schnell wie möglich eine Anstellung suchen, bei der ich etwas verdienen kann, und Sie möchten, wenn Sie sich schon (wie es richtig ist) um Ihre Enkel kümmern, nicht Ihren armen Sohn, Ihre Schwiegertochter und unser liebes Söhnchen vergessen, das immerhin auch aus Ihrem Blut stammt und ihr Enkel ist. Gott wird Ihnen für so viel Liebe ein ewiges Verdienst anrechnen. Und zum Schluß bitte ich Gott, daß er Sie von allem Ungemach befreie und Sie noch lange in Zufriedenheit und Freude erhalte. — Die sechs Scudi habe ich erhalten, ich danke Ihnen, und ich will sie nützlich verwenden; danach werde ich mit dem Schmuck der Sestilia das tun, was Sie wünschen« (EN XIV 174).

Dieser unverschämt klingende Brief muß den Leser so lange verstören, als er die Umstände nicht kennt. Fürs erste ist er kostbar, weil er eins der wenigen Dokumente ist, die einen weiträumigen Blick hinter den Vorhang des offiziellen Gelehrten- und Publizistenlebens gewähren. Wir lernen hier nicht nur Fakten aus dem intimen Familienleben kennen, sondern auch das Niveau von Auseinandersetzungen, und dabei, das werden wir gleich sehen, schneidet Vincenzio summa cum laude ab.

Der Brief ist die sachliche und energische Klarstellung einer äußerst komplexen Situation, in die der großzügige, etwas sehr großzügige Galilei hineingeraten war; er befand sich infolge seiner vielfachen, freiwillig eingegangenen Verpflichtungen in schweren Geldnöten. Und da hat er also in den von Vincenzio erwähnten zwei Briefen, die nicht erhalten sind, als selbstverständlich angenommen, jetzt werde sich die Familie Bocchineri eine Weile um die jungen Leute kümmern, besonders da sie ja schon im Landhaus der Bocchineri wohnten. Mit dieser Selbstverständlichkeit irrte er damals so, wie er heute irren würde; für den Unterhalt eines arbeitslosen Sohnes und dessen Familie hatte juristisch Vater Galilei und nicht Vater Bocchineri aufzukommen. Aber er scheint seinen Versuch peremptorisch vorgetragen zu haben, und damit trieb er den Sohn so in die Enge, daß der vorliegende Brief zu einer erbarmungslosen Klarstellung wurde und alles aufrollte, was für die Finanznöte des Vaters verantwortlich war.

Übrigens war das nicht das erste Mal, daß Vincenzio Beweise einer kompromißlosen Haltung lieferte. Schon im Jahre 1627, da war Vincenzio 21 Jahre alt, erhob er die Stimme und sagte nein zu einer vom Vater arrangierten Wohltat. Eine päpstliche Pfründe von 60 Scudi jährlich war ihm zugeschanzt worden. Doch da gibt es im Mai einen Brief des braven Benedetto Castelli, der die Sache in Rom in die Hand genommen hatte, an Galileo: »Ich war ganz bestürzt über Ihren Brief und den beiliegenden des Herrn Vincenzio, aus dem ein giftiger Haß, nicht eine schlichte Abneigung gegen den Klerus hervorgeht. Ich werde ihm weiter zu Diensten sein, aber schweren Herzens, da es mir unrecht scheint, Kirchengüter an jemand zu vergeben, der die Kirche so mißachtet. Auch ist das nicht das erste Mal, daß ich zu meinem Bedauern einen solchen Eindruck bekam. Übrigens habe ich erfahren, daß er das Habit nicht zu tragen braucht,wenn die Pension wie in unserem Fall 60 Scudi nicht übersteigt« (EN XIII 358). Die Pfründe wurde dann dem gleichnamigen Vincenzio Galilei, Sohn des in München lebenden Michelangelo Galilei, des Bruders von Galileo, übertragen — doch auch über diesen Vincenzio gab es traurige Briefe Castellis; wir werden das noch sehen.

Jetzt haben wir es zuerst noch mit dem Brief des gekränkten Sohnes zu tun. Er rechnet dem Vater eine ganze Kette von Verschwendungen vor, die der Vater natürlich als Wohltätigkeiten klassifizierte, mit einer Ausnahme. Mit seinem Schwager Landucci hatte Galilei schon in Padua unerquickliche finanzielle Auseinandersetzungen gehabt, und das Verhältnis blieb immer gespannt. Und nun hatte Galileo es sich in den Kopf gesetzt, einen Sohn Benedetto Landuccis glücklich zu machen. Auch dieser Neffe hieß Vincenzio, und Galileo erklärte ihm 1627, er müsse einen Hausstand gründen (EN XIX 506), es sei auch schon eine Frau für ihn da, Anna Dieciaiuti, und er werde ihm, bis er auf eigenen Füßen stünde, eine Pension zahlen. Man kann sich vorstellen, wie wenig erfreut Vater Benedetto über diesen selbstherrlichen Eingriff des wenig geliebten Schwagers Galileo in sein Familienleben war. Gleichzeitig hatte sich Galilei eine andere große Last auf die Schultern geladen. Er lud

1627 seinen Bruder Michelangelo, der am Hof des bayerischen Kurfürsten Maximilian als Kapellmeister und Lautensolist tätig war, mit Frau und sieben Kindern nach Florenz ein. Michelangelos Einkommen war im Vergleich mit Galileos Status lächerlich, und er ernährte nur mit Mühe seine große Familie. Galileo traute sich zu, für den Bruder eine Stelle zu finden, und obwohl dazu bei Hof im Augenblick keine Aussichten bestanden, sollte er trotzdem ganz nach Florenz übersiedeln. Michelangelo hatte seine Zweifel, schließlich ließ er sich überreden, nahm vorsichtigerweise nur einen Urlaub, erhielt vom Kurfürsten Geld zur Ausbildung des Sohnes Vincenzio in Rom, ließ die Tochter Mechilde in der Obhut einer Schwägerin in München zurück und kam im Sommer 1627 mit Frau Chiara und sechs Kindern in Florenz an. Der untätige Aufenthalt in Florenz drückte auf Michelangelos Gemüt, und als Galileo ihm eine regelmäßige Pension aus eigener Tasche anbot, lehnte er ab. Das empfand Galileo als Beleidigung. Aber Michelangelo war ein eigenartiger Mensch. Selbstkritisch bis zum Äußersten, labil in seinen Stimmungen, offenherzig im Reden, eifersüchtig auf das Wohl seiner armen Familie bedacht, »man muß mich nehmen mit meinen Fehlern«. Im Frühjahr 1628 wollte er nach München zurück, auch wenn er dort ausgelacht würde, aber Galileo überredete ihn, allein zu reisen und die Familie in Florenz zu lassen; ein wichtiger Grund war, daß Chiara eine prächtige Haushälterin war. Im Sommer allerdings wünschte Galileo die störenden Kinder loszuwerden, aber Chiara zu behalten, und Michelangelo schien eine Zeitlang damit einverstanden. Aber dann schrieb er ungeduldige Briefe an Galileo, weil die Kinder keinerlei Ausbildung erhielten und der musikalisch sehr begabte Alberto eine Art Pagendienst beim Großherzog machte; der Junge, schrieb Michelangelo, habe mit seinen elf Jahren »nötig, selbst bedient zu werden, statt andere zu bedienen«, es sei denn, der Großherzog entschließe sich, ihm gleichzeitig eine Ausbildung zu verschaffen. Und als Galileo auch noch auf den Tod erkrankte und ein Gelübde machte, »ein armes Mädchen aus dem Elend zu retten« (EN XX 613), da wurden die Briefe Michelangelos katastrophisch: Was, wenn der Bruder stirbt? Dann wird Michelangelos Familie auf die Straße geworfen, nein, so kann das nicht weitergehen!

Zudem gab es in Rom Ärger mit Vincenzio. Ihm sollte die Pfründe übertragen werden, die Galileos Sohn so rüde abgelehnt hatte, aber siehe da, der arme Castelli konnte jetzt seinen damaligen zornigen Brief beinah kopieren. Auch über diesen Vincenzio mußte er schreiben, der fürchterliche Junge, der sich von niemand etwas sagen lasse und ganze Nächte außer Haus verbringe, sei in Gefahr, dem Sant'Uffizio in die Hände zu fallen. Neulich habe er ausgerufen, »er sei kein Narr wie wir, er werde doch nicht ein Stück bemalte Wand anbeten«. Dazu meinte Castelli, hier hülfen wohl nur noch Prügel. Das alles klingt so, als handele es sich um einen unflüggen Knaben, doch der selbstbewußte junge Mann war 20 Jahre alt. Vincenzio mußte Rom verlassen. Im Herbst kam Michelangelo aus München und holte die ganze Familie in Florenz ab, auch seine Chiara. Die Brüder schieden im Unfrieden. Die berüchtigte Pfründe stellte sich übrigens als eine Art ungedeckter Scheck heraus. Vincenzio ging später als Musiker nach Polen und ließ nie mehr etwas von sich hören. Michelangelos Familie erging es schlecht, er selbst war seit der Rückkehr aus Florenz schwermütig, hatte sich mit vielem Weintrinken, das ihm unentbehrlich war, ruiniert (wie er selbst einmal schrieb), aber vor allem hatte ihn die unsinnige Florentiner Affäre in den totalen Bankrott getrieben. Er starb 1631. Galileo schickte der Witwe, die vom Kurfürsten eine Art winziger Armenhilfe erhielt, 50 Scudi. Aber schon 1634 wurde sie mit vier Kindern dahingerafft, es blieben drei Waisen übrig, um die sich Galileo eine Zeitlang kümmerte. Dann vermachte er ihnen ein Legat im Testament, löschte es aber wieder durch einen Zusatz.

Und gerade als sein Sohn Vincenzio aus Montemurlo den Antwortbrief schickte, in dem er kein Blatt vor den Mund nahm, rüstete sich Vincenzio Landucci zu einem Prozeß gegen den Onkel Galileo: Der Onkel habe bei der Heirat mit Anna Dieciaiuti Zahlungen vertraglich vereinbart, die er seit vielen Monaten trotz Mahnungen eingestellt habe. Das Gericht erkannte die Begründung Galileis (hohe Kosten für die zahlreiche Familie seines Bruders) nicht an und verurteilte ihn zur Fortsetzung der Zahlung. Der Streit zog sich über Jahre hin, schließlich einigten sie sich im Jahre 1640, indem Galilei die Mitgift für die zwölfjährige Tochter seines Neffen Vincenzio Landucci

Papst Paul V.

Papst Urban VIII.
(Kupferstich von M. Merian d. Ä., 1630)

Galilei vor dem Inquisitionstribunal

Denkmal und die Originalinstrumente
(rechts das Fernrohr)
Galileis im Naturgeschichtlichen Museum zu Florenz

übernahm. Die Mitgift war bestimmt – für die Aufnahme des zwölfjährigen Kindes in ein Nonnenkloster; mit 13 Jahren legte sie die Gelübde ab. Wieder und wieder findet man in der damaligen Zeit diesen traurigen religiösen Mädchenhandel. Gewiß, es handelte sich hier um das »arme Mädchen, das aus dem Elend gerettet wurde« gemäß dem Gelübde. Virginia war Waise, die Mutter Anna Dieciaiuti war gestorben, und die Stiefmutter ließ sie auf dem Land Ziegen hüten. Da war das Klosterleben eine Erlösung. Aber eine Übersiedlung ins Haus Galilei und Schulbildung wäre eine humanere Erlösung gewesen. Nun gut, niemand dachte sich damals etwas dabei, Mädchen im Kloster zu »versorgen«. Warum sollte Galilei auch in dieser und nicht nur in wissenschaftlicher Beziehung ein moderner Mensch sein.

Das Sonderbare nun ist, daß Galilei hoffte, unter all diesen freiwillig übernommenen Lasten die einzige von Natur und Gesetz unvermeidlich auferlegte loszuwerden, nämlich die Sorge für seinen Sohn. Die wollte er Vincenzios Schwiegereltern antragen. Das war eine Rechnung ohne den Wirt. Bei aller Freundschaft, so etwas hörten sich die Bocchineris gleich gar nicht an. Er scheint seinem Sohn als Auskunft für den schlimmsten Fall sogar geraten zu haben, den Schmuck der Sestilia zu versetzen oder zu verkaufen. Vater Galileo schlug um sich wie ein Ertrinkender.

Unklar bleibt in dem Brief die Bemerkung Vincenzios, die aufdringliche Heiratsstiftung Landucci-Dieciaiuti habe den Vater in »schlechten Ruf« gebracht. Darüber Vermutungen anzustellen ist fruchtlos.

Galileo hat das alles mit Maria Celeste besprochen, wie aus Briefandeutungen zu entnehmen ist. Sie war eine Künstlerin im Ausgleichen von Gegensätzen, nicht nur zwischen Vater und Sohn, auch zwischen Onkel und Neffe. Immerhin dauerte es noch ein Jahr, bis der Doktor beider Rechte, Vincenzio Galilei, eine Anstellung bekam: am 17. 11. 1631 wurde er Cancelliere von Poppi, vierzig Kilometer östlich von Florenz in den Bergen, wo er allerdings die Zügel schleifen ließ und die verschiedenen Kämmerer nicht genügend zur rechtzeitigen Rechnungslegung anhielt (EN XIX 434), im April 1634 wurde er, wieder als Kanzleichef, nach San Giovanni in Valdarno versetzt, südlich von Florenz am Arno gelegen, und endlich im Jahre 1635 fand er den Posten, der ihm zusagte: Kanzleichef im Florentiner Amt für Bank- und Münzwesen. Inzwischen war er längst zum Vertrauten und Bevollmächtigten seines Vaters geworden. Galileo hatte seinen energischen, kompromißlosen Sohn zu respektieren gelernt. Die dritte Stelle bekleidete Vincenzio bis zu seinem Tod 1649. Er hinterließ Frau und drei Söhne. Der letzte seiner Urenkel, Cosimo Galilei, Pfarrer von Santa Maria Novella in Chianti, starb 1779.

Dieser ganze Familien- und Finanzkomplex ist in dem aggressiven Verteidigungsbrief Vincenzios angesprochen. Jetzt erst, nachdem wir uns die Details vergegenwärtigt haben, können wir den Brief mit vollem Verständnis lesen. Jetzt verstehen wir, wie notwendig ein solches reinigendes Gewitter war. Dabei enthüllt sich Vincenzio als ein scharf denkender, offen redender, nichts beschönigender Mann, der aber trotzdem um die einlenkende Hand des Vaters bittet und nicht großmäulig so tut, als wolle er selbst so nett sein, eventuell einzulenken. Der Brief ist meisterhaft formuliert und in den Gewichten vorzüglich ausbalanciert. Galileo las den Brief im ersten Augenblick sicherlich voller Zorn, mußte aber bei wiederholter Lektüre ebenso sicher allmählich nachdenklich werden. Das war nicht der Brief eines höhnischen Verächters, sondern eines verletzten Mahners, dessen Verletzung überdies von einer Ungerechtigkeit des Vaters herrührte. Das beste war, stolz auf diesen Sohn zu sein, der sich von niemand etwas vormachen ließ, weder von Benedetto Castelli noch von seinem Vater, noch von sich selbst. Galileo war schließlich so vernünftig und ließ sich die Worte des Sohnes gesagt sein. Außerdem brauchte er in späteren Jahren, besonders nach dem schmerzlichen Verlust seiner geliebten Ratgeberin, eine Stütze, da er den Rest des Lebens unter Hausarrest stand. Vincenzio erhielt Bankvollmacht und erledigte, als er endlich eine Beschäftigung in Florenz gefunden hatte, alle Geschäfte für den Vater. Und so erledigte er auch loyal die Endstadien des in jenem Brief angesprochenen Komplexes: die Geldüberweisung an die Witwe Michelangelos, die Hilfen für die drei überlebenden Söhne, die Einkleidung und Versorgung der Virginia Landucci im Kloster. Ob die Streichung des Legates für die drei Söhne Michelangelo Galileis mit

Rücksicht auf ihn und seine Familie, die bis dahin auf fünf angewachsen war, vorgenommen wurde, ist unbekannt.

Die Unterdrückung Galileis wurde nicht aufgehoben, sie wurde schlimmer. Fulgenzio Micanzio las das Manuskript der »Discorsi« und war hingerissen, sprach mit dem venezianischen Inquisitor und erfuhr zu seinem Erstaunen, daß aus Rom ein generelles Druckverbot »de editis omnibus et edendis« (10. 2. 1635, EN XVI 209) vorlag. Also nichts schon Erschienenes und auch nichts Neues von Galilei, also auch nichts, was die Mechanik oder ein anderes nicht astronomisches Gebiet betraf, durfte gedruckt werden. Micanzio warf dem Inquisitor die höhnische Frage vor: »Und wenn er das Credo und das Vaterunser drucken wollte?« Und er bestand in demselben Brief darauf, daß die »Discorsi« gedruckt würden; dann eben im Ausland.

Galilei war zu totalem Schweigen verurteilt. Diese Anordnung war nicht vom Prozeß gedeckt, sie konnte gar nicht öffentlich erlassen werden, sie war ein geheimes Feme-Urteil, noch viel unerhörter als der schon genügend unerhörte Prozeß. Und die Leute in Rom wußten es. Sonst hätten sie es dem Betroffenen mitgeteilt. Galilei durchschaute diesen Sachverhalt ebenfalls. Er zog daraus die einzig richtige Konsequenz: er beschloß, von dieser ihm per Zufall bekannt gewordenen Anordnung nichts zu wissen, um außerhalb Italiens mit gutem Gewissen publizieren zu können (EN XVI 235).

Daß die Inquisition seine Post überwachte, war bekannt und auch nichts Außerordentliches. Auch Galileis Freunde waren sich dessen bewußt. Briefe, die mit gewöhnlicher Post gingen, wurden mundgerecht für die mitlesende Inquisition abgefaßt. Alles andere ging bessere Wege. Schon lange war der Privatsekretär des Großherzogs, Geri Bocchineri, eine wichtige Deckadresse; Bocchineri war auch der Schwager des Sohnes Galileis. Post mit Venedig ging grundsätzlich per Kurier über Bocchineri und den toskanischen Gesandten in Venedig (EN XV 311). Galilei gab sich nicht geschlagen, er nutzte seine privilegierte Stellung gründlich aus. Es wurde gekämpft, es wurden Schnippchen geschlagen.

Wenn Galilei nicht so viele treue Freunde und Bewunderer im In- und Ausland gehabt hätte, wenn nicht schon Bernegger in Straßburg an der Übersetzung des »Dialogo« ins Lateinische gearbeitet hätte, wer weiß, ob dieser Auslöschungsversuch »de editis omnibus et edendis« ihn nicht zum Zusammenbruch getrieben hätte. Aber auch das war den Gegnern noch nicht genug. Drei Jahre später mußte er erfahren, was er sich schon lange denken konnte, wer diese tödlichen Übertreibungen für nötig hielt: sein alter Bewunderer Niccolò Riccardi, der Padre Mostro, der Cousin der Caterina Niccolini Riccardi. Im Februar 1638 nämlich beklagte sich Giovanni Giacomo Bouchard, ein französischer Geistlicher, der am Hof Francesco Barberinis lebte, in einem Brief an Vincenzio Capponi in Florenz bitter über den Padre Mostro, der ihm den Nachruf auf Peiresc erst zwei Monate lang einbehalten und dann »fast gänzlich verstümmelt« zurückgegeben habe, »und was das Schlimmste ist, in Dingen, die mit dem Glauben nichts zu tun haben. Unter anderem soll ich keinen einzigen häretischen Gelehrten nennen, nicht einmal de Thou, und vor allem auch nicht den Galileo; alles, was ich zu seinem Lob gesagt hatte, wurde gestrichen... Aber das kann ich Ihnen sagen, ich bin so empört über diese Barbarei gegen den armen Galilei, daß ich mich entschlossen habe, sobald ich etwas Muße finde, seine Vita zu schreiben; ich bitte jetzt schon um Material und um Information Galileis, der vielleicht gern das Nötige mitteilt« (XVII 299).

Die Feigheit Riccardis, der diese und andere »Barbareien« an seinem alten Freund verübte, war eine der schmerzlichsten Erfahrungen Galileis. Der Mann, der sich einst glücklich pries, im Jahrhundert Galileis leben zu dürfen, und dieses Bekenntnis als Zensor an die Spitze des »Saggiatore« gesetzt hatte, erwies sich jetzt, nicht aus Existenzsorgen, sondern aus Gier nach der fortdauernden Gnade Urbans als ein grausamer Verräter. Man muß das nachzufühlen versuchen, dann erst kann man die innere Kraft des zur Unperson erklärten Galilei ermessen.

Der Nachruf auf den im Juni 1637 verstorbenen französischen Literaten de Peiresc aus Aix, dessen besorgten Brief an seinen Freund Francesco Barberini während des Inquisitionsprozesses wir schon kennen, markierte das Ende großer Hoffnungen Galileis. Peiresc hatte unermüdlich auf Barberinis Freundschaft gebaut und ihm im Dezember 1634 (EN XVI 171) den »Fleck auf dem Ruf dieses Pontifikates« warnend vorgehalten, im Januar 35 (XVI 202) das Schicksal und den Ruhm Galileis mit dem des Sokrates verglichen und im Februar 37 (XVII 33) Galilei gegenüber immer noch Hoffnung auf schließlichen Erfolg geäußert. Jetzt war auch diese Hoffnung zu Grabe getragen. Allerdings hatte Peiresc größere Hoffnungen als Galilei selbst gehabt. In einem Dankbrief vom 16. 3. 1635 (XVI 234f.) an Peiresc liest man: »Über einen einzigen Punkt (aber lassen Sie sich davon nicht stören) habe ich meine Zweifel, nämlich daß Sie damit keine gute Wahl getroffen haben, da er in meinem Fall keine Überzeugungskraft haben kann, sondern eher den gegenteiligen Effekt: daß Sie mich über so viele andere unseres Jahrhunderts erheben, wegen meiner zahlreichen Entdeckungen von größter Tragweite, weshalb Sie urteilen, daß mein Name lange im Gedächtnis der Nachwelt erhalten bleiben wird. Seien Sie versichert, daß diese in gewisser Hinsicht von Ihnen vermutete Einzigartigkeit die hauptsächliche, was sage ich, die einzige und alleinige Ursache meines Sturzes gewesen ist und noch ist. Daß ich in den jahrhundertelang gepflegten Schuldoktrinen viele Irrtümer entdeckt und teils publiziert, teils noch zu publizieren habe, das hat in den Köpfen derer, die allein für gescheit gelten wollen, eine solche Empörung ausgelöst, daß sie mit ihrer Raffinesse und ihrer Macht die Mittel gefunden haben, die publizierten Entdeckungen und auch das, was noch zu veröffentlichen ist, zu unterdrücken. Sie haben das Oberste Gericht veranlaßt, den Inquisitoren strengsten Befehl zu erteilen, keine meiner Arbeiten zu lizenzieren; generellen Befehl, der das Veröffentlichte und das zu Veröffentlichende betrifft. Das hörte ich von einem Venezianer Freund, der beim Inquisitor die Neuauflage eines zwanzig Jahre alten Drucks über die Körper, die auf dem Wasser schwimmen, beantragte, was ihm unter Vorlage des besagten Befehls verweigert wurde. Allerdings ist dieser Befehl mir nicht mitgeteilt worden, also werde ich seine Kenntnis verschweigen, um im Ausland nicht behindert zu sein...«

Und trotzdem, trotz aller bisherigen und noch folgenden Enttäuschungen, Galilei gab bis in die letzten Tage seines Lebens die Hoffnung nicht auf, daß die Kirche den ungerechten Makel der religiösen Verdammung von ihrem gläubigen Sohn nehmen und damit die Freude seiner Feinde und Verfolger vergällen werde. Das Verlangen war in ihm so stark, daß er es bis in die Todesstunde im schwindenden Bewußtsein hielt.

Ich sage: trotz aller Enttäuschungen. Genauso wie Peiresc erging es nämlich dem Comte de Noailles, der in Padua Galileis Schüler gewesen war und 1634 französischer Botschafter in Rom wurde. Er hat sich in einer ersten Audienz bei Urban für Galilei verwendet (EN XVI 171), dem Kardinal Antonio Barberini die Legende, Galilei habe in der Figur Simplicios den Papst verhöhnen wollen, als böswillige Verleumdung dargestellt und dasselbe auch dem Papst direkt vorgetragen, worauf Urban wohlwollend sagte, »Wir glauben es, Wir glauben es«; aber Erfolg hatte Noailles nicht (XVI 449f.). Der einzige Gnadenbeweis war, daß Galilei im Oktober 1636 (XVI 500) nach Poggibonsi reisen durfte, wo er den Comte auf seiner Rückreise nach Frankreich am 16. 10. traf; und Galilei benutzte diese Gelegenheit, um ihm eine Kopie seiner fast fertigen »Discorsi« zu überreichen; er wollte sie in Sicherheit wissen.

Schon im Juni 1635 hatte er dem Prinzen Mattia de'Medici, der nach Wien reiste, die ersten zwei der vier »Discorsi« mitgegeben, und der florentinische Pioniergeneral Pieroni, der in kaiserlichen Diensten stand, wollte den Druck in Wien oder Prag auf eigene Kosten betreiben; doch die Sache erwies sich als schwierig, teils weil Pater Scheiner plötzlich in Wien auftauchte, teils weil man einen Bischof suchen mußte, der sich über das generelle römische Verbot hinwegsetzte und der dann schließlich in Wien während der Abwesenheit des gefürchteten Scheiner gefunden wurde — aber diese Unternehmung war so sehr von Imponderabilien gefährdet, daß Galilei nach Bekanntschaft mit Ludwig Elzevir dem niederländischen Verlagshaus den Vorzug gab, und Pieroni war es zufrieden.

Galileis Werke wurden noch während seines Lebens fast alle im Ausland gedruckt, schon im Jahre 1634 in Paris seine frühere Paduaner Arbeit über die Mechanik auf französisch, zu seiner eigenen Überraschung; der mit ihm befreundete Mathematiker und Musiktheoretiker Morin Mersenne, Lehrer des Descartes, hatte das handschriftliche Exemplar in Frankreich aufgestöbert und es, ohne sich um Rom zu kümmern, kurzerhand übersetzt und mit Illustrationen veröffentlicht (XVI 255).

Der Franzose Pierre Carcavy bemühte sich lange, Galileis

Werke auf französisch zu veröffentlichen, fand aber schließlich keinen Drucker. Aber da waren nun die Gebrüder Elzevir, die im Sommer 1635 Berneggers lateinische Übersetzung des »Dialogo« zusammen mit dem Brief Foscarinis in Leiden auf den Markt brachten. Elzevir war das beste Verlagshaus, das man damals finden konnte; dort erschien alles, was aufregend modern war, unter der Bedingung, daß es sich um Qualität handelte. Dies zu beurteilen trauten sich die Elzevirs zu: Galilei, Descartes, Calvin, Grotius, Hobbes gehörten zu ihren Autoren. Der jüngere Ludwig Elzevir bereiste unermüdlich ganz Europa auf der Suche nach wichtigen Autoren. So hielt er sich auch eine Zeitlang in Venedig auf und ließ sich von Micanzio beraten, nachdem er im Sommer 1636 einen Besuch in Arcetri gemacht hatte (XVI 451). Die weiteren Verhandlungen führte Micanzio im Namen Galileis.

Galilei machte sich nicht nur keine Sorgen über die Veröffentlichungen im Ausland, er wünschte sogar ausdrücklich, daß möglichst viele Exemplare der Drucke (die Briefe an Madama Cristina z.B. wurden lateinisch und italienisch gedruckt) nach Italien gelangten, »zum Ärger meiner verleumderischen Feinde« (XVI 449), »zur Freude all meiner Freunde und zur gegenteiligen Empfindung meiner hartnäckigen unversöhnlichen Feinde« (XVI 451). Er machte, wie wir gesehen haben, einen Unterschied zwischen seinen peripatetischen Feinden und dem Tribunal, das von ihnen verleumderisch in die Irre geleitet worden war. Und er machte einen weiteren Unterschied zwischen dem Irrtum des Inquisitionsgerichts und der rechtgläubigen Kirche, ganz im Gegensatz zu einigen seiner Freunde, die während des Prozesses optimistisch gewesen waren, weil dieses Tribunal nicht irren könne. Castelli hatte zu diesen Optimisten und theologisch schlecht Unterrichteten gehört. Diese Freunde hätten nach dem Ausgang des Prozesses sich entweder von Galilei abwenden müssen, was sie nicht taten, oder ihre Stellung zur Kirche ernstlich revidieren müssen, was sie auch nicht taten. Da war Ascanio Piccolomini schon konsequenter, der zwar gemeint hatte, dieses Gericht sei notorisch zur Milde gestimmt, dann aber »diese Herren« ganz einfach unbegreiflich fand. Theologische Überlegungen ließ er ganz aus dem Spiel, er blieb einfach dabei, Galilei für einen der größten Italiener zu halten und die römischen Verfolger »diese Herren« zu nennen, und er ließ sich in der Sicherheit des Weltruhms Galileis nicht beirren und sagte das ganz offen. Es gibt einen Brief Galileis aus dem August 1636 (SVI 458) an den polnischen König Ladislaus, worin es heißt: »Seit drei Jahren befinde ich mich hier (in Arcetri) als Gefangener auf Befehl des Sant'Uffizio, weil ich den Dialog über die zwei Systeme, das ptolemäische und das kopernikanische, veröffentlicht habe, immerhin mit der Druckerlaubnis desselben Sant'Uffizio, nämlich des Maestro del Sacro Palazzo in Rom. Ich weiß, daß Exemplare in Ihre Gegend gelangt sind, und so werden Eure Majestät und Ihre Gelehrten verstanden haben, ob es wahr ist, daß darin anstößigere Lehren als in den Büchern Calvins, Luthers und aller anderen Häretiker eingestreut seien. Und doch ist diese Idee dem Papst so sehr eingeflößt worden, daß das Buch verboten wurde und ich mit Schande bedeckt und zum Kerker nach Belieben Seiner Heiligkeit verurteilt bin; und das wird für immer so bleiben.«

Wenn ich vor kurzem gesagt habe, Galilei habe bis in die Todesstunde die Hoffnung auf Rehabilitation nicht aufgegeben, so muß es jetzt genauer heißen: das Bewußtsein, ein Recht auf Rehabilitation zu haben. Gut, er hatte nicht die Fixsternparallaxe als zwingenden Beweis vorzeigen können, er hatte das heliozentrische System nur sehr, sehr plausibel gemacht. Aber — mit welchem Recht eigentlich gestand die Kirche »nur« naturwissenschaftliche Hypothesen zu? Was ging sie das überhaupt an? Der Fehler, das sagten wir schon, hatte seinen Ursprung nicht erst im Kopf der Kardinäle von 1633, sondern schon im Dekret von 1616. Das wußte Galilei von Anfang an, er sagte es 1616 nicht nur allen Leuten in Rom, wohin er ja eigens gereist war, um so etwas Törichtes wie die Verurteilung des Kopernikus zu verhindern, er sagte es auch jetzt. In einem Brief an Peiresc vom 21. 2. 1635 (XVI 216) schreibt er: »Meine äußerst religiöse und reine Gesinnung käme sofort an den Tag, wenn die Verleumdungen, Betrügereien, Strategien und Listen aufgedeckt würden, die vor 18 Jahren zur Blendung der Obrigkeit benutzt wurden... unter der Maske angeblicher Religiosität.« Dort also lag der entscheidende Übergriff der Kirche. Naturwissenschaftliche Thesen gingen sie gar nichts an, und kirchlich respektvoller und religiös gläubiger als Galilei konnte man gar nicht sein. Er sagt es hier zum hundertstenmal, aber öffentlich konnte er kein Wort mehr sagen. In Italien. Diese seine Glaubensüberzeugung also war es, die ihn unbeschwerten Gewissens das kirchliche Personal verachten ließ. Er hatte ganz einfach ein Recht auf Veröffentlichung seiner Forschungen, und er tat es dort, wo ihm niemand in den Arm fiel, kluge Vorsicht in der Verhandlungsführung inbegriffen. Die Ironie der Geschichte wollte es, daß er in allem völlig recht hatte und recht behielt, in den naturwissenschaftlichen und in den kirchlichen Prinzipien. Der zu Recht ruhmbewußte Galileo war dem bloß eitlen Urban unermeßlich überlegen. Nicht nur der Erzbischof Ascanio Piccolomini verhielt sich dementsprechend. Galilei erhielt Zeugnisse über Zeugnisse dieser unkompromittierten Gesinnung. So stellte sich z. B. ein ganzer Orden, der im Schulwesen tätig war und darauf auf wissenschaftlich gebildete Mitglieder Wert legte, vollständig auf Galileis Seite, die Patres delle Scuole pie, der »frommen Schulen«. Die Lehrer-Schüler-Beziehung Galileis zu einzelnen Ordensgenossen bestand seit 1629; besonders ein P. Francesco Michelini war dem Meister sehr wert und wurde dann Hauslehrer der Prinzen. Seit 1634, also ein Jahr nach dem Inquisitionsprozeß, kam P. Clemente Settimi nach Florenz und erhielt einige Jahre später, als Galilei erblindet war, vom römischen Ordensgeneral Giuseppe Calasanzio die Erlaubnis, in Arcetri zu übernachten; das war 1639, und Settimi wurde praktisch der Sekretär Galileis. Im selben Jahr schickte Calasanzio in gutem Glauben den P. Mario Sozzi nach Florenz, wo sich Sozzi recht bald als Karrierist und Denunziant entpuppte. Er denunzierte die ganze florentinische Gruppe seiner Mitbrüder zuerst in Florenz und dann in Rom als Anhänger und Verbreiter der Galileischen Lehren, den P. Francesco Michelini als scharfen Kritiker des Inquisitionsgerichts und des Papstes. Nicht nur gelang es ihm, Michelini aus Florenz zu vertreiben, er selbst wurde gegen den Willen Calasanzios, des Ordensgründers, als toskanischer Provinzial eingesetzt, und nicht genug damit, er erreichte, daß Calasanzio abdanken mußte und er selbst Ordensgeneral wurde, unter dem Protest der Ordensbrüder, verschiedener Kardinäle und des Großherzogs. Vergeblich das alles, das Sant'Uffizio war dem Denunzianten Sozzi unerschütterlich dankbar. Ein weiteres trübes Beispiel für die Praktiken der römischen Kurie. Ich vermute, daß dieser Sozzi von Anfang an als agent provocateur von der Inquisition in den Orden geschleust wurde (über Sozzi vgl. EN XX 540).

Doch es wird Zeit, ins Jahr 1638 zurückzukehren, das Erscheinungsjahr der »Discorsi«.

18
Der Höhepunkt der Neuen Wissenschaft

Hier stehen wir vor dem wissenschaftlichen Sakrarium Galileis, wir erleben jetzt die eigentliche Grundlegung des mechanistischen Weltmodells, die aufregendste Leistung dieses Mannes, über die meist am wenigsten aufregend oder überhaupt nicht berichtet wird. Es sind die 1638 veröffentlichten »Discorsi«.

Der vollständige italienische Titel der Originalausgabe Elzevirs in Leiden 1638 lautet: »Discorsi e dimostrazioni matematiche, intorno a due nuove scienze attenenti alla mecanica e i movimenti locali« (EN VIII 43–318).

Diese Ausgabe hat als Anhang die kurze Jugendschrift »Theorien über den Schwerpunkt solider Körper«, die in der Nationalausgabe der Chronologie halber in I 187–208 abgedruckt ist. Galilei wollte mit dieser Gelegenheit die kleine Studie vor der Vergessenheit bewahren.

Die »Discorsi« sind in vier Tage eingeteilt. Ein Fünfter Tag über die Euklidische Proportionslehre (EN VIII 349–362) und ein sog. Sechster Tag über die Stoßkraft (EN VIII 321–346) wurden nicht rechtzeitig fertig und sind dann Torsi geblieben.

Wir werden uns mit den Vier Tagen der Originalausgabe beschäftigen, von denen übrigens der dritte und vierte die epochemachenden Naturgesetze enthält. Dem deutschen Leser zuliebe ziehen wir eine brauchbare deutsche Übersetzung hinzu, die in zwei Bändchen in der Reihe »Ostwalds Klassiker der exakten Wissenschaften« vorliegen; die Übersetzung stammt von Arthur von Oettingen: »Unterredungen und mathematische Demonstrationen über zwei neue Wissenszweige, die Mechanik und die Fallgesetze betreffend«, I (1. u. 2. Tag) 1890, II (3. u. 4. Tag) 1891. Nur im Titel hat Oettingen den Begriff Ortsbewegungen bzw. Ortsveränderung, den physikalischen Begriff für Bewegung, mit »Fallgesetze« wiedergegeben, im Text bleibt er bei Galileis Bezeichnungen. Zitiert wird in diesem Kapitel also stets doppelt, nach der italienischen Nationalausgabe (EN) und nach Oettingen (Oe). Es sei noch angemerkt, daß die ersten beiden Tage von Galilei italienisch, die letzten beiden in den Gesetzen und Ableitungen lateinisch, in den Zwischengesprächen italienisch geschrieben sind.

Die »Discorsi« sind dem Comte de Noailles gewidmet, z. T. als Alibi: Galilei tut so, als habe Noailles eigenmächtig den Druck veranlaßt (Oe I 128). Und Noailles, einverstanden mit diesem Trick, der ihm auf jeden Fall zur Ehre gereicht, bedankt sich am 1. 1. 1638 (EN XVII 264) u. a. mit den Worten: »Ich bin stolz darauf, im Gedächtnis eines Mannes zu leben, der die Ehre seines Jahrhunderts und seines Landes ist« — ein unbekümmerter Hieb gegen die dumme Blindheit Urbans und seiner Kreaturen.

Die Gespräche werden wie im »Dialogo« von Salviati, Sagredo und Simplicio geführt, getreu der Ankündigung am Ende des »Dialogo«, ein demonstratives Zeichen dafür, daß Galilei nach dem Inquisitionsprozeß einfach da weitergemacht hat, wo er vor dem Prozeß aufgehört hatte. Allerdings ist Simplicio jetzt nicht mehr so borniert; er hat Fortschritte gemacht und ist jetzt geradezu kooperativ.

Statt damit zu beginnen, die vier Tage Punkt für Punkt durchzugehen und z. B. die vielen mechanischen Probleme der ersten beiden Tage nachzuvollziehen, schlage ich vor, wir fragen uns zuerst einmal, ob ein neuerer Physiker mit Galileis Arbeit noch viel anzufangen wüßte. Es gibt von dem bedeutenden Physiker und Wissenschaftstheoretiker Ernst Mach (1838—1916) eine historisch-kritische Untersuchung »Die Mechanik in ihrer Entwicklung« (1912[7], bis heute ununterbrochen nachgedruckt), wo der Abschnitt über die Entwicklung der Dynamik sehr ausführlich mit Galilei beginnt. Ich zitiere einige Passagen, in denen Mach das Fallgesetz behandelt und am Ende zu einer ganz überraschenden Schlußfolgerung gelangt.

»Wir müssen zuvor bemerken, daß damals alle die Kenntnisse und Begriffe, die uns jetzt geläufig sind, nicht vorhanden waren, sondern daß Galilei dieselben erst für uns entwickeln mußte. Demnach konnte er nicht so verfahren, wie wir es heute tun, sondern er mußte einen anderen Weg einschlagen. Er strebte zuerst die Fallbewegung zu verlangsamen, um sie genauer beobachten zu können. Er beobachtete Kugeln, die auf einer schiefen Ebene (Fallrinne) herabrollten, indem er annahm, daß nur die Geschwindigkeit der Bewegung hierbei verringert, die Form des Fallgesetzes aber nicht alteriert werde. Wurden vom obern Ende der Fallrinne an die Längen 1, 4, 9, 16... abgeschnitten, so sollten die zugehörigen Fallzeiten durch die Zahlen 1, 2, 3, 4... dargestellt werden, was sich auch bestätigte. Die Beobachtung dieser Zeiten hat Galilei auf eine höchst sinnreiche Weise ausgeführt. Uhren von der heutigen Form gab es damals nicht, diese sind erst durch die von Galilei begründeten dynamischen Kenntnisse möglich geworden. Die mechanischen Uhren, die gebraucht wurden, waren sehr ungenau und nur zur Messung größerer Zeiträume brauchbar. Außerdem waren meist Wasser- und Sanduhren im Gebrauch. Galilei stellte nun eine solche Uhr in der einfachsten Weise her und richtete sie zur Messung kleiner Zeiträume besonders ein, was damals nicht üblich war.

Sie bestand aus einem Wassergefäß von großem Querschnitt mit einer feinen Bodenöffnung, die durch den Finger verschlossen wurde. Sobald die Kugel auf der schiefen Ebene ihre Bewegung begann, öffnete er das Gefäß und ließ das Wasser auf eine Waage ausfließen; kam sie am Ende der Bahn an, so schloß er es. Da sich die Druckhöhe der Flüssigkeit wegen des großen Querschnittes nicht merklich änderte, so waren die ausgeflossenen Wassergewichte proportional der Zeit. Es zeigte sich hierbei wirklich, daß die Zeiten bloß einfach wuchsen, während die Fallräume quadratisch fortschritten. Damit war also die Folgerung aus Galileis Annahme und sonach auch die Annahme selbst durch das Experiment bestätigt« (Mach, S. 124).

Daß zum Experimentieren mehr gehört als nur »experimentieren«, sehen wir an folgender Stelle:

»Wollen wir Galileis Gedankengang ganz verstehen, so müssen wir bedenken, *daß er schon im Besitz von instinktiven Erfah-*

rungen ist, bevor er an das Experiment geht. Den frei fallenden Körper verfolgt man desto schwerer mit den Augen, je länger und tiefer er bereits gefallen ist; in gleichem Maße wird dessen Stoß auf die auffangende Hand empfindlicher, der Schall beim Aufschlagen stärker. Die Geschwindigkeit wächst also mit Fallzeit und Fallraum. Für den wissenschaftlichen Gebrauch muß aber die gedankliche Nachbildung der sinnlichen Erlebnisse noch *begrifflich* geformt werden. Nur so können sie benutzt werden, um zu einer durch eine begriffliche *Maßreaktion* charakterisierten Eigenschaft durch eine begriffliche *Rechnungskonstruktion* die davon *abhängige* Eigenschaft der Tatsache zu finden, die teilweise gegebene zu ergänzen. Dieses Formen geschieht durch Herausheben des für wichtig Gehaltenen, durch Absehen von Nebensächlichem, durch *Abstraktion, Idealisierung.* Das Experiment entscheidet, ob die Formung genügt. *Ohne irgendeine vorgefaßte Ansicht ist ein Experiment überhaupt unmöglich,* indem letzteres durch erstere seine Form erhält. Denn wie und was sollte man versuchen, wenn man nicht schon eine Vermutung hätte? Von dem vorher Erfahrenen hängt es ab, worin das Experiment *ergänzend* einzutreten hat. Das Experiment bestätigt, modifiziert oder widerlegt die Vermutung. Der moderne Forscher würde im analogen Falle fragen: wovon ist v eine Funktion? was für eine Funktion von t ist v? Galilei fragt in seiner naiv primitiven Weise: ist v proportional *s, ist* v proportional t? Galilei geht also tatonierend synthetisch vor und kommt ebenfalls zum Ziel. Schulmäßige, schablonenhafte Methoden sind erst das Ergebnis der Untersuchung und können nicht bei den ersten Schritten, welche das Genie tut, schon vollkommen entwickelt zur Verfügung stehen« (Mach, S. 125).

Wieso konnte Galilei schiefe Ebenen benützen, um den »freien« Fall zu untersuchen? (Mach, S. 126ff.):

»Um sich eine Vorstellung über das Verhältnis der Bewegungen auf der schiefen Ebene und im freien Fall zu bilden, macht Galilei die Annahme, daß ein Körper, der durch die Höhe der schiefen Ebene fällt, dieselbe Endgeschwindigkeit erreicht wie ein Körper, der ihre Länge durchfällt. Das ist eine Annahme, die uns etwas gewagt erscheint; in der Weise aber, wie sie Galilei aufgestellt und durchgeführt hat, ist sie ganz natürlich. Wir wollen versuchen, den Weg, auf dem er dazu geführt wurde, einfach auseinanderzusetzen. Er sagt: Wenn ein Körper frei herabfällt, so nimmt dessen Geschwindigkeit proportional der Fallzeit zu. Wenn nun der Körper unten angekommen ist, so denken wir uns die Geschwindigkeit umgekehrt und aufwärts gerichtet, wir sehen dann, daß der Körper aufwärts steigt. Wir machen die Wahrnehmung, daß seine jetzige Bewegung sozusagen ein Spiegelbild der frühern ist. Wie die Geschwindigkeit vorher proportional der Fallzeit zugenommen hat, so wird sie jetzt umgekehrt abnehmen. Wenn der Körper ebensolange steigt, als er gefallen ist, und wenn er die ursprüngliche Höhe wieder erreicht hat, so ist seine Geschwindigkeit auf Null reduziert. Wir erkennen also, daß ein Körper vermöge der erlangten Fallgeschwindigkeit gerade so *hoch* steigt, als er herabgefallen ist. Wenn nun ein Körper auf der schiefen Ebene fallend eine Geschwindigkeit erlangen könnte, mit welcher er, auf eine andere geneigte Ebene gesetzt, höher zu steigen vermöchte, als er herabgefallen ist, so könnte man durch die Schwere selbst eine Erhebung der Körper hervorbringen. Es liegt also in dieser Annahme, daß die erlangte Fallgeschwindigkeit lediglich von der *vertikalen* Fallhöhe abhängt und von der Neigung der Bahn unabhängig ist, nichts weiter als die widerspruchslose Auffassung und Anerkennung der *Tatsache*, daß die schweren Körper nicht das Bestreben haben zu steigen, sondern das zu *sinken*. Würden wir also annehmen, daß ein Körper auf der Länge der schiefen Ebene fallend, etwa eine größere Geschwindigkeit erlangt als der vertikal die Höhe durchfallende, so könnten wir denselben mit der erlangten Geschwindigkeit auf eine andere schiefe oder vertikale Ebene übergehen lassen, auf welcher er zu einer größeren Vertikalhöhe aufsteigen würde. Würde hingegen die erlangte Geschwindigkeit auf der schiefen Ebene kleiner sein, so brauchten wir den Prozeß nur umzukehren, um dasselbe zu erreichen. In beiden Fällen könnte ein schwerer Körper bei passender Anordnung von schiefen Ebenen lediglich durch sein eigenes Gewicht fort und fort in die Höhe getrieben werden, was unserer instinktiven Kenntnis der Natur der schweren Körper durchaus widerspricht.

Galilei ist wieder nicht bloß bei der philosophischen und logischen Erörterung seiner Annahme stehengeblieben, sondern hat dieselbe mit der Erfahrung verglichen.

Er nimmt ein einfaches Fadenpendel mit einer schweren Kugel. Erhebt er dieselbe, das Pendel elongierend, bis zu einem gewissen Niveau, zu einer gewissen Horizontalebene, und läßt er sie dann fallen, so steigt sie auf der andern Seite zum selben Niveau. Wenn dies auch nicht *genau* zutrifft, so erkennt doch Galilei leicht den Luftwiderstand als Ursache des Zurückbleibens. Man ersieht dies schon daraus, daß ein Korkkügelchen mehr, ein schwerer Körper weniger zurückbleibt. Allein abgesehen davon erreicht der Körper wieder dieselbe Höhe. Man kann die Bewegung des Pendelkörpers auf einem Kreisbogen, als Fall auf einer Reihe von schiefen Ebenen ungleicher Neigung betrachten. Leicht können wir nun mit Galilei den Körper auf einem andern Bogen, einer andern Folge von schiefen Ebenen aufsteigen lassen. Wir erreichen dies, indem wir auf einer Seite neben dem vertikal hängenden Faden (Abb.1) einen Nagel *f* oder *g* einschlagen, der einen Teil des Fadens hindert, an der einen Hälfte der Bewegung teilzunehmen. Sobald der Faden in der Gleichgewichtslage an diesem Nagel ankommt, wird die Kugel, welche durch *b a* gefallen ist, in einer andern Reihe von schiefen Ebenen, den Bogen *am* oder *an* beschreibend, steigen. Wenn nun die Neigung der Ebenen Einfluß auf die Fallge-

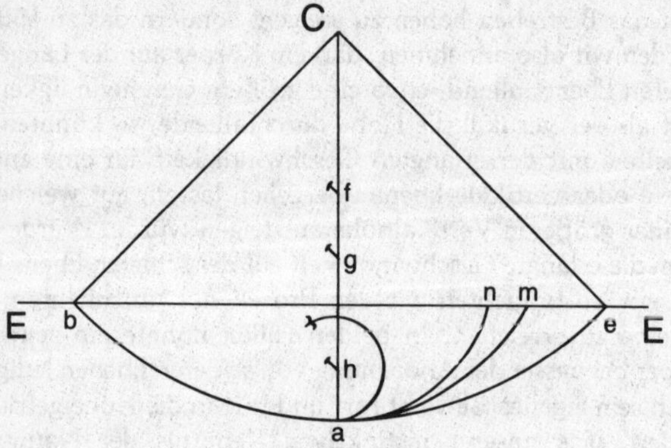

Abb. 1

schwindigkeit hätte, so könnte der Körper nicht zur selben Horizontalebene steigen, von der er herabgefallen ist. Dies geschieht aber. Man kann das Pendel für eine Halbschwingung beliebig verkürzen, indem man den Nagel beliebig tief einschlägt; die Erscheinung bleibt aber stets dieselbe. Schlägt man den Nagel *h* so tief ein, daß der Rest des Fadens nicht mehr zur Ebene *E* hinaufreicht, so überschlägt sich die Kugel und wickelt den Faden um den Nagel herum, weil sie noch einen Rest von Geschwindigkeit übrig hat, wenn sie die größte Höhe, die sie erreichen kann, erreicht hat.

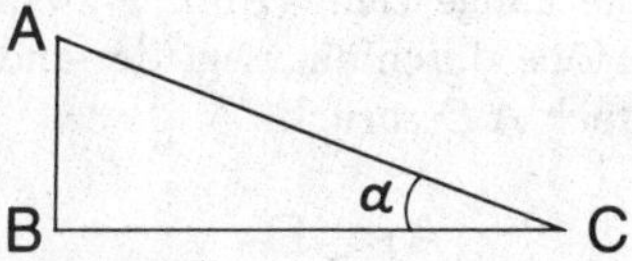

Abb. 2

Wenn wir nun voraussetzen, daß auf der schiefen Ebene dieselbe Endgeschwindigkeit erreicht wird, ob der Körper die Höhe oder die Länge der schiefen Ebene durchfällt, worin weiter nichts liegt als die Annahme, daß ein Körper vermöge der erlangten Geschwindigkeit gerade so hoch steigt, als er gefallen ist, so kommt man mit Galilei sehr leicht zur Einsicht, daß die Fallzeiten auf der Höhe und der Länge der schiefen Ebene einfach proportional sind der Höhe und der Länge dieser Ebene, also die Beschleunigungen verkehrt proportioniert dieser Fallzeit. Es wird sich also die Beschleunigung auf der Höhe zur Beschleunigung auf der Länge verhalten wie die Länge zur Höhe. Es sei *A B* die Höhe und *A C* die Länge der schiefen Ebene (Abb. 2). Beide werden in gleichförmig beschleunigter Bewegung in den Zeiten *t* und *t'* mit der Endgeschwindigkeit *c* durchfallen. Deshalb ist

$$AB = \frac{v}{2}\, t \text{ und } AC = \frac{v}{2}\, t', \ \frac{AB}{AC} = \frac{t}{t'}.$$

Heißen *g* und *g'* die Beschleunigungen auf der Höhe und Länge, so ist

$$v = gt \text{ und } v = g't', \text{ also } \frac{g'}{g} = \frac{t}{t'} = \frac{AB}{AC} = \sin\alpha.$$

Auf diese Weise ist man imstande, aus der Beschleunigung auf der schiefen Ebene die Beschleunigung für den freien Fall abzuleiten.

Hieraus zieht nun Galilei einige Folgesätze, welche zum Teil in die elementaren Lehrbücher übergegangen sind. Die Beschleunigungen auf Höhe und Länge verhalten sich umgekehrt proportioniert wie diese selbst. Läßt man also einen Körper auf der Länge der schiefen Ebene und zugleich einen andern frei durch die Höhe herabfallen und fragt, welche Wegstücke in *gleichen* Zeiten von beiden zurückgelegt werden, so findet man die Auflösung sehr einfach, indem man von *B* aus eine Senkrechte auf die Länge zieht (Abb. 3). Während also der eine Körper die Höhe durchfällt, legt der andere auf der schiefen Ebene das Stück *A D* zurück.

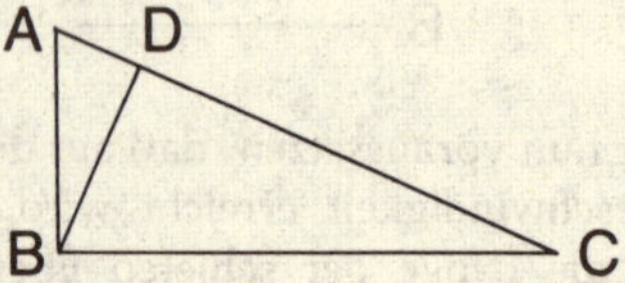

Abb. 3

Wenn wir um *A B* als Durchmesser einen Kreis beschreiben (Abb. 4), so geht dieser durch *D* hindurch, weil wir bei *D* einen rechten Winkel haben. Wir sehen nun, daß wir uns eine beliebige Anzahl von anders geneigten schiefen Ebenen *A E, A F* durch *A* gelegt denken können und daß stets die vom obern Durchmesserendpunkt aus gezogenen Sehnen *A G, A H* in jenem Kreise vom fallenden Körper in gleicher Zeit zurückgelegt werden wie der vertikale Durchmesser selbst. Da hierbei natürlich nur die Längen und Neigungen wesentlich sind, so können wir die Sehnen auch vom untern Durchmesserende aus ziehen und allgemein sagen: Der vertikale Durchmesser eines Kreises wird in derselben Zeit durchfallen wie jede von einem Durchmesserendpunkt in diesem Kreise gezogene Sehne.

Wir führen noch einen weiteren Folgesatz an, der in der hübschen Form, wie ihn Galilei gegeben hat, gewöhnlich nicht mehr in die Elementardarstellungen aufgenommen wird. Wir denken uns in einer Vertikalebene, von demselben Punkt *A*

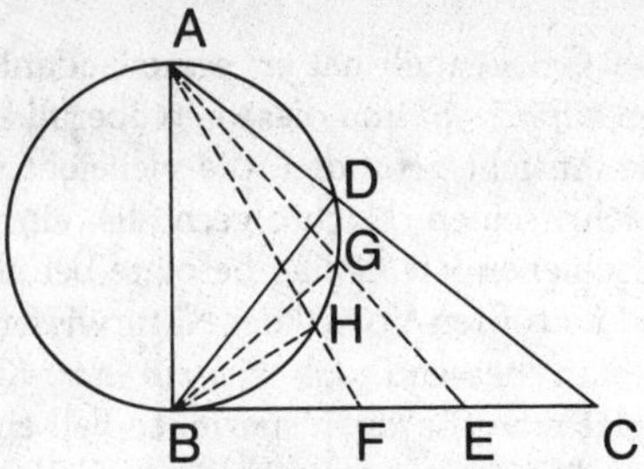

Abb. 4

ausgehend, unter den verschiedensten Neigungswinkeln gegen den Horizont Rinnen (Abb. 5); wir legen in ihren Endpunkt *A* schwere Körper und lassen sie gleichzeitig ihre Fallbewegung beginnen. Es zeigt sich nun, daß zur selben Zeit sämtliche Körper stets einen Kreis erfüllen. Nach Verlauf einer größern Zeit befinden sie sich in einem Kreise von größerm Radius, und zwar wachsen die Radien proportional dem Quadrat der Zeit. Wenn man sich die Rinnen nicht nur eine Ebene, sondern den Raum unter der durch *A* geführten Horizontalen vollständig ausfüllend denkt, so erfüllen die Körper stets eine Kugel, und die Kugelradien wachsen proportional dem Quadrat der Zeit. Man erkennt das, wenn man sich die Figur um die Vertikale *A V* gedreht denkt.

Wir sehen nun, wie nochmals kurz bemerkt werden soll, daß Galilei nicht etwa eine *Theorie* der Fallbewegung gegeben, sondern vielmehr das *Tatsächliche* der Fallbewegung vorurteilslos untersucht und konstatiert hat.«

Und hier nun die große Überraschung, die Mach für uns bereithält: Galilei hat das Trägheitsgesetz entdeckt! Mach ist der einzige, der so weitgehende Schlüsse aus Galileis Texten zieht, also müssen wir uns die Begründung ansehen:

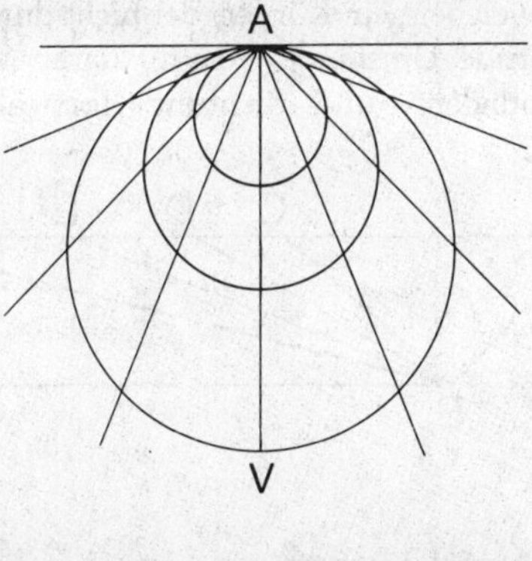

Abb. 5

»Bei dieser Gelegenheit hat er, seine Gedanken allmählich den Tatsachen *anpassend* und dieselben überall konsequent *festhaltend*, eine Ansicht gefunden, die vielleicht weniger ihm selbst als vielmehr seinen Nachfolgern als ein besonderes neues Gesetz erschienen ist. Galilei befolgte bei allen seinen Überlegungen zum größten Vorteil der Naturwissenschaft ein Prinzip, welches man passend das *Prinzip der Kontinuität* nennen könnte. Hat man für einen speziellen Fall eine Ansicht gewonnen, so modifiziert man allmählich in Gedanken die Umstände dieses Falles, soweit es überhaupt angeht, und sucht hierbei die gewonnene Ansicht möglichst festzuhalten. Es gibt kein Verfahren, welches sicherer zur *einfachsten*, mit dem geringsten Gemüts- und Verstandesaufwand zu erzielenden Auffassung aller Naturvorgänge führen würde.

Der besondere Fall wird deutlicher als die allgemeine Bemerkung zeigen, was wir meinen. Galilei betrachtet einen Körper, welcher auf der schiefen Ebene *A B* herabfällt (Abb. 6) und, mit der erlangten Fallgeschwindigkeit auf eine andere, z.B. *B C*, gesetzt, auf derselben wieder aufsteigt. Er steigt auf allen Ebenen *B C*, *B D* usw. bis zur Horizontalebene durch *A* auf. So wie er aber auf *B D* mit geringerer *Beschleunigung* fällt als auf *B C*, so steigt er auch auf *B D* mit geringerer Verzögerung. Je mehr sich die Ebenen *B C*, *B D*, *B E*, *B F* der Horizontalebene nähern, desto geringer ist auf denselben die Verzögerung des Körpers, desto länger und weiter bewegt er sich auf denselben. Auf der Horizontalebene *B H* verschwindet die Verzögerung *ganz* (natürlich abgesehen von der Reibung und dem Luftwiderstand), der Körper bewegt sich unendlich lange und unendlich weit mit *konstanter* Geschwindigkeit. Indem nun Galilei bis zu diesem Grenzfall fortschreitet, findet er das sogenannte Gesetz der *Trägheit*, nach welchem ein Körper, der nicht durch besondere bewegungsändernde Umstände (Kräfte) daran gehindert ist, seine Geschwindigkeit (und Richtung) fortwährend beibehält...

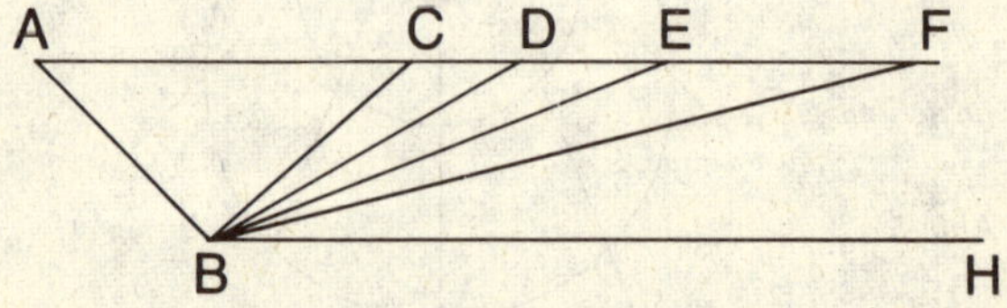

Abb. 6

E. Wohlwill hat in einer sehr eingehenden Untersuchung (›Die Entdeckung des Beharrungsgesetzes‹ in: Zeitschrift für Völkerpsychologie, 1884, XIV, S. 365–410; XV, S. 70–135, 337–387) gezeigt, daß die Vorgänger und Zeitgenossen Galileis, ja Galilei selbst nur *sehr* allmählich, von den aristotelischen Vorstellungen sich befreiend, zur Erkenntnis des Beharrungsgesetzes gelangt sind.

Auch bei Galilei nimmt die gleichförmige *Kreisbewegung* und die gleichfömig *horizontale Bewegung* noch eine Sonderstellung ein. Wohlwills Untersuchung ist sehr *dankenswert* und zeigt, daß Galilei in seinen eigenen bahnbrechenden Gedanken schwer die volle Klarheit erreichte und häufigen Rückfällen in ältere Anschauungen ausgesetzt war, was von vornherein sehr wahrscheinlich ist.

Übrigens wird der Leser auch aus *meiner* Darstellung die Ansicht schöpfen, daß Galilei das Beharrungsgesetz nicht in der Klarheit und Allgemeinheit vorschwebte, welche es später gewonnen hat (vgl. ›Erhaltung der Arbeit‹, S. 47). Mit der eben gegebenen Darlegung glaube ich aber immer noch, entgegen der Meinung von Wohlwill und Poske, denjenigen Punkt bezeichnet zu haben, der sowohl Galilei als auch seinen Nachfolgern den *Übergang* von der alten Vorstellung zu der neuen am deutlichsten zum *Bewußtsein* bringen mußte. Wie wenig zur vollen Einsicht fehlte, ergibt sich daraus, daß Baliani ohne Schwierigkeit aus Galileis Darstellung die Unzerstörbarkeit einer einmal erlangten Geschwindigkeit herausliest, worauf Wohlwill selbst (l. c., S.112) hinweist. Es ist nicht eben auffallend, daß Galilei, wo es sich fast ausschließlich um die Bewegung *schwerer* Körper handelt,das Trägheitsgesetz vorwiegend auf horizontale Bewegungen anwendet. Er weiß jedoch, daß eine *schwerelose* Flintenkugel geradlinig in der Richtung des Laufes fortfliegen würde (Strauß, Dialog über die beiden Weltsysteme, S.184). Das Zögern mit dem allgemeinen Ausdruck eines auf den ersten Blick so befremdlichen Satzes ist nicht wunderbar« (Mach, S.130ff.).

Und an dieser Stelle folgt nun auch die Begründung Machs dafür, weshalb Galilei das Trägheitsgesetz nicht eigens noch formuliert hat:

»Wir haben schon erwähnt, daß *Galilei ganz nebenher das sogenannte Gesetz der Trägheit gefunden hat.* Ein Körper, auf welchen, wie man zu sagen pflegt, keine Kraft wirkt, behält seine Richtung und Geschwindigkeit unverändert bei. Mit diesem Gesetz der Trägheit ist es sonderbar zugegangen. Bei Galilei scheint es nie eine besondere Rolle gespielt zu haben. *Die Nachfolger aber, namentlich Huygens und Newton, haben es als ein besonderes Gesetz formuliert.* Ja, letzterer hat sogar aus der Trägheit eine allgemeine Eigenschaft der Materie gemacht. Man erkennt aber leicht, daß das Trägheitsgesetz gar kein besonderes Gesetz ist, sondern in der Galileischen Anschauung, daß alle bewegungsbestimmenden Umstände (Kräfte) *Beschleunigungen* setzen, schon mit enthalten ist.

In der Tat, wenn eine Kraft keine Lage und keine Geschwindigkeit, sondern eine Beschleunigung, eine Geschwindigkeits*änderung* bestimmt, so versteht es sich, daß, wo keine Kraft ist, auch keine Änderung der Geschwindigkeit stattfindet. Man hat nicht nötig, das besonders auszusprechen. Nur die Befangenheit des Anfängers, die sich auch der großen Forscher, der Fülle des neuen Stoffes gegenüber bemächtigte, konnte bewirken, daß sie sich *dieselbe* Tatsache als *zwei verschiedene* Tatsachen vorstellten und dieselbe *zweimal* formulierten« (Mach, S. 133).

Zum Abschluß der erstaunlichen Erörterungen Ernst Machs über das Fallgesetz und die damit gegebene Trägheit sehen wir uns noch ein ganz persönliches Bekenntnis dieses bedeutenden Physikers und Wissenschaftstheoretikers an; es steht auf S. 266 der »Mechanik in ihrer Entwicklung«:

»Der physikalische Unterricht, den ich genossen habe, war im ganzen wahrscheinlich ein ebenso schlechter, dogmatischer als jener, dessen sich die ältern meiner Herren Gegner und Kollegen zu erfreuen hatten. Die Trägheit wurde als in das System passendes *Dogma* gegeben. Zwar konnte ich mir zurechtlegen, daß Absehen von den Bewegungshindernissen zu dem Satz führen, daß man denselben, wie Apelt sagt,durch *Abstraktion* entdecken könne; allein abseits liegend, nur für ein übermenschliches Genie sichtbar, blieb er doch immer. Und wo blieb die Garantie, daß mit dem Wegfall aller Hindernisse auch die Abnahme der Geschwindigkeit wegfiel? Poske meint, einen von mir wiederholt gebrauchten Ausdruck verwendend, Galilei habe den Satz unmittelbar ›*erschaut*‹. Was ist dieses Erschauen? Man sieht hierhin und dorthin und erblickt plötzlich etwas Gesuchtes oder auch Unerwartetes, das unser Interesse fesselt. Nun, ich habe eben gezeigt, wie dieses Erschauen sich ergab und worin es bestand! Galilei mustert verschiedene gleichfömig *verzögerte* Bewegungen und sieht unter diesen plötzlich *eine gleichförmige, endlose,* so absonderlich, daß sie, für sich allein auftretend, sicher für ganz andersartig angesehen würde. Aber eine winzige Variation der Neigung verwandelt dieselbe in eine endliche verzögerte, wie wir sie oft gesehen haben. Und nun hat es keine Schwierigkeit mehr, die Gleichartigkeit aller Bewegungshindernisse mit der Verzögerung durch die Schwere zu erkennen, womit das *Idealbild* der unbeeinflußten, endlosen, gleichförmigen Bewegung gewonnen ist. Als ich, noch ein junger Mensch, diese Stelle Galileis gelesen hatte, da war mir ein ganz anderes Licht über die Notwendigkeit dieses Idealgliedes in unserer Mechanik aufgegangen als durch den dogmatischen Unterricht. Ich denke, jeder wird dieses Licht wahrnehmen, der die Stelle naiv aufnimmt. Ich kann nicht zweifeln, daß vor allen Galilei dasselbe wahrgenommen hat. Mögen die Gegner zusehen, wie sich die Zustimmung vermeiden läßt!«

Diese autobiographische Bemerkung Machs ist geradezu ergreifend. Ein junger Physikstudent im 19. Jahrhundert, dem das Trägheitsgesetz als dogmatischer Satz vorgelegt wird, findet es bei der Lektüre der Galileischen »Discorsi« plötzlich von selbst einleuchtend. Und als er später die Historiker sagen hört, Galilei sei nur in die Nähe dieses Gesetzes gelangt, erinnert er sich an sein Studienerlebnis und findet, Galilei könne unmöglich weniger gesehen haben als der Student, der die einschlägigen Worte 220 Jahre später las. Und er setzt sich hin und sucht nach der Begründung dafür, daß Galilei es nicht für nötig hielt, dieses Gesetz eigens zu formulieren.

Wir brauchen jetzt nur noch die Originaltexte zum Trägheitsgesetz, auf die sich Mach bezieht, dann haben wir das Wesentliche des Dritten Tages in Händen. An der wichtigsten Stelle, die gleich folgen wird, fällt auf, daß der Trägheitssatz gleich zweimal vorkommt, ohne daß Galilei sich verwundert zeigt. Den Grund ersieht man aus dem Kontext: Galilei kam es auf den Wiederanstieg eines abwärts beschleunigten Körpers an, und zwar als spiegelbildlich umgekehrte Geschwindigkeit, d.h. Verzögerung. Das erweckte sein Staunen und sein Vergnügen.

Dagegen die unbeschleunigte Weiterbewegung eines Körpers, der im Fallen eine bestimmte Geschwindigkeit erlangt hat und sie auf der Horizontalen ohne Ende beibehält, falls keine Ursachen der Beschleunigung oder Verzögerung auftraten, diese Bewegung ergab sich aus dem Gesetz der Beschleunigung und Verzögerung als etwas ganz Selbstverständliches und nicht weiter Aufregendes:

»Indes ist zu beachten, daß der Geschwindigkeitswert, den der Körper aufweist, in ihm selbst unzerstörbar enthalten ist (impresso), während äußere Ursachen der Beschleunigung oder Verzögerung hinzukommen, was man nur auf horizontalen Ebenen bemerkt, denn bei absteigenden nimmt man Beschleunigung wahr, bei aufsteigenden Verzögerung. Hieraus folgt, daß die Bewegung in der Horizontalen eine unaufhörliche sei: denn wenn sie sich stets gleich bleibt, wird sie nicht geschwächt oder aufgehoben, geschweige denn vermehrt. Und ferner, da die beim freien Fall erlangte Geschwindigkeit unzerstörbar und unaufhörlich ihm eigen ist, so erhellt, daß, wenn nach dem Fall längs einer geneigten Ebene eine Ablenkung nach einer ansteigenden Ebene statthat, in dieser letzteren die Ursache einer Verzögerung auftritt, denn in eben solch einer Ebene findet auch natürliche Beschleunigung statt; deshalb tritt eine Vereinigung entgegengesetzter Impulse ein, indem der beim Fallen erlangte Geschwindigkeitswert, der den Körper unaufhörlich fortbewegen würde, sich zu dem durch den Fall erzeugten hinzugesellt. Es scheint daher verständlich, wenn wir die neuauftretenden Ursachen untersuchen, und nachdem der Körper längs der geneigten Ebene gefallen ist, gezwungen wird anzusteigen, annehmen, daß er die beim Fall erlangte Maximalgeschwindigkeit auch beim Anstieg behalte, daß er aber hierbei der natürlichen Verzögerung unterliege in dem Betrage, wie er bei natürlicher

Beschleunigung von der Ruhelage aus ihm erteilt würde. Um dieses leichter einzusehen, diene untenstehende Zeichnung. Es sei der Fall längs der geneigten Ebene *A B* geschehen, und die Fortsetzung gehe in der ansteigenden *B C* vor sich; zunächst seien die Ebenen einander gleich, unter gleichen Winkeln zum Horizonte *G H* geneigt. Nun ist es bekannt, daß der Körper von der Ruhe in *A* und längs *A B* Geschwindigkeiten erlangt, proportional der Zeit, der Wert in *B* wird der größte sein, und würde unabänderlich dem Körper innewohnen, wenn neue Ursachen der Beschleunigung oder Verzögerung fehlten; der Beschleunigung, wenn der Körper noch weiter fiele, der Verzögerung, wenn er längs *B C* anstiege; längs der Horizontalen *G H* würde also die in *B* erlangte Geschwindigkeit ohne Ende beharren« (EN VIII 243f.; Oe 57f.).

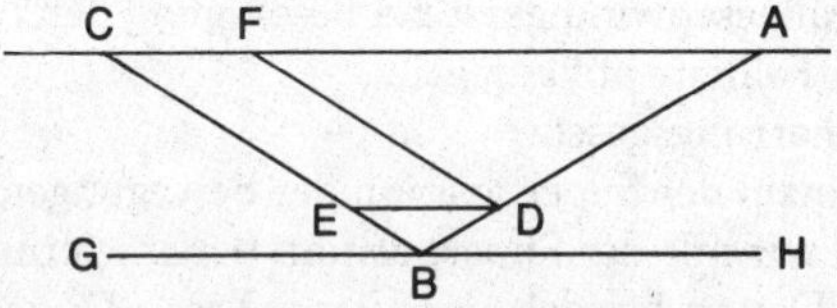

Dazu fügen wir noch einmal die Stelle aus dem »Dialogo sopra i due massimi sistemi del mondo«, die wir schon kennen; wie ja überhaupt der »Dialogo« schon sehr vieles enthält oder anreißt, was in den »Discorsi« streng mathematisch bewiesen wird. Die bewußte Stelle definiert die Trägheit unabhängig von der globalen Erdoberfläche, wiederum ohne jede Verwunderung:

»Sagr. Wenn aber das Geschütz nicht lotrecht aufgepflanzt wird, sondern nach irgendwelcher Richtung geneigt, wie beschaffen muß dann die Bewegung der Kugel sein? Fliegt sie etwa wie vorher längs einer lotrechten Linie und kehrt auch wieder längs dieser zurück?

Simpl. Das wird sie nicht tun, sondern nach Verlassen des Geschützes wird sie ihre Bewegung in der geraden Linie fortsetzen, welche die Verlängerung der Achse des Laufs bildet, abgesehen von der Ablenkung, die sie durch ihr eigenes Gewicht von dieser Richtung erfährt.

Sagr. Danach ist also die Richtung des Laufs maßgebend für die Bewegung der Kugel, *sie verläßt diese Linie nicht oder würde sie doch nicht* verlassen, wenn ihr eigenes Gewicht sie nicht nach unten ablenkte« (EN VII 201; Strauß 184).

Für unsere weitere Beschäftigung mit den »Discorsi« können wir uns übrigens von dem Reinertrag leiten lassen, den Ernst Mach aus der Lektüre dieser Schrift gewonnen hat. Er sagt (a.a.O. S.145):

»Fragen wir nun, welche Einsichten Galilei uns hinterlassen oder wenigstens durch klassische einfache Beispiele in unverlierbarer Weise gefördert hat, so finden wir

1) die Nahelegung des Arbeitsbegriffes in statischer Beziehung. Keine Arbeitsersparnis an Maschinen;

2) die Förderung des Arbeitsbegriffes in dynamischer Beziehung. Die Fallgeschwindigkeit bei Beseitigung der Widerstände nur von der Falltiefe abhängig;

3) das Beharrungsgesetz;

4) das Prinzip der Superposition der Bewegungen.«

Beginnen wir mit der Superposition (Überlagerung) von Bewegungen. Davon handelt der Vierte Tag: »De motu projectorum« (EN VIII 268ff.), »Über die Wurfbewegung« (Oe II 80ff.). Salviati beginnt:

»Wir haben bisher die gleichförmige Bewegung und die natürlich beschleunigte, längs geneigten Ebenen, behandelt. Im Nachfolgenden wage ich es, einige Erscheinungen und einiges Wissenswerte mit sicheren Beweisen vorzuführen über Körper mit zusammengesetzter Bewegung, einer gleichförmigen nämlich und einer natürlich beschleunigten; denn solcher Art ist die Wurfbewegung, und so läßt sie sich erzeugt denken.

Wenn ein Körper ohne allen Widerstand sich horizontal bewegt, so ist aus allem Vorhergehenden, ausführlich Erörterten bekannt, daß diese Bewegung eine gleichförmige sei und unaufhörlich fortbestehe auf einer unendlichen Ebene; ist letztere hingegen begrenzt und ist der Körper schwer, so wird derselbe, am Ende der Horizontalen angelangt, sich weiter bewegen, und zu seiner gleichförmigen unzerstörbaren Bewegung gesellt sich die durch die Schwere erzeugte, so daß eine zusammengesetzte Bewegung entsteht, die ich Wurfbewegung (projectio) nenne und die aus der gleichförmig horizontalen und aus der gleichförmig beschleunigten zusammengesetzt ist. Hierüber wollen wir einige Betrachtungen anstellen.

Theorem I. Propos. I.

Ein gleichförmig horizontaler und zugleich gleichförmig beschleunigter Bewegung unterworfener Körper beschreibt eine Halbparabel.«

Hier wird er unterbrochen und muß dem Simplicio zuliebe erst einmal die wichtigsten, von Apollonius genommenen Eigenschaften der Parabel darlegen; danach beweist er, daß die Wurflinie aus den überlagerten Bewegungen (gleichförmig horizontal und beschleunigt vertikal) eine Parabel ist:

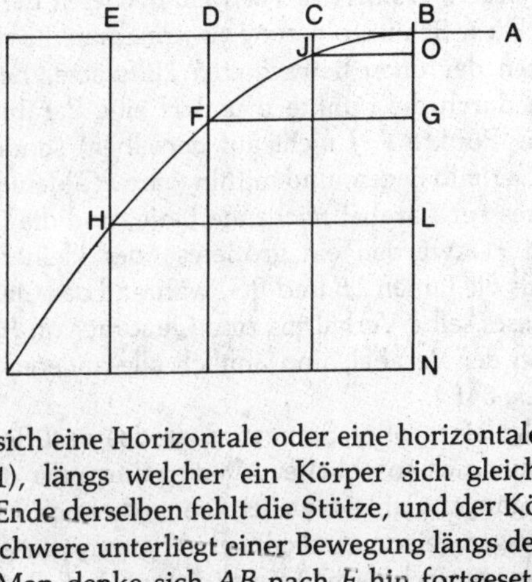

Abb. 1

»Man denke sich eine Horizontale oder eine horizontale Ebene *A B* (Abb. 1), längs welcher ein Körper sich gleichförmig bewege. Am Ende derselben fehlt die Stütze, und der Körper in Folge seiner Schwere unterliegt einer Bewegung längs der Senkrechten *BN*. Man denke sich *AB* nach *E* hin fortgesetzt, und teile gewisse gleiche Strecken *BC, CD, DE* ab. Von den Punkten *B, C, D, E* ziehe man Linien parallel *BN* in gleichen Abständen. In der ersten von *C* aus nehme man eine beliebige Strecke *CJ*, in der folgenden das vierfache *DF*, dann das neunfache *EH*, u.s.f. Stücke, die den Quadraten entsprechen. Wenn der Körper von *B* gleichförmig nach *C* gelangte, so denken wir uns das durch den Fall bedingte Stück *CJ* angefügt; der Körper wird in der Zeit *BC* im Punkte *J* sich befinden. Weiter würde in der

Zeit *DB*, gleich 2 *BC*, die Fallstrecke gleich 4 *CJ* sein, denn in der vorigen Abhandlung ist bewiesen, daß die bei gleichförmig beschleunigter Bewegung zurückgelegten Strecken sich wie die Quadrate der Zeiten verhalten. Ähnlich wird *EH* in der Zeit *BE* durchlaufen, gleich 9 *CJ*, da *EH*, *DF*, *CJ* sich verhalten wie die Quadrate der Linien *EB*, *DB*, *CB*. Zieht man von *J*, *F*, *H* Gerade *JO*, *FG*, *HL* parallel *EB*, so werden *HL*, *FG*, *JO* je den Strecken *EB*, *DB*, *CB* gleich sein, so wie auch *BO*, *BG*, *BL* den Strecken *CJ*, *DF*, *EH*. Nun verhalten sich die Quadrate von *HL* und *FG* wie die Strecken *LB*, *BG* und die Quadrate von *FG*, *JO* wie *GB*, *BO*. Folglich liegen die Punkte *J*, *F*, *H* in einer Halbparabel. Ähnlich wird bei Annahme irgendwelcher anderer beliebiger Strecken und entsprechender Zeitgrößen bewiesen, daß die in ähnlicher Weise bestimmten Orte stets in einer und derselben Parabel liegen, womit das Theorem bewiesen ist.

Salv. Diese Schlußfolgerung gewinnt man durch Umkehrung des ersten der oben betrachteten Hilfssätze. Beschreibt man nämlich durch die Punkte *B* und *H* eine Parabel, so würden sonst die Punkte *F*, *J* nicht auf derselben, sondern innerhalb oder außerhalb liegen, und mithin wäre *FG* kleiner oder größer als die bis zur Parabel reichende Linie, und die Quadrate von *HL* und *FG* würden ein größeres oder kleineres Verhältnis haben als die Linien *LB* und *BG*, während das Quadrat von *HL* wohl dieses selbe Verhältnis zum Quadrat von *FG* hat; mithin liegt *F* in der Parabel, und ähnlich alle anderen Punkte« (EN 272f.; Oe 84f.).

Es folgt ein großes Staunen Sagredos und Simplicios, und wir können uns anschließen. Denn keinem der oft beschworenen Vorgänger Galileis, weder Leonardo noch Tartaglia, noch allen übrigen gelang es, die Flugbahn mathematisch zu bestimmen, ganz einfach deshalb, weil ihnen das Fallgesetz nicht zur Verfügung stand. Galilei selbst hat jahrzehntelang daran arbeiten müssen, bis er zur vollen wissenschaftlichen Evidenz kam.

Die beiden staunenden Gesprächspartner bringen nun Zweifel vor, da ihnen der Luftwiderstand und die nicht horizontale »Ebene« des Globus als gewichtige Einwände erscheinen. Galilei gibt ohne weiteres zu, daß die Flugbahn nur idealisiert, nicht aber praktisch eine Parabel ist. Wir kennen die Stelle bereits, aber hier mag sie noch einmal im Zusammenhang stehen:

»*Salv.* All die vorgebrachten Schwierigkeiten und Einwürfe sind so wohlbegründet, daß man sie nicht hinwegräumen kann; ich gestehe sie zu, und ich glaube, unser Autor würde dasselbe tun. Ja, ich gebe noch ferner zu, daß unsere abstrakt gezogenen Schlüsse in Wirklichkeit sich anders darstellen und dermaßen falsch sein werden, daß weder die Transversalbewegung gleichförmig noch die beschleunigte Bewegung in dem angenommenen Verhältnis zustande komme, ja daß auch die Wurflinie keine Parabel sei. Nun aber verlange ich, daß Sie, meine Herren, unserem Autor nicht das verwehren und bestreiten, was andere bedeutende Männer angenommen haben, trotzdem es nicht richtig war. Auch kann die Autorität des Archimedes jedermann beruhigen. Er hat in seiner Mechanik bei der ersten Inhaltsbestimmung der Parabel als wahres Prinzip angenommen, daß der Wagebalken eine gerade Linie sei, deren Punkte alle gleich weit vom gemeinsamen Zentrum aller schweren Körper seien, und daß die Richtungen, nach welchen die Körper fallen, alle aneinander parallel seien. Solche Lizenz wird gebilligt, weil unsere Apparate und die angewandten Strecken sehr klein sind im Vergleich zu der bedeutenden Entfernung vom Mittelpunkt der Erdkugel, so daß wir einen sehr kleinen Bogenteil eines größten Kreises als gerade und zwei Senkrechte an den Enden dieses Bogens als einander parallel annehmen können. Wollten wir im Versuche solche kleine Größen berücksichtigen, so müßten wir die Architekten tadeln, welche mit ihrem Senklot die höchsten Türme zwischen parallelen Linien zu errichten annehmen. Auch können wir sagen, daß *Archimedes* und andere ebenso in ihren Betrachtungen angenommen haben, daß sie unendlich weit vom Zentrum entfernt seien; in diesem Falle sind die Voraussetzungen richtig und die Beweise stichhaltig. Wollen wir aber in endlichen Entfernungen Versuche anstellen und sehr große Werte annehmen, so müssen wir vom wahren Erwiesenen das abziehen, was wegen der nicht unendlichen Entfernung zu berücksichtigen ist, wenn auch die Entfernung immer noch sehr groß ist im Vergleich zu der Kleinheit unserer Vorrichtungen. Die große Abweichung ist beim Wurf der Geschosse zu erwarten, und zwar bei denen der Artillerie« (EN VIII 274f.; Oe 86f.).

Das »Theorema (V), Proposito VII« (EN VIII 294f.;

Oe 105f.) ist die Vorbereitung für einen Beweis, den ebenfalls bisher niemand zu führen vermochte:

»Von Körpern, die Halbparabeln gleicher Amplitude beschreiben, wird derjenige, der eine Parabel durchläuft, deren Amplitude gleich der doppelten Höhe ist, einen geringeren Impuls haben als irgendein anderer der genannten Körper.«

Bei der Halbparabel *BD* (Abb. 2) sei die Amplitude *CD* das Doppelte der Höhe *CB*, und man mache auf der nach oben verlängerten Achse *BA* gleich der Höhe *BC*: man ziehe *AD*, welches die Parabel in *D* berühren und die Horizontale *BE* in *E* schneiden wird, alsdann wird *BE* gleich *BC* oder gleich *BA* sein. Nun ist bekannt, daß die Parabel von einem Körper durchlaufen wird, dessen gleichförmig horizontale Bewegung aus dem Fall durch *AB* hervorgerufen ist, während er beschleunigt in *C*, von *B* aus, anlangt. Daher wird der zusammengesetzte Impuls in *D* gleich der Diagonale *AE* sein, »in der Potenz« gleich jenen beiden. Es sei nun *GD* irgendeine andere Halbparabel mit derselben Amplitude *CD*, aber mit der Höhe *GG*, welche kleiner oder größer sei als *BC*; dieselbe werde von *HD* berührt, welche die durch *G* gezogene Horizontale in *K* schneide; und wie *HG* zu *GK*, so verhalte sich *KG* zu *GL*. Nach dem Vorhergehenden wird von der Höhe *GL* aus die Halbparabel *GD* beschrieben. Zu *AB*, *GL* sei die mittlere Proportionale *GM*, alsdann wird *GM* Zeit und Impuls in *G*, von *L* aus, messen (denn *AB* ist als Maß der Zeit und der Geschwindigkeit angenommen). Es sei ferner zu *BC*, *CG* die mittlere Proportionale gleich *GN*, so ist dieses Fallzeit und Impuls in *C*, von *G* aus. Ziehen wir *MN*, so ist dieses der Impuls für die Halbparabel *BD* im Punkte *D*. Ich behaupte, *MN* sei größer als *AE*. Denn *GN* war die mittlere Proportionale zu *BC*, *CG*, und da *BC* gleich *BE* oder *GK* ist (denn beide sind die Hälfte von *DC*), so ist *CG* zu *GN* wie *NG* zu *GK*, und wie *CG* oder *HG* zu *GK*, so verhalten sich die Quadrate von *NG* oder *GK*; wie aber *HG* zu *GK*, so ist *KG* zu *GL* konstruiert worden, also verhalten sich die Quadrate von *NG* und *GK* wie *KG* zu *GL*; aber wie *KG* zu *GL*, so verhalten sich die Quadrate von *KG* und *GM* (da *GM* die mittlere Proportionale zu *KG*, *GL*), folglich sind die drei Quadrate *NG*, *GK*, *GM* einander folgweise proportional (*NG* zu *GK* wie *GK* zu *GM*). Das Quadrat aus der Summe der äußeren Glieder, welches gleich dem Quadrate von *NM* ist, wird größer als das Doppelte vom Quadrate *KG* sein, d.h. als das Doppelte vom Quadrat von *AE:* also ist das Quadrat von *MN* größer als das Quadrat von *AE,* mithin die Linie *MN* größer als *EA,* w.z.b.w.

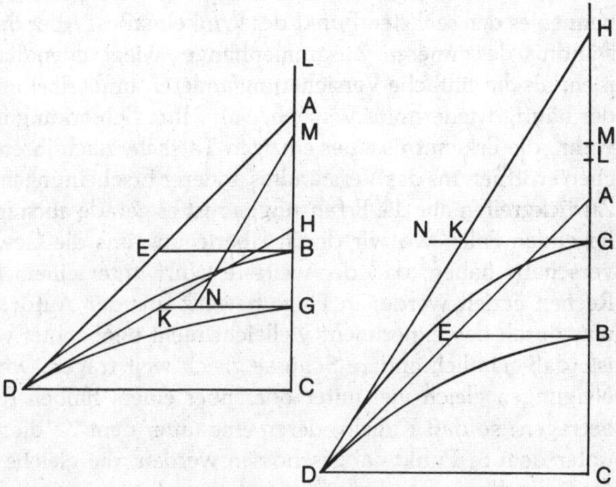

Abb. 2

Der großartige Beweis ist erbracht, man braucht jetzt nur noch aus dem Fall von G nach D einen Wurf von D nach G zu machen. Diese Folgerung wird in wenigen Zeilen als »Zusatz« gezogen; das Wörtchen »umgekehrt« enthält alles:

»Es ist aus dem Vorhergehenden klar, daß umgekehrt der Impuls in *D* für den Lauf durch die Halbparabel *DB* kleiner sei als der für irgendeine andere von größerer oder geringerer Höhe als eben die Halbparabel *DB,* deren Tangente einen halben rechten Winkel bildet mit dem Horizonte. Hieraus folgt, daß, wenn bei verschiedenen Neigungen vom Punkte *D* aus Körper geworfen werden, man den weitesten Wurf oder die größte Amplitude der halben oder ganzen Parabel erhalten wird bei einer Neigung von einem halben Rechten. Die bei geringerer oder größerer Neigung erzielten Weiten werden kleiner ausfallen« (EN VIII 296; Oe 107).

Dem Erstaunen Sagredos antwortet Salviati mit einer berühmten prinzipiellen wissenschaftstheoretischen Feststellung:

»*Sagr.* Erstaunlich und entzückend ist die Macht zwingender Beweise, und so sind die mathematischen allein geartet. Ich kannte schon nach Aussage der Bombenwerfer die Tatsache, daß von allen Kanonen- oder Mörserschüssen die unter einem halben Rechten abgeschossene Kugel am weitesten fliege; sie nennen es den sechsten Punkt des Winkelmaßes. Aber das Verständnis des inneren Zusammenhanges wiegt unendlich viel mehr als die einfache Versicherung anderer, und selbst mehr als der häufig wiederholte Versuch. *Salv.* Ihre Bemerkung ist sehr wahr: die Erkenntnis einer einzigen Tatsache nach ihren Ursachen eröffnet uns das Verständnis anderer Erscheinungen, ohne Zurückgreifen auf die Erfahrung; so ist es gerade auch im vorliegenden Falle, wo wir durch Überlegung uns die Gewißheit verschafft haben, daß der weiteste Wurf unter einem halben Rechen erzielt werde; in Folge beweist uns der Autor etwas, was durch das Experiment vielleicht nicht beobachtet worden ist; daß nämlich andere Schüsse gleich weit tragen, wenn die Neigungen gleich viel unter oder über einem halben Rechten betragen: so daß Kugeln, deren eine unter dem 7., die andere unter dem 5. Punkte abgeschossen werden, die gleiche Wurfweite im Horizonte haben und ebenso die unter 8 und unter Punkt 4, 9 und 3 etc.« (EN VIII 296; Oe 107).

Damit haben wir das Wichtigste aus dem Vierten Tag, d.h. aus der Abhandlung über die Wurfbewegung, kennengelernt.

Es bleiben nun die zwei ersten Tage, die eine Menge mechanischer Überlegungen enthalten, von denen manches veraltet, anderes nur als Vermutung ausgesprochen, vieles dagegen durchaus bedeutend ist. Wir können uns mit den wichtigsten Themen begnügen. Wie schon gesagt, handelt es sich in diesen beiden Tagen um behagliche Gespräche, die gänzlich auf italienisch geschrieben sind. Dennoch sind sie nicht immer behaglich zu lesen, da Galilei für die geometrischen Beweise keine Gleichungen benutzt, sondern immer wieder zu Hilfskonstruktionen greifen muß. Die Themen sind lose verknüpft, manchmal überhaupt nicht, sondern mit der Wendung eingeleitet »Ich möchte euch nun einige Gedanken mitteilen über...«

Die »Discorsi« beginnen mit einem Lob auf die Praktiker des

Venezianischen Arsenals. Salviati redet den Venezianer Sagredo und Simplicio, der als Venezianer gedacht ist, an:

»Die unerschöpfliche Tätigkeit eures berühmten Arsenals, meine Herren Venezianer, scheint mit den Denkern ein weites Feld der Spekulation zu bieten, besonders im Gebiet der Mathematik: da fortwährend Maschinen und Apparate von zahlreichen Künstlern konstruiert werden, zum Teil Männern von umfassender Kenntnis und großem Scharfsinn.«

Diese Techniker haben durch Erfahrung manches Prinzip gewonnen, das sie sich theoretisch nicht erklären können. Und so beginnt denn die Unterhaltung sofort mit einem solchen Fall: sie wissen, daß maßstäblich vergrößerte Maschinen von einer gewissen Vergrößerung ab zusammenbrechen, statt zu funktionieren, aber sie wissen den Grund nicht. Salviati legt dar, daß von einem bestimmten Punkt ab die Bruch- und Zugfestigkeit des Materials überschritten wird. Daran hat noch niemand gedacht. Übrigens sind auch die Skelette großer Tiere niemals maßstabgerechte Übersetzungen des Baus kleiner Tiere.

Hier beginnt sofort das große Netz der Abschweifungen. Oft genügt ein Stichwort, z. B. »Licht«, um das Problem der Lichtgeschwindigkeit aufzugreifen. Die Rückkehr zum ersten Thema wird dann der zweite Tag bringen, der ausführlich die Bruchfestigkeit untersucht.

Jetzt aber haben wir es mit einem Kaleidoskop von Problemen zu tun. Die Meinung Salviatis z. B., Adhäsion sei durch den Horror vacui zu erklären, ist zwar ein Irrtum, aber der anschließende Versuch, Wasser im Vakuum auszudehnen, ist genial und dient zur Messung der »Kraft« des Vakuums.

Etwas ganz Persönliches darf nicht übergangen werden. Salviati/Galilei schickt seinem ungetreuen Freund, dem Mathematiker Luca Valerio, einen rührenden Gruß in die Ewigkeit nach; er nennt ihn den »neuen Archimedes unseres Zeitalters« (EN VIII 76; Oe I 29). Wir erinnern uns, daß Valerio nach dem Erlaß des Dekrets 1616 aus der Accademia dei Lincei austrat, weil dort dem Kopernikanismus Hausrecht gewährt werde. Das war natürlich ein Mangel an Solidarität mit Galilei. Doch hatte Valerio seinen Freund immer wieder ermahnt, über all der Astronomie doch ja nicht seine Bewegungsstudien zu vernachlässigen. Und jetzt, nach dem grausamen Schlag des Inquisitionsurteils, ruft Galilei mit diesem ehrenvollen Gedanken dem schon 1618 verstorbenen Valerio sozusagen nach: Du hast recht gehabt, du neuer Archimedes, mit deiner Überzeugung, ich sei zur Begründung der Neuen Physik berufen; sei gegrüßt; deine Gesinnung war von reiner Liebe zur Wissenschaft und damit zu mir getränkt, dein Name soll für immer leben mit diesen Discorsi! Galilei wird diesen Ruhmestitel mit tiefer Bewegtheit niedergeschrieben haben.

In einer der Abschweifungen gelangt er über die Untersuchung der Begriffe endlich-unendlich, teilbar-unteilbar zum hyperbolischen Kreis- und Punktesystem und damit zum unendlich großen Kreis, dessen Peripherie eine Gerade bildet, und schließt daraus auf das »Unendliche in der Einheit« (so bereits Nikolaus von Kues). Möglicherweise ist darin ein Vorgriff auf zukünftige Mathematik zu sehen. Und noch eine persönliche Großzügigkeit Galileis wollen wir unbedingt vermerken. Er verewigt einen noch lebenden zweiten Freund, den genialen Mathematiker Bonaventura Cavalieri, Schüler Castellis und Mathematikprofessor in Bologna, für seine Arbeit »Der Brennspiegel oder Traktat über die Kegelschnitte« (1632), obwohl Galilei beim Erscheinen des Traktats einen Wutanfall bekommen hatte: Cavalieri hatte die Flugbahn als Parabel nachgewiesen, bevor Galilei das Problem öffentlich bekanntgegeben hatte. (Wir haben gesehen, daß es den Vierten Tag der »Discorsi« ausfüllt.) Cavalieri war darüber erschrocken, er hatte gedacht, Galilei habe das längst publiziert, und er bot alle möglichen Sanktionen an, sogar bis zum Kassieren des Traktats. Galilei hatte sich daraufhin beruhigt (Vgl. EN XIV 378, 386, 394, 396, 411). Er liebte seinen Cavalieri zu sehr. Aber was viel bemerkenswerter ist, er ließ dem bewunderten Freund, dem er mathematisch schließlich nicht mehr folgen konnte, etwas Unerhörtes ungerügt durchgehen. Als Abschluß der Parabeldarstellung las Galilei: »Damit begnügen wir uns, um die verschiedenen Bedingungen und edlen Eigenschaften der Kegelschnitte zu begreifen, da auch Kepler sie in höchstem Maße geadelt hat, indem er mit deutlichen Gründen in den Marskommentaren und in der Kopernikanischen Epitome gezeigt hat, daß die Umdrehungen der Planeten um die Sonne nicht etwa Kreise, sondern Ellipsen sind.« Darüber also von Galilei kein Wort! Dem genialen Freund und Parteigänger widersprach er nicht. Der war schließlich kein Cesi, dem man solche Flausen ausreden konnte, sondern ein außerordentlicher Gelehrter, der wissen mußte, was er schrieb und urteilte.

Ein Versuch Galileis über die Lichtgeschwindigkeit: Zwei Personen stellen sich nachts mit Lampen in der Hand in einiger Entfernung auf, und jeder deckt sein Licht in dem Augenblick auf, in dem der andere das seine zudeckt. Die Entfernungen werden vergrößert, um zu sehen, ob die Zeitintervalle gleich bleiben. Die Entfernungen, sagt Galilei, waren zu kurz, um ein Ergebnis zu zeitigen; sie bewiesen lediglich eine sehr große Lichtgeschwindigkeit.

Dann wird Salviati gefragt, ob er eine Linie in unendlich viele Teile zerlegen könne. Er kann: die Linie wird zu Polygonen von immer mehr Seiten geknickt, bis sie schließlich ein Kreis wird. Erledigt.

Zum Vergleich des freien Falls im Vakuum und im Medium mit Widerstand wird der Isochronismus des Pendels benutzt. Die Pendelschwingungen dienen auch als Anlagen zur Erklärung akustischer konstanter und dissonanter Schwingungen. Damit endet der Erste Tag.

Der Zweite Tag dient, wie schon gesagt, in der Hauptsache dem Studium der Bruchfestigkeit, von der die Gesprächspartner am Anfang des ersten Tages durch Abschweifungen abgelenkt wurden.

Zur Einleitung wird kurz das Hebelgesetz des Archimedes vorgetragen, um daraus die Proportionen zwischen Länge, Dicke, Eigengewicht und Belastung von Balken usw. zu entwikkeln. Die Festigkeitslehre kann man heutzutage in jedem Physik-Lehrbuch in Formeln übersetzt nachlesen, selbstverständlich um ein gewisses Maß über Galilei hinausreichend, aber in den Fundamenten und der Methodik ganz und gar auf ihm fußend.

Was man nicht so leicht in den Physikbüchern findet, ist z.B. dies:

»Hieraus erkennen wir nun, wie weder Kunst noch Natur ihre Werke unermeßlich vergrößern können, so daß es unmöglich erscheint, immense Schiffe, Paläste oder Tempel zu erbauen, deren Ruder, Rahen, Gebälk, Eisenverkettung und andere Teile bestehen könnten: wie andererseits die Natur keine Bäume von übermäßiger Größe entstehen lassen kann, denn die Zweige würden schließlich durch das Eigengewicht zerbrechen; auch können die Knochen der Menschen, Pferde und anderer Tiere nicht übergroß sein und ihrem Zweck entsprechen, denn solche Tiere könnten nur dann so bedeutend vergrößert werden, wenn die Materie fester wäre und widerstandsfähiger als gewöhnlich; sonst müßten bedeutende Verdickungen der Knochen gedacht werden, damit keine Deformationen einträten, wie denn ein scharfsinniger Dichter solches erkannte, wenn er einen Riesen folgendermaßen beschrieb:

›Man kann nicht sagen, wie lang er war,
So über alles Maß war alles dick an ihm‹ (Ariosto, Orlando Furioso, XVII, 30).

Zur Erläuterung habe ich Euch einen Knochen gezeichnet, der die gewöhnliche Länge ums Dreifache übertrifft und der in dem Maße verdickt wurde, daß er dem entsprechend großen Tiere ebenso nützen könnte wie der kleinere Knochen dem kleineren Tiere. In der folgenden Abbildung erkennt Ihr, in welches Mißverhältnis der große Knochen geraten ist. Wer also bei einem Riesen die gewöhnlichen Verhältnisse beibehalten wollte, müßte entweder festere Materie finden, oder er müßte verzichten auf die Festigkeit und den Riesen schwächer als Menschen von gewöhnlicher Statur werden lassen; bei übermäßiger Größe müßte er durch das Eigengewicht zerdrückt werden und fallen. Im Gegenteil finden wir, daß bei Verminderung des Körpers die Kräfte nicht in demselben Maße abnehmen, ja, es findet sogar ein relatives Wachstum der Stärke statt. Daher, glaube ich, würde ein kleiner Hund zwei oder drei andere von gleicher Größe tragen können, während ein Pferd wohl kaum imstande wäre, auch nur ein einziges Pferd auf seinem Rücken zu tragen.

Simpl. Wie steht es aber mit den ungeheuren Massen, die wir bei Fischen finden? Ein Walfisch hat, wie ich glaube, zehnmal soviel Masse als ein Elefant, und doch kann er bestehen.

Salv. Euer Einwand, Herr *Simplicio*, veranlaßt mich nachzuholen, daß es noch eine andere Möglichkeit gibt, Riesen und Riesentieren die Existenz zu ermöglichen mit einer freien Beweglichkeit, gleich der der kleineren Geschöpfe. Es braucht dazu die Materie nicht, wie oben erwähnt wurde, fester zu sein, um das Eigengewicht zu tragen; man könnte unter Beibehaltung aller Verhältnisse das Gewicht der Knochen und des Fleisches verkleinern, auch das anderer Körperteile, die sich auf die Knochen stützen; und dieses Prinzip hat die Natur bei den Fischen verwertet, da sie deren Knochen und Fleischteile nicht bloß sehr leicht machte, sondern sogar ohne alles Gewicht.

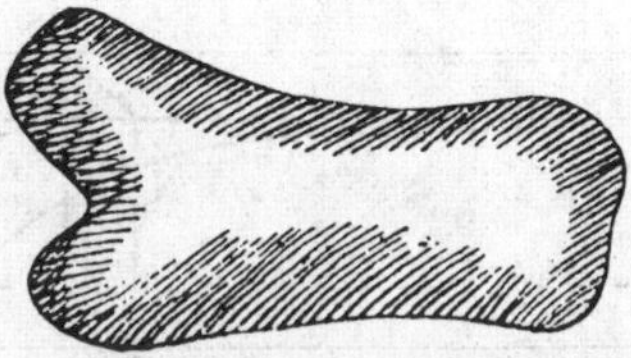

Simpl. Ich errate schon, Herr *Salviati*, worauf Ihr hinsteuert: Ihr meint, daß, da die Fische im Wasser leben und da das Wasser durch seine Dichtigkeit, oder wie andere sagen, durch sein Gewicht, das der eingetauchten Körper vermindert, die Materie der Fische kein Gewicht habe und sich ohne Belastung der Knochen im Wasser erhalten könne; allein das reicht doch nicht hin, denn wenn auch die Knochen nicht belastet werden sollten, so sind dieselben doch selbst schwer. Und sollte eine Walfischrippe, groß wie ein Balken, nicht schwer genug sein und auch im Wasser sich senken? Nach Eurer Meinung dürfte solch eine große Masse sich nicht erhalten können. *Salv.* Um Eurem Einwande zu begegnen, bitte ich Euch, mir zu sagen, ob Ihr jemals Fische völlig unbewegt im Wasser habt ruhen sehen, ohne daß sie sinken, oder aufsteigen sehen ohne besondere Schwimmanstrengung?

Simpl. Freilich ist dies eine sehr bekannte Erscheinung.

Salv. Nun, wenn die Fische völlig unbewegt im Wasser verharren können, so ist es klar, daß ihr spezifisches Gewicht dem des Wassers gleich sei, und wenn in ihrem Körper einzelne Teile schwerer als Wasser sind, so müssen notwendigerweise andere von geringerem spezifischen Gewicht vorkommen, damit ein

Gleichgewicht entstehen könne. Sind also die Knochen schwerer, so müssen das Fleisch oder andere Organe leichter sein, und diese letzteren wirken mit ihrer Leichtigkeit gegen die Schwere der Knochen; also wird bei Wassertieren das Gegenteil von dem gelten, was für die Erdtiere gefunden ward, nämlich daß bei letzteren den Knochen obliegt, ihr Eigengewicht und das des umlagernden Fleisches zu tragen. Daher schwindet nun der Widerspruch, und wir erkennen, daß im Wasser Riesentiere bestehen können, nicht aber auf der Erde, d.h. in der Luft« (EN VIII 180; Oe 118ff.).

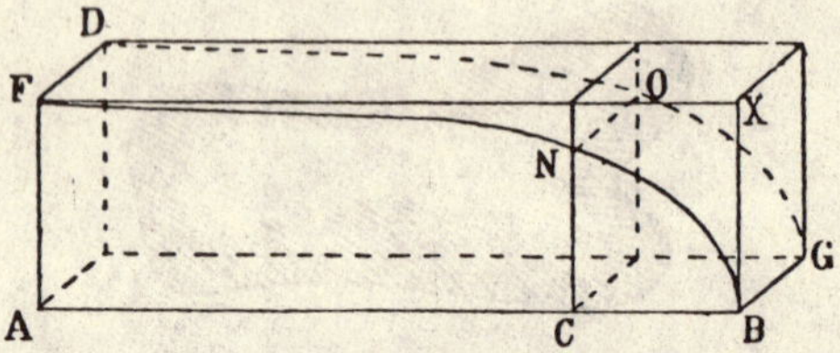

Wie sehr die Untersuchung auf die Praxis z.B. der Arsenalingenieur zielt, ist an folgendem Theorem zu sehen:

»Dieses vorausgesetzt, sei auf der Prismenseite *FB* (Abb. oben) die parabolische Linie *FNB* verzeichnet, deren Scheitel in *B* und deren Krümmung gemäß das Prisma ausgesägt sei, so daß der feste Körper von der Basis *DA*, dem Rechteck *AG*, der Geraden *BG* und der Fläche *DGBF* längs der Parabel *FNB* gebildet werde. Ich behaupte, dieser Körper habe überall gleichen Widerstand. Man vollführe den Schnitt *CO* parallel zu *AD*, und fasse nun zwei Hebel auf mit den Stützen *A* und *C*, so daß die Arme des einen *BA* und *AF*, die des andern *BC* und *CN* seien. In der Parabel *FBA* verhalten sich *AB* und *BC* wie die Quadrate von *FA* und *CN*, folglich verhalten sich die Arme *BA* und *BC* der beiden Hebel wie die Quadrate von *NF* und *CN*. Da nun die im Gleichgewicht vorhandenen Widerstände von *BA* und *BC* sich verhalten wie die Rechtecke *DA* und OC, d.h. wie die Linien *AF* und *NC*, welches die beiden andern Arme sind, so ist nach dem vorigen Satze klar, daß dieselbe Kraft, die, bei *BG* angebracht, den Widerstand bei *DA* im Gleichgewicht erhält, auch den Widerstand bei *CO* balanciert. Dasselbe gilt für jeden anderen Schnitt: daher bietet solch ein parabolisches Prisma stets gleichen Widerstand dar. Daß aber beim Schnitt *FNB* stets ein Drittel fortgenommen sei, ist klar; denn die Halbparabel *FNBA* und das Rechteck *FB* sind Grundflächen zweier Körper zwischen parallelen Ebenen, nämlich den Rechtecken *FB* und *DG;* die Körper stehen stets in demselben Verhältnis wie ihre Grundflächen; aber das Rechteck *FB* ist das Anderthalbfache der Halbparabel *FNBA;* folglich nimmt der parabolische Schnitt den dritten Teil hinweg. Hieraus ersieht man, wie mit einer Gewichtverminderung von 33 Prozent man Gebälke errichten kann, ohne die Festigkeit zu schädigen, was bei großen Schiffen zur Festigung des Verdeckes sehr nützlich sein kann; denn bei solchen Bauwerken ist die Leichtigkeit von großer Bedeutung« (EN VIII 180; Oe 118).

Der Schluß des Zweiten Tages handelt über die Festigkeit der Hohlkörper. Davon wollen wir uns im folgenden nur den Beginn ansehen:

»Wir haben bisher vieles betrachtet, was auf die Bruchfestigkeit der Körper Bezug hatte, indem wir die Gesetze des Zuges als bekannt voraussetzten, und so können wir fortfahren und immer neue Beziehungen aufdecken, deren es in der Natur unendlich viele gibt. Zum Schluß der heutigen Erläuterungen will ich einiges über den Widerstand der hohlen festen Körper hinzufügen, deren sich die Kunst und die Natur in tausend Fällen bedient; hier wird ohne Gewichtsvermehrung die Festigkeit bedeutend gesteigert: so z.B. bei den Knochen der Vögel und bei vielen Rohren, die leicht sind und doch sehr bieg- und bruchfest: so daß, wenn ein Strohhalm, der eine Ähre trägt, die schwerer ist als der ganze Halm, aus derselben Masse bestünde, aber massiv wäre, er viel weniger bieg- und bruchfest sein würde. So hat man künstlich beobachtet und durch den Versuch bestätigt, daß eine hohle Lanze oder ein Rohr aus Holz oder Metall viel fester ist, als wenn diese Körper bei gleichem Gewicht und gleicher Länge massiv wären, wobei sie feiner und dünner sein müßten; daher erfand man das Aushöhlen der Lanzen, um sie fest und zugleich leicht zu machen. Wir wollen folgenden Satz beweisen: Die Widerstände zweier Zylinder von gleicher Masse und Länge, deren einer hohl, der andere massiv sei, verhalten sich zu einander wie die Durchmesser. Es sei *AE* (Fig. 37) der Hohlzylinder, der...« usw. (VIII 186; Oe 123).

Man sieht bei aller strengen Wissenschaftlichkeit noch den Tau der Naturfrische und analogen Anschauung erhalten. Der Natur ihre Geheimnisse durch Abstraktion und Idealisierung entreißen hieß nicht, die Natur vergeßlich beiseite schieben; wenigstens bei Galilei noch nicht. Er stand in seinem Garten und meditierte über Gesetze, die er dem unmittelbar Anschaulichen entnehmen könnte. Aber das hinderte nicht seine Lust und Kunst im Umgang mit den Gewächsen. Er war ein Meister im Rebenschneiden und Veredeln, und er »vertat« so manchen Tag mit der Gartenarbeit, dem Weinbau und so manche Stunde mit dem reichlichen Genuß der Ergebnisse, mit fröhlichem Pokulieren. Er war noch ein ganzer Mann.

19
Trotz allem — noch vier intensive Jahre

Dieses Kapitel sollte zuerst den Titel »Ein würdiger Tod« tragen. Das wäre falsch, da es den Eindruck erwecken müßte, Galilei habe seine letzten vier Jahre auf den Tod hin gelebt. Davon kann keine Rede sein. Obwohl zu seinen alten Muskel- und Gelenkschmerzen eine schwere Schlaflosigkeit, schmerzhafter Tränenfluß und Anfang 1638 eine rapid voranschreitende totale Erblindung hinzukamen, redet er nie vom Ende, sondern immer nur von seinem schwer erträglichen neuen Zustand. Ein selbstbewußter, auf Zukunft gerichteter Brief vom 2. Januar 1638 an seinen Freund Diodati mag hier für viele andere stehen: »Ach, lieber Herr, der Galileo, Ihr lieber Freund und Diener, ist seit einem Monat unheilbar und vollständig blind. Stellen Sie sich vor, wie niedergeschlagen ich sein muß, wenn ich bedenke, daß dieser Himmel, diese Welt und dieses Universum, das ich mit meinen wunderbaren Beobachtungen und klaren Beweisen hundert- und tausendfach über das Blickfeld der Wissenschaftler aller vergangenen Jahrhunderte hinaus erweitert hatte, nunmehr für mich sich so verkleinert und verengt hat, daß es nicht mehr größer als meine Person ist. Die Neuheit des Zugestoßenen hat mir noch keine Gelegenheit gewährt, mich an Geduld und Hinnahme des Unglücks zu gewöhnen, was mir im Laufe der Zeit doch gelingen muß. Diese ungeheure Verwandlung hat in meinem Geist eine außerordentliche Metamorphose der Gedanken, der Vorstellungen und des Selbstvertrauens bewirkt, worüber ich Ihnen jetzt nicht viel sagen, ja kaum andeuten kann, da ich zu sehr abgelenkt bin, auch durch das Nachdenken über neue Verwaltung der Familienangelegenheiten; aber ich nehme mir vor, bei weniger beunruhigtem Geisteszustand die Dinge Ihres angenehmen Briefes im einzelnen zu erörtern. — Mit großem Verlangen erwarte ich die Ausführung des von Ihnen und vom Comte de Noailles gewünschten Vorschlags der Widmung meiner letzten Dialoge, deren Druck jetzt beendet sein muß, da die Herren Elzevir mir bisher 29 Blatt geschickt haben. Und Herr Ludwig (Elzevir) schrieb mir zuletzt, ich soll die übrigen Werke auf lateinisch bereithalten, da sie alle in einem Band drucken werden, was mir höchst angenehm ist. Und gern würde ich von Ihnen hören, ob Herr Carcavy sich diesbezüglich mit den Herren Elzevir ins Benehmen gesetzt hat« (EN XVII 247).

Trotz Schmerzen und Erblindung und gelegentlicher Depressionen, die er seinem alten Freund Micanzio manchmal eingesteht: die Sorge um die Publikation seiner Arbeiten bleibt nach wie vor beherrschend, und mehr noch, er wird in den folgenden Jahren seine Manuskripte und Notizen ordnen und immer wieder neue Gedanken diktieren. Nur brauchte er jetzt gebildete Personen zum Vorlesen und zum Schreiben von Briefen und wissenschaftlichen Diktaten. Der Reihe nach waren bei ihm beschäftigt der Mathematikprofessor Dino Peri zur Endredaktion der »Discorsi«, der Kleriker Marco Ambrogetti, der im Jahre 1638 den Saggiatore, die Briefe über die Sonnenflecken und den Diskurs über die schwimmenden Körper für den Verlag Elzevir ins Lateinische übersetzte, Clemente Settimi im Jahre 1639 und etwas darüber hinaus. Ab Oktober 1639 kam Vincenzio Viviani, ein Schüler Settimis, auf Empfehlung des Großherzogs zu Galilei in die Lehre, wurde schon bald von Galilei hoch geschätzt und als Freund behandelt und blieb nicht nur bis zum Tode des Meisters in Arcetri, sondern widmete sein ganzes Leben dem Werk des Verstorbenen, sammelte und ordnete Briefe und Manuskripte, verfaßte die erste Biographie und war von 1647 bis zu seinem Tod 1703 Hofmathematiker; der erste Nachfolger Galileis war Torricelli, der aber schon 1647 starb.

Übrigens bekam Galilei keinen Elzevir-Sammelband zu Gesicht. Das florierende Verlagshaus verdankte seine Erfolge nicht zuletzt harten Geschäftspraktiken. Galilei hat nie einen Pfennig Honorar erhalten, obwohl Honorare und Privilegien damals schon üblich waren, wie ihm seine Freunde aus Padua mit Vorwürfen wegen seiner »Liberalität« vorhielten (XVIII 348); er war stets der letzte, der Exemplare seiner Neuerscheinungen erhielt; und am 15. 6. 1640 teilte ihm Diodati mit, die Elzevirs druckten vorläufig den Sammelband nicht, da von den bisher gedruckten Büchern noch je 500 Exemplare auf Lager seien (XVIII 204). Trotzdem bereitete Galilei Erweiterungen der »Discorsi« vor. Seinem jungen Freund, Evangelista Torricelli, diktierte er den Fünften Tag.

Für gewöhnlich nahm Galilei die Werke seiner Schüler und Freunde nur oberflächlich zur Kenntnis; seine eigenen Arbeiten waren ihm stets das Wichtigste. Aber mit Torricelli war es anders. Dieser Schüler Castellis hatte sich 1632 in einem Brief aus Rom mit Galilei bekannt gemacht, seinen Studiengang beschrieben und sich zur »galileischen Sekte« bekannt (EN XIV 387); er ist derselbe Brief, in dem wir schon das Urteil Grienbergers über den »Dialogo« kennengelernt haben. Erst im März 1641 schrieb Torricelli wieder und legte Manuskripte bei, die erst später gedruckt wurden (»De motu gravium...«, über Fall und Wurf, sphärische Körper, Inhalt der Parabel, hyperbolische Körper, Zykloiden und archimedische Schraube). Galilei lud ihn sofort nach Arcetri ein, aber Torricelli, der für den abwesenden Castelli Vorlesungen zu halten hatte, mußte dessen Rückkehr abwarten. Und dann geschah etwas, was für Galileis Verhältnis zu fremden Autoren etwas völlig Neues war; auf ein paar zusätzliche Worte Torricellis nach jener Sendung schrieb Galilei am 27. 9. 1641 (XVIII 358):

»Der Verlust des Briefes, den ich Ihnen schickte, tut mir außerordentlich leid, da Sie sich durch das Ausbleiben einer Antwort ein ganz falsches Bild von mir gemacht haben werden, nämlich daß ich ungehörigerweise für gering geschätzt hätte, was ich über alle Maßen bewunderte und bewundere, ich meine den herrlichen Einfall, mit dem Sie so leicht und anmutig beweisen, was Archimedes auf so unwegsamen und mühseligen Wegen in seinen Spiralen untersuchte; Wege, die mir stets so abstrus und abgelegen schienen, daß ich, wenn ich auch die übrigen Folgerungen dieses Autors in hundert Jahren womöglich hätte finden können, diesen einen Fund nicht in tausend Jahren und in Ewigkeit nicht zu tun gehofft hätte. Demnach können Sie sich denken, wie mich Ihr elegantes Ergebnis beeindruckt hat. Ich deutete Ihnen in dem erwähnten Brief die Freude an, die ich darüber empfand, aber Ihnen das verdiente Lob auszusprechen schien mir auf ein oder zwei Briefblättern nicht möglich, sondern ich verschob diese Pflicht und Schuldigkeit auf die mündliche Unterhaltung, da ich ja die Hoffnung hatte, auf einige Tage in den Genuß Ihrer Anwesenheit zu kommen, bevor mein Leben, das nicht mehr lange währt, zu Ende ist...« Und so geht es noch eine Weile weiter. Die Wahrheit ist, daß der schwerkranke blinde Mann mit einem Schlag begriff, es mit einem Genie zu tun zu haben. Beide wußten noch nichts von dem Torricellischen Gesetz über die Ausflußgeschwindigkeit von Flüssigkeiten, nichts von der Entdeckung des Vakuums im Quecksilberbarometer, der zum Nachweis des Luftdrucks führen sollte: 1 Torr(!) = 1 mm Quecksilbersäule = $1/760$ atm. Aber Galilei wußte, was für Qualitäten der 33jährige Torricelli besaß. Und das heißt: nach einer kurzen Probe hat er sich die Arbeiten, die der junge Gelehrte geschickt hatte, vorlesen lassen; das wollte er sich nicht entgehen lassen. Ja, er sagt ihm in dem zitierten Brief am Ende voraus, daß man ihn in Florenz behalten werde.

Und Galilei erlebte also noch die Freude, drei Monate lang mit dem bewunderten jungen Mann arbeiten zu können. Torricelli war in der Todesstunde Galileis zugegen.

Mit den Gefängniswärtern Maffeo Barberini alias Urban VIII., Francesco Barberini, Inquisitor, und ähnlichen traurigen Gestalten erlebte er dagegen nichts als Ärger und Enttäuschung. Selbst die einzige Erleichterung, die ihm im Februar 1638 gewährt wurde, war kleinlich und mit Demütigungen gespickt. Der Arzt hatte festgestellt, daß die Erblindung in diesem Alter vermutlich unheilbar sei, der Inquisitor beschrieb den alten Mann als einen halben Kadaver, und so hoffte Galilei, in die Stadt Florenz zurückkehren zu können; das hätte dann nach wiedererlangter Freiheit ausgesehen. Die Genehmigung aber, die über den Florentiner Inquisitor ging, sah so aus:

»25. Februar 1638... Sanctissimus entschied, dem genannten Galilei sei der Aufenthalt in seinem Haus in Florenz zu gestatten, zwecks Behandlung seiner Krankheiten, doch unter der Bedingung, daß er das Haus nicht verlasse und nicht in die Stadt gehe noch in seinem Haus öffentliche oder geheime Versammlungen abhalte; damit sollen Gespräche über die früher verurteilte Lehre von der Erdbewegung vermieden werden; dies und überhaupt derartige Gespräche mit wem auch immer ist ihm unter strengsten Strafandrohungen zu verbieten; er soll überwacht werden« (EN XIX 287). Und auf eine weitere Anfrage des florentinischen Inquisitors wurde entschieden, »daß er nach Gutdünken dem Galileo de Galileis die Erlaubnis zum Messebesuch in der nächstgelegenen Kirche erteilen könne; es sei Sorge zu tragen, daß das ohne große Begleitung geschehe« (XIX 288).

Als die jahrelangen Verhandlungen mit den niederländischen Generalstaaten über die Längengradbestimmung einen gewissen Abschluß erreichten, nämlich praktisch abgebrochen wurden mit einem Anerkennungsschreiben und dem Geschenk einer kostbaren goldenen Kette, erfuhr Galilei vom Inquisitor, daß Francesco Barberini am 19. 7. 38 einen Brief geschrieben hatte: »Wenn die Persönlichkeit, die über die Längengrade verhandeln will und reiche Geschenke mitbringt, um das Instrument zur Navigation nach der Pol-Höhe abzuholen, häretisch ist oder von einer häretischen Stadt abgesandt ist, dann finden es meine Eminenzen nicht für gut, daß Galileo sie empfange und mit ihr verhandle, und Sie werden ihm ein formelles Verbot erteilen; ist aber die Stadt und die Persönlichkeit katholisch, dann glaubt die Heilige Kongregation die Verhandlung nicht verhindern zu sollen, vorausgesetzt, die beiden behandeln nicht die Bewegung der Erde entsprechend den schon ergangenen Befehlen. Übrigens glaubt man hier kaum, das Instrument werde ohne Schwierigkeiten die Wege für eine solche Navigation ebnen, die ja bis jetzt unbekannt ist trotz der Forschungsarbeiten erster Fachleute. Wenn er aber etwa dieses Instrument gefunden haben sollte, wird Seine Hoheit kaum erlauben, daß es in fremde Hände gerät und Italien der Ruhm der ersten Anwendung einer so noblen Erfindung verlorengeht, die viel nützlicher als die heutigen, durch das Geheimnis des Magneten (auch eine italienische Erfindung) erleichterten Hilfsmittel ist. Das diene Ihnen als Wink.«

Jetzt erwarten also diese kuriosen Herrschaften auch noch Nationalstolz von dem Mann, den sie unentwegt demütigten und bespitzelten, damit er ja mit niemand über die Bewegung der Erde spreche. Diese Lächerlichkeit, ihm auch die privateste

Unterhaltung über das Problem unmöglich zu machen, war der eigentliche Grund für die Hartnäckigkeit im Festhalten am Hausarrest. Man fragt sich vergebens, wie normale Menschen es fertigbrachten, solche kleinstkarierten Dinge zu Papier zu bringen. Sie waren ersichtlich unter Anführung ihres verbohrten, größenwahnsinnigen Sanctissimus allesamt selbst wahnsinnig geworden. Doch Galilei wurde auch damit fertig. Wenn er von irgendwoher Anfragen über Bewegungen am Himmel erhielt, pflegte er zu antworten, das kopernikanische System sei falsch, das sei an höchster Stelle mit Hilfe der Allmachtsklausel festgestellt, aber das ptolemäische und aristotelische und die davon abgeleiteten Systeme seien noch falscher, was sich leicht beweisen lasse, punktum; so z.B. an Francesco Rinuccini am 29. 3. 1641 (XVIII 314).

Doch dem Verbot, mit den holländischen Häretikern zu verhandeln, mußte er sich fügen. Mit Hilfe Diodatis winkte er dem vorgesehenen Abgesandten van den Hove (Hortensius) ab und dankte für die prompte Vermittlung, da »das Unglück es gewollt hat, daß das Sant'Uffizio meine Verhandlung mit den Generalstaaten über die Längengrade entdeckt hat« (XVII 372). Statt dessen brachten harmlose Kaufleute Brief und Geschenk. Das schöne Schreiben behielt Galilei, das Geschenk lehnte er ab mit der Begründung, er wolle keine Prämie, solange seine Erfindung nicht erprobt und akzeptiert sei.

Darauf schrieb Barberini dem Inquisitor, er solle Galilei den Dank des Papstes mitteilen (XVII 336, XIX 289 u. 398). Einige Monate später, im April 1639, reichte Galilei ein Gesuch um Befreiung ein, da er auf den Dank des Papstes rechnete. Doch betreffs des »Galilei petentis libertatem« liest man als Beschluß der Kongregationssitzung: »Sanctissimus wollte nichts gewähren.« Und so blieb es für immer, Sanctissimus gewährte nichts. Das wollen wir im Gedächtnis behalten, wir werden darauf zurückkommen müssen. Aber Castelli, der nach langem Hin und Her schließlich Ende 1638 die Erlaubnis bekam, nach Florenz zu reisen und mit Galilei über die Längengrade zu verhandeln, mußte seinem Herrn Francesco Barberini versprechen, keine »anderen Gespräche zu führen, besonders nichts, was dem Geist der Hl. Kongregation widerspricht« (XVII 398).

Übrigens setzte Galilei unbeirrt die Arbeiten an der Längengradbestimmung mit Hilfe der Jupitersatelliten fort. Der Pisaner Professor Renieri übernahm die Herstellung der Ephemeridentafeln; ob das gelungen ist, ist zweifelhaft, sämtliche Papiere sind nach Renieris Tod aus seiner Wohnung verschwunden. Für die erforderliche genau gehende Uhr kam Galilei 1641 auf die Idee der Pendeluhr; eine Zeichnung von der Hand des Sohnes Vincenzio aus demselben Jahr ist noch vorhanden (XIX 656). Vincenzio wollte später die Uhr konstruieren, kam auch so weit, wie es die Zeichnung zeigt, trat dann aber auf Schwierigkeiten, vermutlich die Unruhe betreffend, und starb darüber im Jahr 1649. Das alles berichtet Viviani sehr anschaulich in einem »Brief an den Prinzen Leopold über die Pendeluhr« (EN XIX 647–659, speziell ab 657f.).

In der Nähe von Bologna war schon zu Anfang des Jahrhunderts ein phosphoreszierendes Mineral entdeckt worden, für das man damals keine Erklärung hatte, das aber in die Raritätenkabinette wanderte. Und nun kam Fortunio Liceti, zur Zeit Philosophieprofessor in Bologna, auf die Idee, die Mondoberfläche bestehe aus diesem Mineral; damit erklärte er im 50. Kapitel seines Werkes »Liteosphorus« (1640) das aschgraue Licht, das der Mond in der Nähe der Neumondphase auf der von der Sonne nicht beschienenen Fläche zeigt. Und er wies spöttisch Galileis Meinung zurück, das aschgraue Mondlicht sei ein Reflex von der sonnenbeschienenen Erde.

Galilei hat diesen Liceti, den wir schon von dem zehnjährigen Schlagabtausch über die Kometen mit Giovanni Camillo Gloriosi kennen, stets mit großer Nachsicht, ja Respekt behandelt. Es war einer der seltenen Fälle, in denen er mit Peripatetikern gute Beziehungen aufrechterhielt. Jetzt war er verlegen und wußte nicht, wie er sich verhalten solle, so daß Cavalieri (EN XVIII 147) ihm schrieb: »Mir hat seine Verfahrensweise mißfallen, weil es mir schien, einem Freund wie Ihnen gegenüber hätte er das nicht tun dürfen, und dazu mit so fadenscheinigen Argumenten. Ich wußte vorher nichts davon, sonst hätte ich ihn davon abgebracht. Da er Ihnen aber so wenig Respekt erweist, finde ich, Sie behandeln ihn zu bescheiden, wenn Sie sagen, Sie seien in Verlegenheit bezüglich einer Antwort; auch wenn ihm dadurch zuviel Ehre angetan wird. Seien Sie aber versichert, daß seine Sachen minimalen Applaus erzielen; hier macht man sich wenig daraus.« Dann kam am 11. 3. 1640 (XVIII 165) ein Brief vom Prinzen Leopoldo de' Medici, einem glühenden Anhänger Galileis, der zur Zeit der Verbannung in Siena regelmäßigen Kontakt mit ihm gehabt hatte; Leopoldo war damals Gouverneur von Siena gewesen. In dem Schreiben wurde Galilei um eine briefliche Äußerung zu Licetis kontroverser Behauptung über das Mondlicht gebeten.

Diese Aufforderung elektrisierte Galilei. In vierzehn Tagen diktierte er einen »Brief an Prinz Leopold von Toskana«, der eine scharfsinnige, elegante regelrechte Abhandlung wurde. Im Druck erstreckt er sich über 40 großformatige Seiten: EN VIII 489—542. Allerdings sind dort die Varianten einer zweiten Ausfertigung mit abgedruckt; Liceti wollte nämlich, was er dann auch tat, Galileis Antwort mit neuen eingestreuten Gegenargumenten drucken, und zu diesem Zweck hat Galilei den Brief etwas erweitert und in höflichere Form gebracht.

Dieser Brief ist so geistreich, treffsicher und stilistisch elegant wie die besten früheren Schriften Galileis. Man sieht, was die Forderung und Erwartung der Öffentlichkeit für ein Stimulans war; jeder Schriftsteller kann das von sich selbst bestätigen. Nur ein Beispiel für die limpide Argumentation Galileis: Wenn der von der Sonne beschienene Mond nachts ein verhältnismäßig helles Licht über die Erde verbreitet, wieso sollte eigentlich das Umgekehrte nicht eintreten? Und dann folgen genaue Berechnungen der Zeitpunkte, in denen die Konstellation diese Erscheinung erfordert.

Die Genugtuung — hier ein schwaches Wort — Galileis über die Aufnahme, die seine Schrift beim Prinzen Lepold fand, dürfen wir uns nicht entgehen lassen, weil sie noch einmal das Stimulans verrät, aber auch weil sich hier die Gelegenheit zu einer glanzvollen Publikation ergab, die von Liceti verantwortet wurde und Galilei von den römischen Kerkermeistern nicht zum Vorwurf gemacht werden konnte.

Leopold also schrieb am 15. Mai 1640 (XVIII 190): »Ich habe wunschgemäß einigen Doktoren der Universität Pisa das Schreiben gezeigt, das Sie mir geschickt haben und worin Sie die Meinung des Doktor Liceti über das sekundäre Licht des Mondes zurückweisen. In der Versammlung war auch, wie Sie es wünschten, der Marsili, und er wie alle anderen, obwohl sie

Peripatetiker sind, waren voll des äußersten Lobes über Ihre geniale und gelehrte Schrift...«

Galileis Antwort vom 25. Mai (XVIII 195) ist der strahlende Ausbruch eines Menschen, den man jahrelang geknebelt hat: »Als Ihr so menschlicher und gnädiger Brief ankam, in dem Sie vom Genuß der Lektüre meiner Antwort berichten, wurde ich so übermannt von einer unerwarteten Fröhlichkeit, daß ich für längere Zeit außer mich geriet und unfähig zum Diktieren der Worte war, mit denen ich Ihnen würdig und angemessen den geschuldeten Dank für einen solchen Gunstbeweis hätte ausdrücken können...«

In normalen Zeiten wäre dieser Brief im umgekehrten Sinn nicht »angemessen« gewesen, nämlich zuviel des Jubels über die selbstverständliche Zustimmung. Hier aber fühlen wir ohne weiteres mit dem gequälten Mann und genießen noch Jahrhunderte später die gleiche glückliche Rührung.

Und so können wir uns vorstellen, mit welchem Eifer er dem Liceti zu Willen war, der es sich zur Ehre anrechnete, von einem so großen Mann einer Antwort gewürdigt zu werden. Und tatsächlich, wer würde heute den Namen Liceti kennen? Leopold war sofort einverstanden, daß der Brief von Liceti benutzt werde, und wünschte auch im Druck seinen Namen im Titel erscheinen zu sehen, damit jedermann seine Zustimmung sehe. Galilei arbeitete den Rest des Jahres an dem Text für Liceti. Im Januar 1641 lieferte er das umgearbeitete Manuskript ab, und Liceti begann nun seinerseits an seinen Einschüben zu arbeiten. Zwar hat Galilei die gedruckte Ausgabe von Licetis »De lunae subobscura luce« nicht mehr erlebt, aber am Erscheinen des gemeinsamen Werkes war von Anfang an kein Zweifel.

Dieser »Brief an den Prinzen Leopold« war Galileis letzte wissenschaftliche Arbeit, im Vollgefühl eines doch noch erzielten Triumphes über seine Peiniger verfaßt. Viele andere Pläne kamen nicht zur Ausführung und sind nur in Bruchstücken und Skizzen vorhanden. Unter den postumen, in Band VIII der Edizione Nazionale abgedruckten Arbeiten wollen wir außer den schon erwähnten nachgetragenen »Tagen« (Fünfter und Sechster Tag) der »Discorsi«, sehr kurzen Ansätzen allerdings, noch einiges andere nennen, z. B. die »Operazioni astronomiche« (astronomische Operationen), die sich mit den Methoden astronomischer Messungen und des notwendigen Handwerkszeugs befassen (VIII 453–64). Diese Blätter waren vielleicht schon Anfang 1638 geschrieben, wie man nach einem Brief vom 23. 1. 38 an Diodati vermuten kann (XVII 262). Galilei hat sie seinem Sohn Vincenzio diktiert. Den Fünften Tag über die euklidische Proportionenlehre diktierte er, wie gesagt, in den letzten Monaten des Jahres 1641 seinem bewunderten neuen Freund Evangelista Torricelli, der auch eigene Überlegungen beigetragen hat. Ein Manuskript mit dem Titel »Problemi« stammt ganz von der Hand des Sohnes, der sie nach Gesprächen mit dem erblindeten Vater selbst formuliert hat.

Unter den Fragmenten finden sich zwei kurze Notizen (VIII 610 u. 612) über den Gang der Tiere und dazu von der Hand seines Freundes Pier Francesco Rinuccini eine Einleitung zu einer geplanten Schrift über Aristoteles' De motu animalium; der erblindete Galilei, läßt Rinuccini wissen, hat ihm die Niederschrift dieser Frucht ihrer Gespräche aufgetragen (VIII 615–17). Seit jungen Jahren lag Galilei diese Auseinandersetzung am Herzen; er hat sie schon 1610 in seinem Bewerbungsschreiben um eine Anstellung bei Hofe erwähnt. Es kam jedoch nie zu einer zusammenhängenden Arbeit. Was jetzt vorliegt, ist lediglich die Widerlegung der Behauptung des Aristoteles, die Vierbeiner könnten nie das Vorder- und Hinterbein derselben Körperseite zugleich heben, da sie sonst umkippen müßten. Der ganze Galilei ist in der Gegenargumentation zu erkennen: Erstens müßte dann auch der Mensch umfallen, wenn er ein Bein hebt, da eine Körperhälfte ohne Unterstützung bleibt, und zweitens kennen wir den Paßgang der Maultiere und andere Balancefähigkeiten der Tiere; Aristoteles hätte nur seine Augen aufzumachen brauchen.

Über die Libration des Mondes, die er im November 1637 entdeckt hatte, gibt es außer einigen Briefen (XVII 214, 269, 291 ff.) keine Abhandlung, und der zuletzt genannte Brief nennt den Grund: »Bis jetzt konnte ich daraus keine großen Konsequenzen ziehen ... Seit zwei Monaten gehe ich vollständiger Erblindung entgegen ... Ich überlasse es daher anderen, sich mit Hilfe dieser Mitteilungen den Schlußfolgerungen zu widmen ...«

Dieser letzte Brief vom 20. 2. 1638 trägt übrigens die Ortsbezeichnung »Aus meinem Kerker in Arcetri«. Er hat daraus kein Prinzip gemacht. Einige Briefe an Micanzio aus dem Jahre 36 tragen diesen Vermerk, aber an Bernegger schreibt er am 17. 8. 1634, also kurz nach den schweren Schlägen, »ex Arcetrii rusculo meo«, von meinem Gütchen in Arcetri. Seine Freundin Alessandra Buonamici Bocchineri erhält im Jahr 1640 einen Brief (XVIII 194), wo es heißt: »Aus der Villa in Arcetri, wo man mich fortgesetzt von meinem Haus in Florenz fernhält«, woraus zu schließen ist, daß die Bewilligung von 1638 zum Kuraufenthalt in Florenz nach etwas über einem Jahr widerrufen wurde. Und einem Herrn Cassiano del Pozzo, der ihn in Rom in seine Galerie bedeutender Männer eingereiht hatte, schrieb er im Januar 1641 einen Dankbrief »aus der Villa in Arcetri, meinem unaufhörlichen Kerker und Exil von der Stadt«. Sonst heißt es immer nur »Aus Arcetri« oder »Aus der Villa in Arcetri«. Ein System in den wenigen Ausnahmen ist nicht zu erkennen.

Während des euphorischen Jahrs 1640, während der Arbeit am Liceti-Manuskript, nahm er für viele Monate den geistig zurückgebliebenen kleinen Neffen des großherzoglichen Linsen- und Edelsteinschleifers Francini ins Haus und kümmerte sich um eine Verbesserung seines kümmerlichen Zustandes, ließ ihm auch ein wenig das Schreiben beibringen, freilich »im Bewußtsein, daß man die Natur nicht bekämpfen und besiegen kann... Aber man darf den Gewinn, wenn er auch nicht groß ist, nicht geringschätzen, wenn mehr nicht zu erreichen ist. Seien Sie also unbesorgt über das Wohlergehen Ihres Söhnchens.« So schrieb er am 2. November dem Vater nach Livorno. Der kranke alte Mann hatte also seine Hilfsbereitschaft bis zuletzt nicht verloren.

Der letzte Brief, den er diktierte,ging an die Frau seines Freundes Buonamici. Diese Alessandra Buonamici Bocchineri war eine Schwester der Sestilia Bocchineri, der Frau Vincenzio Galileis. Alessandra war Hofdame der Kaiserin, einer geborenen Gonzaga, gewesen und hatte am Kaiserhof ihren dritten Mann, eben den Giovanfrancesco Buonamici, kennengelernt und geheiratet. Im Jahre 1630 kehrte sie nach Italien zurück und fand die neue Verwandtschaft mit den Galileis vor. Galilei war von ihrem Charme bezaubert; aus seinen Briefen an sie spricht Respekt und Zuneigung; »keine gewöhnliche Frau« nennt er sie einmal. Sie sahen sich selten, und das erhöhte noch sein Gefühl für sie. Dieser Brief, der letzte überhaupt, der von ihm erhalten ist (EN XVIII 374), stammt vom 20. Dezember 1641, drei Wochen vor seinem Tod:

»Meine höchst verehrte Signora! Ich habe Ihren erfreulichen Brief zu einer Zeit erhalten, in der er mir zu großem Trost gereichte; ich lag nämlich seit Wochen mit schwerer Indisposition zu Bett. Ich danke Ihnen herzlich für die liebenswürdige Zuneigung, die Sie mir beweisen, und für das Mitgefühl, mit dem Sie mich in meinem Elend und Unglück besuchen.

Für den Moment brauche ich kein Leinen, ich bin sowieso schon mehr und mehr in Ihrer Schuld, da Sie so bereitwillig über mein Wohl wachen.

Ich bitte Sie, meine unfreiwillige Kürze der Schwere der Krankheit zuzuschreiben, und ich küsse Ihnen mit herzlichster Zuneigung die Hände, wie auch Ihrem Herrn Gemahl.«

Nach einigen Tagen anhaltenden Fiebers starb Galileo Galilei am 8. Januar 1642, acht Tage, bevor er 78 geworden wäre. Zugegen waren Vincenzio Galilei, Evangelista Torricelli, Vincenzio Viviani, die Hausgenossen und zwei Geistliche. Zwei Monate vorher hatte er seinen Freund Castelli noch einmal wiedergesehen; Castelli hatte ihn auf der Durchreise besucht. Am Tag nach dem Hinscheiden wurde Galileo vorläufig in einem Raum hinter der Sakristei, also unter dem Campanile von Santa Croce, beigesetzt — wo er fast hundert Jahre blieb. Erst 1734 wagte man in Rom anzufragen, ob ihm ein Denkmal gesetzt werden dürfe. Das wurde bewilligt unter der Bedingung, daß die vorgesehene Inschrift in Rom zur Prüfung vorgelegt werde (XIX 399). Seinen endgültigen Ruheplatz mit Denkmal hat Galileo Galilei in der Kirche Santa Croce seit 1737.

Zehn Tage nach dem Tod schrieb Lukas von Holstein, der Bibliothekar Francesco Barberinis, an einen Freund in Florenz (XVIII 378): »Heute kam noch die Nachricht vom Verlust des Herrn Galilei an, der nicht nur Florenz, sondern die ganze Welt und unser ganzes Jahrhundert betrifft, das von diesem göttlichen Mann mehr Glanz erhielt als von fast allen normalen Philosophen. Jetzt, nachdem der Neid erloschen ist, wird man allmählich die Erhabenheit dieses Genies erkennen, das der gesamten Nachwelt als Schatzkammer zur Erkenntnis der Wahrheit dient, die so sehr verworren und im Dunkel der Meinungen begraben ist.«

Dagegen mußte Niccolini am 25. Januar nach Florenz berichten (XVIII 378f.): »Ich habe heute morgen Seine Heiligkeit am gewohnten Platz gefunden, aber auf einem Tragsessel. Er schien mir ziemlich verfallen, der Kopf so eingesunken, daß er mit den Schultern fast gleich lag. Nach einigen familiären Bemerkungen kam die Rede auf den neuen Kardinal Firenzuola, den Seine Heiligkeit als einen Mann von großem Talent und Geist feierte. Er ist Sohn jenes Ingenieurs, der die Festung von Palma erbaut hat. Und da sich Seine Heiligkeit bei der Gelegenheit erinnerte, daß er Kommissar des Sant'Uffizio war, als der verstorbene Galileo Galilei über sein Buch von der Bewegung der Erde inquiriert wurde, sagte er, er wolle mir etwas im Vertrauen, nur als persönliche Bemerkung anvertrauen,was ich nicht nach dort weiterzugeben brauchte. Es ging darum, daß er gehört habe, unser Herr habe vielleicht die Absicht, ihm in Santa Croce ein Grabdenkmal zu errichten, und er fragte, ob ich darüber etwas wisse. In Wahrheit habe ich davon schon seit Tagen reden hören, aber ich sagte, ich wisse nichts. Seine Heiligkeit antwortete, er habe Nachrichten darüber, wisse aber nicht, ob sie wahr oder falsch seien. Trotzdem suchte er mir auf jede Weise klarzumachen, es wäre wirklich kein Beispiel für die Öffentlichkeit, wenn Seine Hoheit das tue, da Galilei vor das Sant'Uffizio zitiert worden war wegen einer so falschen und irrigen Lehre, mit der er auch viele andere dort beeindruckt habe und dem Christentum ein weltweites Ärgernis mit einer schon verurteilten Lehre gegeben habe. Dann vertiefte er sich in die einzelnen Punkte und in die Antworten, die man Galileo hier gegeben habe, und daß er sich als überzeugt bekannt habe — und damit ging viel Zeit hin. Ich aber teile das pflichtgemäß für alle Fälle mit und füge noch hinzu, falls Seine Hoheit diese Idee zum Gedächtnis des Herrn Galilei haben sollte, so wäre es meiner Meinung nach besser, das auf eine spätere Zeit zu verschieben, um sich keinem Verdruß auszusetzen. Weil nämlich Seine Heiligkeit aus eigenem Entschluß den Leichnam der Gräfin Mathilde aus der Kartause von Mantua entfernen ließ, ohne mit dem Herzog Carlo darüber zu sprechen, der sehr gekränkt war, und den Leichnam nach Sankt Peter überführte, wo Seine Heiligkeit selbst ihr ein Denkmal setzte, mit der Begründung, alle Kirchen gehörten dem Papst und die Beisetzungen seien Sache der Kirche, so möchte ich also nicht der Möglichkeit Vorschub leisten, daß man hier (in Rom) an Erschwernisse denke und daß man eine langwierige Geschichte erlebe, ohne etwas Gutes zu erreichen. — Von Staatsangelegenheiten wurde heute morgen nicht gesprochen, da die ganze Zeit mit diesem Gespräch und mit häuslichen Sachen verstrich.«

Also kein Denkmal für Galileo. Dagegen hatte der »Literat« Urban fünf Jahre vorher dem unermüdlich vor sich hin dichtenden Schwätzer Chiabrera höchstpersönlich den Epitaph geschrieben und behauptet: »Novos orbes poeticos invenit«, neue poetische Welten hat er erfunden. Die neuen Welten waren totgeboren, aber der Literat Barberini war unfähig, wirkliche Größe von sterilem Wortschwall zu unterscheiden.

Wieder einmal hatte sich Urban klug gegeben: am selben Tag, an dem er Niccolini »ganz privat« einweihte, schrieb Francesco Barberini an den Inquisitor von Florenz, er solle »mit seiner üblichen Geschicklichkeit dem Großherzog zu Ohren kommen lassen, es sei nicht gut, über dem Leichnam eines von der Inquisition Verurteilten und während der Buße Verstorbenen ein Mausoleum zu errichten, da es für die Guten ein Ärgernis sei und auf die Frömmigkeit des Großherzogs einen Schatten werfe.«

Und dann folgt ein merkwürdiger Satz: »Sollte er aber von dem Gedanken nicht abzubringen sein, dann müssen Sie ihm klarmachen, daß im Epitaph oder Unterschrift auf dem Grabmal keine Worte erscheinen dürfen, die das Ansehen dieses Tribunals beleidigen könnten. Dasselbe gilt für die Grabrede. Sie müssen sie sehen und genau begutachten, bevor sie gesprochen oder gedruckt wird. Ihrer umsichtigen Weisheit vertraut Seine Heiligkeit den guten Verlauf dieser Sache an« (XVIII 379f.).

Sie hätten also nicht gewagt, im Angesicht der ganzen Welt auch noch eine Leichenschändung zu begehen, aber in dem ängstlichen Niccolini hatte der schlaue Urban wieder einmal einen naiven Mittler gefunden, der den Großherzog aufs passende Gleis schob. Darüber wurde Urban richtig guter Laune. In der nächsten Audienz am 8. Februar goß er noch einen

Kübel Schmutz hinterher und sagte fröhlich zu Niccolini, überhaupt hätten über das irrige Werk Galileis »selbst die Häretiker gelacht und dagegen geschrieben«. Der kritische Literat wußte also, wem die Palme, novos orbes gefunden zu haben, gebührte!

Im Jahre 1741 wurde die Veröffentlichung sämtlicher Werke Galileis erlaubt unter der Bedingung, daß auch das Dekret von 1616 und das Urteil von 1633 mit abgedruckt wurden.

Im Jahre 1757 beschloß die Indexkongregation die Aufhebung des Dekrets, das »alle Bücher über die Unbeweglichkeit der Sonne und die Beweglichkeit der Erde verbietet« (XIX 419).

Der Schlußstrich wurde erst 1820 und 1822 gezogen: Es darf für Schriften »gemäß der allgemeinen Lehre der modernen Astronomen« keine Lizenz mehr verweigert werden (XIX 420 u. 421).

Leo XIII., ein Kenner Galileis, schrieb in der Enzyklika »Providentissimus Deus« 1893 genau die Art von Bibelexegese vor, die Galilei entwickelt hatte, und wies die wörtliche Interpretation der Bibel in naturwissenschaftlichen Fragen zurück. Damit hob er nicht etwa eine Lehrentscheidung der Kirche auf, denn das Dekret von 1616 und das Urteil von 1633 waren keine Lehrentscheidungen, da sie weder auf eine Konzilsentscheidung noch auf eine päpstliche Entscheidung ex cathedra zurückgingen. Es waren Entscheidungen einer Kongregation, die sich mit der Behauptung, die heliozentrische Idee sei wissenschaftlich »falsch«, über den Rat der Kirchenväter, z.B. Augustins und Thomas', sträflich hinweggesetzt hatten. Thomas von Aquin hatte geschrieben: »So wird in der Astronomie ein System von Exzentern und Epizykeln als gegeben angenommen, weil diese Voraussetzung die wahrnehmbaren Erscheinungen der Himmelsbewegungen erklärbar macht. Aber das ist kein hinreichender Beweis, weil möglicherweise auch eine andere Hypothese sie erklären könnte« (Summa theologica I, 32, 1). Das Wort »falsch«, das haben wir schon mehrmals gesehen, war der grundlegende Übergriff des Dekrets aus dem Jahre 1616, auch unter den damaligen kirchlich-wissenschaftlichen Verhältnissen.

Wenn also der jetzige Papst Wert auf ein Wiederaufrollen des Galilei-Prozesses legt, so wird er sich auf einer leeren Bühne finden, auf der er bestenfalls ein paar Jongleurkunststücke vorführen kann. Was an den beiden Akten von 1616 und 1633 falsch war, ist längst bekannt, von Wissenschaftlern, allen voran Galilei im Jahre 1616, Kirchenmännern, vor allem Leo XIII., deutlich formuliert worden und sauber geklärt. Das dubiose, nicht unterschriebene Protokoll von 1616 kann außer Betracht bleiben, da ja sogar das Gericht von 1633 es schließlich außer Betracht lassen mußte.

Ein neuer Prozeß Galilei wäre also nichts weiter als eine Show, die längst Erledigtes noch einmal ablaufen läßt vor Menschen, die mit unseren Informationen versehen kein lebenswichtiges Interesse daran finden können. Wenn die Kirche aber einen sinnvollen Prozeß führen will, dann gegen Urban VIII., der als Kardinal Maffeo Barberini genau wußte, warum er das Häresiepapier der Konsultoren von 1616 zu den Akten gehen hieß, und der mehrmals sagte: »Der Kopernikanismus ist nicht häretisch und wird es nie sein«, der aber als Papst in seiner maßlosen Wut dieses Papier wider besseres Wissen benutzen ließ, auf Häresieverdacht prozessieren hieß und den nunmehr verhaßten ehemaligen Freund schwören ließ, der Kopernikanismus sei »falsch« und habe seit 1616 nicht mehr vorgebracht werden dürfen. Noch schlimmer aber ist, was ich bis zum Überdruß immer wieder belegt habe, die Verfolgungswut, mit der dieser Tyrann sich in den Exilierten verbiß und immer und immer wieder einschärfte, Galilei dürfe mit niemandem über Kopernikus sprechen. Dies ist der Gipfel der barbarischen Dummheit eines Größenwahnsinnigen. Lebenslanger Hausarrest mit Sprechverbot und persönlicher Postüberwachung trotz abgelegtem Reinigungseid, das hatte es noch nicht gegeben, das konnte sich nur dieses zerrüttete Gehirn ausdenken. Diesen »Papst« können sie nachträglich richten, und da sie schon dabei sind, können sie auch gleich ein allgemeines Gericht über Verbrechen oder Schändlichkeiten oder Übergriffe oder geistliche Irrtümer der Päpste überhaupt bis herunter zum jetzigen Papst abhalten; Stoff genug liegt vor. Das, jawohl, das wäre ein notwendiger Akt der Selbstreinigung, aber das andere, der Woytila-Prozeß über Galilei, wird nichts weiter sein können als ein verwackelter Film unter lächerlicher Regie.

Etwas ganz anderes aber, was durch keinen Prozeß geklärt

werden kann, ist die grundsätzliche Frage des Verhältnisses von Christentum und Wissenschaft. Die undankbare Frage haben wir bis zum Schluß vor uns hergeschoben. Dieser Schluß ist jetzt an der Reihe.

20
Kirche und Wissenschaft, die undankbare Frage

Das Thema »Kirche und Wissenschaft« ist undankbar nicht in sich, sondern nur wenn, wie im folgenden, jahrhundertealte fixe Ideen beiseite geschoben werden müssen und Dank von keiner Seite zu erwarten ist. Aber wer Dank erwartet, sollte den Mund erst gar nicht aufmachen.

Sehen wir uns einen »kompetenten« Denker an, Alfred North Whitehead, den Physiker und logizistischen Mathematiker, der auf seine alten Tage Naturphilosophie trieb und in den angelsächsischen Ländern mit scheuem Respekt genannt wird. Er spricht in »Wissenschaft und moderne Welt« (deutsch 1949) vom »Zusammenbruch der grundsätzlich physikalischen Entscheidungen des 17. Jahrhunderts« und ersetzt das mechanistische durch ein organizistisches Modell: statt von Materie spricht er von der Selbstorganisation komplexer, entwicklungsfähiger, im Geist gipfelnder Organismen oder Entitäten. Das führt ihn auf religiöse Überlegungen. Aus der frühchristlichen Naherwartung des Kommens Christi, dem Antipodenstreit des 6. Jahrhunderts, dem Streit über die Erdbewegung im 17. Jahrhundert, der Ausweitung der Frühgeschichte und dem Aufkommen der Entwicklungslehre schließt er, »daß es einen Konflikt zwischen Religion und Wissenschaft immer gegeben hat und daß Religion und Wissenschaft im Zustand fortlaufener Entwicklung gewesen sind«. Die Religion ist durch die Wissenschaft von mittelalterlichen Phantasien befreit worden. Und also »muß der Fortschritt der Wissenschaft in eine unaufhörliche Kodifizierung des religiösen Denkens münden«.

Das ist ein kritischer Moment. Dann müßte also die Kirche statt »Ehre Vater und Mutter« mit Spoke die permissive Kindererziehung und die Rebellion gegen die Eltern lehren und nach einigen Dezennien mit demselben Spoke alles widerrufen. Sie müßte die Unauflöslichkeit der Ehe und den Willen zum Kind den augenblicklichen biologischen Thesen über die Sexualität opfern (was manche Bischofskonferenzen tatsächlich versucht haben), bis morgen eine andere Biologie- oder Verhaltensschule eine neue »Erkenntnis« anbietet. Sie müßte (was sie neuerdings tut) die Herstellung besserer materieller Lebensbedingungen der Missionierung voranstellen, sie müßte (was sie im letzten Konzil befohlen hat) »zusammen mit Kommunisten am besseren Aufbau der Welt arbeiten«. Sie müßte, siehe die amerikanischen Bischöfe, dem Wahn einer fruchtbringenden einseitigen Abrüstung das Wort reden. Sie müßte im Vertrauen auf »die Wissenschaft« anordnen, daß in der Seelsorge »auch die Ergebnisse der profanen Wissenschaften, vor allem der Psychologie und der Soziologie, wirklich beachtet und angewendet werden, so daß auch die Laien zu einem reineren und reiferen Glaubensleben kommen«. Was sagte ich, sie müßte anordnen? Sie hat auch das angeordnet, im letzten Konzil.

Fürs erste sind drei Vorüberlegungen nötig.

1) Whiteheads Schlußfolgerungen aus seinem organizistischen Modell lesen sich in »Process and Reality« (1929) wie folgt: »Es ist ebenso wahr zu sagen, Gott ist dauernd und die Welt flüchtig, als auch, die Welt ist dauernd und Gott flüchtig, oder, Gott ist eins und die Welt vielfältig, wie auch, die Welt ist eins und Gott vielfältig. Gott ist im Vergleich mit der Welt höchst wirklich, wie auch, die Welt ist im Vergleich mit Gott höchst wirklich, die Welt ist immanent in Gott, wie auch, Gott ist immanent in der Welt, Gott transzendiert die Welt, wie auch, die Welt transzendiert Gott, Gott schafft die Welt, wie auch, die Welt schafft Gott ... Weder Gott noch die Welt erreichen unbewegliche Vollendung. Beide sind in der Gewalt des äußersten metaphysischen Grundes, des schöpferischen Fortschritts zu Neuem. Beide, Gott und die Welt, sind füreinander das Mittel für Neues.«

Das klingt tief oder mystisch oder was immer man will, nur läßt das keinen Platz für seinen Schöpfer, der sich aus erbarmender Liebe zu seinen aufrührerischen und leidenden Geschöpfen selbst in die Not des Fleisches begibt und Erlösung anbietet. Whitehead mag das immerhin Religion nennen, sie ist aber nur für solche Christen annehmbar, die das Evangelium à la Teilhard total sublimieren und sich »ein anderes Evangelium« zubereiten.

2) In den oben genannten Anpassungen der Kirche an »die Wissenschaft« geht es nicht um strenge Naturwissenschaft, sondern um die sog. Humanwissenschaften, in denen die Ergebnisse von Einstellungen abhängen: Meinungen sind dort weitgehend mitbestimmend, oft sogar vorherrschend. Legt sich die Kirche in diesem schwankenden Widerstreit der Meinungen mitschwankend fest, macht sie sich schlicht lächerlich.

Aber auch die strenge Naturwissenschaft bietet »nur« experimentell reduzierte, mathematisierte Aspekte der Natur, das qualitative Wesen der Natur kann sie nicht ergründen. Philosophisch können die Whiteheads darüber nur phantasieren.

3) Die glückliche Einheit zwischen Religion und Wissenschaft, die von Whitehead, Koestler und manchen anderen gepriesen wird, war bis zum beklagten »Bruch« eine Einheit von Religion und Scheinwissenschaft. Daß die Kirche von den Banalitäten, die unter dem Namen Wissenschaft umliefen, befreit werden mußte, ist klar; daß sie sich ungern befreien ließ, ist ebenso klar. Aber — sie hätte in diese Situation nie zu geraten brauchen. Wir haben Augustinus und Thomas des öfteren zitiert, ihre Überlegungen hätten genug Handhabe geboten für eine Distanz vom Wissenschaftsbetrieb. Auch das Zitat aus dem Munde des Kardinals Baronio war aufschlußreich genug. Und überdies haben wir gesehen, daß Urban VIII. im Jahre 1616 genau wußte, das Galileische Modell habe nichts mit Häresie zu tun, und daß er 1633 wider besseres Wissen gerade diesen Vorwurf erheben ließ. Es war also zu allen Zeiten genügend Distanzmöglichkeit gegeben. Ganz in diesem Sinn zitiert Leo XIII. in der Enzyklika »Providentissimus Deus« (1893) die von Galilei zitierten Augustinusstellen und fügt noch eine hinzu: »Die Schrift will nicht die Beschaffenheit der Dinge lehren, da sie zum Heil nichts beitragen.« Und dann sagt er kühl, die von Kirchenmännern gefällten gegenteiligen Sentenzen, die aus zeitgenössischen Meinungen stammten, dürfe man nicht verteidigen. Das wußte sogar Urban trotz der zeitgenössischen peripatetischen Meinungen und sagte es. Es ist also die

Ausrede nicht möglich, die damaligen Verhältnisse hätten der Kirche keine Zurückhaltung ermöglicht. Der Einwand gegen die Empfehlung zur Distanz der Kirche gegenüber der weltlichen Kultur im weitesten Sinn ist natürlich sofort parat: Dann wäre das antike Erbe nicht übermittelt worden, da ja einzig und allein die Kirche im Mittelalter Schule, Gelehrsamkeit und Handschriftensammlung betrieben hat. Das ist wahr, und diese Rettungsmission ist sehr schön, aber es ist ein sekundäres Moment. Der Auftrag Jesu lautete nicht: Gehet hin und rettet die antike Kultur! Und damit sind wir im Zentrum des Problems. Wir erkundigen uns, wie Jesus es damit hielt, und geraten damit in fremdeste Ferne von einer sublimierten »wissenschaftlichen« Annäherung an eine höchste Entität.

Ungläubige Leser mögen hier abbrechen, modernistische Christen ebenfalls. Aber ich fürchte, wie schon gesagt, daß auch mancher strenggläubige Christ, dem die Gottmenschheit Jesu Christi und die auf den »Fels« gebaute Kirche außer Zweifel stehen, mir nicht folgen wird. So mag denn also dieser Schluß für diejenigen niedergeschrieben sein, die gewillt sind, die Worte und Handlungen Jesu genau aufzunehmen, ihren tiefen Ernst entgegenzunehmen, seinen ausschließlichen Blick auf »das eine, das nottut«, und sein Wegsehen von allem anderen zu begreifen, diesem Gottmenschen voll und ganz zu glauben — und dennoch Kunst rein künstlerisch und Wissenschaft rein wissenschaftlich und Politik rein politisch zu betreiben, wohl wissend, daß der Herr darüber kein Wort verloren oder es sogar abgelehnt hat, Worte darüber zu verlieren.

Und wenn dann später Thomas von Aquin das Evangelium durch Aristoteles ergänzt, wohl wissend, daß Aristoteles zu dem einen, das nottut, nichts beitragen kann, dann liest der Christ, der z.B. Kunst rein künstlerisch betreibt, etwas sehr Merkwürdiges. Klugheit, sagt Thomas in der Summa, ist die auf das sittliche Tun gerichtete Vernunft. »Kunsttüchtigkeit dagegen ist nichts anderes als die auf das Werkschaffen gerichtete Vernunft... Die Vollkommenheit des sittlichen Tuns verwirklicht sich im Täter, die Vollkommenheit des Kunstwerks verwirklicht sich allein im Werk; daher ist es für die Vollkommenheit des Kunstwerks nicht erforderlich, daß der Künstler ein sittlich vollkommener Mensch sei, sondern daß er ein künstlerisch vollkommenes Werk schaffe.« Es gibt also keine christliche Kunst. Der Kommentator der deutschen Thomas-Ausgabe gibt unumwunden zu, daß für Thomas »die Kunst als Kunst weder sittlich gut noch sittlich schlecht ist... Die Kunst kann nur christlich genannt werden, insofern sie christliches Gedankengut zur Darstellung bringt. Das eigentlich Künstlerische am Werk bleibt dabei vom Christlichen unberührt. Diese scharfe Trennung des Christlichen, das dargestellt wird, vom eigentlich künstlerisch Wertvollen in der Darstellung tritt noch deutlicher hervor, wenn man Kunsttüchtigkeit und christliches Gnadenleben in ihrer gegenseitigen Beziehung untersucht: ... Die Übernatur tritt nicht an den Menschen heran wie eine vollkommenere Natur, sondern als etwas metaphysisch Neues... Man fragt sich folgerichtig, was wohl die natürliche sittliche Tugend durch diese Formung innerlich empfunden habe. Nach Thomas nichts. Sie bleibt, was sie war, natürliche Tugend.«

Das kann den gläubigen Christen, der in der Politeia ernstlich Kunst oder Wissenschaft oder Politik betreibt, bestätigen, und ich habe es stets als eine Bestätigung meiner beruflichen Tätigkeit betrachtet. Es ist das Gescheiteste, was je ein Christ zu den »weltlichen« Tätigkeiten gesagt hat. Diese Tätigkeiten müssen auf ihre spezifischen Vollkommenheiten zielen und sich daran legitimieren, nicht aber versuchen, das eine, das nottut, auf ihre Weise zu paraphieren. Die Werke tragen dem Heil nichts ab, aber sie tragen auch zum Heil nichts bei.

Nun könnte einer sagen, genau das habe Jesus gemeint, wenn er die weltliche Werktätigkeit übersah. Sie ist ganz einfach nicht nötig. Wer das sagen will, mag es ungescholten tun, ich selbst wage nicht zu ergründen, ob Jesus so dachte wie Thomas. Ich kann nur sehen, was er sagte und was er nicht sagte. Das ergibt dann eine radikalere Folgerung.

Zum Beispiel lebte er in einem Volk, das furchtbar unterdrückt war und immer wieder rebellierte. Er aber, hinterhältig befragt, ließ sich nicht ein. »Zeigt mir die Steuermünze! Das Bild? Des Kaisers? Dann gebt dem Kaiser, was des Kaisers ist! Und Gott das Seine!« Die Juden, denen Menschenbildnisse verboten waren, verstanden ihn sehr gut: ein Menschenbildnis in der Hand eines Juden? Aus den Augen damit! Der mitgekommene römische Beamte verstand ihn falsch, und das war auch sehr gut. Damit blieb das Problem ohne Antwort. Und das Soziale? Dem reichen Jüngling empfiehlt er die freiwillige Armut, der Mammon ist ein Hindernis für das eine, das nottut. Daß man politische und soziale Unterdrückung mit Waffengewalt bekämpfen konnte und es auch tat, das sah er und wußte es sehr genau. Der Name Spartacus war seit knapp hundert Jahren jedem Kind im römischen Reich bekannt.

Im schreienden Gegensatz zur jüdischen Theokratie, in der die Religion, die Sitte, die Politik, das Recht, die Wissenschaft, alles, ganz und gar alles miteinander verflochten war, hat er die säkulare Dimension total übersehen. Jede Gesellschaftsordnung war ihm gleich gültig, und das heißt gleichgültig. Seine »Ordnung« stand und steht quer zu jederart Gesellschaftsordnung, und dies nicht wegen der »Naherwartung« des Weltendes, wo nur noch eins wichtig gewesen wäre. Wer der Radikalität Jesu diesen Grund unterschiebt, hat vergessen, daß für ihn und mich morgen das Weltende eintritt, da sterben wir und haben das eine, das nottut, entweder ergriffen oder versäumt.

Man könnte noch lange fortfahren und zeigen, daß die weltlichen Berufe in seinen Gleichnissen ungescholten vorkommen und daß er dennoch keinerlei soziales Modell entwarf außer diesem einen: Ich soll mich um das Elend in der Welt kümmern, aber nicht mit dem amtlich sequestrierten Geld der anderen, sondern mit meinem, und ich soll nicht lange fragen, ob der Elende würdig ist, sondern dem Nächsten, dem Nächstbesten beispringen. Und Paulus fügt noch hinzu, die Übeltäter außerhalb der Kirche gingen uns nichts an, die werde Gott richten, aber den, der sich Bruder nennt und dabei ein Räuber ist, den »entfernt aus eurer Mitte«.

Was ich hier sage, scheint eine Abschweifung vom Thema, aber es ist keine Abschweifung, ja, ich möchte am liebsten noch stundenlang über das alles reden. Wir wollen uns mit den wenigen Andeutungen begnügen. Sie zeigen sehr deutlich, daß Jesus die jüdische Gesamtkultur beiseite geschoben hat und nur die eine Dimension für heilswichtig nahm, alle säkularen Dimensionen aber für zweitrangig, unwichtig zum Heil. Und damit ist gezeigt, daß die Gemeinde Christi niemals den Auftrag hatte, »Hand in Hand mit der Wissenschaft zu gehen«, wie Koestler meint und wie die Konzilsväter meinten. Kunst und Wissenschaft und jeder andere Beruf existieren, aber sie interessieren Jesus nicht. Nicht die Berufe tragen zum Heil bei, sondern »dich erkennen, den einzigen wahren Gott, und den du gesandt hast, Jesum Christum«, und das gilt für den Wissenschaftler wie für den Straßenkehrer. Wir brauchen also nicht darauf zu warten, ob die Wissenschaft eines Tages die Existenz Gottes oder das ewige Leben beweist oder offenläßt oder nahelegt oder phantastisch zusammenbastelt per organische Entitäten und was dergleichen Kinkerlitzchen sind, wir haben die Botschaft des Sohnes Gottes und seine Erlösertat und die uns hinterlassenen Sakramente und die Hoffnung, genügend starken Glauben zu finden, aus dem dann von selbst die Hingabe an jeden Nächstbesten fließt. Alles andere kann uns im Hinblick auf unser nahes Ende gleichgültig sein.

Galileo Galilei hat die Kompetenz der Kirche für naturwissenschaftliche Probleme mit Recht zurückgewiesen. Und wenn das von ihm inaugurierte mechanistische Modell sich eines Tages in ein umfassenderes oder anders begründetes Modell verwandelt, so spricht das weder gegen noch für den christlichen Glauben. Die Wissenschaft mag ihre experimentell reduzierten mathematischen Aspekte ausweiten oder einengen, sie mag Sackgassen betreten oder ungeahnte Ausblicke gewinnen, jedes siegreiche Modell wird seine Zeit haben, aber keines wird uns zum Glauben nötigen und zur Erkenntnis des »einzigen Gottes und dessen, den er gesandt hat, Jesum Christum«. Und umgekehrt wird die Kirche nur lächerlich, wenn sie sich an wissenschaftliche Modelle klammert. Das sollte sie ein für allemal von Galileo gelernt haben, wenn sie es schon von ihrem Herrn und Meister nicht lernen wollte. Das erstaunlichste letzte Ergebnis ist also, daß Galilei nicht nur der Wissenschaft eine entscheidende, auf Jahrhunderte hinaus entscheidende Wende gegeben hat, er hat auch den denkfaulen Kirchenvätern eine richtige Lehre erteilt, die sie bis heute nicht, ja weniger denn je beherzigen, wie die zitierten törichten Konzilsentscheidungen der törichten und feigen Hirten und Theologen und die noch törichteren Folgeerscheinungen beweisen.

In dem jetzigen historischen Augenblick leuchtet das Genie Galileo Galileis wie eine Supernova.

21
Schlußbemerkung zur Methode

Und nun können diejenigen Leser, die das Kapitel »Kirche und Wissenschaft« hochmütig oder ärgerlich beiseite geschoben haben, ohne Ansteckungsfurcht wieder mitlesen.

Ich muß mit zwei Worten erklären, warum sich im Laufe der Darstellung meine Beurteilung des galileischen Charakters scheinbar gewandelt hat.

Wollte ich nicht als vorauswissender und somit anachronistischer Darsteller auftreten, mußte ich anfangs den wohlmeinenden und bewundernden Ratgebern Verständnis entgegenbringen, denn als solche traten sie unverfänglich auf. Und Galileis Intransigenz stammte mit Sicherheit aus einem höchst gesteigerten Selbstbewußtsein und sah in kritischen Momenten nach Siegeshoffnungen aus, die nur aus Mangel an Menschenkenntnis oder der Verachtung des Erwerbs solcher Kenntnis rühren konnten.

Um 1616 beginnen die ersten Zweifel an dieser Gewichteverteilung, und diese Zweifel müssen sich mehr und mehr verstärken, je mehr die »wohlmeinenden« Ratgeber zu bloßen Wortemachern zusammenschrumpfen, Urban schließlich zu einem regelrecht Rasenden wird, der 1633 anbetet, was er 1616 mit Recht ablehnte, Riccardi zu einem Verräter aus bedingungslosem Hangen an der Gnade Urbans, Niccolini zu einem Angsthasen und willigen Beschwichtigungsboten Urbans.

Am Ende steht Galileis Charakter in jeder Beziehung völlig gerechtfertigt da: anders als mit dieser selbstbewußten Intransigenz hätte er sein Werk nicht schaffen können. Erst in der tiefsten Erniedrigung und Tabuisierung wurde er die größte Persönlichkeit seines Zeitalters. Den Weg dorthin galt es geduldig und treu nachzuzeichnen. So entstehen menschliche Supernovae.

Zeittafel

1564	6. Februar: Geburt des englischen Dramatikers Christopher Marlowe.
	15. Februar: Galileo Galilei als Sohn des Komponisten und Musikwissenschaftlers Vincenzio Galilei und seiner Frau Giulia in Pisa geboren.
	18. Februar: Michelangelo Buonarotti gestorben.
	22. oder 23. April: William Shakespeare geboren.
	27. Mai: Tod Johannes (Jean) Calvins.
	25. Juli: Ferdinand I., römisch-deutscher Kaiser, gestorben. Nachfolger auf dem Thron wird Maximilian II.
1565	9. Dezember: Papst Pius IV. gestorben.
1566	7. Januar: Pius V. wird Nachfolger auf dem Stuhl Petri.
	2. Juli: Nostradamus (Michel de Notredame) gestorben.
1567	24. Juli: Maria Stuart von Schottland durch einen Adelsaufstand zur Abdankung gezwungen. Ihr einjähriger Sohn Jakob VI. wird nominell schottischer König.
	Claudio Monteverdi, italienischer Komponist, geboren.
	Herzog Alba (Fernando Alvarez de Toledo, Herzog von Alba) wird Generalkapitän Spaniens in den Niederlanden.
1568-1648	Freiheitskampf der Niederlande gegen die spanische Herrschaft.
1568-1574	Englisch-spanischer Handelskrieg.
1568	Flucht Maria Stuarts nach England.
	19. Mai: Maria Stuart in England festgenommen.

5. September: Tommaso Campanella, italienischer Philosoph, geboren.
30. September: Erich XIV. Wasa, König von Schweden, dankt ab. Johann III. Wasa folgt auf den schwedischen Thron.
In den Niederlanden werden die Grafen Egmont und Hoorn hingerichtet. Wilhelm von Oranien flieht.

1569 Cosimo I., seit 1537 Herzog von Florenz, wird von Papst Pius V. zum Großherzog von Toskana erhoben (vom Kaiser 1576 bestätigt).
Mercator zeichnet eine Weltkarte für Seefahrer.

1570 Februar: Papst Pius V. exkommuniziert Königin Elisabeth I. von England und entbindet ihre Untertanen vom Treueid.
8. August: Friede und Edikt von Saint-Germain. Bestätigung der hugenottischen Religionsfreiheit in Frankreich.

1571 13. Februar: Benvenuto Cellini, italienischer Bildhauer, gestorben.
7. Oktober: Der Seesieg Don Juan d'Austrias über die Türken bei Lepanto festigt die Vorherrschaft Spaniens im Mittelmeer.
15. Dezember: Geburt des deutschen Komponisten Michael Praetorius.
27. Dezember: Johannes Kepler in Weil der Stadt / Württemberg geboren.
Tirso de Molina (Gabriel Tellez), spanischer Dramatiker, geboren (oder 1584).
Das Glaubensbekenntnis der Anglikanischen Kirche (»39 Artikel«) wird vom englischen Parlament bestätigt.

1572 1. Mai: Pius V. gestorben. Gregor XIII. wird Papst.
11. Juni: Ben(jamin) Jonson, englischer Dramatiker, geboren (oder 1573).
24. August: »Bartholomäusnacht« in Frankreich. Ermordung Tausender von Hugenotten. Beginn der hugenottischen Emigration nach England.

	Tycho Brahe entdeckt einen »Neuen Stern« (Nova).
1573	Herzog Alba aus den Niederlanden abberufen.
1574	21. April: Cosimo I., Großherzog von Toskana, gestorben. Francesco Maria de' Medici wird Nachfolger.
	30. Mai: Tod Karls IX. von Frankreich. Heinrich III. wird französischer König.
1575	Geburt des deutschen Mystikers Jakob Böhme.
1576	19. Januar: Hans Sachs gestorben.
	6./7. Mai: Edikt von Beaulieu. Anerkennung des protestantischen Kultes in Frankreich.
	27. August: Tizian (Tiziano Vecellio) gestorben.
	12. Oktober: Kaiser Maximilian II. gestorben. Rudolf II. wird römisch-deutscher Kaiser.
	Wiederentdeckung Grönlands durch Martin Frobisher. Jean Bodin: »De la République« (»Über die Republik«).
1577-1580	Zweite Erdumsegelung durch Francis Drake.
1577	28. Juli: Peter Paul Rubens geboren.
1578	4. August: König Sebastian von Portugal gestorben. Heinrich wird portugiesischer König.
1579	*bis Juli: Aufenthalt Galileis im Kloster von Santa Maria di Vallombrosa.*
	16. September: Samuel Coster, niederländischer Dramatiker, geboren.
	»Utrechter Union«. Zusammenschluß der nördlichen Niederlande.
1580	9. Januar: Daniel Heinsius, niederländischer Dichter, geboren.
	31. Januar: Heinrich von Portugal gestorben. Herzog Alba erobert das Land für Spanien. Portugal und Spanien in Personalunion vereinigt (bis 1640).
	19. August: Andrea Palladio, italienischer Baumeister, gestorben.
	26. November: Der Friede von Fleix beendet den »Guerre des Amoureux« zwischen der »Heiligen Liga« und den Hugenotten in Frankreich.

	Michel de Montaigne: »Essais« (fortgesetzt 1585 und 1595).
	Torquato Tasso: »Aminta«, Drama.
1581	*September: Beginn des Medizinstudiums an der Universität Pisa.*
	Abfall der Niederlande. Die »Sieben Provinzen« sagen sich von Spanien los. Wilhelm von Oranien wird Statthalter.
	Torquato Tasso: »Gerusalemme liberata« (»Das befreite Jerusalem«), Epos.
1582	11. Dezember: Herzog Alba in Lissabon gestorben.
	Kalenderreform Papst Gregors XIII.: Einführung des »Gregorianischen Kalenders«, zunächst in katholischen Ländern.
1583	*Galilei beginnt das Studium der Geometrie. Er beobachtet erstmals die Pendelbewegungen.*
	10. April: Hugo Grotius (Huig de Groot), niederländischer Staatsmann und Rechtsgelehrter, in Delft geboren.
	24. September: Albrecht von Wallenstein geboren.
	Tycho Brahe: »De nova stella« (»Über den Neuen Stern«).
1584	18. März: Zar Iwan IV., der Schreckliche, gestorben. Feodor I. wird Zar.
	10. Juli: Wilhelm von Oraniën in Delft ermordet.
	Sir Walter Raleigh gründet auf der Insel Roanoke im Albemarle-Sund die erste englische Niederlassung in Nordamerika.
um 1585	Katalog des Fixsternhimmels von Tycho Brahe.
1585	*Galilei wechselt zum Studium der Mathematik über.*
	Besuch der Kunstakademie in Florenz bei Ostilio Ricci.
	Galilei lernt die Werke Niccolò Tartaglias kennen.
	10. April: Gregor XIII. gestorben.
	24. April: Sixtus V. zum Papst gewählt.

7. Juli: Vertrag von Nemours. König Heinrich III. verbietet die protestantischen Religionen in Frankreich.

August: England verbündet sich mit den holländischen Generalstaaten. Spanisch-englischer Krieg.

9. September: Richelieu (Armand Jean du Plessis, Herzog von Richelieu) geboren.

8. Oktober: Geburt des deutschen Komponisten Heinrich Schütz.

27. Dezember: Pierre de Ronsard, französischer Dichter, gestorben.

»Krieg der drei Heinriche« (Valois, Guise, Navarra) in Frankreich.

Sir Francis Drake auf Kaperfahrt in Westindien.

John Davis entdeckt die nach ihm benannte Wasserstraße zwischen Nordamerika und Grönland.

1586-1588 Dritte Erdumsegelung durch Thomas Cavendish.

1586 *Galilei erfindet eine Waage zur Ermittlung des spezifischen Gewichts (Beschreibung in der Abhandlung »La Bilancetta«).*

20. Januar: Hermann Schein, deutscher Komponist, geboren.

4. Dezember: Maria Stuart wird in England zum Tode verurteilt.

Der Holländer Simon Stevin entwickelt die Gesetze vom Parallelogramm der Kräfte und der kommunizierenden Röhren.

1587 *Erste Romreise Galileis.*

8. Februar: Maria Stuart auf Schloß Fotheringhay hingerichtet.

29. April—1. Mai: Vernichtung einer spanischen Flotte durch Sir Francis Drake im Hafen von Cadiz.

19. Oktober: Francesco Maria, Großherzog von Toskana, gestorben. Nachfolger wird Ferdinando I. de' Medici.

Philipp II. von Spanien bereitet eine Invasion in England vor.

1588	*Galilei bewirbt sich an den Universitäten von Padua und Florenz vergeblich um eine Professur.* 5. April: Thomas Hobbes, englischer Philosoph, geboren. 27. Juli—8. August: Englischer Seesieg über die spanische Armada. Weitere Schiffe Spaniens gehen durch einen Sturm verloren. England wird führende Seemacht. Die Niederlande erklären sich zur Republik. Christopher Marlowes Drama »Dr. Faustus« aufgeführt (Veröffentlichung 1604).
1589	*Galilei erhält in Pisa eine mathematische Professur für drei Jahre.* *Arbeit an der unveröffentlichten Schrift »De motu«.* 5. Januar: Katharina de' Medici, Königin von Frankreich, gestorben. April: Sir Francis Drake plündert Coruña. 2. August: Der französische König Heinrich III. wird ermordet. Damit erlischt das Geschlecht der Valois. Heinrich IV. wird König von Frankreich. Das Haus Bourbon gelangt auf den französischen Thron (bis 1792). Allianz zwischen Elisabeth I. von England, Heinrich IV. von Frankreich und Prinz Moritz von Oranien.
1590-1598	Spanisch-französischer Krieg um die Thronfolge in Frankreich.
1590/91	*Untersuchungen über die Fallgesetze.*
1590	27. August: Papst Sixtus V. gestorben. 15. September: Urban VII. zum Papst gewählt. Er stirbt am 27. September. 5. Dezember: Gregor XIV. wird Papst. Christopher Marlowe: »The Jew of Malta« (»Der Jude von Malta«), Drama. William Shakespeare schreibt seine ersten Schauspiele. Erfindung des Mikroskops durch Z. Jansen in Holland.

1591 *2. Juli: Tod des Vaters. Galilei verpflichtet sich, seiner Schwester Virginia, verh. Landucci, eine Mitgift zu zahlen.*

16. Oktober: Gregor XIV. gestorben.

29. Oktober: Innozenz IX. wird Papst. Er stirbt am 30. Dezember.

Gerolamo Mercuriale wird Mathematik-Professor in Pisa. Freundschaft mit Galilei.

1592 *Galilei erhält den Lehrstuhl für Mathematik in Padua.*

30. Januar: Clemens VIII. zum Papst gewählt.

13. September: Michel de Montaigne, französischer Philosoph, gestorben.

17. November: Johann III. von Schweden gestorben. Sigismund, als Sigismund III. seit 1587 König von Polen, wird in Personalunion König von Schweden.

7. Dezember: Antrittsvorlesung in Padua.

John Davis entdeckt die Malvinen (Falkland-Inseln).

1593 *»Traktat über Mechanik« (»Trattato di Meccaniche«); »Traktat über Befestigungen«.*

Galilei erfindet eine Maschine zum Wasserheben.

30. Mai: Christopher Marlowe, englischer Dramatiker, gestorben. König Heinrich IV. von Frankreich tritt zum Katholizismus über.

1594 2. Februar: Giovanni Pierluigi Palestrina, italienischer Komponist, gestorben.

27. Februar: Heinrich IV. von Frankreich wird in Chartres gekrönt.

31. Mai: Tod des italienischen Malers Tintoretto (Jacopo Robusti).

14. Juni: Orlando di Lasso, niederländischer Komponist, gestorben.

15. Juni: Geburt des französischen Malers Nicolas Poussin. Franzosen landen in Kanada (»Neufrankreich«).

1595-1603 Irischer Aufstand gegen die englische Oberherrschaft.

1595/96 Sir Francis Drake unternimmt seine letzte Reise in die Karibische See.

Sir Walter Raleigh auf Entdeckungsfahrt nach Guayana.

1595 25. April: Torquato Tasso, italienischer Dichter, gestorben.

Elisabeth I. wird von Papst Clemens VIII. als Herrscherin von England anerkannt.

William Shakespeare: »Romeo and Juliet«, Tragödie (vermutlich 1595); »A Midsummer Night's Dream« (»Ein Sommernachtstraum«), Schauspiel (1595/96).

1596 28. Januar: Sir Francis Drake gestorben.

31. März: René Descartes (Cartesius), französischer Philosoph, geboren.

Tod Gerolamo Mercuriales.

Jean Bodin, französischer Staatstheoretiker, gestorben.

Johannes Kepler: »Mysterium cosmographicum« (»Geheimnis des Weltbaus«).

Der holländische Seefahrer Willem Barents entdeckt die Bäreninsel und Spitzbergen.

1597 *»Traktat über die Himmelskugel oder Kosmographie«.*

Galilei konstruiert den ersten Proportionszirkel für geometrische und militärische Zwecke.

1598 7. Januar: Feodor I. von Rußland gestorben. Boris Godunow, seit 1588 Regent, wird russischer Zar.

30. April: Bedingte Religionsfreiheit in Frankreich durch das Edikt von Nantes garantiert. Ende der Hugenottenkriege (seit 1562).

2. Mai: Friede von Vervins zwischen Frankreich, Spanien und Savoyen.

13. September: Philipp II. von Spanien gestorben. Nachfolger auf dem spanischen Thron wird Philipp III.

1599 *Beginn der Beziehung zu Marina Gamba.*

16. Januar: Edmund Spenser, neben William

Shakespeare bedeutendster Dichter der elisabethanischen Zeit, gestorben.
22. März: Anthonis van Dyck, flämischer Maler, geboren.
6. Juni: Geburt des spanischen Malers Diego Velasquez.
Dezember: Die Ehe Heinrichs IV. von Frankreich mit Margarete von Valois (»Reine Margot«) wird für ungültig erklärt.

um 1600 Erfindung des Fernrohrs.
Entdeckung Australiens durch holländische Seefahrer.

1600 17. Januar: Pedro Calderón de la Barca, spanischer Dramatiker, geboren.
17. Februar: Giordano Bruno, italienischer Gelehrter und Philosoph, in Rom als Ketzer verbrannt.
13. August: Galileis und Marina Gambas Tochter Virginia in Padua geboren.
November: Sigismund III. Wasa wird als schwedischer König abgesetzt. Er bleibt bis zu seinem Tod (1632) König von Polen.
31. Dezember: Die »East India Company« entsteht. Beginn der englischen Kolonialzeit.
König Heinrich IV. von Frankreich heiratet Maria de' Medici.
William Gilbert beschreibt Erscheinungsformen des Magnetismus.

1601-1603 Englische Truppen schlagen den Aufstand in Irland nieder.

1601 Februar: Eine bewaffnete Erhebung der Grafen Essex und Southampton gegen Königin Elisabeth I. von England scheitert.
25. Februar: Graf Essex wird hingerichtet.
18. August: Galileis und Marina Gambas Tochter Livia geboren.
24. Oktober: Tycho Brahe in Prag gestorben.
Johannes Kepler wird in Prag »Kaiserlicher Mathematiker und Astronom« (bis 1612).

William Shakespeare: »Hamlet«, Tragödie (1600/01).

1602 14. Juli: Giulio Mazarini (Jules Mazarin), französischer Staatsmann, geboren.

Gründung der »Niederländisch-Ostindischen Compagnie«.

Tommaso Campanella: »La Città del sole« (»Der Sonnenstaat«), umgearbeitet 1612 und 1620.

1603 24. März: Elisabeth I. von England in Richmond gestorben; das Haus Tudor erlischt. Jakob I. Stuart, bisher als Jakob VI. schottischer König, wird König von England, Schottland und Irland.

»Bye Plot« und »Main Plot« gegen Jakob I. Beide Umsturzversuche scheitern. Sir Walter Raleigh wird verhaftet.

1604 22. März: Karl IX. wird König von Schweden.

August: England schließt Frieden mit Spanien.

Oktober: »Gesetz der natürlichen Bewegungsbeschleunigung«.

24. Dezember: Galilei beobachtet den Neuen Stern im Sternbild des Schützen.

1605 *Galilei hält Vorlesungen über den Neuen Stern. Er wird Mathematiklehrer des Erbprinzen Cosimo de' Medici.*

5. März: Papst Clemens VIII. gestorben.

1. April: Leo XI. wird Papst. Er stirbt nach einmonatigem Pontifikat.

13. April: Boris Godunow, Zar von Rußland, gestorben. Sein Sohn Feodor II. folgt auf den Thron.

16. Mai: Paul V. zum Papst gewählt.

10. Juni: Feodor II. von Rußland gestorben. Dimitrij (Grigori Otrjopew), der »falsche Demetrius«, besteigt den russischen Thron.

4./5. November: Die »Pulververschwörung« (»Gunpowder Plot«) des Katholiken Guy Fawkes gegen Jakob I. von England mißlingt.

Miguel de Cervantes Saavedra schreibt »Don Quijote« (1615 fortgesetzt).

1606	*»Die Operationen des geometrisch-militärischen Zirkels« werden in Padua gedruckt.* *Konstruktion eines Thermometers.* 17. Mai: Zar Dimitrij ermordet. Wassillij Schujskij wird Nachfolger auf dem russischen Thron. 6. Juni: Pierre Corneille geboren. 15. Juli: Rembrandt Harmensz van Rijn geboren. *21. August: Geburt von Galileis und Marina Gambas Sohn Vincenzio.* 11. November: Friedensschluß zwischen Kaiser Rudolf II. und dem türkischen Sultan Achmed I. Entdeckung der Torres-Straße zwischen Australien und Neuguinea. William Shakespeare: »King Lear«, Tragödie (1605/06); »Macbeth«, Tragödie (vermutlich 1605/06).
1607	Gründung von Jamestown. Anfänge der englischen Kolonie Virginia / Nordamerika. Claudio Monteverdi: »L'Orfeo«, Oper.
1608	9. Dezember: John Milton, englischer Dichter, geboren. Französische Siedler gründen Quebec. Die protestantischen Stände im Reich schließen sich zur »Union« zusammen.
1609-1614	Jülich-Clevescher Erbfolgestreit.
1609	7. Februar: Nach dem Tod Ferdinando I. wird Cosimo II. de' Medici Großherzog von Toskana. *21. August: Galilei stellt dem Senat von Venedig sein selbstkonstruiertes Fernrohr vor.* *24. August: Galilei schenkt sein Fernrohr der Stadt Venedig und erhält dafür auf Lebenszeit einen Lehrstuhl in Padua.* Die katholische »Liga« bildet sich im Reich. Entdeckung des Hudson-Flusses in Nordamerika. Johannes Kepler erläutert in seinem Werk »Astronomia nova« (»Neue Astronomie«) die Gesetze der Planetenbewegung. Hugo Grotius: »De mare libero« (»Freiheit der Meere«).

1610 *7. Januar: Galilei entdeckt die Jupitermonde (»Mediceische Sterne«).*

März: »Sidereus Nuncius« (»Der Sternenbote«) erscheint.

14. Mai: Heinrich IV. von Frankreich durch den katholischen Fanatiker Ravaillac ermordet. Nachfolger auf dem Thron wird Ludwig XIII. Maria de' Medici übernimmt die Regentschaft.

10. Juni: Ernennung zum »Ersten Mathematiker und Philosophen des Großherzogs von Toskana« an der Universität Pisa.

15. Juni: Galilei gibt seinen Lehrstuhl in Padua auf.

17. Juli: Zar Wassilij Schujskij abgesetzt (gestorben 1612).

25. Juli: Galilei sieht erstmals den Saturnring.

7. September: Galilei verläßt Padua für immer. Marina Gamba und der vierjährige Sohn bleiben zurück.

12. September: Ankunft in Florenz.

11. Dezember: Galilei teilt die Entdeckung der Venus-Phasen mit.

1611 *Ende März — Anfang Mai: Galilei in Rom. Empfang bei Papst Paul V. — Galilei wird in die Akademie der Lincei aufgenommen. Erste Begegnung mit Fürst Federico Cesi.*

4. April: Dänemark erklärt Schweden den Krieg.

30. Oktober: Karl IX. von Schweden gestorben. Gustav II. Adolf wird schwedischer König.

Johannes Kepler beschreibt in seiner Abhandlung »Dioptrice« die Funktion des astronomischen Fernrohrs.

Unabhängig voneinander entdecken mehrere Wissenschaftler — darunter auch Galilei — die Sonnenflecken.

Tycho Brahes »Opera omnia« erscheinen posthum.

1612 20. Januar: Kaiser Rudolf II. gestorben. Sein Bruder Matthias wird römisch-deutscher Kaiser.

	Mai: Galileis »Discorso intorno alle cose che stanno in sù l'acqua oche in quella si muovono« erscheint.
	12. August: Giovanni Gabrieli, italienischer Komponist, gestorben.
	Simon Marius entdeckt den Andromedanebel.
1613	*Die »Briefe über die Sonnenflecken« werden gedruckt.*
	Galileis Töchter Livia und Virginia treten ins Kloster der Klarissen in Arcetri bei Florenz ein.
	20. Januar: Friede zwischen Dänemark und Schweden.
	7. Februar: Michael Feodorowitsch Romanow wird russischer Zar.
1614-1617	Russisch-schwedischer Krieg.
1614	12. November: Der Vertrag von Xanten beendet den Jülich-Cleveschen Erbfolgestreit. Jülich und Berg gehen an Pfalz-Neuburg, Cleve, Mark und Ravensberg an Kurbrandenburg.
	El Greco (Domenikos Theotokópulos), griechisch-spanischer Maler, gestorben.
	Simon Marius (Mayr): »Mundus Jovialis«.
	Sir Walter Raleigh: »History of the World« (»Weltgeschichte«).
1615-1622	Aufstand der Reformierten gegen die Krone in Frankreich.
1615	*Denunziation Galileis durch den Dominikaner Niccolò Lorini bei der Inquisition.*
	25. November: Ludwig XIII. von Frankreich heiratet Anna von Österreich.
	ab 11. Dezember: Galilei in Rom, um sich vor der Inquisition zu rechtfertigen.
1616	*Abhandlung über »Ebbe und Flut«.*
	5. März: Index-Dekret gegen die kopernikanische Lehre (1757 aufgehoben).
	Galilei wird von der Inquisition ermahnt und anerkennt die Weisungen des Dekrets.
	23. April: William Shakespeare und Miguel de Cervantes Saavedra gestorben.

	Ende Mai: Abreise Galileis aus Rom.
	Oktober: Tochter Virginia wird als Maria Celeste Schwester im Klarissen-Kloster von Arcetri.
	Der englische Seefahrer William Baffin entdeckt die Baffin-Bay/Texas.
1617	9. März: Russisch-schwedischer Friedensvertrag.
	Oktober: Tochter Livia wird Klosterschwester unter dem Namen Arcangela.
1618-1648	Dreißigjähriger Krieg.
1618-1623	Böhmisch-pfälzischer Krieg.
1618	23. Mai: Prager Fenstersturz.
	22. August: Absetzung des böhmischen Königs Ferdinand.
	26./27. August: Die Union wählt den Kurfürsten Friedrich von der Pfalz zum König von Böhmen.
	29. Oktober: Sir Walter Raleigh wird in England hingerichtet.
	William Harvey, Leibarzt des englischen Königs, entdeckt den doppelten Blutkreislauf.
1619	*Sohn Vincenzio wird von Galilei legitimiert.*
	6. März: Cyrano de Bergerac, französischer Schriftsteller, geboren.
	20. März: Kaiser Matthias gestorben. Ferdinand II. wird Nachfolger.
	Johannes Kepler: »Harmonice mundi libri V« (»Weltharmonik in fünf Büchern«).
1620	*August: Galileis Mutter gestorben.*
	5. August: Puritanische »Pilgerväter« (»Pilgrim Fathers«) segeln mit der »Mayflower« von England ab.
	Gründung einer englischen Kolonie in Nordamerika.
	8. November: Schlacht am Weißen Berge. Tilly, Feldherr der Liga, besiegt den »Winterkönig« Friedrich V.
1621-1629	Schwedisch-polnischer Krieg.
1621	*Galilei wird Konsul der Akademie von Florenz.*
	28. Januar: Paul V. gestorben.
	9. Februar: Gregor XV. wird Papst.

28. Februar: Cosimo II., Großherzog von Toskana, gestorben. Nachfolger wird Ferdinando II. de' Medici.

31. März: Tod König Philipps III. von Spanien. Auf den Thron folgt sein Sohn Philipp IV.

8. Juli: Jean de La Fontaine, französischer Dichter, geboren.

Spanischer Angriff auf die Niederlande (Kampfhandlungen bis 1628).

Gründung der »Niederländisch-Westindischen Handelscompagnie«.

Francis Bacon: »Novum organum scientiarum« (»Neues Organon der Wissenschaften«).

1622 15. Januar: Molière (Jean Baptiste Poquelin) geboren.

Oktober: Friede von Montpellier zwischen der französischen Krone und den Hugenotten.

1623 19. Juni: Blaise Pascal, französischer Religionsphilosoph und Naturwissenschaftler, geboren.

8. Juli: Tod Gregors XV.

6. August: Urban VIII. wird Papst.

28. Oktober: Der »Saggiatore« erscheint mit Genehmigung der Inquisition (Widmung an Urban VIII.).

Galileis Freund Paolo Sarpi gestorben.

Francis Bacon: »De dignitate et augmentis scientiarum« (»Die Würde und Mehrung der Wissenschaften«).

Die erste Folio-Ausgabe von Shakespeares Werken erscheint.

1624 *April: Galilei in Rom.* — Virginio Cesarini gestorben.

5. Juni: Bündnis zwischen England und Holland.

13. August: Richelieu wird Leitender Minister in Frankreich.

1625—1629 Dänisch-niedersächsischer Krieg.

1625 *Pater Orazio Grassi veröffentlicht die Schrift »Ratio Ponderum Librae ac Simbellae« als Antwort auf Galileis »Saggiatore«.*

27. März: Jakob I. von England gestorben. Sein Sohn Karl I. wird englischer König.

1. Mai: Karl I. heiratet Henriette Maria, die Tochter Heinrichs IV. von Frankreich.

1626 9. April: Francis Bacon, englischer Staatsmann und Philosoph, gestorben.

Peter Minnewit (Minuit) gründet auf dem Gebiet der holländischen Kolonie Neu-Niederland die Stadt Neu-Amsterdam, das spätere New York.

In Rom wird die Peterskirche geweiht.

1627 27. September: Jacques Bénigne Bossuet, französischer Theologe und Historiker, geboren.

Francis Bacons utopische Schrift »Nova Atlantis« erscheint posthum.

1628-1631 Mantuanischer Erbfolgestreit.

1628 *Galileis Sohn Vincenzio wird Doktor beider Rechte.*

März: Schwere Erkrankung.

7. Juni: »Petition of Right« in England. Das Steuerbewilligungsrecht des Parlaments wird bestätigt, die persönliche Freiheit des Bürgers für unverletzlich erklärt; willkürliche Verhaftungen werden untersagt.

Oktober: Französische Truppen erobern La Rochelle. Die Hugenotten verlieren ihren wichtigsten Sicherheitsplatz.

Dezember: Galilei wird Bürger von Florenz.

1629 *Januar: Vincenzo Galilei heiratet Sestilia Bocchineri.*

6. März: »Restitutionsedikt« Kaiser Ferdinands II. Eingezogene geistliche Güter werden an die Katholiken zurückgegeben (Aufhebung des Edikts 1635).

22. Mai: Der Friede von Lübeck zwischen Kaiser Ferdinand II. und König Christian IV. von Dänemark beendet den Niedersächsisch-dänischen Krieg.

25. September: Waffenstillstand zwischen Schweden und Polen.

	Dezember: Geburt des Enkels Galileo.
	Friedensschluß zwischen England und Frankreich.
	Gnadenfriede von Alais. Die Rechte der Hugenotten in Frankreich werden eingeschränkt; die Sicherheitsplätze gehen verloren, jedoch bleibt die Freiheit der Religionsausübung erhalten.
	Galilei erwirbt für seinen Sohn ein Haus in Florenz.
1630-1635	Schwedischer Krieg.
1630	*Mai: Galilei in Rom. Er ersucht um Druckerlaubnis für sein Werk »Dialogo dei Massimi Sistemi« (»Dialog über die beiden hauptsächlichen Weltsysteme, das ptolemäische und das kopernikanische«).*
	26. Juni: König Gustav Adolf von Schweden landet mit seinem Heer an der Peenemündung.
	August: Fürst Federico Cesi gestorben.
	13. Oktober: Österreichisch-spanischer Friedensvertrag.
	15. November: Johannes Kepler in Regensburg gestorben.
	Entlassung Wallensteins aus kaiserlichen Diensten.
	Spanische Truppen erobern Mantua.
	Englisch-spanischer Friedensvertrag.
1631	*Galilei bezieht die Villa »Il Gioiello« in Arcetri bei Florenz.*
	Bruder Michelangelo Galilei in München gestorben.
	23. Januar: Richelieu schließt mit König Gustav Adolf von Schweden den Vertrag von Bärwalde (mehrmals verlängert). Frankreich unterstützt durch Subsidienzahlungen die in Deutschland kämpfende schwedische Armee.
	6. April/19. Juni: Italienischer Friede. Vertrag von Cherasco.
	30. Mai: Die erste französische Zeitung, »La Gazette«, erscheint.

17. September: Schwedischer Sieg von Breitenfeld über die Armee Tillys.

1632 *Der »Dialogo« wird gedruckt.*

Erste Anzeichen der Augenerkrankung.

15. April: Johann Tserclaes Tilly in der Schlacht bei Rain am Lech schwer verwundet (gestorben am 30. April).

Wiederberufung Wallensteins zum kaiserlichen Generalissimus.

30. April: Tod des polnischen Königs Sigismund III. Wasa. Nachfolger auf dem Thron wird Wladislaw IV. Wasa.

Juli/Oktober: In Frankreich schlägt Richelieu den Aufstand Heinrichs II. von Montmorency nieder. Montmorency wird hingerichtet.

Ende Juli: Galileis »Dialogo« wird vom Papst verboten.

29. August: John Locke, englischer Philosoph, geboren.

bis Oktober: Galilei soll spätestens zu diesem Zeitpunkt vor der Inquisition in Rom erscheinen. Die Vorladung wird verschoben.

16. November: Der schwedische König Gustav Adolf fällt in der Schlacht bei Lützen. Christina wird Königin von Schweden.

24. November: Geburt des Philosophen Baruch de Spinoza.

28. November: Jean-Baptiste Lully, französischer Komponist, geboren.

Lord Cecil Calvert Baltimore gründet in Nordamerika die englische Kolonie Maryland.

1633 *20. Januar: Galilei reist nach Rom, um sich vor der Inquisition zu rechtfertigen.*

13. Februar: Ankunft in Rom.

April: Die protestantischen Reichsstände schließen sich im »Heilbronner Bund« zusammen (bis 1635).

12. April: Vorladung bei der Inquisition.

30. April/10. Mai/21. Juni: Weitere Verhöre.

22. Juni: Verurteilung zu einer Gefängnisstrafe, abzuleisten im römischen Palast der toskanischen Großherzöge und im Palast des Erzbischofs Piccolomini in Siena; schließlich Hausarrest in der eigenen Villa in Arcetri. Galilei widerruft seine Lehre.

1634 *Galilei erhält keine Erlaubnis, nach Florenz zu übersiedeln.*

In Paris erscheint eine frühe Paduaner Arbeit über Mechanik in französischer Sprache, übersetzt und herausgegeben von Morin Mersenne.

25. Februar: Albrecht von Wallenstein in Eger ermordet.

1. April: Der Inquisitor teilt Galilei mit, Bittschriften seien unerwünscht.

2. April: Tochter Virginia (Suor Maria Celeste) gestorben.

27. Mai: Friede zwischen Rußland und Polen.

16. September: Schwedische Niederlage bei Nördlingen.

1635-1648 Schwedisch-französischer Krieg.

1635 25. Januar: Richelieu gründet in Frankreich die »Académie Française«.

19. Mai: Frankreich greift als Verbündeter Schwedens aktiv in den Dreißigjährigen Krieg ein. Französische Kriegserklärungen an Spanien.

30. Mai: Friede von Prag zwischen Kaiser Ferdinand II. und Kurfürst Georg I. August von Sachsen.

Sommer: In Leiden erscheint eine lateinische Übersetzung des »Dialogo«, übertragen von Matthias Bernegger, herausgegeben von den Brüdern Elzevir.

27. August: Lope de Vega, spanischer Dichter, gestorben.

Die französische »Compagnie des Iles d'Amériques« wird geschaffen.

John Seldons Schrift »Mare clausum« wendet sich gegen Hugo Grotius' Buch »Mare liberum«

	und bekräftigt Englands Anspruch auf Beherrschung der Meere.
1636	*Sommer: Ludwig Elzevir besucht Galilei in Arcetri.*
	4. Oktober: Sieg der schwedischen Truppen bei Wittstock.
	Gründung der englischen Kolonie Rhode Island in Nordamerika.
	Harvard in Cambridge, Massachusetts, entsteht als erste nordamerikanische Universität.
1637	*Abhandlung über die Mondlibration.*
	Galilei erblindet auf dem rechten Auge.
	15. Februar: Ferdinand II. gestorben. Ferdinand III. wird römisch-deutscher Kaiser.
	6. August: Ben Jonson gestorben.
	René Descartes' »Discours de la méthode« (Abhandlung über die Methode«) erscheint.
1638	*Pater Marco Ambrogetti wird Assistent Galileis.*
	Die Sehkraft nimmt rasch ab. Vollständige Erblindung.
	März: Galilei erhält die Erlaubnis, sich unter gewissen Auflagen nach Florenz zu begeben.
	6. Mai: Cornelius Jansen, Begründer des Jansenismus, gestorben.
	5. September: Dauphin Louis — Dieudonné, der spätere König Ludwig XIV. von Frankreich, geboren.
	In England wird die Folter abgeschafft.
1639	*Eine französische Ausgabe des »Dialogo« erscheint in Paris.*
	Pater Clemente Settimi wird Galileis Sekretär.
	20. August: Martin Opitz, Dichter und Begründer der deutschen Verslehre, gestorben.
	Oktober: Vincenzio Viviani kommt als Schüler zu Galilei.
	21. Dezember: Jean Baptiste Racine, französischer Dramatiker, geboren.
	Gründung einer englischen Siedlung in Madras / Indien.

1640/41 Schottisch-englischer »Second Bishop's War«.

1640 13. April–5. Mai: »Kurzes Parlament« in England unter Führung von John Pym.

30. Mai: Peter Paul Rubens gestorben.

3. November: In England wird das »Lange Parlament« einberufen.

1. Dezember: Regierungsantritt Friedrich Wilhelms von Brandenburg, des »Großen Kurfürsten«. Beginn des brandenburgisch-preußischen Aufstiegs.

Thomas Hobbes: »Elements of Law, Natural and Political« (»Elemente des natürlichen und politischen Rechts«).

1641 *Idee der Pendeluhr (Konstruktionszeichnung von Galileis Sohn Vincenzio).*

2. Mai: Maria, Tochter Karls I. von England, heiratet Wilhelm II. von Oranien.

12. Mai: In England wird der Earl of Strafford, Sir Thomas Wentworth, wegen Hochverrats hingerichtet.

Herbst: Evangelista Torricelli arbeitet mit Galilei zusammen.

ab 10. Oktober: Galilei diktiert Torricelli den »Fünften Tag« über die euklidische Proportionenlehre.

7. September: König Karl I. von England unterzeichnet einen Friedensvertrag mit Schottland.

23. Oktober: Ausbruch der irischen Rebellion.

René Descartes: »Meditationes de prima philosophia« (»Meditationen über die Grundlagen der Philosophie«).

9. Dezember: Anthonis van Dyck gestorben.

1642-1646 Erster Bürgerkrieg in England.

1642 *8. Januar: Galileo Galilei in Arcetri bei Florenz gestorben.*

10. Januar: Unruhen in London. König Karl I. von England verläßt die Stadt. Ausbruch des Bürgerkriegs.

3. Juli: Maria de' Medici in Köln gestorben.

In Frankreich schlägt Richelieu den Aufstand der Grafen Cinq-Mars und Thou nieder.
September: Hinrichtung der Anführer.
4. Dezember: Kardinal Richelieu gestorben.
Ludwig XIII. von Frankreich beruft Mazarin in den Staatsrat.
Französische Siedler gründen Montreal.
Thomas Hobbes: »De cive« (»Über den Bürger«).

Ausgewählte Bibliographie

Galileo Galilei, Werke: Le Opere di Galileo Galilei, Edizione Nazionale, XX Bände, ed. Antonio Favaro, 1890–1909, jüngster Nachdruck mit Supplementen 1968. (Mit der Edizione Nazionale sind alle früheren Ausgaben überholt.)

Galileo Galilei, Deutsche Einzelübersetzungen: Sidereus Nuncius, Nachricht von neuen Sternen, herausgegeben und eingeleitet von Hans Blumenberg, Frankfurt 1980².

Dialog über die beiden hauptsächlichsten Weltsysteme, das ptolemäische und das kopernikanische, übersetzt von Emil Strauß, Leipzig 1891, reprogr. Nachdruck mit einem Beitrag von Albert Einstein, Vorwort zur Neuausgabe von Stillman Drake, Stuttgart 1982.

Unterredungen und mathematische Demonstrationen über zwei neue Wissenszweige, die Mechanik und die Fallgesetze betreffend, übersetzt und herausgegeben von Arthur von Oettingen, 1. u. 2. Tag Leipzig 1890, 3. u. 4. Tag Leipzig 1891.

Blumenberg, Hans: Die Genesis der kopernikanischen Welt, Frankfurt 1975.

Brüche, Ernst: Sonne steh still, 400 Jahre Galileo Galilei, Mosbach 1964, mit einem Auszug aus Vivianis Vita Galileis und Beiträgen von H. Dolch, J. O. Fleckenstein, H. C. Freiesleben, F. Klemm, F. Rauhut und H. Schimank.

Caspar, Max: Johannes Kepler, Stuttgart 1948.

Caspar, Max: Johannes Kepler, Gesammelte Werke, XX Bände, München 1936 ff.

Cassirer, Ernst: Wahrheitsbegriff und Wahrheitsprobleme bei Galilei, Scientia 42 (1937).

Crombie, Alistair C.: Von Augustinus bis Galilei, 1954, deutsch München 1977.

Duhem, Pierre: Les Origines de la Statique, 1905.

Duhem, Pierre: Essai sur la notion de théorie physique de Platon et Galilei, 1908 (Annales de philosophie chrétienne, VIII.).

Duhem, Pierre: La Théorie physique: son objet, sa structure, 1914.

Drake, Stillman: Discoveries and opinions, New York 1957.

Drake, Stillman: The Galileo-Bellarmine Meeting, a historical speculation (als Appendix in der engl. Ausgabe New York 1965 von Ludovico Geymonats ›Galileo Galilei‹).

Geymonat, Ludovico: Galileo Galilei, Torino 1957.

Husserl, Edmund: Die Krisis der europäischen Wissenschaften (Husserliana VI).

Koestler, Arthur: Die Nachtwandler. Die Entstehungsgeschichte unserer Welterkenntnis, Frankfurt 1980.

Kopernikus, Nikolaus: De Revolutionibus Orbium coelestium, Nürnberg 1543, deutsch 1879.

Koyré, Alexandre: Von der geschlossenen Welt zum unendlichen Universum, Frankfurt 1969.
Kuhn, Thomas S.: Die Struktur wissenschaftlicher Revolutionen, Frankfurt 1973.
Kuhn, Thomas S.: The Copernican Revolution, Cambridge (Mass.) 1957.
Mach, Ernst: Die Mechanik in ihrer Entwicklung, Leipzig 1912[7].
Müller, Adolf: Der Galilei-Prozeß, Freiburg i. Br. 1909.
Olschki, Leonardo: Galilei und seine Zeit, Halle 1927.
Paschini, Pio: Vita e Opere di Galileo Galilei, Roma 1965[2].
Prigogine, Ilya, u. Isabelle Stengers: Dialog mit der Natur, München 1981[2].
Ranke, Leopold v.: Die römischen Päpste in den letzten vier Jahrhunderten, 1900, Neuausgabe 1953.
Santillana, Giorgio de: The Crime of Galileo, Chicago 1955.
Santillana, Giorgio de: Reply to Stillman Drake (Appendix in der englischen Ausgabe New York 1965 von Ludovico Geymonats ›Galileo Galilei‹).
Tycho de Brahe: Astronomiae instauratae Progymnasmata, Prag 1602.
Viviani, Vincenzio: Racconto istorico della vita di Galileo Galilei, EN XIX 597ff., deutsche Übersetzung der wichtigsten Partien in Ernst Brüche ›Sonne steh still‹).
Whitehead, Alfred North: Wissenschaft und moderne Welt, deutsch Zürich 1949.
Whitehead, Alfred North: Process and Reality, New York 1962[2].
Wohlwill, Emil: Galilei und sein Kampf für die copernicanische Lehre, 2 Bde., Hamburg u. Leipzig, 1909 u. postum 1926.

Personenregister